주제별 연상암기로 쉽게 외워지는 중국어 기초 단어장

해커스 중국어 HSK 1-4급 단어장

초판 12쇄 발행 2024년 10월 7일
초판 1쇄 발행 2019년 1월 2일

지은이	해커스 HSK연구소
펴낸곳	㈜해커스 어학연구소
펴낸이	해커스 어학연구소 출판팀
주소	서울특별시 서초구 강남대로61길 23 ㈜해커스 어학연구소
고객센터	02-537-5000
교재 관련 문의	publishing@hackers.com 해커스중국어 사이트(china.Hackers.com) 교재 Q&A 게시판
동영상강의	china.Hackers.com
ISBN	978-89-6542-281-5 (13720)
Serial Number	01-12-01

해커스 HSK 단어장

중국어

1-4급

해커스 어학연구소

해커스가 만들면 HSK 1-4급 단어장도 다릅니다!

HSK 공부의 시작은 단어 암기입니다.
<해커스 HSK 1-4급 단어장>은 HSK 공부의 기본이 되는 필수 단어를 어떻게 하면 조금이라도 더 재미있고, 쉽게 암기할 수 있을지에 대해 끊임없이 고민하여, 그 결과를 교재에 고스란히 담았습니다.

단어 암기와 HSK 대비가 동시에 가능한 <해커스 HSK 1-4급 단어장>

<해커스 HSK 1-4급 단어장>은 중국국가한반에서 공식 지정한 4급 필수 단어 1200개를 주제별로 묶어 오래 기억에 남을 수 있도록 구성한 30일 완성 학습서입니다. HSK에 나온 문장들을 철저히 분석하여 이를 예문에 완벽하게 반영하였으며, HSK 최신 출제 경향이 반영된 시험 꿀팁인 '시험에 이렇게 나온다!'를 제공하였습니다. 뿐만 아니라 매 10개 Day 다음에는 미니 실전모의고사를 수록하여 단어 암기와 실전 감각을 동시에 다질 수 있도록 하였습니다.

쉽고 재미있게 단어를 암기할 수 있는 <해커스 HSK 1-4급 단어장>

딱딱하고 어려운 필수 단어 1200개를 시험에 자주 나오는 30개의 주제로 묶어 단어를 보다 쉽고 재미있게 암기할 수 있게 하였습니다. 뿐만 아니라 Day별로 첫 페이지에 핵심 빈출 단어를 활용한 재미있는 스토리 카툰을 제공하여 신나고 즐겁게 학습을 시작할 수 있게 하였습니다.

다양한 복습 장치들로 까먹을 틈 없이 암기할 수 있도록 구성된 <해커스 HSK 1-4급 단어장>

각 Day별 1,2급 단어를 3,4급 단어 예문에 활용했으며, 또 1) 연습문제 체크체크 2) 품사별로 헤쳐모여 3) HSK 4급 미니 실전모의고사 등 다양한 코너가 마련되어 있어 학습 흐름대로만 공부하면 자연스럽게 그날 암기해야 하는 단어를 계속해서 복습할 수 있습니다. 뿐만 아니라, 망각 방지를 위한 학습플랜으로 더욱 체계적이고 효과적으로 단어를 암기할 수 있습니다.

여러분의 합격은 물론, 여러분의 꿈을 향한 길에
<해커스 HSK 1-4급 단어장>이 함께 합니다!

목차

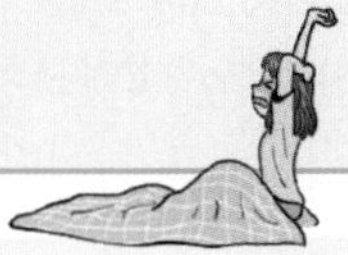

책의 특징

1 HSK 1-4급 필수 단어 1200개 30일 정복

중국국가한반에서 공식 지정한 4급 필수어휘 1200개를 30일 동안 학습할 수 있도록 구성하였습니다. 망각을 방지하는 학습 플랜(p.14~15)에 따라 꾸준히 학습해 나가면, 30일 후에는 부쩍 향상된 단어 실력을 확인할 수 있을 것입니다.

2 HSK 4급 최신 기출 예문 수록

HSK 4급 최신 출제 경향을 그대로 반영한 예문을 익히는 과정에서, 실전 감각을 자연스럽게 향상시킬 수 있습니다. 뿐만 아니라, 중국어 문장의 중심이 되는 술어에 밑줄을 그어서 문장 구조를 보다 쉽게 파악할 수 있습니다.

3 HSK 시험 꿀팁 '시험에 이렇게 나온다!' 수록

HSK 단어들의 최신 출제 경향을 그대로 반영한 시험 꿀팁을 '시험에 이렇게 나온다!' 코너에 수록하였습니다. 특히, 단어 암기에 필수라 할 수 있는 짝꿍 표현, 유의어, 관련된 어법, 작문 노하우, 다양한 영역별 출제 포인트들을 수록하여, 단어 학습과 시험 대비를 동시에 할 수 있습니다.

4 주제별 Day 구성과 스토리 카툰으로 연상 학습 가능

HSK 단어들을 HSK의 빈출 주제 30개로 나누어 재미있는 스토리 카툰과 함께 수록하였습니다. 이러한 주제별 구성에 따른 연상 학습으로 단어를 자연스럽게 암기할 수 있을 뿐만 아니라 단어의 문장 내 쓰임까지 동시에 파악할 수 있어 어휘 실력을 극대화할 수 있습니다.

5 급수별/빈출순 어휘 학습 가능

주제별로 수록된 단어를 다시 급수별로 분류하여, 쉬운 어휘부터 부담없이 학습을 시작할 수 있습니다. 또한 급수별로 분류된 단어는 빈출순으로 수록하고 출제 빈도를 별표로 표시하여, 출제 빈도가 높은 단어부터 우선적으로 학습할 수 있습니다.

6 HSK 4급 미니 실전모의고사 & MP3 제공

외운 단어를 실제 문제에 적용해볼 수 있도록 실제 시험과 동일한 유형의 문제로 구성된 미니 실전모의고사 3회분을 수록하였습니다. 이로써, 단어 암기와 실전 감각을 동시에 다질 수 있습니다.

7 망각 방지를 위한 학습 플랜과 반복 암기 장치 제공

그대로 따라가기만 하면 망각할 틈 없이 단어를 확실하게 암기할 수 있는 망각 방지 학습 플랜(p.14~15)을 수록하였습니다. 각 Day별 1,2급 단어를 3,4급 단어 예문에 활용했으며, 연습문제 체크체크, 품사별로 헤쳐모여, HSK 4급 미니 실전모의고사 등 다양한 학습 코너를 마련하여, 그날 암기해야 하는 단어를 자연스럽게 반복 학습할 수 있습니다.

8 다양한 버전의 무료 MP3와 본 교재 동영상강의 제공

중국어 전문 성우의 발음을 직접 들으면서 단어를 반복해서 암기할 수 있도록 다양한 버전의 MP3를 해커스 중국어 사이트(china.Hackers.com)에서 무료로 다운로드할 수 있습니다. 또한, 교재 학습 시 해커스 HSK 1-4급 단어장 동영상강의를 이용하시면 보다 효과적으로 단어 학습을 할 수 있습니다.

책의 구성

단어 학습

① 주제별 출제 경향 및 스토리 카툰

DAY **04**

해커스 HSK1-4급 단어장

수(数)의 세계

숫자

顺序대로
수리 문제를 풀어보자면...
어기에다가 두 배 한 数字를
곱하고... 음... 어렵군.
넌 이렇게 쉬운 것도 몰라?
회사 들어가려면
이 정도는 풀어줘야지!
누나 이 문제 좀
한 번만 풀어줘.
어디보자,
여기에 이거를 곱하면,
大约 이 정도...
그러니까...
음...
그러니까...
음..
갑자기 전화가...
이게 누구 번호지...?
여보세요...?
....

주제를 알면 HSK가 보인다!
HSK 4급에서는 나이, 가격, 키, 온도, 비율 등 숫자를 활용한 다양한 표현들이 사용된 문제들이 자주 출제돼요. 따라서 '순서', '숫자', '번', '대략', '번호'와 같은 숫자 관련 단어를 집중적으로 학습하면 이러한 표현이 사용된 대화나 지문을 정확히 이해할 수 있어요.

② 단어 ③ 출제율 ④ 급수 ⑤ 품사와 뜻 ⑥ 예문과 예문 해석 ⑦ 예문 단어 정리

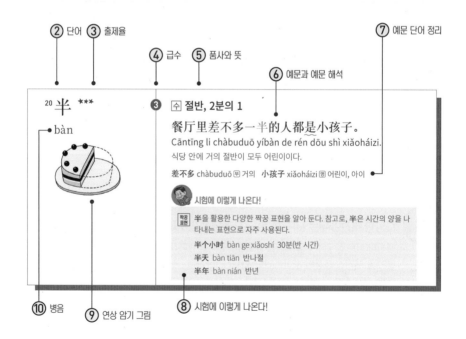

20 半 ★★★

bàn

❸ 수 **절반, 2분의 1**

餐厅里差不多一半的人都是小孩子。

Cāntīng li chàbuduō yíbàn de rén dōu shì xiǎoháizi.

식당 안에 거의 절반이 모두 어린이이다.

差不多 chàbuduō 부 거의 **小孩子** xiǎoháizi 명 어린이, 아이

시험에 이렇게 나온다!

짝꿍 표현 **半**을 활용한 다양한 짝꿍 표현을 알아 둔다. 참고로, **半**은 시간의 양을 나타내는 표현으로 자주 사용된다.

半个小时 bàn ge xiǎoshí 30분(반 시간)
半天 bàn tiān 반나절
半年 bàn nián 반년

⑩ 병음 ⑨ 연상 암기 그림 ⑧ 시험에 이렇게 나온다!

1 **주제별 출제 경향 및 스토리 카툰**

1일치 단어를 학습하기 전에 각 주제의 출제 경향을 확인하고 그날 배울 단어들을 이용한 재미있는 스토리를 카툰 형식으로 볼 수 있습니다.

2 **단어**

HSK 4급 필수 단어 1200개를 먼저 주제별로 구성한 후, 급수별로 정리하고 이를 다시 출제 빈도가 높은 순으로 배치하여, 쉽고 중요한 단어를 먼저 외울 수 있도록 학습 효과를 극대화하였습니다.

3 **출제율**

각 단어의 출제 빈도가 별표로 표시되어 있습니다. ★★★은 최빈출 어휘, ★★은 빈출 어휘로 반드시 암기해야 하는 중요 단어를 나타냅니다.

4 **급수**

단어 옆에 있는 원 안의 표시로 급수를 구별할 수 있습니다.

5 **품사와 뜻**

단어의 품사와 뜻을 HSK 4급에서 가장 자주 사용되는 품사와 뜻 위주로 정리하였습니다.

품사 표시

(동) 동사 | (명) 명사 | (형) 형용사 | (부) 부사 | (조동) 조동사 | (개) 개사 | (수) 수사 |
(양) 양사 | (대) 대사 | (고유) 고유명사 | (감) 감탄사 | (접) 접속사 | (조) 조사 | (수량) 수량사

6 **예문과 예문 해석**

HSK에 나올 법한 예문과 정확한 해석 및 병음이 실려있습니다. 뿐만 아니라, 모든 예문의 술어를 밑줄로 표시해 두었습니다.

7 **예문 단어 정리**

예문에 사용된 단어들을 참고할 수 있도록 하단에 병음, 품사, 뜻을 추가로 정리하였습니다.

8 **시험에 이렇게 나온다!**

단어가 HSK 시험에서 어떻게 출제되는지를 보여주는 코너입니다. 시험에 자주 출제되는 짝꿍 표현, 유의어, 관련된 어법, 작문 노하우, 다양한 출제 포인트가 들어 있으니 꼭 함께 학습하세요.

9 **연상 암기 그림**

단어가 연상되는 그림을 수록하여 단어를 쉽고 재밌게 기억할 수 있도록 하였습니다.

10 **병음**

단어의 발음을 나타내는 병음을 수록하여 듣기 시험에도 대비할 수 있게 하였습니다.

책의 구성

추가 구성

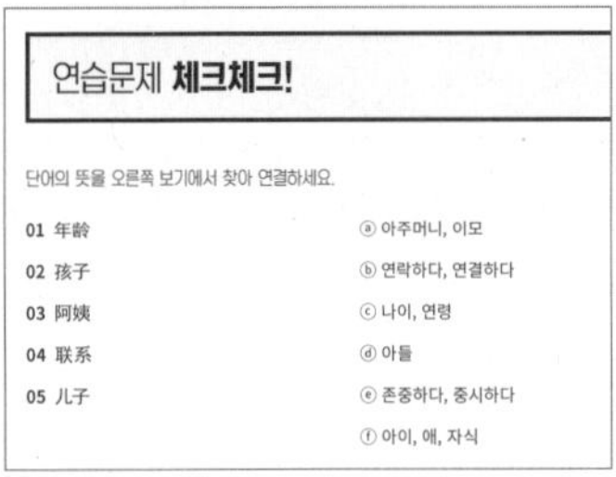

연습문제 **체크체크!**

단어의 뜻을 오른쪽 보기에서 찾아 연결하세요.

01 年龄	ⓐ 아주머니, 이모
02 孩子	ⓑ 연락하다, 연결하다
03 阿姨	ⓒ 나이, 연령
04 联系	ⓓ 아들
05 儿子	ⓔ 존중하다, 중시하다
	ⓕ 아이, 애, 자식

1 연습문제 체크체크!

각 Day 마지막에 연습문제를 수록하여, 그날 학습한 단어를 곧바로 반복 체크해볼 수 있도록 하였습니다.

* 연습문제 체크체크! 해석과 MP3는 해커스 중국어(china.Hackers.com)에서 무료로 다운로드하실 수 있습니다.

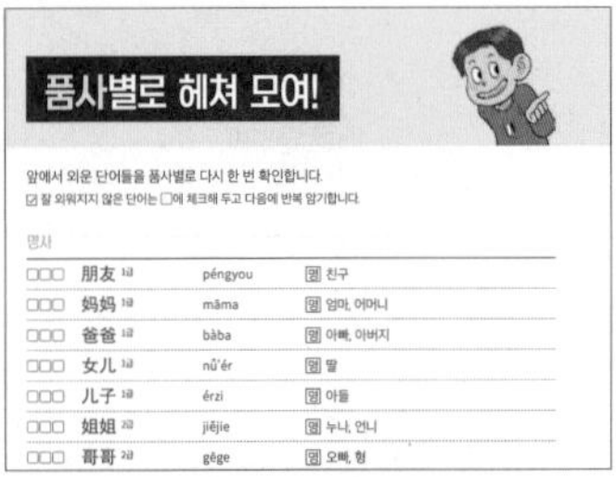

품사별로 헤쳐 모여!

앞에서 외운 단어들을 품사별로 다시 한 번 확인합니다.
☑ 잘 외워지지 않은 단어는 □에 체크해 두고 다음에 반복 암기합니다.

명사

□□□	朋友 1급	péngyou	명 친구
□□□	妈妈 1급	māma	명 엄마, 어머니
□□□	爸爸 1급	bàba	명 아빠, 아버지
□□□	女儿 1급	nǚ'ér	명 딸
□□□	儿子 1급	érzi	명 아들
□□□	姐姐 2급	jiějie	명 누나, 언니
□□□	哥哥 2급	gēge	명 오빠, 형

2 품사별로 헤쳐 모여!

주제별로 학습한 단어들을 다시 품사별로 묶어 제공함으로써 앞서 외운 단어를 한번 더 체크함과 동시에, 품사를 잘 알아야 하는 HSK 시험에도 효과적으로 대비할 수 있게 하였습니다.

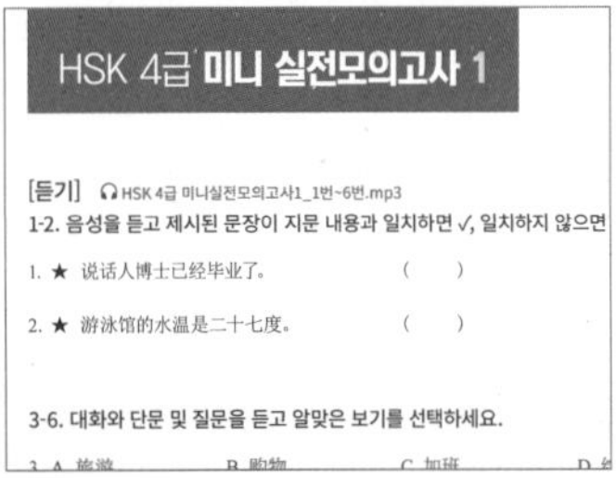

HSK 4급 **미니 실전모의고사 1**

[듣기] HSK 4급 미니실전모의고사1_1번~6번.mp3

1-2. 음성을 듣고 제시된 문장이 지문 내용과 일치하면 √, 일치하지 않으면

1. ★ 说话人博士已经毕业了。 ( )

2. ★ 游泳馆的水温是二十七度。 ( )

3-6. 대화와 단문 및 질문을 듣고 알맞은 보기를 선택하세요.

3 HSK 4급 미니 실전모의고사

10Day마다 HSK 4급 미니 실전모의고사를 수록하여, 외운 단어를 실제 문제에서 확인함과 동시에 실전 감각을 키울 수 있도록 하였습니다.

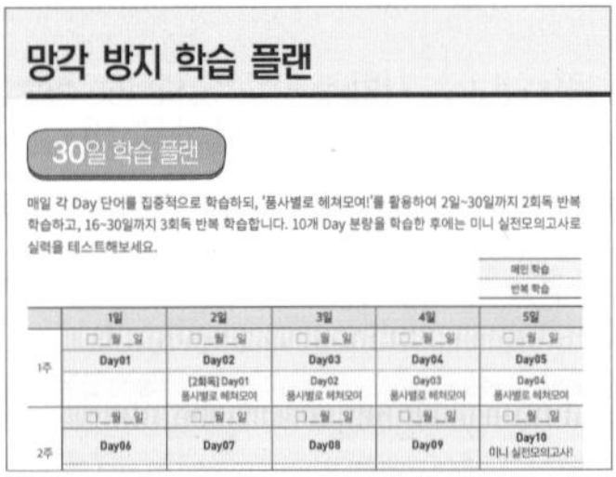

망각 방지 학습 플랜

30일 학습 플랜

매일 각 Day 단어를 집중적으로 학습하되, '품사별로 헤쳐모여!'를 활용하여 2일~30일까지 2회독 반복 학습하고, 16~30일까지 3회독 반복 학습합니다. 10개 Day 분량을 학습한 후에는 미니 실전모의고사로 실력을 테스트해보세요.

메인 학습 / 반복 학습

	1일	2일	3일	4일	5일
1주	□_월_일	□_월_일	□_월_일	□_월_일	□_월_일
	Day01	Day02	Day03	Day04	Day05
		[2회독] Day01 품사별로 헤쳐모여	Day02 품사별로 헤쳐모여	Day03 품사별로 헤쳐모여	Day04 품사별로 헤쳐모여
2주	□_월_일	□_월_일	□_월_일	□_월_일	□_월_일
	Day06	Day07	Day08	Day09	Day10 미니 실전모의고사!

4 망각 방지 학습 플랜

단어를 공부하는 30일 동안 메인학습과 반복학습을 병행할 수 있는 가장 효과적인 학습 플랜을 수록하였습니다. 학습 플랜을 그대로 따라가기만 하면 망각할 틈도 없이 저절로 단어가 암기됩니다.

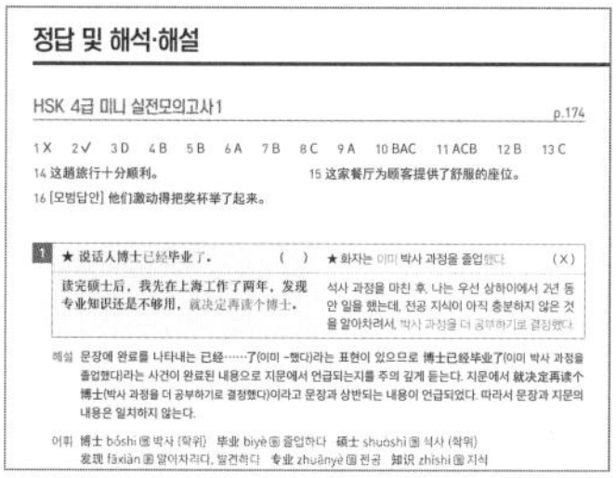
정답 및 해석·해설
HSK 4급 미니 실전모의고사1

5 미니 실전모의고사 정답 및 해석·해설

HSK 4급 미니 실전모의고사의 정답, 해석, 그리고 실제 시험에서 바로 적용할 수 있는 전략적인 해설을 수록하였습니다.

핵심 빈출 단어는 초록색으로 표시되어 있습니다.

6 인덱스

HSK 1-4급 필수단어 1200개를 병음순으로 정리하여 각 단어가 책의 어느 페이지에 있는지 쉽게 찾아볼 수 있게 하였고 빈출 단어를 초록색으로 표시하여 중요 단어만을 골라서 확인할 수 있도록 하였습니다.

* 교재에 수록된 인덱스 페이지는 해커스 중국어 사이트(china.Hackers.com)에서 무료로 다운로드하실 수 있습니다.

HSK 4급 단어장
1.단어 집중 암기 MP3
2.단어와 예문 암기 MP3
3.단어 암기 확인 MP3
4.단어와 예문 암기 확인 MP3
5.미니실전모의고사 MP3
해커스 HSK 1-4급 단어장
DAY별 단어 퀴즈

7 다양한 버전의 MP3와 Day별 단어 퀴즈 PDF

교재에 수록된 모든 단어와 예문에 대한 집중암기 MP3와, 중국어만 들으며 집중적으로 점검해볼 수 있는 암기 확인용 MP3를 통해 듣기 실력까지 극대화할 수 있도록 하였습니다. 또한 Day별 단어 퀴즈 PDF를 활용하여 확실하게 단어를 암기했는지 체크해볼 수 있도록 하였습니다.

* 모든 MP3와 Day별 단어 퀴즈 PDF는 해커스 중국어 사이트(china.Hackers.com)에서 무료로 다운로드하실 수 있습니다.

해커스가 제시하는 HSK 4급 단어 학습법

단어를 집중적으로 암기한다!

1 단어를 쓰며 암기하기

단어를 종이에 직접 쓰면서 품사와 뜻을 중얼중얼 반복하면, 쉽고 빠르게 외울 수 있을 뿐만 아니라 오래 기억할 수 있습니다.

[예시] Day 02의 4번 단어 **学生**

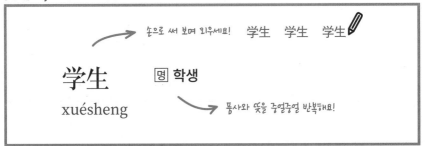

손으로 써 보며 외우세요! 学生 学生 学生

学生 [명] **학생**

xuésheng

품사와 뜻을 중얼중얼 반복해요!

2 MP3를 듣고 따라 읽으며 암기하기

중국어 전문 성우가 읽어주는 발음을 듣고 따라 읽으면 좀더 확실하게 단어를 암기할 수 있어요.

단어 집중 암기 MP3 (중국어+한국어)

중국어와 한국어를 번갈아 들으면서 단어를 외웁니다. 단어별로 파일이 분할되어 있으므로, 잘 외워지지 않는 단어는 여러 번 반복하여 듣고 확실하게 암기합니다.

단어 암기 확인 MP3 (중국어)

단어를 중국어로만 듣고 따라 읽으며 뜻을 정확하게 알고 있는지 스스로 점검합니다. 뜻이 잘 떠오르지 않는 단어는 교재에서 다시 찾아보고 복습하여, 모르는 단어는 확실하게 암기할 수 있도록 합니다.

* 단어 학습에 필요한 모든 MP3는 해커스중국어(china.Hackers.com)에서 무료로 다운로드하실 수 있습니다.

단어를 예문과 함께 확실하게 학습한다!

1 예문을 읽으며 단어의 쓰임 이해하기

예문을 읽을 때 문장의 구조를 파악하면서 단어의 쓰임을 이해하면 단어를 재미있고, 확실하게 암기할 수 있습니다. 제시된 예문을 [① 술어 찾기→② 주어와 목적어 찾기→③ 부사어·관형어·보어 괄호로 묶기] 순서대로 파악한 후, 단어가 어떻게 쓰였는지 확인합니다.

[예시] Day 02의 4번 단어 **学生(학생)**의 예문(p.34)

선생님은	반드시 ~해야 한다	이해하다	학생의 학습	상황을
老师	(一定 要)	了解	(学生的 学习)	情况。
주어	부사어	술어	관형어	목적어

→ 모든 예문에는 술어 표시가 되어 있어요!

학습 단어 学生(학생)이 포함된 学生的学习(학생들의 학습)는 情况을 수식하는 관형어임을 알 수 있어요. 전체 문장을 해석하면 '선생님은 학생의 학습 상황을 반드시 이해해야 한다.'가 된답니다.

2 MP3를 듣고 따라 읽으며 단어와 예문을 한번에 익히기

중국어 전문 성우가 읽어주는 단어와 예문을 듣고 따라 읽으면 단어를 확실히 암기할 수 있을 뿐만 아니라 듣기 실력까지 향상시킬 수 있어요.

단어와 예문 암기 MP3 (중국어+한국어)

단어와 단어가 활용된 예문까지 정확하게 듣고 이해하는 연습을 합니다. 이를 통해 단어를 정확히 들을 수 있을 뿐만 아니라, 듣고 이해하는 능력까지 향상시킬 수 있습니다.

단어와 예문 암기 확인 MP3 (중국어)

단어와 예문을 중국어로만 듣고 따라 읽으며 뜻을 떠올립니다. 잘 모르는 단어와 예문은 교재에서 다시 찾아보고, 반복하여 들으면서 직청직해될 수 있게 연습합니다.

* 단어와 예문 학습에 필요한 모든 MP3는 해커스중국어(china.Hackers.com)에서 무료로 다운로드하실 수 있습니다.

망각 방지 학습 플랜

30일 학습 플랜

매일 각 Day 단어를 집중적으로 학습하되, '품사별로 헤쳐모여!'를 활용하여 2일~30일까지 2회독 반복 학습하고, 16~30일까지 3회독 반복 학습합니다. 10개 Day 분량을 학습한 후에는 미니 실전모의고사로 실력을 테스트해보세요.

메인 학습
반복 학습

	1일	2일	3일	4일	5일
1주	□_월_일	□_월_일	□_월_일	□_월_일	□_월_일
	Day01	Day02	Day03	Day04	Day05
		[2회독] Day01 품사별로 헤쳐모여	Day02 품사별로 헤쳐모여	Day03 품사별로 헤쳐모여	Day04 품사별로 헤쳐모여
2주	□_월_일	□_월_일	□_월_일	□_월_일	□_월_일
	Day06	Day07	Day08	Day09	Day10 미니 실전모의고사1
	Day05 품사별로 헤쳐모여	Day06 품사별로 헤쳐모여	Day07 품사별로 헤쳐모여	Day08 품사별로 헤쳐모여	Day09 품사별로 헤쳐모여
3주	□_월_일	□_월_일	□_월_일	□_월_일	□_월_일
	Day11	Day12	Day13	Day14	Day15
	Day10 품사별로 헤쳐모여	Day11 품사별로 헤쳐모여	Day12 품사별로 헤쳐모여	Day13 품사별로 헤쳐모여	Day14 품사별로 헤쳐모여
4주	□_월_일	□_월_일	□_월_일	□_월_일	□_월_일
	Day16	Day17	Day18	Day19	Day20 미니 실전모의고사2
	Day15 품사별로 헤쳐모여 [3회독] Day 1,2 품사별로 헤쳐모여	Day16 품사별로 헤쳐모여 Day 3,4 품사별로 헤쳐모여	Day17 품사별로 헤쳐모여 Day 5,6 품사별로 헤쳐모여	Day18 품사별로 헤쳐모여 Day 7,8 품사별로 헤쳐모여	Day19 품사별로 헤쳐모여 Day 9,10 품사별로 헤쳐모여
5주	□_월_일	□_월_일	□_월_일	□_월_일	□_월_일
	Day21	Day22	Day23	Day24	Day25
	Day20 품사별로 헤쳐모여 Day 11,12 품사별로 헤쳐모여	Day21 품사별로 헤쳐모여 Day 13,14 품사별로 헤쳐모여	Day22 품사별로 헤쳐모여 Day 15,16 품사별로 헤쳐모여	Day23 품사별로 헤쳐모여 Day 17,18 품사별로 헤쳐모여	Day24 품사별로 헤쳐모여 Day 19,20 품사별로 헤쳐모여
6주	□_월_일	□_월_일	□_월_일	□_월_일	□_월_일
	Day26	Day27	Day28	Day29	Day30 미니 실전모의고사3
	Day25 품사별로 헤쳐모여 Day 21,22 품사별로 헤쳐모여	Day26 품사별로 헤쳐모여 Day 23,24 품사별로 헤쳐모여	Day27 품사별로 헤쳐모여 Day 25,26 품사별로 헤쳐모여	Day28 품사별로 헤쳐모여 Day 27 품사별로 헤쳐모여	Day28~30 품사별로 헤쳐모여

D-MART

30일 학습 플랜 이용 TIP

* 공부할 날짜를 쓰고, 매일 당일 학습 분량을 공부한 후 박스에 하나씩 체크해나가도록 하세요.
* 60일 동안 천천히 꼼꼼하게 단어를 외우고 싶으시면 하루 분량을 2일에 나누어 학습하세요.
* [메인 학습]은 교재 p.12-13에 있는 〈해커스가 제시하는 HSK 4급 단어 학습법〉을 활용하신다면 더욱 효과적인 학습이 가능합니다.

시험 전 막판

5일 학습 플랜

'품사별로 헤쳐모여!' 코너를 한번 더 반복 학습하여 마지막으로 시험에 대비하세요!

1일	2일	3일	4일	5일	시험일
□_월_일	□_월_일	□_월_일	□_월_일	□_월_일	□_월_일
Day01-10 품사별로 헤쳐모여	**Day11-20** 품사별로 헤쳐모여	**Day21-30** 품사별로 헤쳐모여	**Day01-15** 품사별로 헤쳐모여	**Day16-30** 품사별로 헤쳐모여	실력 발휘하기!

DAY

01

해커스 HSK1-4급 단어장

존중이 필요해

관계

주제를 알면 HSK가 보인다!

HSK 4급에서는 두 사람의 대화를 듣고 둘의 관계를 파악해야 하는 문제나, 인간관계 및 처세 등과 관련된 지문을 읽고 주제를 파악해야 하는 문제가 자주 출제돼요. 따라서 '서로', '아버지', '지지하다', '존중하다'처럼 사람 사이의 관계를 나타내는 단어를 집중적으로 학습하면 이러한 문제를 쉽게 풀 수 있어요.

단어, 예문 MP3

존중해주시죠

저와 항상 마음이 互相 통하는 父亲, 母亲....
두 분은 항상 저를 支持 해주시죠?
그럼 당연하지~ 우리는 항상 널 尊重 한단다.
그럼~
척!
그렇다면 이번 학기 제 성적도 존중 부탁 드려요!!!
00 대학 성적표
뭐래니!??

32 **互相** hùxiāng [부] 서로, 상호

27 **父亲** fùqīn [명] 아버지, 부친

28 **母亲** mǔqīn [명] 어머니, 모친

31 **支持** zhīchí [동] 지지하다

33 **尊重** zūnzhòng [동] 존중하다, 중시하다

급수

01 我
wǒ

❶ 대 나, 저

我现在心情不错。 술어
Wǒ xiànzài xīnqíng búcuò.
나는 지금 기분이 좋다.

心情 xīnqíng 명 기분 **不错** búcuò 형 좋다, 괜찮다

02 我们
wǒmen

❶ 대 우리(들)

我们从今天开始学汉语。
Wǒmen cóng jīntiān kāishǐ xué Hànyǔ.
우리는 오늘부터 중국어를 배우기 시작한다.

开始 kāishǐ 동 시작하다 **汉语** Hànyǔ 고유 중국어

03 你
nǐ

❶ 대 너, 당신

我对你的计划非常满意。
Wǒ duì nǐ de jìhuà fēicháng mǎnyì.
나는 너의 계획에 대해 매우 만족해.

对 duì 개 ~에 대해 **计划** jìhuà 명 계획 **满意** mǎnyì 동 만족하다

잠깐 我们(우리들)처럼 你 뒤에 복수를 나타내는 们을 붙이면 '너희들'이라는 뜻의 你们이 돼요.

04 您
nín

❷ 대 당신 [你의 존칭]

谢谢您照顾我这么久。
Xièxie nín zhàogù wǒ zhème jiǔ.
저를 이렇게 오랫동안 보살펴 주셔서 감사합니다.

照顾 zhàogù 동 보살피다 **久** jiǔ 형 오래다

05 她
tā

❶ 대 그녀, 그 여자

第一次和她见面时，我十分高兴。
Dìyī cì hé tā jiànmiàn shí, wǒ shífēn gāoxìng.
처음으로 그녀와 만났을 때, 나는 매우 기뻤다.

见面 jiànmiàn 동 만나다 **十分** shífēn 부 매우

06 **他**

tā

급수

❶ 대 **그, 그 사람**

술어

原来他的好朋友是我哥哥。

Yuánlái tā de hǎo péngyou shì wǒ gēge.

알고 보니 그의 친한 친구는 우리 오빠였다.

原来 yuánlái 부 알고 보니 **朋友** péngyou 명 친구
哥哥 gēge 명 오빠, 형

07 **朋友**

péngyou

❶ 명 **친구**

我们仍然是好朋友。

Wǒmen réngrán shì hǎo péngyou.

우리는 여전히 좋은 친구이다.

仍然 réngrán 부 여전히, 변함없이

08 **妈妈**

māma

❶ 명 **엄마, 어머니**

这个小孩儿迷路了，我要帮他找妈妈。

Zhè ge xiǎoháir mílù le, wǒ yào bāng tā zhǎo māma.

이 아이가 길을 잃어서, 나는 그를 도와 엄마를 찾아주려고 해.

小孩儿 xiǎoháir 명 아이 **迷路** mílù 동 길을 잃다 **帮** bāng 동 돕다

09 **爸爸**

bàba

❶ 명 **아빠, 아버지**

爸爸要给他朋友打电话。

Bàba yào gěi tā péngyou dǎ diànhuà.

아빠는 그의 친구에게 전화를 걸려고 한다.

给 gěi 개 ~에게 **打电话** dǎ diànhuà 전화를 걸다

10 女儿
nǚ'ér

❶ (급수)

명 딸

女儿快要过生日了。 (过: 술어)
Nǚ'ér kuàiyào guò shēngrì le.
딸은 곧 생일이다.

快要……了 kuàiyào……le 곧 ~하려 하다 **过** guò 동 보내다, 지내다
生日 shēngrì 명 생일

시험에 이렇게 나온다!

듣기 **女儿**과 **爸爸**(bàba, 아빠) 사이를 나타내는 말인 **父女**(fùnǚ, 부녀 사이)라는 표현이 듣기에서 남녀 대화를 듣고 둘의 관계를 파악하는 문제의 보기로 출제된다.

11 儿子
érzi

❶

명 아들

听说她有一个女儿和两个儿子。
Tīngshuō tā yǒu yí ge nǚ'ér hé liǎng ge érzi.
듣자 하니 그녀는 딸 하나와 아들 둘이 있다고 한다.

听说 tīngshuō 동 듣자 하니 (~라고 한다)

시험에 이렇게 나온다!

듣기 **儿子**와 **妈妈**(māma, 엄마) 사이를 나타내는 말인 **母子**(mǔzǐ, 모자 사이)라는 표현이 듣기에서 남녀 대화를 듣고 둘의 관계를 파악하는 문제의 보기로 출제된다.

12 姐姐
jiějie

❷

명 누나, 언니

姐姐忙了一个星期。
Jiějie mángle yí ge xīngqī.
누나는 일주일 동안 바빴다.

忙 máng 형 바쁘다 **星期** xīngqī 명 주일, 요일

급수

13 **哥哥**
gēge

❷ 명 **오빠, 형**

술어

我哥哥是首都医院的护士。
Wǒ gēge shì shǒudū yīyuàn de hùshi.
우리 오빠는 수도 병원의 간호사이다.

首都 shǒudū 명 수도 **护士** hùshi 명 간호사

14 **妹妹**
mèimei

❷ 명 **여동생**

妹妹吃光了我的面包。
Mèimei chīguāngle wǒ de miànbāo.
여동생은 내 빵을 하나도 남기지 않고 다 먹었다.

光 guāng 형 하나도 남기지 않다 **面包** miànbāo 명 빵

15 **弟弟**
dìdi

❷ 명 **남동생**

弟弟竟然考上了大学。
Dìdi jìngrán kǎoshàngle dàxué.
남동생은 뜻밖에도 대학에 합격했다.

竟然 jìngrán 부 뜻밖에도 **考上** kǎoshàng (시험에) 합격하다
大学 dàxué 명 대학

시험에 이렇게 나온다!

듣기 **弟弟**와 **姐姐**(jiějie, 누나) 사이를 나타내는 말인 **姐弟**(jiědì, 누나 동생 사이)라는 표현이 듣기에서 남녀 대화를 듣고 둘의 관계를 파악하는 문제의 보기로 출제된다.

16 **再见**
zàijiàn

❶ 동 **또 뵙겠습니다, 안녕히 계십시오**

今天认识你很高兴，再见！
Jīntiān rènshi nǐ hěn gāoxìng, zàijiàn!
오늘 당신을 알게 되어서 기쁩니다. 또 뵙겠습니다!

认识 rènshi 동 알다

17 **孩子**

háizi

급수

❷ 명 **아이, 애, 자식**

술어

周末我打算带孩子去外面玩儿。

Zhōumò wǒ dǎsuan dài háizi qù wàimian wánr.

주말에 나는 아이를 데리고 밖으로 나가서 놀 계획이다.

周末 zhōumò 명 주말 **打算** dǎsuan 동 ~할 계획이다
带 dài 동 데리다, 휴대하다

시험에 이렇게 나온다!

듣기 독해 **孩子**와 비슷한 의미의 **小孩儿**(xiǎoháir, 아이)도 듣기 또는 독해에서 자주 출제되므로 함께 알아 둔다.

18 **丈夫**

zhàngfu

❷ 명 **남편**

丈夫到家后和我一起打扫房间。

Zhàngfu dàojiā hòu hé wǒ yìqǐ dǎsǎo fángjiān.

남편은 집에 돌아온 후 나와 함께 방을 청소한다.

打扫 dǎsǎo 동 청소하다 **房间** fángjiān 명 방

19 **妻子**

qīzi

❷ 명 **아내, 부인**

我和妻子是十年前认识的。

Wǒ hé qīzi shì shí nián qián rènshi de.

나와 아내는 십 년 전에 알았다.

前 qián 명 전, 앞 **是……的** shì……de [是과 的 사이의 내용을 강조함]

시험에 이렇게 나온다!

듣기 **妻子**와 **丈夫**(zhàngfu, 남편) 사이를 나타내는 말인 **夫妻**(fūqī, 부부)라는 표현이 듣기에서 남녀 대화를 듣고 둘의 관계를 파악하는 문제의 보기로 출제된다.

급수

20 **爷爷** ★★★

yéye

3 명 **할아버지**

술어

我爷爷爱看京剧。

Wǒ yéye ài kàn jīngjù.

나의 할아버지는 경극 보는 것을 좋아하신다.

爱 ài 동 좋아하다, 사랑하다 **京剧** jīngjù 명 경극

21 **奶奶**

nǎinai

3 명 **할머니**

我们明天再给奶奶打电话吧。

Wǒmen míngtiān zài gěi nǎinai dǎ diànhuà ba.

우리 내일 할머니께 다시 전화를 걸어보자.

吧 ba 조 ~하자

22 **叔叔**

shūshu

3 명 **삼촌, 숙부, 아저씨**

最近叔叔一直在家里。

Zuìjìn shūshu yìzhí zài jiāli.

삼촌은 요즘 줄곧 집에 있다.

最近 zuìjìn 명 요즘, 최근 **一直** yìzhí 부 줄곧

23 **阿姨**

āyí

3 명 **아주머니, 이모**

王阿姨看起来很年轻。

Wáng āyí kànqǐlai hěn niánqīng.

왕 아주머니는 젊어 보인다.

看起来 kànqǐlai ~하게 보이다, 보기에 **年轻** niánqīng 형 젊다

시험에 이렇게 나온다!

빈출표현 **阿姨**는 '성씨 + **阿姨**(~ 아주머니)' 형태로 자주 출제된다. 성씨가 앞에 붙으면 '이모'가 아닌 '~(씨) 아주머니'라고 해석해야 한다. 참고로 **叔叔**(shūshu, 아저씨) 또한 **阿姨**와 마찬가지로 '성씨 + **叔叔**' 형태로 출제된다는 것도 함께 알아두자.

王阿姨 Wáng āyí 왕 아주머니

高阿姨 Gāo āyí 까오 아주머니

刘叔叔 Liú shūshu 리우 아저씨

24 **关系** ③
guānxi

급수

명 **관계**

男的和女的最可能是什么关系?
Nánde hé nǚde zuì kěnéng shì shénme guānxi?
남자와 여자는 어떤 관계일 가능성이 가장 큰가?

最 zuì 부 가장 **可能** kěnéng 부 (아마도) ~일 가능성이 크다

25 **一样** ★★ ③
yíyàng

형 **같다, 동일하다**

我们俩的爱好不一样。
Wǒmen liǎ de àihào bù yíyàng.
우리 둘의 취미는 같지 않다.

俩 liǎ 수 둘, 두 사람 **爱好** àihào 명 취미

시험에 이렇게 나온다!

짝꿍표현 **一样**을 활용한 다양한 짝꿍 표현을 외워 둔다. 참고로, 부정부사 **不**(bù, ~않다)가 붙은 **不一样**(bù yíyàng, 같지 않다)과 같은 의미의 **不同**(bùtóng, 다르다)도 함께 알아두자.

不一样 bù yíyàng 같지 않다 = **不同** bùtóng 다르다
和/跟……一样 hé/gēn……yíyàng ~와 같다

26 **像** ★★★ ③
xiàng

동 **닮다, ~와 같다**

妈妈跟姐姐一点儿也不像。
Māma gēn jiějie yìdiǎnr yě bú xiàng.
엄마와 언니는 조금도 닮지 않았다.

人生就像一本书，每一页都很精彩。
Rénshēng jiù xiàng yì běn shū, měi yí yè dōu hěn jīngcǎi.
인생은 책과 같아서, 모든 페이지가 멋지다.

一点儿 yìdiǎnr 수량 조금, 약간 **人生** rénshēng 명 인생
页 yè 양 페이지, 쪽 **精彩** jīngcǎi 형 멋지다, 훌륭하다

시험에 이렇게 나온다!

짝꿍표현 **像**을 활용한 다양한 짝꿍 표현을 알아 둔다.

和/跟 + 명사 + **像** ~와 닮다
像 + 명사 + **一样** ~와 같다, ~와 같이 ~하다
像 + 명사 + **那样/那么** + 형용사 ~처럼 그렇게 ~하다

27 **父亲** ★★
fùqīn

❹ 명 **아버지, 부친**

(급수)

父亲给我送了一台笔记本电脑。 (술어)
Fùqīn gěi wǒ sòngle yì tái bǐjìběn diànnǎo.
아버지께서 나에게 노트북 컴퓨터 한 대를 선물해주셨다.

送 sòng 동 선물하다 **台** tái 양 대
笔记本电脑 bǐjìběn diànnǎo 명 노트북 컴퓨터

28 **母亲** ★★
mǔqīn

❹ 명 **어머니, 모친**

母亲听完我的话之后，感到非常吃惊。
Mǔqīn tīngwán wǒ de huà zhīhòu, gǎndào fēicháng chījīng.
어머니는 내 말을 다 듣고 나서, 매우 놀라워하셨다.

话 huà 명 말 **感到** gǎndào 동 느끼다 **吃惊** chījīng 동 놀랍다

29 **儿童** ★★★
értóng

❹ 명 **아동, 어린이**

高阿姨对儿童教育很关心。
Gāo āyí duì értóng jiàoyù hěn guānxīn.
까오 아주머니는 아동 교육에 대해 매우 관심이 있다.

教育 jiàoyù 명 교육 **关心** guānxīn 동 관심이 있다, 관심을 가지다

시험에 이렇게 나온다!

짝꿍표현 **儿童**은 **孩子**(háizi, 아이, 애)보다 조금 더 서면적인 표현으로, '**儿童** + 명사' 형태로 주로 출제된다. 자주 쓰이는 '**儿童** + 명사' 표현들을 알아 둔다.

儿童教育 értóng jiàoyù 아동 교육
儿童图书馆 értóng túshūguǎn 아동 도서관
儿童节 értóngjié 어린이날 (6월 1일)
儿童票 értóng piào 어린이 표

30 **出生** ★★★
chūshēng

❹ 동 **태어나다, 출생하다**

我的孩子昨天刚出生。
Wǒ de háizi zuótiān gāng chūshēng .
내 아이는 어제 막 태어났다.

刚 gāng 부 막, 지금

급수

31 **支持** ★★★

zhīchí

4 [동] **지지하다**

술어

我十分感谢父亲和母亲对我的支持。

Wǒ shífēn gǎnxiè fùqīn hé mǔqīn duì wǒ de zhīchí.

나는 나에 대한 아버지와 어머니의 지지에 무척 감사드린다.

感谢 gǎnxiè [동] 감사하다

시험에 이렇게 나온다!

> [짝꿍 표현] **支持**은 동사이지만 '동사 + …… + **的** + **支持**(~ 지지를 ~하다)'와 같이 명사로도 자주 쓰인다.
>
> **想获得你的支持** xiǎng huòdé nǐ de zhīchí 당신의 지지를 얻고 싶다
>
> **感谢对我的支持** gǎnxiè duì wǒ de zhīchí
> 저에 대한 지지에 감사드립니다

32 **互相** ★★

hùxiāng

4 [부] **서로, 상호**

朋友之间应该互相帮助。

Péngyou zhījiān yīnggāi hùxiāng bāngzhù.

친구 사이에는 서로 도와야 한다.

之间 zhījiān [명] ~의 사이 **应该** yīnggāi [조동] ~해야 한다
帮助 bāngzhù [동] 돕다

시험에 이렇게 나온다!

> [짝꿍 표현] **互相**은 항상 '**互相** + 동사' 형태로 출제된다. 자주 쓰이는 '**互相** + 동사' 표현들을 알아 둔다.
>
> **互相帮助** hùxiāng bāngzhù 서로 돕다
> **互相尊重** hùxiāng zūnzhòng 서로 존중하다
> **互相理解** hùxiāng lǐjiě 서로 이해하다
> **互相交流** hùxiāng jiāoliú 서로 소통하다
> **互相认识** hùxiāng rènshi 서로 알다

★★★ = 출제율 최상 ★★ = 출제율 상

33 **尊重** ★★

zūnzhòng

급수

❹ 동 **존중하다, 중시하다**

술어

父母一定要尊重孩子的意见。

Fùmǔ yídìng yào zūnzhòng háizi de yìjiàn.

부모는 반드시 아이의 의견을 존중해야 한다.

父母 fùmǔ 명 부모 **一定** yídìng 부 반드시

시험에 이렇게 나온다!

짝꿍표현 **尊重**은 동사이지만 '동사 + **尊重**(존중을 ~하다)', '……**的尊重**(~한 존중, ~의 존중)'과 같이 명사로도 자주 쓰인다.

赢得尊重 yíngdé zūnzhòng 존중을 얻다
获得尊重 huòdé zūnzhòng 존중을 획득하다
对他人的尊重 duì tārén de zūnzhòng 타인에 대한 존중

34 **交流** ★★★

jiāoliú

❹ 동 **서로 소통하다, 교류하다**

我可以跟他们用汉语交流。

Wǒ kěyǐ gēn tāmen yòng Hànyǔ jiāoliú.

나는 그들과 중국어로 서로 소통할 수 있다.

跟 gēn 개 ~와

35 **孙子**

sūnzi

❹ 명 **손자**

奶奶平时和孙子在附近的公园散步。

Nǎinai píngshí hé sūnzi zài fùjìn de gōngyuán sànbù.

할머니는 평소에 손자와 근처 공원에서 산책한다.

平时 píngshí 명 평소 **附近** fùjìn 명 근처 **公园** gōngyuán 명 공원
散步 sànbù 동 산책하다

36 **年龄** ★★★

niánlíng

급수

❹ 명 **나이, 연령**

我孙子虽然年龄很小，但是非常聪明。 술어

Wǒ sūnzi suīrán niánlíng hěn xiǎo, dànshì fēicháng cōngming.

나의 손자는 비록 나이는 어리지만, 매우 총명하다.

虽然……但是 suīrán……dànshì 비록~, 하지만~
年龄 niánlíng 명 나이　**聪明** cōngming 형 총명하다, 똑똑하다

37 **亲戚**

qīnqi

❹ 명 **친척**

中国人过春节时，回老家走亲戚。

Zhōngguórén guò Chūnjié shí, huí lǎojiā zǒu qīnqi.

중국 사람들은 춘절을 보낼 때, 고향으로 돌아가 친척을 보러 간다.

过 guò 동 보내다, 지내다　**春节** Chūnjié 고유 춘절　**老家** lǎojiā 명 고향
走亲戚 zǒu qīnqi 친척을 보러 가다

38 **联系**

liánxì

미나
2

❹ 동 **연락하다, 연결하다**

我给妈妈打了很多次电话，一直联系不上。

Wǒ gěi māma dǎle hěn duō cì diànhuà, yìzhí liánxì bu shàng.

나는 엄마에게 여러 번 전화를 걸었는데, 계속 연락이 닿지 않는다.

多次 duōcì 형 여러 번의

시험에 이렇게 나온다!

짝꿍 표현 **联系**를 활용한 다양한 짝꿍 표현을 알아 둔다.

联系不上 liánxì bu shàng 연락이 닿지 않다
没联系上 méi liánxì shàng 연락이 닿지 않았다
联系电话 liánxì diànhuà 연락처
联系方式 liánxì fāngshì 연락처

39 **复杂** ★★

fùzá

급수

4 [형] **복잡하다**

人与人之间的关系往往比较复杂。

술어

Rén yǔ rén zhījiān de guānxi wǎngwǎng bǐjiào fùzá.

사람과 사람 사이의 관계는 때때로 비교적 복잡하다.

与 yǔ [접] ~와 **往往** wǎngwǎng [부] 때때로, 왕왕

比较 bǐjiào [부] 비교적

40 **解释** ★★★

jiěshì

4 [동] **해명하다, 해석하다**

他们之间的误会已经解释清楚了。

Tāmen zhījiān de wùhuì yǐjīng jiěshì qīngchu le.

그들 사이의 오해는 이미 분명하게 해명되었다.

误会 wùhuì [명] 오해 **清楚** qīngchu [형] 분명하다

연습문제 **체크체크!**

단어의 뜻을 오른쪽 보기에서 찾아 연결하세요.

01 年龄	ⓐ 아주머니, 이모
02 孩子	ⓑ 연락하다, 연결하다
03 阿姨	ⓒ 나이, 연령
04 联系	ⓓ 아들
05 儿子	ⓔ 존중하다, 중시하다
	ⓕ 아이, 애, 자식

문장을 읽고 빈칸에 들어 갈 단어를 찾아 적어보세요.

ⓐ 互相　ⓑ 支持　ⓒ 朋友　ⓓ 关系　ⓔ 交流

06 我很喜欢周末跟一些 ______ 出去玩儿。

07 你放心，大家都很 ______ 你。

08 同学之间要 ______ 照顾一下。

09 弟弟在学校用汉语跟同学们 ______ 。

10 他们最可能是什么 ______ ?

정답 : 01 ⓒ 02 ⓕ 03 ⓐ 04 ⓑ 05 ⓓ 06 ⓒ 07 ⓑ 08 ⓐ 09 ⓔ 10 ⓓ

* 06~10번 문제 해석과 추가 <Day별 단어 퀴즈 PDF>를 해커스중국어(china.Hackers.com)에서 다운로드 받으세요.

품사별로 헤쳐 모여!

앞에서 외운 단어들을 품사별로 다시 한 번 확인합니다.

☑ 잘 외워지지 않은 단어는 □에 체크해 두고 다음에 반복 암기합니다.

명사

□□□	朋友 1급	péngyou	명 친구
□□□	妈妈 1급	māma	명 엄마, 어머니
□□□	爸爸 1급	bàba	명 아빠, 아버지
□□□	女儿 1급	nǚ'ér	명 딸
□□□	儿子 1급	érzi	명 아들
□□□	姐姐 2급	jiějie	명 누나, 언니
□□□	哥哥 2급	gēge	명 오빠, 형
□□□	妹妹 2급	mèimei	명 여동생
□□□	弟弟 2급	dìdi	명 남동생
□□□	孩子 2급	háizi	명 아이, 애, 자식
□□□	丈夫 2급	zhàngfu	명 남편
□□□	妻子 2급	qīzi	명 아내, 부인
□□□	爷爷 3급	yéye	명 할아버지
□□□	奶奶 3급	nǎinai	명 할머니
□□□	叔叔 3급	shūshu	명 삼촌, 숙부, 아저씨
□□□	阿姨 3급	āyí	명 아주머니, 이모
□□□	关系 3급	guānxi	명 관계
□□□	父亲 4급	fùqīn	명 아버지, 부친
□□□	母亲 4급	mǔqīn	명 어머니, 모친
□□□	儿童 4급	értóng	명 아동, 어린이
□□□	孙子 4급	sūnzi	명 손자
□□□	年龄 4급	niánlíng	명 나이, 연령
□□□	亲戚 4급	qīnqi	명 친척

동사

□□□	再见 1급	zàijiàn	동 또 뵙겠습니다, 안녕히 계십시오
□□□	像 3급	xiàng	동 닮다, ~와 같다
□□□	出生 4급	chūshēng	동 태어나다, 출생하다
□□□	支持 4급	zhīchí	동 지지하다
□□□	尊重 4급	zūnzhòng	동 존중하다, 중시하다
□□□	交流 4급	jiāoliú	동 서로 소통하다, 교류하다
□□□	联系 4급	liánxì	동 연락하다, 연결하다
□□□	解释 4급	jiěshì	동 해명하다, 해석하다

형용사

□□□	一样 3급	yíyàng	형 같다, 동일하다
□□□	复杂 4급	fùzá	형 복잡하다

부사

□□□	互相 4급	hùxiāng	부 서로, 상호

대사

□□□	我 1급	wǒ	대 나, 저
□□□	我们 1급	wǒmen	대 우리(들)
□□□	你 1급	nǐ	대 너, 당신
□□□	她 1급	tā	대 그녀, 그 여자
□□□	他 1급	tā	대 그, 그 사람
□□□	您 2급	nín	대 당신 [你의 존칭]

DAY

02

해커스 HSK1-4급 단어장

N잡러

직업 · 신분

주제를 알면 HSK가 보인다!

HSK 4급에서는 특정 인물의 직업이나 신분을 파악해야 하는 문제가 자주 출제돼요. 따라서 '직업', '경찰', '변호사', '기자'처럼 직업·신분 관련 단어를 집중적으로 학습하면 이러한 문제를 쉽게 풀 수 있어요.

단어, 예문 MP3

나는야 N 잡러

나의 职业는 나쁜 사람들을 잡는 정의로운 警察이자
딸깍
척
딸깍
법정에서 의뢰인을 보호하는 律师이자
척!
많은 사람을 취재하는 记者이지. 모두가 著名한 나를 부러워하지! 음하하하하
척
좋아! 이번엔 기자로 간다~!!
직업선택
경찰
변호사
기자
딸깍

[18] **职业** zhíyè 명 직업

[24] **律师** lǜshī 명 변호사

[38] **著名** zhùmíng 형 저명하다, 유명하다

[25] **警察** jǐngchá 명 경찰

[22] **记者** jìzhě 명 기자

01 **是**
shì

급수
1 동 **~이다**

술어
我叔叔是公司职员。
Wǒ shūshu shì gōngsī zhíyuán.
내 삼촌은 회사원이다.

叔叔 shūshu 명 삼촌 **公司** gōngsī 명 회사 **职员** zhíyuán 명 직원

시험에 이렇게 나온다!

어법 **是**자문은 '주어 + **是** + 목적어'의 어순을 가지며, '(주어)는 (목적어)이다' 라는 의미로 해석된다.

他 + 是 + 我爸爸。 Tā + shì + wǒ bàba. 그는 나의 아빠이다.

是……的강조구문은 '주어 + **是** + 강조내용 + 술어 + **的**'의 어순을 가지며, 이미 발생한 행위에 대한 시간/장소/방식 등을 강조하는 의미이다.

我 + 是 + 上个月 + 去 + 上海 + 的。
Wǒ + shì + shàng ge yuè + qù + Shànghǎi + de.
나는 지난달에 상하이에 갔다.

02 **人**
rén

1 명 **사람, 인간**

今天参加招聘会的人非常多。
Jīntiān cānjiā zhāopìnhuì de rén fēicháng duō.
오늘 채용 박람회에 참가한 사람이 매우 많다.

参加 cānjiā 동 참가하다 **招聘会** zhāopìnhuì 채용 박람회

03 **老师**
lǎoshī

1 명 **선생님, 스승**

遇到不懂的问题可以去问老师。
Yùdào bù dǒng de wèntí kěyǐ qù wèn lǎoshī.
모르는 문제를 만나면 선생님한테 가서 물어봐도 된다.

遇到 yùdào 동 만나다 **不懂** bù dǒng 모르다, 알지 못하다

04 学生
xuésheng

❶ 명 **학생**

老师一定要了解学生的学习情况。
Lǎoshī yídìng yào liǎojiě xuésheng de xuéxí qíngkuàng.
선생님은 학생의 학습 상황을 반드시 이해해야 한다.

一定 yídìng 부 반드시 **了解** liǎojiě 동 이해하다
情况 qíngkuàng 명 상황

시험에 이렇게 나온다!

듣기 **老师**(lǎoshī, 선생님)과 **学生** 사이를 나타내는 표현인 **师生**(shīshēng, 사제 사이)이라는 표현이 듣기에서 남녀 대화를 듣고 둘의 관계를 파악하는 문제의 보기로 출제된다.

05 同学
tóngxué

❶ 명 **동창, 학우**

我们毕业后每年举办一次同学聚会。
Wǒmen bìyè hòu měi nián jǔbàn yí cì tóngxué jùhuì.
우리는 졸업 후에 해마다 한 번씩 동창 모임을 개최한다.

毕业 bìyè 동 졸업하다 **举办** jǔbàn 동 개최하다 **聚会** jùhuì 명 모임

잠깐 同桌(tóngzhuō, 짝꿍)라는 표현도 알아두세요!

06 个
gè

❶ 양 **개, 명**

她的性格非常适合这个工作。
Tā de xìnggé fēicháng shìhé zhè ge gōngzuò.
그녀의 성격은 이 일에 아주 적합하다.

性格 xìnggé 명 성격 **适合** shìhé 동 적합하다

시험에 이렇게 나온다!

작문 노하우 쓰기 제2부분에서는 사람 또는 사물을 나타내는 명사를 활용하여 문장을 작문하는 문제가 자주 출제된다. 이때 명사 앞에 '지시대사/수사 + **个**'를 붙여서 문장을 시작하면 보다 쉽게 작문할 수 있다.

这个毛巾 이 수건
那个售货员 그 판매원
一个牙膏 치약 한 개
一个导游 가이드 한 명

잠깐 사람도 세고 물건도 셀 수 있는 양사예요. 실제 문장에서 활용할 때에는 경성으로 읽어요. 가장 광범위하게 쓰이는 양사랍니다!

급수

07 什么
shénme

❶ 대 어떤, 무엇, 무슨

술어

你回老家以后想要做什么工作?
Nǐ huí lǎojiā yǐhòu xiǎng yào zuò shénme gōngzuò?
당신은 고향으로 돌아간 이후에 어떤 일을 하고 싶습니까?

老家 lǎojiā 명 고향

08 吗
ma

❶ 조 [문장 끝에 쓰여 의문의 어기를 나타냄]

王老师出差回来了吗?
Wáng lǎoshī chūchāi huílaile ma?
왕 선생님께서 출장에서 돌아오셨습니까?

出差 chūchāi 동 출장 가다

09 了
le

❶ 조 [동작 또는 변화가 완료되었음을 나타냄]

哥哥换了一份工作，他对现在的工作很满意。
Gēge huànle yí fèn gōngzuò, tā duì xiànzài de gōngzuò hěn mǎnyì.
오빠가 직업을 바꿨는데, 그는 현재 일에 매우 만족한다.

换 huàn 동 바꾸다 **份** fèn 양 [직업 등을 세는 단위]
满意 mǎnyì 동 만족하다

10 先生
xiānsheng

❶ 명 선생님 [성인 남성에 대한 경칭]

先生，请问，国家图书馆怎么走?
Xiānsheng, qǐngwèn, guójiā túshūguǎn zěnme zǒu?
선생님, 실례지만 국립 도서관은 어떻게 가나요?

请问 qǐngwèn 실례지만, 말씀 좀 여쭙겠습니다
国家图书馆 guójiā túshūguǎn 국립 도서관

시험에 이렇게 나온다!

듣기 **先生**은 듣기에서 자주 출제되는 단어로, 대화에서 남자 화자를 부를 때 자주 사용된다.

11 **小姐**
xiǎojiě

급수
❶ 명 **아가씨**

술어
这位是李小姐，你们打个招呼吧。
Zhè wèi shì Lǐ xiǎojiě, nǐmen dǎ ge zhāohu ba.
이분은 리 아가씨입니다. 인사하세요.

位 wèi 양 분, 명 **打招呼** dǎ zhāohu 인사하다

12 **女**
nǚ

❷ 명 **여자, 여성**

女的是做什么的?
Nǚde shì zuò shénme de?
여자는 무엇을 하는 사람인가?

做 zuò 동 하다, 일하다

시험에 이렇게 나온다!

듣기 **女**는 단독으로 쓰이기보다 뒤에 **的**가 붙은 **女的**(여자)라는 표현으로 주로 출제된다. 듣기에서 **女的**를 활용한 질문이 자주 출제된다는 것을 알아두자.

关于女的可以知道什么? Guānyú nǚde kěyǐ zhīdào shénme?
여자에 관해 알 수 있는 것은 무엇인가?

女的想做什么? Nǚde xiǎng zuò shénme?
여자는 무엇을 하고 싶어 하는가?

13 **男**
nán

❷ 명 **남자, 남성**

关于男的可以知道什么?
Guānyú nánde kěyǐ zhīdào shénme?
남자에 관해 알 수 있는 것은 무엇인가?

关于 guānyú 동 ~에 관해

시험에 이렇게 나온다!

듣기 **男**은 단독으로 쓰이기보다 뒤에 **的**가 붙은 **男的**(남자)라는 표현으로 주로 출제된다. 듣기에서 **男的**를 활용한 질문이 자주 출제된다는 것을 알아두자.

男的下午去哪儿? Nánde xiàwǔ qù nǎr? 남자는 오후에 어디 가는가?

男的是做什么的? Nánde shì zuò shénme de?
남자는 무엇을 하는 사람인가?

14 **也**
yě

급수
② 부 ~도, 또한

小明去年开了自己的店，今年他的弟弟也开了一家店。
(술어)

Xiǎo Míng qùnián kāile zìjǐ de diàn, jīnnián tā de dìdi yě kāile yì jiā diàn.

샤오밍은 작년에 자신의 가게를 열었는데, 올해 그의 남동생도 가게를 하나 열었다.

自己 zìjǐ 대 자신

15 **位** ★★★
wèi

③ 양 분, 명

那两位小姐我都不认识。

Nà liǎng wèi xiǎojiě wǒ dōu bú rènshi.

나는 저 아가씨 두 분 모두 모른다.

认识 rènshi 동 알다, 인식하다

16 **先** ★★★
xiān

③ 부 먼저, 우선

好父母会先听孩子的意见，然后决定所有的事情。

Hǎo fùmǔ huì xiān tīng háizi de yìjiàn, ránhòu juédìng suǒyǒu de shìqing.

좋은 부모는 먼저 아이의 의견을 듣고, 그 다음에 모든 일을 결정한다.

父母 fùmǔ 명 부모 **意见** yìjiàn 명 의견 **然后** ránhòu 접 그 다음에, 나중에
决定 juédìng 동 결정하다 **所有** suǒyǒu 형 모든, 전부의

시험에 이렇게 나온다!

독해 **先**은 접속사 **然后**(ránhòu, 그 다음에)와 함께 **先**……, **然后**……(먼저 ~, 그 다음에 ~)의 형태로 자주 출제된다. 독해 제2부분 문장 순서를 배열하는 문제에서, 두 개의 보기에 각각 **先**과 **然后**가 있으면 '**先**이 있는 보기 → **然后**가 있는 보기' 순서로 배열한다.

★★★ = 출제율 최상 ★★ = 출제율 상

17 **认为** ★★★

rènwéi

❸ 동 ~이라고 생각하다, ~이라고 여기다

我认为那份工作很好。

Wǒ rènwéi nà fèn gōngzuò hěn hǎo.

나는 그 직업이 매우 좋다고 생각한다.

시험에 이렇게 나온다!

어법 **认为**는 주술구 또는 술목구를 목적어로 취할 수 있는 동사이다.

我认为他很聪明。 Wǒ rènwéi tā hěn cōngming.
나는 그가 매우 똑똑하다고 생각한다.

18 **职业** ★★

zhíyè

❹ 명 직업

当你选择职业时，先要考虑你喜欢做什么。

Dāng nǐ xuǎnzé zhíyè shí, xiān yào kǎolǜ nǐ xǐhuan zuò shénme.

직업을 선택할 때, 먼저 당신이 무엇을 하는 것을 좋아하는지 고려해야 한다.

当……时 dāng……shí ~할 때 **选择** xuǎnzé 동 선택하다
考虑 kǎolǜ 동 고려하다

19 **客人** ★★

kèrén

❸ 명 손님, 방문객

一会儿有客人要来，你准备一下。

Yíhuìr yǒu kèrén yào lái, nǐ zhǔnbèi yíxià.

조금 있으면 손님이 올 테니 준비 좀 하세요.

一会儿 yíhuìr 수량 조금, 짧은 시간, 잠시 **准备** zhǔnbèi 동 준비하다

20 **司机**

sījī

❸ 명 기사, 운전사

这位司机对客人态度非常好。

Zhè wèi sījī duì kèrén tàidu fēicháng hǎo.

이 기사는 손님들에 대한 태도가 매우 친절하다.

态度 tàidu 명 태도

시험에 이렇게 나온다!

듣기 **司机**는 **出租车**(chūzūchē, 택시)와 함께 **出租车司机**(택시 운전사)라는 표현으로 듣기에서 자주 출제된다.

21 **校长**
xiàozhǎng

급수 ③ 명 **교장**

校长现在在吗？我有事要跟他商量。 (술어)

Xiàozhǎng xiànzài zài ma? Wǒ yǒu shì yào gēn tā shāngliang.

교장선생님이 지금 계신가요? 제가 그와 상의할 일이 있어요.

商量 shāngliang 동 상의하다

22 **记者** ★★★
jìzhě

④ 명 **기자**

记者写新闻时不应该加入自己的看法。

Jìzhě xiě xīnwén shí bù yīnggāi jiārù zìjǐ de kànfǎ.

기자는 뉴스를 쓸 때 자신의 견해를 넣어서는 안 된다.

新闻 xīnwén 명 뉴스 **应该** yīnggāi 조동 ~해야 한다
加入 jiārù 동 넣다, 보태다

23 **导游** ★★
dǎoyóu

④ 명 **가이드, 관광 안내원**

导游告诉了我适合跟家人一起旅游的地方。

Dǎoyóu gàosule wǒ shìhé gēn jiārén yìqǐ lǚyóu de dìfang.

가이드는 나에게 가족과 함께 여행하기 적합한 곳을 알려 주었다.

告诉 gàosu 동 알리다 **旅游** lǚyóu 명 여행 **地方** dìfang 명 곳, 장소

시험에 이렇게 나온다!

듣기 독해 듣기 또는 독해 지문에서 화자의 직업을 추론해야 하는 문제가 출제된다. 이때 관광지 소개, 여행 일정 안내 등의 멘트가 나오면 **导游**를 정답으로 선택한다.

24 **律师** ★★★
lǜshī

④ 명 **변호사**

你认识这方面的律师吗？

Nǐ rènshi zhè fāngmiàn de lǜshī ma?

당신은 이 분야의 변호사를 알고 있나요?

方面 fāngmiàn 명 분야, 방면

★★★ = 출제율 최상 ★★ = 출제율 상

급수

25 **警察** ★★
jǐngchá

4 명 **경찰**

술어

警察在调查现场。
Jǐngchá zài diàochá xiànchǎng.
경찰이 현장을 조사하고 있다.

调查 diàochá 동 조사하다 **现场** xiànchǎng 명 현장

26 **正式** ★★
zhèngshì

4 형 **정식이다, 공식적이다**

我正式成为公司的一员了!
Wǒ zhèngshì chéngwéi gōngsī de yì yuán le!
제가 정식으로 회사의 일원이 되었어요!

成为 chéngwéi 동 ~이 되다 **一员** yì yuán (어떤 집단의) 일원

시험에 이렇게 나온다!

어법 **正式**은 형용사이지만 '**正式** + 동사(정식으로 ~하다)' 형태로 동사를 수식하는 부사어가 될 수 있다.

正式成为 zhèngshì chéngwéi 정식으로 ~가 되다
正式上班 zhèngshì shàngbān 정식으로 출근하다
正式出结果 zhèngshì chū jiéguǒ 정식으로 결과가 나오다

27 **却** ★★★
què

4 부 **오히려, 하지만, 도리어**

大家以为他会回国,他却选择在上海工作。
Dàjiā yǐwéi tā huì huíguó, tā què xuǎnzé zài Shànghǎi gōngzuò.
모두들 그가 귀국할 것이라고 생각했지만, 그는 오히려 상하이에서 일하는 것을 선택했다.

以为 yǐwéi 동 ~라고 생각하다 **上海** Shànghǎi 고유 상하이, 상해
工作 gōngzuò 동 일하다

28 **当** ★★★
dāng

4 동 **되다, 담당하다, 맡다**

有人经常问我为什么当导游,那是因为我爱旅行。
Yǒu rén jīngcháng wèn wǒ wèishénme dāng dǎoyóu, nà shì yīnwèi wǒ ài lǚxíng.
사람들이 나에게 왜 가이드가 되었냐고 자주 묻는데, 그것은 내가 여행하는 것을 좋아하기 때문이다.

经常 jīngcháng 부 자주 **旅行** lǚxíng 동 여행하다

[29] 成为 ★★
chéngwéi

급수
4 [동] ~이 되다, ~로 변하다

술어
妹妹小时候想当律师，但她成为了一名记者。
Mèimei xiǎoshíhou xiǎng dāng lǜshī, dàn tā chéngwéile yì míng jìzhě.
여동생은 어릴 때 변호사가 되고 싶어했는데, 하지만 그녀는 기자가 되었다.

小时候 xiǎoshíhou [명] 어릴 때 **名** míng [양] 명

시험에 이렇게 나온다!

[유의어] **成为**와 **当** 모두 '**成为** + 직업(~이 되다)', '**当** + 직업(~이 되다)' 형태로 자주 쓰인다. 단, **当**은 특정 직업·직무를 맡거나 담당하게 되었음을 나타내고, **成为**는 특정 직업의 사람으로 변화했음을 강조한다는 것을 알아두자.

[30] 毕业 ★★★
bìyè

4 [동] 졸업하다

他是经济学专业毕业的。
Tā shì jīngjìxué zhuānyè bìyè de.
그는 경제학 전공으로 졸업했다.

是……的 shì……de [是과 的 사이의 내용을 강조함]
经济学 jīngjìxué [명] 경제학

시험에 이렇게 나온다!

[어법] **毕业**는 **毕**(마치다) + **业**(학업)이 합쳐진 '동사 + 목적어' 형태의 이합동사이다. 이와 같은 이합동사는 뒤에 이미 목적어를 갖고 있으므로 또 다른 목적어가 올 수 없다.

毕业大学 bìyè dàxué (X)
大学毕业 dàxué bìyè 대학을 졸업하다 (O)
毕业于北京大学 bìyè yú Běijīng dàxué 베이징 대학을 졸업하다 (O)

[31] 硕士 ★★
shuòshì

4 [명] 석사 (학위)

我大学毕业后打算继续读硕士。
Wǒ dàxué bìyè hòu dǎsuan jìxù dú shuòshì.
나는 대학 졸업 후에 계속해서 석사 과정을 공부할 계획이다.

打算 dǎsuan [동] ~할 계획이다 **继续** jìxù [동] 계속하다

시험에 이렇게 나온다!

[짝꿍표현] **硕士**은 동사 **读**(dú, 공부하다)와 함께 **读硕士**(석사 학위를 공부하다)이라는 표현으로 자주 출제된다. 참고로, 비슷한 의미의 **读研究生**(dú yánjiūshēng, 대학원 공부를 하다)이라는 표현도 알아둔다.

급수

32 **博士** bóshì

④ 명 **박사 (학위)**

술어

我女朋友在准备明年的博士考试。

Wǒ nǚ péngyou zài zhǔnbèi míngnián de bóshì kǎoshì.

내 여자친구는 내년 박사 시험을 준비하고 있다.

明年 míngnián 명 내년

시험에 이렇게 나온다!

듣기 독해 **博士**은 동사 **读**(dú, 공부하다)와 함께 **读博士**(박사 학위를 공부하다)이라는 표현으로 자주 출제된다.

33 **将来** jiānglái

④ 명 **장래, 미래**

我将来想成为一名优秀的记者。

Wǒ jiānglái xiǎng chéngwéi yì míng yōuxiù de jìzhě.

나는 장래에 우수한 기자가 되고 싶다.

优秀 yōuxiù 형 우수하다

34 **咱们** ★★ zánmen

④ 대 **우리(들)**

咱们的同学会是不是下个星期三?

Zánmen de tóngxuéhuì shì bu shì xià ge xīngqīsān?

우리 동창회가 다음 주 수요일이지?

同学会 tóngxuéhuì 동창회

35 **俩** ★★ liǎ

④ 수 **두 사람, 두 개**

她们俩是同学，都在这家公司上班。

Tāmen liǎ shì tóngxué, dōu zài zhè jiā gōngsī shàngbān.

그녀 두 사람은 동창이고, 모두 이 회사에서 근무한다.

上班 shàngbān 동 근무하다, 출근하다

시험에 이렇게 나온다!

작문 노하우 쓰기 제2부분에서는 제시어 **俩**와 함께 두 사람이 등장하는 사진이 자주 출제된다. 이때 **我们俩**……(우리 두 사람은), **他们俩**……(그 두 사람은), **她们俩**……(그녀 두 사람은)로 문장을 시작하여 쉽게 작문할 수 있다.

36 打招呼
dǎ zhāohu

급수 ④ (말이나 행동으로) 인사하다

술어
她礼貌地跟顾客打了招呼。

Tā lǐmào de gēn gùkè dǎle zhāohu.

그녀는 예의 바르게 고객과 인사했다.

礼貌 lǐmào 형 예의바르다　**顾客** gùkè 명 고객

시험에 이렇게 나온다!

작문 노하우 쓰기 제2부분에서는 제시어 **打招呼**와 함께 두 사람이 악수하는 사진이 자주 출제된다. 이때 A + **跟/向** + B + **打(了)招呼**(A는 B와 인사했다)를 사용하여 쉽게 작문할 수 있다. **打招呼他**와 같이 **打招呼** 뒤에 목적어를 쓰면 틀린 문장이 되므로 주의하자.

37 商量 ★★
shāngliang

④ 동 상의하다, 의논하다

律师们正坐在一起认真地商量。

Lǜshīmen zhèng zuò zài yìqǐ rènzhēn de shāngliang.

변호사들이 함께 모여 앉아 진지하게 상의하고 있다.

认真 rènzhēn 형 진지하다

시험에 이렇게 나온다!

작문 노하우 쓰기 제2부분에서는 제시어 **商量**과 함께 여러 사람이 모여 앉아 상의하는 듯한 사진이 자주 출제된다. 이때 **他们正坐在一起认真地商量。**(그들은 함께 모여 앉아 진지하게 상의하고 있다.)이라는 문장으로 쉽게 작문할 수 있다.

38 著名 ★★
zhùmíng

④ 형 저명하다, 유명하다

那本著名的小说就是她写的。

Nà běn zhùmíng de xiǎoshuō jiù shì tā xiě de.

그 저명한 소설은 그녀가 쓴 것이다.

小说 xiǎoshuō 명 소설

급수

39 **管理** ★★

guǎnlǐ

4 동 **관리하다, 돌보다**

술어

为了你的将来，你要学会管理时间。

Wèile nǐ de jiānglái, nǐ yào xuéhuì guǎnlǐ shíjiān.

당신의 미래를 위해, 시간을 관리하는 것을 할 줄 알아야 한다.

为了 wèile 개 ~를 위해 **学会** xuéhuì (배워서) 할 줄 알다

40 **表扬**

biǎoyáng

4 동 **칭찬하다**

我孩子今天在学校受到了老师的表扬。

Wǒ háizi jīntiān zài xuéxiào shòudàole lǎoshī de biǎoyáng.

우리 아이는 오늘 학교에서 선생님에게 칭찬을 받았다.

受到 shòudào 동 받다, 얻다

시험에 이렇게 나온다!

짝꿍 표현 **表扬**의 주어로 **老师**(선생님), **父母**(부모님), **经理**(사장님) 등이 자주 쓰인다. 참고로, **表扬**은 동사이지만 '……**的表扬**(~의 칭찬)'과 같이 명사로도 자주 쓰인다.

父母要多表扬孩子 fùmǔ yào duō biǎoyáng háizi
부모는 아이를 많이 칭찬해야 한다

经理表扬了我 jīnglǐ biǎoyáng le wǒ 사장님이 나를 칭찬했다

老师的表扬 lǎoshī de biǎoyáng 선생님의 칭찬

연습문제 **체크체크!**

단어의 뜻을 오른쪽 보기에서 찾아 연결하세요.

01 老师	ⓐ 동창, 학우
02 同学	ⓑ 교장
03 毕业	ⓒ 가이드, 관광 안내원
04 导游	ⓓ 졸업하다
05 校长	ⓔ 석사 (학위)
	ⓕ 선생님, 스승

문장을 읽고 빈칸에 들어 갈 단어를 찾아 적어보세요.

ⓐ 客人　ⓑ 职业　ⓒ 成为　ⓓ 却　ⓔ 商量

06 她毕业后 ______ 了一名律师。

07 昨天家里来了很多 ______ 。

08 我以为他会当警察，他 ______ 当了一名记者。

09 我们在 ______ 怎么解决这个问题。

10 你的 ______ 是老师还是医生？

정답 : 01 ⓕ 02 ⓐ 03 ⓓ 04 ⓒ 05 ⓑ 06 ⓒ 07 ⓐ 08 ⓓ 09 ⓔ 10 ⓑ

* 06~10번 문제 해석과 추가 <Day별 단어 퀴즈 PDF>를 해커스중국어(china.Hackers.com)에서 다운로드 받으세요.

품사별로 헤쳐 모여!

앞에서 외운 단어들을 품사별로 다시 한 번 확인합니다.

☑ 잘 외워지지 않은 단어는 □에 체크해 두고 다음에 반복 암기합니다.

명사

□□□	人 1급	rén	명 사람, 인간
□□□	老师 1급	lǎoshī	명 선생님, 스승
□□□	学生 1급	xuésheng	명 학생
□□□	同学 1급	tóngxué	명 동창, 학우
□□□	先生 1급	xiānsheng	명 선생님 [성인 남성에 대한 경칭]
□□□	小姐 1급	xiǎojiě	명 아가씨
□□□	女 2급	nǚ	명 여자, 여성
□□□	男 2급	nán	명 남자, 남성
□□□	客人 3급	kèrén	명 손님, 방문객
□□□	司机 3급	sījī	명 기사, 운전사
□□□	校长 3급	xiàozhǎng	명 교장
□□□	职业 4급	zhíyè	명 직업
□□□	记者 4급	jìzhě	명 기자
□□□	导游 4급	dǎoyóu	명 가이드, 관광 안내원
□□□	律师 4급	lǜshī	명 변호사
□□□	警察 4급	jǐngchá	명 경찰
□□□	硕士 4급	shuòshì	명 석사 (학위)
□□□	博士 4급	bóshì	명 박사 (학위)
□□□	将来 4급	jiānglái	명 장래, 미래

동사

□□□	是 1급	shì	동 ~이다
□□□	认为 3급	rènwéi	동 ~이라고 생각하다, ~이라고 여기다
□□□	当 4급	dāng	동 되다, 담당하다, 맡다

□□□	成为 4급	chéngwéi	동 ~이 되다, ~로 변하다
□□□	毕业 4급	bìyè	동 졸업하다
□□□	商量 4급	shāngliang	동 상의하다, 의논하다
□□□	管理 4급	guǎnlǐ	동 관리하다, 돌보다
□□□	表扬 4급	biǎoyáng	동 칭찬하다

형용사

□□□	正式 4급	zhèngshì	형 정식이다, 공식적이다
□□□	著名 4급	zhùmíng	형 저명하다, 유명하다

부사

□□□	也 2급	yě	부 ~도, 또한
□□□	先 3급	xiān	부 먼저, 우선
□□□	却 4급	què	부 오히려, 하지만, 도리어

양사

□□□	个 1급	gè	양 개, 명
□□□	位 3급	wèi	양 분, 명

대사

□□□	什么 1급	shénme	대 어떤, 무엇, 무슨
□□□	咱们 4급	zánmen	대 우리(들)

수사

□□□	俩 4급	liǎ	수 두 사람, 두 개

조사

□□□	吗 1급	ma	조 [문장 끝에 쓰여 의문의 어기를 나타냄]
□□□	了 1급	le	조 [동작 또는 변화가 완료되었음을 나타냄]

기타

□□□	打招呼 4급	dǎ zhāohu	(말이나 행동으로) 인사하다

DAY

03

해커스 HSK1-4급 단어장

미식가는 괴로워

음식 · 식당

주제를 알면 HSK가 보인다!

HSK 4급에서는 요리한 음식의 맛, 식당에서 음식 주문하기, 중국의 음식 문화와 관련된 문제가 자주 출제돼요. 따라서 '국', '소금', '짜다', '토마토', '설탕', '맛'처럼 음식·식당 관련 단어를 집중적으로 학습하면 이러한 문제를 쉽게 풀 수 있어요.

단어, 예문 MP3

제 점수는요

두둥,
그럼.. 제가 먹어보겠습니다.
꿀꺽
汤은 盐이 많이 들어간 건지 살짝 咸하네요.
음...
그리고 西红柿 요리는...
슥
음..糖이 많이 들어갔는지 味道가 달아서 아쉽네요. 제 점수는요...
그냥 주는 대로 먹어!!

33 **汤** tāng 명 국, 탕
34 **盐** yán 명 소금
26 **咸** xián 형 짜다
40 **西红柿** xīhóngshì 명 토마토
35 **糖** táng 명 설탕, 사탕
24 **味道** wèidao 명 맛

01 **吃**
chī

급수
❶ 동 **먹다**

술어
我已经习惯吃四川菜了。
Wǒ yǐjīng xíguàn chī Sìchuān cài le.
나는 이미 쓰촨 요리 먹는 것에 익숙해졌다.

习惯 xíguàn 동 익숙해지다 **四川** Sìchuān 고유 쓰촨, 사천
菜 cài 명 요리

02 **喝**
hē

❶ 동 **마시다**

我朋友不会喝酒，他喝一杯脸就红了。
Wǒ péngyou bú huì hē jiǔ, tā hē yì bēi liǎn jiù hóng le.
내 친구는 술을 마실 줄 모르는데, 그는 한 잔만 마셔도 얼굴이 붉어진다.

酒 jiǔ 명 술 **脸** liǎn 명 얼굴 **红** hóng 형 붉다, 빨갛다

03 **饭店**
fàndiàn

❶ 명 **식당, 호텔**

这附近的长江饭店非常有名。
Zhè fùjìn de Chángjiāng fàndiàn fēicháng yǒumíng.
이 근처의 창쟝 식당은 매우 유명하다.

附近 fùjìn 명 근처 **长江** Chángjiāng 고유 창쟝, 양쯔강
有名 yǒumíng 형 유명하다

04 **菜**
cài

❶ 명 **요리, 음식, 채소**

这家餐厅的菜太辣了。
Zhè jiā cāntīng de cài tài là le.
이 식당의 요리는 너무 맵다.

餐厅 cāntīng 명 식당 **辣** là 형 맵다

급수

05 **米饭**
mǐfàn

❶ 명 **밥, 쌀밥**

술어

你为什么剩了这么多米饭?
Nǐ wèishénme shèngle zhème duō mǐfàn?
왜 이렇게 밥을 많이 남겼나요?

剩 shèng 동 남기다, 남다

06 **好吃**
hǎochī

❷ 형 **맛있다, 먹기 좋다**

今天买的水果又好吃，又便宜。
Jīntiān mǎi de shuǐguǒ yòu hǎochī, yòu piányi.
오늘 산 과일은 맛있고, 싸다.

水果 shuǐguǒ 명 과일 **又……又……** yòu …… yòu …… ~하고 ~하다
便宜 piányi 형 싸다

시험에 이렇게 나온다!

어법 **好吃**의 **好**는 '~하기 좋다' 라는 뜻으로, 동사 **吃**(먹다)이 와서 '먹기 좋다, 맛있다'라는 의미를 나타낸다. 이와 같이 **好** 뒤에 동사를 붙이면 '~하기 좋다'라는 의미가 된다.

好喝 hǎohē 마시기 좋다, 맛있다
好听 hǎotīng 듣기 좋다
好看 hǎokàn 보기 좋다, 재미있다

07 **苹果**
píngguǒ

❶ 명 **사과**

有句话叫"多吃苹果少去医院"，所以我每天吃一个苹果。
Yǒu jù huà jiào 'duō chī píngguǒ shǎo qù yīyuàn', suǒyǐ wǒ měitiān chī yí ge píngguǒ.
'사과를 많이 먹으면, 병원에 적게 간다'라는 말이 있다. 그래서 나는 매일 사과 한 개를 먹는다.

句 jù 양 마디, 구절 **话** huà 명 말

08 西瓜

xīguā

급수

❷ 명 수박

술어

这个西瓜太重了，我抬不起来。

Zhè ge xīguā tài zhòng le, wǒ tái bu qǐlai.

이 수박은 너무 무거워서, 나는 들 수가 없다.

重 zhòng 형 무겁다　抬 tái 동 들다

09 鸡蛋

jīdàn

❷ 명 달걀

你怎么只买了一些鸡蛋而没买西红柿呢?

Nǐ zěnme zhǐ mǎile yìxiē jīdàn ér méi mǎi xīhóngshì ne?

너는 어째서 달걀만 겨우 몇 개 사고 토마토는 사지 않았니?

只 zhǐ 부 겨우, 단지, 다만　一些 yìxiē 수량 몇, 약간, 조금

西红柿 xīhóngshì 명 토마토

시험에 이렇게 나온다!

짝꿍 표현 鸡蛋을 활용한 다양한 짝꿍 표현을 알아 둔다.

鸡蛋汤 jīdàn tāng 달걀국

西红柿鸡蛋汤 xīhóngshì jīdàn tāng 토마토 달걀국

鸡蛋花 jīdàn huā 달걀꽃, 플루메리아

10 面条

miàntiáo

❷ 명 국수

中国人过生日时一般吃面条。

Zhōngguórén guò shēngrì shí yìbān chī miàntiáo.

중국인들은 생일을 보낼 때 보통 국수를 먹는다.

过 guò 동 보내다　一般 yìbān 형 보통

11 羊肉

yángròu

❷ 명 양고기

吃羊肉就要喝啤酒!

Chī yángròu jiù yào hē píjiǔ!

양고기를 먹을 때는 맥주를 마셔야지!

啤酒 píjiǔ 명 맥주

12 **咖啡**

kāfēi

급수

❷ 명 **커피**

술어

他们要去咖啡厅喝一杯咖啡。

Tāmen yào qù kāfēitīng hē yì bēi kāfēi.

그들은 카페에 가서 커피 한 잔을 마시려고 한다.

咖啡厅 kāfēitīng 명 카페

시험에 이렇게 나온다!

듣기 '카페'를 나타내는 표현도 듣기에서 자주 출제되므로 함께 알아 둔다.

咖啡厅 kāfēitīng 카페

咖啡馆 kāfēiguǎn 카페

13 **牛奶**

niúnǎi

❷ 명 **우유**

请你喝点儿热牛奶吧，会觉得更暖和一些。

Qǐng nǐ hē diǎnr rè niúnǎi ba, huì juéde gèng nuǎnhuo yìxiē.

따뜻한 우유를 좀 마셔 보세요. 조금 더 따뜻하게 느껴질 거예요.

暖和 nuǎnhuo 형 따뜻하다

14 **面包**

miànbāo

❸ 명 **빵**

这种面包最近很受欢迎，昨天我也去买了一个。

Zhè zhǒng miànbāo zuìjìn hěn shòu huānyíng, zuótiān wǒ yě qù mǎile yí ge.

이 빵이 요즘 인기가 많아서, 어제 나도 가서 하나 사 왔다.

受欢迎 shòu huānyíng 인기가 많다, 환영을 받다

15 **蛋糕**

dàngāo

❸ 명 **케이크**

今天是妈妈的生日，我要送她一个蛋糕。

Jīntiān shì māma de shēngrì, wǒ yào sòng tā yí ge dàngāo.

오늘이 엄마의 생신이라서, 나는 그녀에게 케이크를 선물하려 한다.

送 sòng 동 선물하다, 주다

16 **香蕉**
xiāngjiāo

급수

③ 명 **바나나**

술어

超市里的香蕉很便宜，我买了5斤。
Chāoshìli de xiāngjiāo hěn piányi, wǒ mǎile wǔ jīn.
슈퍼의 바나나가 싸서, 나는 다섯 근을 샀다.

超市 chāoshì 명 슈퍼 **斤** jīn 양 근(500g)

17 **碗**
wǎn

③ 양 **그릇, 공기, 사발**

两碗面条和一碗米饭一共100块。
Liǎng wǎn miàntiáo hé yì wǎn mǐfàn yígòng yìbǎi kuài.
국수 두 그릇과 밥 한 그릇은 모두 100위안입니다.

一共 yígòng 부 모두, 합계 **块** kuài 양 위안(元)

18 **饱**
bǎo

③ 형 **배부르다**

我刚吃了四个香蕉，怎么还没饱呢?
Wǒ gāng chīle sì ge xiāngjiāo, zěnme hái méi bǎo ne?
나는 방금 바나나 네 개를 먹었는데, 왜 아직도 배부르지 않지?

刚 gāng 부 방금

시험에 이렇게 나온다!

어법 **饱**는 동사 **吃**(chī, 먹다)과 함께 **吃饱**(먹어서 배부르다)라는 표현으로 자주 쓰이는데, **吃饱**의 **饱**는 동사 **吃** 뒤에 쓰여서 결과를 나타내는 결과보어이다.

19 **饿**
è

③ 형 **배고프다**

你先去吃饭吧，我现在还不饿。
Nǐ xiān qù chīfàn ba, wǒ xiànzài hái bú è.
당신 먼저 밥 먹으러 가세요. 저는 지금 아직 배가 고프지 않아요.

先 xiān 부 먼저

20 **渴**
kě

급수 ❸ 형 **목마르다**

你很渴吧，我给你拿一杯水。 (술어)
Nǐ hěn kě ba, wǒ gěi nǐ ná yì bēi shuǐ.
당신 목마르죠? 제가 당신에게 물 한 잔 가져다 줄게요.

拿 ná 동 가지다, 취다 **杯** bēi 양 잔, 컵

잠깐 喝(마시다)와 비슷하게 생겼어요. '마시다'는 입이 필요하니까 口(입)가 왼쪽에 있고, '목마르다'는 물이 필요하니까 물을 나타내는 氵(물, 삼수변)이 있죠?

21 **服务员**
fúwùyuán

❷ 명 **종업원**

服务员，这份菜能重新热一下吗？
Fúwùyuán, zhè fèn cài néng chóngxīn rè yíxià ma?
종업원, 이 요리를 다시 데워줄 수 있나요?

份 fèn 양 [요리를 세는 단위] **重新** chóngxīn 부 다시

시험에 이렇게 나온다!

듣기 독해 **服务员**은 **服务**(fúwù, 서비스하다) + **员**(yuán, 직원)이 합쳐진 단어로, 서비스를 제공하는 직원이라는 뜻을 나타낸다. 명사 **服务**(서비스)라는 어휘 또한 듣기·독해에서 자주 출제되므로 함께 알아 둔다.

那家店服务不热情。 Nà jiā diàn fúwù bú rèqíng.
그 가게는 서비스가 불친절하다.

我们要提供最好的服务。 Wǒmen yào tígōng zuì hǎo de fúwù.
우리는 최상의 서비스를 제공해야 한다.

22 **菜单**
càidān

❸ 명 **메뉴, 식단**

我们先看一下菜单，然后再点菜。
Wǒmen xiān kàn yíxià càidān, ránhòu zài diǎn cài.
먼저 메뉴 좀 보고, 그 다음에 주문할게요.

点 diǎn 동 주문하다

23 **筷子**
kuàizi

❸ 명 **젓가락**

服务员，再给我们加一双筷子。
Fúwùyuán, zài gěi wǒmen jiā yì shuāng kuàizi.
종업원, 우리에게 젓가락 한 짝 더 가져다 주세요.

加 jiā 동 더하다 **双** shuāng 양 짝, 쌍

급수

24 味道 ★★★
wèidao

4 명 맛

我姐姐做的蛋糕味道真不错。 (술어)

Wǒ jiějie zuò de dàngāo wèidao zhēn búcuò.

우리 언니가 만든 케이크는 맛이 정말 좋다.

不错 búcuò 형 좋다, 괜찮다

시험에 이렇게 나온다!

짝꿍 표현 **味道**를 활용한 다양한 짝꿍 표현을 알아 둔다.

味道不错 wèidao búcuò 맛이 좋다

味道怎么样? wèidao zěnmeyàng 맛이 어때요?

味道不一样 wèidao bù yíyàng 맛이 다르다

25 甜
tián

3 형 달다

那个地方的菜大部分都很甜。

Nà ge dìfang de cài dàbùfen dōu hěn tián.

그 지역의 요리는 대부분 모두 달다.

地方 dìfang 명 지역, 곳 **大部分** dàbùfen 명 대부분

26 咸 ★★
xián

4 형 짜다

不要吃太咸的东西，对身体不好。

Bú yào chī tài xián de dōngxi, duì shēntǐ bù hǎo.

너무 짠 음식을 먹지 마세요. 몸에 좋지 않아요.

身体 shēntǐ 명 몸, 신체

27 酸 ★★
suān

4 형 시다

昨天爸爸买来的苹果有点儿酸。

Zuótiān bàba mǎilai de píngguǒ yǒudiǎnr suān.

어제 아빠가 사 온 사과는 조금 시다.

买 mǎi 동 사다 **有点儿** yǒudiǎnr 부 조금, 약간

28 **辣** ★★

là

❹ 형 **맵다**

급수

술어

感冒的时候，我喜欢吃一碗又酸又辣的面条。

Gănmào de shíhou, wŏ xĭhuan chī yì wăn yòu suān yòu là de miàntiáo.

감기에 걸렸을 때, 나는 시고 매운 국수 한 그릇 먹는 것을 좋아한다.

感冒 gănmào 동 감기에 걸리다 명 감기

29 **烤鸭** ★★

kăoyā

❹ 명 **오리구이**

你这次去北京出差一定要吃烤鸭哦！

Nĭ zhè cì qù Běijīng chūchāi yídìng yào chī kăoyā o!

당신 이번에 베이징으로 출장 가면 꼭 오리구이를 먹어야 해요!

北京 Běijīng 고유 베이징, 북경 **出差** chūchāi 동 출장 가다

一定 yídìng 부 꼭

잠깐 烤鸭는 '굽다'라는 뜻의 烤(kăo)와 '오리'라는 뜻의 鸭(yā)가 합쳐진 단어예요~

30 **饺子** ★★

jiăozi

❹ 명 **만두, 교자**

北方人过年的时候包饺子吃。

Běifāng rén guònián de shíhou bāo jiăozi chī.

북방 사람들은 설을 지낼 때 만두를 빚어 먹는다.

北方 běifāng 명 북방, 북쪽 **过年** guònián 동 설을 지내다

包 bāo 동 빚다

31 包子
bāozi

급수 4 명 만두, 찐빵

这家包子店生意不像以前那么好了。 (술어)
Zhè jiā bāozi diàn shēngyi bú xiàng yǐqián nàme hǎo le.
이 만두 가게는 장사가 예전과 같이 그렇게 잘 되지 않는다.

生意 shēngyi 명 장사, 사업 **像** xiàng 동 ~와 같다 **以前** yǐqián 명 예전

시험에 이렇게 나온다!

짝꿍표현 **包子**는 명사 **店**(diàn, 가게, 집)과 함께 **包子店**(만두 가게)이라는 표현으로 자주 출제된다. 참고로, 음식 뒤에 **店**(가게)을 붙이면 장소를 나타내는 어휘가 된다.

包子店 bāozi diàn 만두 가게
饺子店 jiǎozi diàn 만두 가게
面包店 miànbāo diàn 빵 가게
蛋糕店 dàngāo diàn 케이크 가게
烤鸭店 kǎoyā diàn 오리구이 가게
奶茶店 nǎichá diàn 밀크티 가게
水果店 shuǐguǒ diàn 과일 가게
小吃店 xiǎochī diàn 간식 가게

잠깐 包子는 피가 두껍고 폭신폭신한 복주머니 모양의 만두를, 饺子는 피가 얇고 촉촉한 초승달 모양의 만두를 생각하시면 돼요~

32 餐厅 ★★
cāntīng

4 명 식당, 레스토랑

这家餐厅的烤鸭真好吃，你看，已经开始排队了。
Zhè jiā cāntīng de kǎoyā zhēn hǎochī, nǐ kàn, yǐjīng kāishǐ páiduì le.
이 식당의 오리구이는 정말 맛있어요. 보세요, 이미 줄을 서기 시작했어요.

排队 páiduì 동 줄을 서다

시험에 이렇게 나온다!

유의어 **餐厅** 이외에 '식당'을 나타내는 다양한 표현들을 함께 알아 둔다.

食堂 shítáng (학교나 회사에서의 구내) 식당
餐馆 cānguǎn 식당, 레스토랑
饭馆 fànguǎn 식당, 밥집
饭店 fàndiàn 식당, 호텔

33 **汤** ★★★
tāng

급수

4 명 **국, 탕**

술어

我偶尔会做简单的汤，比如鸡蛋汤。
Wǒ ǒu'ěr huì zuò jiǎndān de tāng, bǐrú jīdàn tāng.
나는 가끔 간단한 국을 만들기도 하는데, 달걀 국이 그 예다.

偶尔 ǒu'ěr 부 가끔　**简单** jiǎndān 형 간단하다

시험에 이렇게 나온다!

짝꿍 표현 **汤**을 활용한 다양한 짝꿍 표현을 알아 둔다.
鱼汤 yú tāng 어탕, 생선국
酸汤鱼 suāntāngyú 쏸탕위(구이저우성의 대표 요리)
羊肉汤 yángròu tāng 양고기탕
西红柿汤 xīhóngshì tāng 토마토국

잠깐 중국에서는 액체나 물기가 많은 음식을 먹는 것을 표현할 때에는 모두 喝를 써요! 국(汤, tāng), 죽(粥, zhōu), 요플레(酸奶, suānnǎi) 모두 '먹는다(吃)'가 아닌 '마신다(喝)'고 표현해요~

34 **盐** ★★
yán

SALT

4 명 **소금**

这个羊肉汤太咸了，可能盐放多了。
Zhè ge yángròu tāng tài xián le, kěnéng yán fàng duō le.
이 양고기탕은 너무 짜요. 아마 소금을 많이 넣었나 봐요.

放 fàng 동 넣다, 놓다

시험에 이렇게 나온다!

짝꿍 표현 **盐**을 활용한 다양한 짝꿍 표현을 알아 둔다.
盐放多了 yán fàng duō le 소금을 많이 넣었다
盐放少了 yán fàng shǎo le 소금을 적게 넣었다
盐是我们身体必需的 yán shì wǒmen shēntǐ bìxū de
소금은 우리 몸에 필수적이다

35 **糖** ★★
táng

4 명 **설탕, 사탕**

你喜欢喝放糖的咖啡吗？
Nǐ xǐhuan hē fàng táng de kāfēi ma?
당신은 설탕을 넣은 커피를 좋아하나요?

喜欢 xǐhuan 동 좋아하다

36 果汁 ★★
guǒzhī

급수

4 명 (과일) 주스, 과즙

술어

请问，您要喝咖啡还是果汁？

Qǐngwèn nín yào hē kāfēi háishi guǒzhī?

실례지만, 당신은 커피를 마시겠습니까 아니면 주스를 마시겠습니까?

还是 háishi 접 아니면, 또는

잠깐 과일 이름 뒤에 汁을 붙이면 그 과일주스를 나타내는 표현이 돼요!
葡萄汁 pútao zhī 포도 주스　　西瓜汁 xīguā zhī 수박 주스
苹果汁 píngguǒ zhī 사과 주스

37 巧克力
qiǎokèlì

4 명 초콜릿

吃饭之前，别吃糖和巧克力。

Chīfàn zhīqián, bié chī táng hé qiǎokèlì.

밥 먹기 전에 사탕과 초콜릿을 먹지 마라.

之前 zhīqián 명 ~ 이전, ~의 앞　**别** bié 부 ~하지 마라

38 饼干
bǐnggān

4 명 과자, 비스킷

我妹妹爱吃无糖饼干。

Wǒ mèimei ài chī wútáng bǐnggān.

내 여동생은 설탕이 없는 과자를 먹는 것을 좋아한다.

无 wú 동 없다

39 葡萄 ★★★
pútao

4 명 포도

这是葡萄味的口香糖。

Zhè shì pútao wèi de kǒuxiāngtáng.

이것은 포도맛 껌이다.

味 wèi 명 맛　**口香糖** kǒuxiāngtáng 명 껌

시험에 이렇게 나온다!

짝꿍 표현 葡萄를 활용한 다양한 짝꿍 표현을 알아 둔다.

葡萄酒 pútaojiǔ 포도주, 와인
葡萄汁 pútao zhī 포도주스
葡萄园 pútao yuán 포도밭
葡萄树 pútao shù 포도나무
葡萄叶子 pútao yèzi 포도나무 잎

★★★ = 출제율 최상　★★ = 출제율 상

40 # 西红柿 ★★

xīhóngshì

급수

4 명 **토마토**

술어

西红柿鸡蛋汤味道太酸了，我不喜欢喝。

Xīhóngshì jīdàn tāng wèidao tài suān le, wǒ bù xǐhuan hē.

토마토 달걀국은 맛이 너무 셔서, 나는 좋아하지 않는다.

太……了 tài……le 너무 ~하다

시험에 이렇게 나온다!

짝꿍 표현 **西红柿**을 활용한 다양한 짝꿍 표현을 알아 둔다. 참고로, **西红柿**의 맛을 표현하는 어휘로 **酸**(suān, 시다)이 자주 출제된다는 것도 알아두자.

西红柿鸡蛋汤 xīhóngshì jīdàn tāng 토마토 달걀국

西红柿汤 xīhóngshì tāng 토마토국

西红柿太酸了 xīhóngshì tài suān le 토마토가 너무 시다

西红柿汤特别酸 Xīhóngshì tāng tèbié suān 토마토국이 몹시 시다

연습문제 **체크체크!**

단어의 뜻을 오른쪽 보기에서 찾아 연결하세요.

01 鸡蛋 — ⓐ 빵

02 餐厅 — ⓑ 달다

03 甜 — ⓒ 식당, 레스토랑

04 面包 — ⓓ 짜다

05 好吃 — ⓔ 달걀

ⓕ 맛있다, 먹기 좋다

문장을 읽고 빈칸에 들어 갈 단어를 찾아 적어보세요.

ⓐ 味道　ⓑ 汤　ⓒ 盐　ⓓ 喝　ⓔ 辣

06 我偶尔会在家做简单的________。

07 我的朋友平时不太会________酒。

08 我做菜时不喜欢放很多________。

09 妈妈做的蛋糕________很好。

10 我喜欢吃又酸又________的面条。

정답 : 01 ⓔ 02 ⓒ 03 ⓑ 04 ⓐ 05 ⓕ 06 ⓑ 07 ⓓ 08 ⓒ 09 ⓐ 10 ⓔ

* 06~10번 문제 해석과 추가 <Day별 단어 퀴즈 PDF>를 해커스중국어(china.Hackers.com)에서 다운로드 받으세요.

품사별로 헤쳐 모여!

앞에서 외운 단어들을 품사별로 다시 한 번 확인합니다.

☑ 잘 외워지지 않은 단어는 □에 체크해 두고 다음에 반복 암기합니다.

명사

□□□	饭店 1급	fàndiàn	명 식당, 호텔
□□□	菜 1급	cài	명 요리, 음식, 채소
□□□	米饭 1급	mǐfàn	명 밥, 쌀밥
□□□	苹果 1급	píngguǒ	명 사과
□□□	西瓜 2급	xīguā	명 수박
□□□	鸡蛋 2급	jīdàn	명 달걀
□□□	面条 2급	miàntiáo	명 국수
□□□	羊肉 2급	yángròu	명 양고기
□□□	咖啡 2급	kāfēi	명 커피
□□□	牛奶 2급	niúnǎi	명 우유
□□□	服务员 2급	fúwùyuán	명 종업원
□□□	面包 3급	miànbāo	명 빵
□□□	蛋糕 3급	dàngāo	명 케이크
□□□	香蕉 3급	xiāngjiāo	명 바나나
□□□	菜单 3급	càidān	명 메뉴, 식단
□□□	筷子 3급	kuàizi	명 젓가락
□□□	味道 4급	wèidao	명 맛
□□□	烤鸭 4급	kǎoyā	명 오리구이
□□□	饺子 4급	jiǎozi	명 만두, 교자
□□□	包子 4급	bāozi	명 만두, 찐빵
□□□	餐厅 4급	cāntīng	명 식당, 레스토랑
□□□	汤 4급	tāng	명 국, 탕
□□□	盐 4급	yán	명 소금

□□□	糖 4급	táng	명 설탕, 사탕
□□□	果汁 4급	guǒzhī	명 (과일) 주스, 과즙
□□□	巧克力 4급	qiǎokèlì	명 초콜릿
□□□	饼干 4급	bǐnggān	명 과자, 비스킷
□□□	葡萄 4급	pútao	명 포도
□□□	西红柿 4급	xīhóngshì	명 토마토

동사

□□□	吃 1급	chī	동 먹다
□□□	喝 1급	hē	동 마시다

형용사

□□□	好吃 2급	hǎochī	형 맛있다, 먹기 좋다
□□□	饱 3급	bǎo	형 배부르다
□□□	饿 3급	è	형 배고프다
□□□	渴 3급	kě	형 목마르다
□□□	甜 3급	tián	형 달다
□□□	咸 4급	xián	형 짜다
□□□	酸 4급	suān	형 시다
□□□	辣 4급	là	형 맵다

양사

□□□	碗 3급	wǎn	양 그릇, 공기, 사발

DAY

04

해커스 HSK1-4급 단어장

수(数)의 세계

숫자

주제를 알면 HSK가 보인다!

HSK 4급에서는 나이, 가격, 키, 온도, 비율 등 숫자를 활용한 다양한 표현들이 사용된 문제들이 자주 출제돼요. 따라서 '순서', '숫자', '번', '대략', '번호'와 같은 숫자 관련 단어를 집중적으로 학습하면 이러한 표현이 사용된 대화나 지문을 정확히 이해할 수 있어요.

단어, 예문 MP3

내겐 너무 어려운 그대, 수학

顺序대로 수리 문제를 풀어보자면... 여기에다가 두 배 한 数字를 곱하고... 음... 어렵군.
넌 이렇게 쉬운 것도 몰라? 회사 들어가려면 이 정도는 풀어줘야지!
누나 이 문제 좀 한 遍만 풀어줘.
어디보자, 여기에 이거를 곱하면, 大约 이 정도... 그러니까...
음... 그러니까...
음..
슥-
갑자기 전화가... 이게 누구 号码지...? 여보세요...?
....

29 **顺序** shùnxù 명 순서, 차례

30 **数字** shùzì 명 숫자, 수

27 **遍** biàn 양 번, 차례, 회

37 **大约** dàyuē 부 대략, 대강

40 **号码** hàomǎ 명 번호, 숫자

01 一

yī

❶ 수 **1, 하나**

(급수)

我家附近有一个葡萄园。 (술어: 有)

Wǒ jiā fùjìn yǒu yí ge pútao yuán.

우리 집 근처에는 포도밭이 한 개 있다.

附近 fùjìn 명 근처　**葡萄园** pútao yuán 포도밭

시험에 이렇게 나온다!

어법 一와 같이 숫자를 나타내는 수사는 보통 양사, 명사와 함께 '수사 + 양사 + 명사' 형태로 쓰인다.

一个人 yí ge rén 사람 한 명

一本书 yì běn shū 책 한 권

一瓶牛奶 yì píng niúnǎi 우유 한 병

一件衣服 yí jiàn yīfu 옷 한 벌

02 二

èr

❶ 수 **2, 둘**

我来照相，来，一、二、三。

Wǒ lái zhàoxiàng, lái, yī, èr, sān.

제가 사진을 찍을게요. 자, 하나, 둘, 셋.

照相 zhàoxiàng 동 사진을 찍다

03 两

liǎng

❷ 수 **2, 둘, 두 개의**

这两双袜子我都想买。

Zhè liǎng shuāng wàzi wǒ dōu xiǎng mǎi.

나는 이 양말 두 켤레를 모두 사고 싶다.

双 shuāng 양 쌍　**袜子** wàzi 명 양말

시험에 이렇게 나온다!

유의어 **两**과 **二** 모두 2를 나타내는 수사이지만, 양사와 함께 쓰일 때에는 **二**이 아닌 **两**을 쓴다. 참고로, 시험에서 **二**은 2개 이상의 예시나 기준을 열거할 때 '**一**……, **二**……(하나……, 둘……)'과 같은 형태로 자주 쓰인다는 것을 알아두자.

我有两个办法，一、放弃，二、继续努力。

Wǒ yǒu liǎng ge bànfǎ, yī, fàngqì, èr, jìxù nǔlì.

나에게 두 개의 방법이 있다. 하나, 포기한다. 둘, 계속 노력한다.

04 三
sān

급수

❶ 수 3, 셋

我阿姨家里有三只小狗，都非常可爱。 술어

Wǒ āyí jiāli yǒu sān zhī xiǎogǒu, dōu fēicháng kě'ài.

우리 이모 집에는 강아지 세 마리가 있는데, 모두 매우 귀엽다.

只 zhī 양 마리 **小狗** xiǎogǒu 명 강아지 **可爱** kě'ài 형 귀엽다

05 四
sì

❶ 수 4, 넷

服务员，请您给我四瓶啤酒。

Fúwùyuán, qǐng nín gěi wǒ sì píng píjiǔ.

종업원, 저에게 맥주 네 병을 주세요.

服务员 fúwùyuán 명 종업원 **瓶** píng 양 병 **啤酒** píjiǔ 명 맥주

06 五
wǔ

❶ 수 5, 다섯

小东在上海留学五年了，他打算明年回国。

Xiǎo Dōng zài Shànghǎi liúxué wǔ nián le, tā dǎsuan míngnián huíguó.

샤오둥은 상하이에서 5년째 유학하고 있으며, 그는 내년에 귀국할 생각이다.

上海 Shànghǎi 고유 상하이, 상해 **留学** liúxué 동 유학하다
回国 huíguó 동 귀국하다

07 六
liù

❶ 수 6, 여섯

今天来的客人很多，还需要六双筷子。

Jīntiān lái de kèrén hěn duō, hái xūyào liù shuāng kuàizi.

오늘 오시는 손님이 많아서, 여섯 쌍의 젓가락이 더 필요하다.

客人 kèrén 명 손님 **需要** xūyào 동 필요하다 **双** shuāng 양 쌍
筷子 kuàizi 명 젓가락

급수

08 七
qī

1 수 7, 일곱

술어

我儿子七岁就去上学了。
Wǒ érzi qī suì jiù qù shàngxué le.
우리 아들은 7살에 벌써 초등학교에 입학했다.

儿子 érzi 명 아들 **上学** shàngxué 동 (초등학교에) 입학하다, 등교하다

09 八
bā

1 수 8, 여덟

这部电影八点开始，我们来不及了。
Zhè bù diànyǐng bā diǎn kāishǐ, wǒmen láibují le.
이 영화는 여덟 시에 시작해, 우리 늦었어.

来不及 láibují 동 늦다, 제시간에 댈 수 없다

10 九
jiǔ

1 수 9, 아홉

新买的书少了九页，所以他去书店换了一本。
Xīn mǎi de shū shǎole jiǔ yè, suǒyǐ tā qù shūdiàn huànle yì běn.
새로 산 책이 아홉 페이지가 부족해서, 그는 서점에 가서 바꿨다.

少了 shǎo le 부족하다, 적어지다 **页** yè 양 페이지 **书店** shūdiàn 명 서점
换 huàn 동 바꾸다

11 十
shí

1 수 10, 열

张老师会说十种语言，她平时用各种语言写日记。
Zhāng lǎoshī huì shuō shí zhǒng yǔyán, tā píngshí yòng gè zhǒng yǔyán xiě rìjì.
장 선생님은 10개 국어를 할 줄 알아서, 그녀는 평소에 각종 언어로 일기를 쓴다.

种 zhǒng 양 종, 종류 **语言** yǔyán 명 언어 **平时** píngshí 명 평소
各 gè 대 각, 여러 **日记** rìjì 명 일기

12 **几** jǐ

급수

❶ 수 몇(1부터 10까지의 불특정한 수) 대 몇(의문대사)

술어

那几场演出获得了很大的成功。
Nà jǐ chǎng yǎnchū huòdéle hěn dà de chénggōng.
그 몇 번의 공연은 큰 성공을 얻었다.

你打算在这里住几个月?
Nǐ dǎsuan zài zhèli zhù jǐ ge yuè?
당신은 여기서 몇 개월 머물 계획인가요?

场 chǎng 양 번, 차례 **演出** yǎnchū 동 공연하다 **获得** huòdé 동 얻다
成功 chénggōng 동 성공하다 **打算** dǎsuan 동 ~할 계획이다
这里 zhèli 대 여기, 이곳 **住** zhù 동 머물다, 살다

13 **岁** suì

❶ 양 살, 세 [나이를 셀 때 쓰임]

我和我哥哥只差一岁，我们俩感情很好。
Wǒ hé wǒ gēge zhǐ chà yí suì, wǒmen liǎ gǎnqíng hěn hǎo.
나와 우리 오빠는 한 살 차이 밖에 나지 않는데, 우리 둘은 사이가 좋다.

只 zhǐ 부 ~밖에, 단지 **差** chà 동 차이가 나다, 모자라다 **俩** liǎ 수 둘
感情 gǎnqíng 명 감정, 친근감

14 **就** jiù

❷ 부 바로, 곧, 즉시

你看完病就去一楼交钱取药吧。
Nǐ kànwán bìng jiù qù yī lóu jiāo qián qǔ yào ba.
진찰을 다 받고 바로 1층에 가서 돈을 내고 약을 받으세요.

看病 kànbìng 동 진찰을 받다, 진찰을 보다 **楼** lóu 명 층
交 jiāo 동 내다 **取** qǔ 동 받다, 찾다

급수

15 **第一** dìyī

❷ 수 **제1, 첫 번째**

술어

他们在这场比赛中终于拿到了第一名。
Tāmen zài zhè chǎng bǐsài zhōng zhōngyú nádàole dìyī míng.
그들은 이 대회에서 결국 일등을 거머쥐었다.

比赛 bǐsài 명 대회 **终于** zhōngyú 부 결국, 드디어
拿 ná 동 거머쥐다, 잡다

시험에 이렇게 나온다!

짝꿍표현 **第一**를 활용한 다양한 짝꿍 표현을 알아 둔다.

第一名 dìyī míng 일등, 우승 **第一排** dìyī pái 첫째 줄
第一天 dìyī tiān 첫째 날 **第一步** dìyī bù 첫 걸음, 1단계

16 **零** líng

❷ 수 **0, 영**

他生于二零零一年。
Tā shēng yú èr líng líng yī nián.
그는 2001년에 태어났다.

生于 shēng yú ~에 태어나다

17 **百** bǎi

❷ 수 **100, 백**

学校里有三百个学生，其中一百个人参加明天的活动。
Xuéxiàoli yǒu sān bǎi ge xuésheng, qízhōng yìbǎi ge rén cānjiā míngtiān de huódòng.
학교에는 300명의 학생이 있는데, 그 중 100명이 내일 행사에 참가한다.

参加 cānjiā 동 참가하다 **活动** huódòng 명 행사

18 **千** qiān

❷ 수 **1000, 천**

那场足球赛吸引了上千人来观看。
Nà chǎng zúqiú sài xīyǐnle shàng qiān rén lái guānkàn.
그 축구 경기는 수천 명의 사람으로 하여금 관람하도록 끌어들였다.

足球 zúqiú 명 축구 **吸引** xīyǐn 동 끌어들이다, 사로잡다
观看 guānkàn 동 관람하다

19 **万** ★★

wàn

급수

③ 수 **10000, 만**

술어

她的小说已经卖了一万部。

Tā de xiǎoshuō yǐjīng màile yíwàn bù.

그녀의 소설은 벌써 1만부가 팔렸다.

小说 xiǎoshuō 명 소설 **部** bù 양 부

20 **半** ★★★

bàn

③ 수 **절반, 2분의 1**

餐厅里差不多一半的人都是小孩子。

Cāntīng li chàbuduō yíbàn de rén dōu shì xiǎoháizi.

식당 안에 거의 절반이 모두 어린이이다.

差不多 chàbuduō 부 거의 **小孩子** xiǎoháizi 명 어린이, 아이

시험에 이렇게 나온다!

짝꿍표현 **半**을 활용한 다양한 짝꿍 표현을 알아 둔다. 참고로, **半**은 시간의 양을 나타내는 표현으로 자주 사용된다.

半个小时 bàn ge xiǎoshí 30분(반 시간)

半天 bàn tiān 반나절

半年 bàn nián 반년

21 **差** ★★

chà

③ 동 **차이 나다, 부족하다, 모자라다** 형 **나쁘다, 다르다**

我和第一名就差两分，太可惜了。

Wǒ hé dìyī míng jiù chà liǎng fēn, tài kěxī le.

나랑 1등은 단지 2점밖에 차이가 나지 않아, 정말 아쉬워.

我儿子的历史成绩很差。

Wǒ érzi de lìshǐ chéngjì hěn chà.

내 아들의 역사 성적은 매우 나쁘다.

分 fēn 양 점, 점수 **可惜** kěxī 형 아쉽다 **历史** lìshǐ 명 역사
成绩 chéngjì 명 성적

22 **分**
fēn

③ 양 **점, 점수, 펀[1위안(元)의 100분의 1], 분[시간]**
동 **나누다, 가르다**

(급수)

这次考试我拿了一百分。
Zhè cì kǎoshì wǒ nále yìbǎi fēn.
이번 시험에서 나는 100점을 맞았다.

(술어)

现在我手里一分钱也没有。
Xiànzài wǒ shǒuli yì fēn qián yě méiyǒu.
지금 수중에 돈이라고는 한 푼도 없다.

现在三点二十分。
Xiànzài sān diǎn èrshí fēn.
지금은 3시 20분이다.

友谊是不分国籍的。
Yǒuyì shì bù fēn guójí de.
우정은 국적을 나눌 수 없는 것이다.

拿 ná 동 (점수를) 맞다, 얻다 **手里** shǒuli 수중에
一分钱 yì fēn qián 돈 한 푼 **友谊** yǒuyì 명 우정 **国籍** guójí 명 국적

23 **米**
mǐ

③ 양 **미터(m)** 명 **쌀**

一米三以上的儿童需要购买车票。
Yì mǐ sān yǐshàng de értóng xūyào gòumǎi chēpiào.
1.3m 이상의 아동은 차표를 구매해야 한다.

他们在餐厅点了一个冷菜、两碗米饭。
Tāmen zài cāntīng diǎnle yí ge lěngcài, liǎng wǎn mǐfàn.
그들은 식당에서 차가운 요리 하나와 쌀밥 두 그릇을 주문했다.

以上 yǐshàng 명 이상 **儿童** értóng 명 아동 **购买** gòumǎi 동 구매하다
车票 chēpiào 명 차표 **冷菜** lěngcài 명 차가운 요리, 냉채
碗 wǎn 양 그릇

급수

24 几乎
jīhū

3 부 거의

술어

我几乎吃完了爷爷买来的苹果。
Wǒ jīhū chīwánle yéye mǎilai de píngguǒ.
나는 할아버지께서 사 오신 사과를 거의 다 먹었다.

苹果 píngguǒ 명 사과

25 公斤
gōngjīn

3 양 **킬로그램(kg)**

他儿子才两岁，就已经有十五公斤了。
Tā érzi cái liǎng suì, jiù yǐjīng yǒu shíwǔ gōngjīn le.
그의 아들은 겨우 2살인데, 이미 15kg이 나간다.

儿子 érzi 명 아들 **才** cái 부 겨우

26 够 ★★
gòu

4 동 **충분하다, 넉넉하다** 부 **충분히**

买那些东西10块钱够吗?
Mǎi nàxiē dōngxi shí kuài qián gòu ma?
그것들을 사는데 10위안이면 충분하니?

这本小说不但无聊，而且内容也不够精彩。
Zhè běn xiǎoshuō búdàn wúliáo, érqiě nèiróng yě búgòu jīngcǎi.
이 소설은 지루할 뿐만 아니라, 내용도 충분히 훌륭하지 못하다.

小说 xiǎoshuō 명 소설 **不但** búdàn 접 ~뿐만 아니라
无聊 wúliáo 형 지루하다, 심심하다 **而且** érqiě 접 게다가
内容 nèiróng 명 내용 **精彩** jīngcǎi 형 훌륭하다

시험에 이렇게 나온다!

짝꿍표현 **够**는 단독으로 쓰이기보다는 부정부사 **不**(~않다)와 함께 **不够**(búgòu, 충분히 ~않다, 부족하다)라는 표현으로 출제되는 경우가 많다.

内容不够好 Nèiróng búgòu hǎo 내용이 충분히 좋지 않다
现金不够 xiànjīn búgòu 현금이 부족하다

급수

27 **遍** ★★★

biàn

4 [양] **번, 차례, 회**

술어

他没听懂我的话，所以我重新说明了一遍。

Tā méi tīngdǒng wǒ de huà, suǒyǐ wǒ chóngxīn shuōmíngle yí biàn.

그는 내 말을 알아듣지 못해서, 나는 다시 한번 설명했다.

重新 chóngxīn [부] 다시 **说明** shuōmíng [동] 설명하다

시험에 이렇게 나온다!

[어법] 遍과 같이 동작의 횟수를 세는 양사를 '동량사'라고 하며, 동작을 나타내는 동사와 함께 '동사 + 수사 + 동량사' 형태로 쓰인다.

看一遍 kàn yí biàn 한번 보다

读一遍 dú yí biàn 한번 읽다

再说一遍 zài shuō yí biàn 다시 한번 말하다

28 **数量** ★★

shùliàng

4 [명] **수량, 양**

这些家具卖的数量多，剩下来的并不多了。

Zhèxiē jiājù mài de shùliàng duō, shèng xiàlai de bìng bù duō le.

이 가구들은 팔린 수량이 많아서, 남은 것이 결코 많지 않다.

家具 jiājù [명] 가구 **剩** shèng [동] 남다 **并** bìng [부] 결코

29 **顺序** ★★★

shùnxù

4 [명] **순서, 차례**

弟弟把这两个名字的顺序写反了。

Dìdi bǎ zhè liǎng ge míngzi de shùnxù xiěfǎn le.

남동생은 이 두 이름의 순서를 반대로 적었다.

把 bǎ [개] ~를(을) **反** fǎn [형] 반대이다, 거꾸로이다

30 **数字** ★★

shùzì

4 [명] **숫자, 수**

六和八是中国人最喜欢的数字。

Liù hé bā shì Zhōngguórén zuì xǐhuan de shùzì.

6과 8은 중국 사람이 가장 좋아하는 숫자이다.

最 zuì [부] 가장, 제일 **喜欢** xǐhuan [동] 좋아하다

31 **排列**
páiliè

급수
4 동 **배열하다, 정렬하다**

술어
你应该按照顺序排列数字。
Nǐ yīnggāi ànzhào shùnxù páiliè shùzì.
당신은 마땅히 순서에 따라 숫자를 배열해야 합니다.

应该 yīnggāi 조동 (마땅히) ~해야 한다 **按照** ànzhào 개 ~에 따라

시험에 이렇게 나온다!

쓰기 **排列**는 '**按照/按……顺序 + 排列**(~한 순서에 따라 배열하다)'라는 표현으로 자주 출제된다. 특히 쓰기 제1부분에서 자주 출제되는 문장 형태이다.

请按照大小的顺序排列。 Qǐng ànzhào dàxiǎo de shùnxù páiliè.
크고 작은 순서에 따라 배열해주세요.

32 **倍**
bèi

4 양 **배, 배수, 곱절**

这次参加比赛的人数是去年的两倍。
Zhè cì cānjiā bǐsài de rénshù shì qùnián de liǎng bèi.
이번에 경기에 참가한 인원은 작년의 두 배이다.

参加 cānjiā 동 참가하다 **比赛** bǐsài 명 경기

시험에 이렇게 나온다!

쓰기 **倍**는 **比**자문에서 비교의 정도를 나타내는 어휘로 주로 사용된다. '주어 + **比** + 비교대상 + 술어 + **一倍**(주어는 비교대상에 비해 2배 술어하다)' 형태를 알아두자. 특히 쓰기 제1부분에서 자주 출제되는 문장 형태이다.

我的奖金比去年高了一倍。 Wǒ de jiǎngjīn bǐ qùnián gāole yí bèi.
내 보너스는 작년에 비해 두 배 높아졌다.
(= 내 보너스는 작년에 비해 배로 올랐다.)

33 **所有** ★★★
suǒyǒu

4 형 **모든, 전부의**

所有人都准时回到家了。
Suǒyǒu rén dōu zhǔnshí huídào jiā le.
모든 사람이 제때에 집으로 돌아왔다.

准时 zhǔnshí 부 제때에, 정시에

34 **百分之**

bǎifēnzhī

④ **퍼센트** (급수)

我把这个任务完成了百分之八十。 (술어)

Wǒ bǎ zhè ge rènwu wánchéngle bǎifēnzhī bāshí.

나는 이 임무를 80퍼센트 완성했다.

把 bǎ 개 ~를(을) **任务** rènwu 명 임무 **完成** wánchéng 동 완성하다

잠깐 80'퍼센트'라고 말하는 한국과 달리, 중국은 '百分之' 뒤에 숫자가 와요.

35 **左右**

zuǒyòu

④ 명 **정도**

她估计这封信四天左右能到。

Tā gūjì zhè fēng xìn sì tiān zuǒyòu néng dào.

그녀는 이 편지가 나흘 정도면 도착할 수 있을 것이라 추측한다.

估计 gūjì 동 추측하다 **封** fēng 양 봉투 **信** xìn 명 편지

시험에 이렇게 나온다!

짝꿍 표현 **左右**를 활용한 다양한 짝꿍 표현을 알아 둔다. 참고로, **左右**는 시간 또는 가격을 나타내는 표현 뒤에 주로 사용된다.

15分钟左右 shíwǔ fēnzhōng zuǒyòu 15분 정도
三天左右 sān tiān zuǒyòu 3일 정도
三个月左右 sān ge yuè zuǒyòu 3개월 정도
6000元左右 liùqiān yuán zuǒyòu 6000위안 정도

36 **增加**

zēngjiā

④ 동 **늘리다, 증가하다**

为了保护环境，应该增加公共自行车的数量。

Wèile bǎohù huánjìng, yīnggāi zēngjiā gōnggòng zìxíngchē de shùliàng.

환경을 보호하기 위해 공공자전거의 수량을 늘려야 한다.

为了 wèile 개 ~를 위하여 **保护** bǎohù 동 보호하다 **环境** huánjìng 명 환경
公共 gōnggòng 형 공공의 **自行车** zìxíngchē 명 자전거

37 **大约** ★★

dàyuē

④ 부 **대략, 대강**

大约70%的顾客满意这种新产品。

Dàyuē bǎifēnzhī qīshí de gùkè mǎnyì zhè zhǒng xīn chǎnpǐn.

대략 70%의 고객이 이 새 상품에 만족한다.

顾客 gùkè 명 고객 **满意** mǎnyì 동 만족하다 **产品** chǎnpǐn 명 상품

★★★ = 출제율 최상 ★★ = 출제율 상

급수

38 大概

dàgài

4 부 아마(도), 대개

술어

这座山大概有3000米高。

Zhè zuò shān dàgài yǒu sān qiān mǐ gāo.

이 산의 높이는 아마도 3000미터 정도 된다.

座 zuò 양 [산, 건물 등 큰 물체를 세는 단위]　米 mǐ 양 미터(m)

시험에 이렇게 나온다!

쓰기 **大概**(아마도), **大约**(대략)는 '주어 + **大概/大约** + **有** + 수치 수량(~는 대략 ~이다)' 형태의 문장에서 자주 사용된다. 특히 쓰기 제1부분에서 자주 출제되는 문장 형태이다.

我家离北京大约有三十公里。

Wǒ jiā lí Běijīng dàyuē yǒu sānshí gōnglǐ.

우리 집은 베이징에서 대략 30킬로미터이다.

39 超过 **

chāoguò

110
120

4 동 넘다, 초과하다, 추월하다

为了安全，超过10个人不能坐这只小船。

Wèile ānquán, chāoguò shí ge rén bù néng zuò zhè zhī xiǎochuán.

안전을 위해, 10명이 넘으면 이 작은 배를 탈 수 없다.

安全 ānquán 형 안전하다　只 zhī 양 척, 마리　小船 xiǎochuán 작은 배

40 号码 **

hàomǎ

4 명 번호, 숫자

他直接把手机号码换了。

Tā zhíjiē bǎ shǒujī hàomǎ huàn le.

그는 바로 휴대폰 번호를 바꿨다.

直接 zhíjiē 형 바로, 직접적인　换 huàn 동 바꾸다

시험에 이렇게 나온다!

짝꿍표현 **号码**를 활용한 다양한 짝꿍 표현을 알아 둔다.

电话号码 diànhuà hàomǎ 전화번호

手机号码 shǒujī hàomǎ 휴대폰 번호

연습문제 **체크체크!**

단어의 뜻을 오른쪽 보기에서 찾아 연결하세요.

01 两

02 十

03 半

04 第一

05 几

ⓐ 10, 열

ⓑ 제1, 첫 번째

ⓒ 절반, 2분의 1

ⓓ 2, 둘, 두 개의

ⓔ 넘다, 초과하다, 추월하다

ⓕ 몇(1부터 10까지의 불특정한 수), 몇(의문대사)

문장을 읽고 빈칸에 들어 갈 단어를 찾아 적어보세요.

ⓐ 增加　ⓑ 顺序　ⓒ 所有　ⓓ 数量　ⓔ 岁

06 我的收入比以前_______了很多。

07 _______人都准时到会议室了。

08 我不小心把两个名字的_______写反了。

09 我和弟弟只差一_______，我们更像朋友。

10 这些笔记本卖的_______不多。

정답 : 01 ⓓ 02 ⓐ 03 ⓒ 04 ⓑ 05 ⓕ 06 ⓐ 07 ⓒ 08 ⓑ 09 ⓔ 10 ⓓ

* 06~10번 문제 해석과 추가 <Day별 단어 퀴즈 PDF>를 해커스중국어(china.Hackers.com)에서 다운로드 받으세요.

품사별로 헤쳐 모여!

앞에서 외운 단어들을 품사별로 다시 한 번 확인합니다.

☑ 잘 외워지지 않은 단어는 □에 체크해 두고 다음에 반복 암기합니다.

명사

□□□	数量 4급	shùliàng	명 수량, 양
□□□	顺序 4급	shùnxù	명 순서, 차례
□□□	数字 4급	shùzì	명 숫자, 수
□□□	左右 4급	zuǒyòu	명 정도
□□□	号码 4급	hàomǎ	명 번호, 숫자

동사

□□□	差 3급	chà	동 차이 나다, 부족하다, 모자라다 형 나쁘다, 다르다
□□□	够 4급	gòu	동 충분하다, 넉넉하다 부 충분히
□□□	排列 4급	páiliè	동 배열하다, 정렬하다
□□□	增加 4급	zēngjiā	동 늘리다, 증가하다
□□□	超过 4급	chāoguò	동 넘다, 초과하다, 추월하다

형용사

□□□	所有 4급	suǒyǒu	형 모든, 전부의

부사

□□□	就 2급	jiù	부 바로, 곧, 즉시
□□□	几乎 3급	jīhū	부 거의
□□□	大约 4급	dàyuē	부 대략, 대강
□□□	大概 4급	dàgài	부 아마(도), 대개

양사

□□□	岁 1급	suì	양 살, 세 [나이를 셀 때 쓰임]

□□□	分 3급	fēn	양 점, 점수, 펀[1위안(元)의 100분의 1], 분[시간] 동 나누다, 가르다
□□□	米 3급	mǐ	양 미터(m) 명 쌀
□□□	公斤 3급	gōngjīn	양 킬로그램(kg)
□□□	遍 4급	biàn	양 번, 차례, 회
□□□	倍 4급	bèi	양 배, 배수, 곱절

수사

□□□	一 1급	yī	수 1, 하나
□□□	二 1급	èr	수 2, 둘
□□□	三 1급	sān	수 3, 셋
□□□	四 1급	sì	수 4, 넷
□□□	五 1급	wǔ	수 5, 다섯
□□□	六 1급	liù	수 6, 여섯
□□□	七 1급	qī	수 7, 일곱
□□□	八 1급	bā	수 8, 여덟
□□□	九 1급	jiǔ	수 9, 아홉
□□□	十 1급	shí	수 10, 열
□□□	几 1급	jǐ	수 몇(1부터 10까지의 불특정한 수) 대 몇(의문대사)
□□□	两 2급	liǎng	수 2, 둘, 두 개의
□□□	第一 2급	dìyī	수 제1, 첫 번째
□□□	零 2급	líng	수 0, 영
□□□	百 2급	bǎi	수 100, 백
□□□	千 2급	qiān	수 1000, 천
□□□	万 3급	wàn	수 10000, 만
□□□	半 3급	bàn	수 절반, 2분의 1

기타

□□□	百分之 4급	bǎifēnzhī	퍼센트

DAY

05

해커스 HSK1-4급 단어장

할인의 신(神)

쇼핑

주제를 알면 HSK가 보인다!

HSK 4급에서는 물건 선택·구매, 할인 행사, 인터넷 쇼핑, 결제 방식 등 쇼핑과 관련된 문제가 자주 출제돼요. 따라서 '고객', '품질', '행사', '물건을 사다', '할인하다'처럼 쇼핑과 관련된 단어를 집중적으로 학습하면 이러한 문제를 쉽게 풀 수 있어요.

단어, 예문 MP3

할인, 어디까지 해봤니?

DMART
D 마트
SALE
顾客 여러분, 质量 좋은 물건 특가 活动 중입니다!
D·MART
세 개 이상 购物하시면 구매한 개수만큼 打折해드려요.
!?
그럼 열 개 사면 价格가 10% 할인되나요?
D·MART
네! 바로 그겁니다!
척척!
100개 사면 100%할인 맞죠?
하하하하-
척
....

30 **顾客** gùkè 명 고객, 손님

29 **活动** huódòng 명 행사, 활동

28 **打折** dǎzhé 동 할인하다, 가격을 깎다

38 **质量** zhìliàng 명 품질, 질

26 **购物** gòuwù 동 물건을 사다, 구매하다

27 **价格** jiàgé 명 가격, 값

급수

01 **买**
mǎi

❶ 동 **사다, 구매하다**

술어

你上次带来的葡萄是在哪里买的?
Nǐ shàngcì dàilai de pútao shì zài nǎli mǎi de?
네가 저번에 가지고 온 포도는 어디에서 산 거야?

带 dài 동 가지다, 휴대하다 **葡萄** pútao 명 포도

02 **卖**
mài

❷ 동 **팔다, 판매하다**

不好意思，今天的包子都卖完了。
Bùhǎoyìsi, jīntiān de bāozi dōu màiwán le.
죄송합니다만, 오늘 찐빵은 다 팔렸어요.

包子 bāozi 명 찐빵

03 **东西**
dōngxi

❶ 명 **것, 물건**

该买的东西都买好了，我们快回家吧。
Gāi mǎi de dōngxi dōu mǎihǎole, wǒmen kuài huí jiā ba.
사야 할 것은 모두 샀으니, 우리 빨리 집에 가자.

该 gāi 조동 ~해야 한다

04 **多少**
duōshao

❶ 대 **얼마, 몇**

家里盐和糖没剩多少，我得去买。
Jiāli yán hé táng méi shèng duōshao, wǒ děi qù mǎi.
집에 소금이랑 설탕이 얼마 남지 않았네, 내가 사와야겠어.

盐 yán 명 소금 **糖** táng 명 설탕 **剩** shèng 동 남다
得 děi 조동 ~해야 한다

05 钱
qián

급수

❶ 명 돈, 화폐

一份饺子和两碗汤多少钱?

술어

Yí fèn jiǎozi hé liǎng wǎn tāng duōshao qián?

만두 1인분과 탕 두 그릇은 얼마입니까?

份 fèn 양 [음식의 양을 세는 단위] 饺子 jiǎozi 명 만두 碗 wǎn 양 그릇
汤 tāng 명 탕

06 元 ★★
yuán

❸ 양 위안 [중국의 화폐 단위]

我没有带零钱，只有一张100元的。

Wǒ méiyǒu dài língqián, zhǐ yǒu yì zhāng yìbǎi yuán de.

저는 잔돈을 가져오지 않았어요. 100위안 짜리 한 장 밖에 없어요.

零钱 língqián 명 잔돈 张 zhāng 양 장

07 块
kuài

❶ 양 위안(元), 덩이, 조각

他的收入每月五千块。

Tā de shōurù měi yuè wǔ qiān kuài.

그의 수입은 매월 5000위안이다.

吃完药你吃块糖吧。

Chīwán yào nǐ chī kuài táng ba.

약 다 먹고 사탕 한 개 드세요.

收入 shōurù 명 수입 药 yào 명 약 糖 táng 명 사탕

08 角
jiǎo

❸ 양 자오 [중국의 화폐 단위, 1위안(元)의 1/10]

太贵了，能不能便宜5角?

Tài guì le, néng bu néng piányi wǔ jiǎo?

너무 비싼데 5자오만 싸게 해 주실 수 있나요?

贵 guì 형 비싸다 便宜 piányi 형 싸다

09 **毛**
máo

급수
❹ 양 마오 [중국의 화폐 단위, 1위안(元)의 1/10] 명 털

一个西红柿两块两毛。
술어
Yí ge xīhóngshì liǎng kuài liǎng máo.
토마토 하나에 2위안 2마오이다.

这件衣服是由羊毛做成的。
Zhè jiàn yīfu shì yóu yángmáo zuòchéng de.
이 옷은 양털로 만들어진 것이다.

西红柿 xīhóngshì 명 토마토 **件** jiàn 양 벌, 건 **由** yóu 개 ~로, ~에 의해
羊 yáng 명 양

시험에 이렇게 나온다!

듣기 **元**, **角**는 서면에서 많이 쓰고, **块**, **毛**는 회화에서 많이 쓴다. 실제 듣기 지문에서 **块**, **毛**로 언급된 표현이 정답에서 **元**, **角**로 바뀌어 표현되는 경우가 많다.

3.5元 = **三元五角** sān yuán wǔ jiǎo = **三块五毛** sān kuài wǔ máo

10 **商店**
shāngdiàn

❶ 명 **상점**

你随便看看，我们商店里的衣服都很好。
Nǐ suíbiàn kànkan, wǒmen shāngdiànli de yīfu dōu hěn hǎo.
마음대로 구경하세요. 우리 상점의 옷은 모두 좋아요.

随便 suíbiàn 부 마음대로

시험에 이렇게 나온다!

유의어 **商店**(상점) 이외에 물건을 파는 곳을 나타내는 다양한 표현들을 함께 알아둔다.

百货商店 bǎihuò shāngdiàn 백화점
商场 shāngchǎng 쇼핑센터

급수

11 **送**
sòng

2 동 **주다, 선물하다, 보내다, 바래다주다, 배웅하다**

술어

今天买东西满100元就送一份礼物。
Jīntiān mǎi dōngxi mǎn yìbǎi yuán jiù sòng yí fèn lǐwù.
오늘 100위안을 채워서 물건을 구매하시면 선물 하나를 드려요.

你一会儿把资料送到我办公室吧。
Nǐ yíhuìr bǎ zīliào sòngdào wǒ bàngōngshì ba.
잠시 후 자료를 내 사무실로 보내주세요.

他每天送他女儿上课。
Tā měitiān sòng tā nǚ'ér shàngkè.
그는 매일 그의 딸아이를 수업에 바래다준다.

满 mǎn 동 채우다, 가득하게 하다 **礼物** lǐwù 명 선물
一会儿 yíhuìr 수량 잠시, 잠깐 **资料** zīliào 명 자료
办公室 bàngōngshì 명 사무실 **上课** shàngkè 동 수업을 듣다, 수업하다

시험에 이렇게 나온다!

듣기 독해 **买一送一**(mǎi yī sòng yī, 하나 사면 하나 더 준다, 원 플러스 원)라는 표현도 듣기 또는 독해에서 자주 출제되므로 함께 알아 둔다.

12 **贵**
guì

2 형 **비싸다, 귀하다**

这家店的奶茶太贵了。
Zhè jiā diàn de nǎichá tài guì le.
이 가게의 밀크티는 너무 비싸다.

店 diàn 명 가게 **奶茶** nǎichá 명 밀크티

13 **便宜**
piányi

2 형 **(값이) 싸다**

西瓜比昨天便宜了两毛。
Xīguā bǐ zuótiān piányi le liǎng máo.
수박이 어제보다 2마오 싸졌다.

西瓜 xīguā 명 수박

시험에 이렇게 나온다!

듣기 독해 듣기 또는 독해의 지문과 정답에서 **便宜**는 **不贵**(bú guì, 비싸지 않다)로, **不便宜**(싸지 않다)는 **贵**(비싸다)로 자주 바뀌어 출제된다.

14 **手表**
shǒubiǎo

급수

❷ 명 **손목시계**

술어

这是送给你的礼物，是昨天在商店买的手表。
Zhè shì sòng gěi nǐ de lǐwù, shì zuótiān zài shāngdiàn mǎi de shǒubiǎo.
이건 너에게 주는 선물인데, 어제 상점에서 산 손목시계야.

昨天 zuótiān 명 어제

15 **颜色**
yánsè

❷ 명 **색깔, 색**

现在没有这个颜色的衬衫，只有更深的颜色。
Xiànzài méiyǒu zhè ge yánsè de chènshān, zhǐ yǒu gèng shēn de yánsè.
지금 이 색깔 셔츠는 없고, 더 진한 색만 있어요.

衬衫 chènshān 명 셔츠 **更** gèng 부 더 **深** shēn 형 진하다

잠깐 深的颜色(진한 색)의 반대말은 浅的颜色(qiǎn de yánsè, 연한 색)예요

16 **件**
jiàn

❷ 양 **벌, 건, 개 [의류, 각각의 물건을 세는 단위]**

下周是我朋友的生日，我想送她一件衣服。
Xiàzhōu shì wǒ péngyou de shēngrì, wǒ xiǎng sòng tā yí jiàn yīfu.
다음 주는 내 친구 생일이라서, 나는 그녀에게 옷 한 벌을 선물하고 싶다.

下周 xiàzhōu 명 다음 주

시험에 이렇게 나온다!

짝꿍 표현 양사 **件**과 함께 자주 쓰이는 명사를 **'一件 + 명사'** 표현으로 알아 둔다.

一件衣服 yí jiàn yīfu 옷 한 벌
一件衬衫 yí jiàn chènshān 셔츠 한 벌
一件事 yí jiàn shì 일 한 건
一件行李 yí jiàn xíngli 짐 한 개

17 **试** ★★★

shì

❸ 동 **시험하다, 시험 삼아 해 보다**

我试着刷了几次卡，但是密码都错误。

Wǒ shìzhe shuāle jǐ cì kǎ, dànshì mìmǎ dōu cuòwù.

나는 카드 긁는 것을 몇 번이나 시도해 봤는데, 그러나 비밀번호가 모두 틀렸다.

试 shì 동 시도하다, 시험해 보다 **刷卡** shuākǎ 동 카드를 긁다
密码 mìmǎ 명 비밀번호 **错误** cuòwù 형 틀리다, 잘못되다

시험에 이렇게 나온다!

어법 试을 연속 두번 쓴 **试试**(시험 삼아 한번 해보다)표현도 자주 사용된다. 이와 같이 '한번, 좀'이라는 시도의 느낌을 강조하기 위해 동사를 중첩해서 사용할 수 있다.

试试 shìshi 시험 삼아 한번 해보다
问问 wènwen 한번 물어보다
尝尝 chángchang 한번 맛보다
休息休息 xiūxi xiūxi 좀 쉬다

18 **条** ★★

tiáo

❸ 양 **[가늘고 긴 것을 세는 단위]**

不用买裤子了，我上次已经买了两条。

Búyòng mǎi kùzi le, wǒ shàngcì yǐjīng mǎile liǎng tiáo.

바지 살 필요 없어요. 내가 지난번에 이미 두 개를 샀거든요.

裤子 kùzi 명 바지

시험에 이렇게 나온다!

짝꿍표현 양사 **条**와 함께 자주 쓰이는 명사를 '**这/那** + **条** + 명사' 표현으로 알아둔다.

这条路 zhè tiáo lù 이 길
那条河 nà tiáo hé 저 강
这条裙子 zhè tiáo qúnzi 이 치마
那条裤子 nà tiáo kùzi 저 바지

19 **裙子**

qúnzi

❸ 명 **치마, 스커트**

下午陪我去买东西吧，我想买一条裙子。

Xiàwǔ péi wǒ qù mǎi dōngxi ba, wǒ xiǎng mǎi yì tiáo qúnzi.

오후에 나와 함께 쇼핑하러 가자. 나 치마 한 벌 사고 싶어.

陪 péi 동 함께 가다, 모시다

20 **裤子**

kùzi

(급수) ❸ 명 **바지**

这条裤子有点儿长，有没有小一号的？ (술어: 有没有)

Zhè tiáo kùzi yǒudiǎnr cháng, yǒu méi yǒu xiǎo yí hào de?

이 바지가 조금 긴데, 한 사이즈 작은 것 있나요?

号 hào 명 사이즈, 호수

21 **衬衫**

chènshān

❸ 명 **셔츠, 블라우스**

这件衬衫虽然好看，但是穿着不舒服。

Zhè jiàn chènshān suīrán hǎokàn, dànshì chuānzhe bù shūfu.

이 셔츠는 비록 예쁘지만, 입기에 불편하다.

不舒服 bù shūfu 형 불편하다

22 **蓝**

lán

❸ 형 **파랗다**

这件蓝色的衬衫我想试试，帮我找一件中号的吧。

Zhè jiàn lánsè de chènshān wǒ xiǎng shìshi, bāng wǒ zhǎo yí jiàn zhōng hào de ba.

이 파란색 셔츠를 입어보고 싶은데, 중간 사이즈 좀 찾아주세요.

蓝色 lánsè 명 파란색　中号 zhōng hào 중간 사이즈

시험에 이렇게 나온다!

짝꿍표현 **蓝**은 단독으로 쓰이기보다 **色**(sè, 색)이라는 어휘와 함께 **蓝色**(파란색)라는 표현으로 주로 출제된다. 참고로, HSK에서 자주 출제되는 **颜色**(색깔)는 다음과 같다.

红色 hóngsè 빨간색
黄色 huángsè 노란색
绿色 lǜsè 초록색
黑色 hēisè 검정색
白色 báisè 흰색

급수

23 一共
yígòng

3 부 **모두, 전부**

술어

一共200元，您刷卡还是付现金？

Yígòng liǎng bǎi yuán, nín shuākǎ háishi fù xiànjīn?

모두 200위안입니다. 카드로 결제하시나요, 아니면 현금으로 지불하시나요?

还是 háishi 접 아니면　**付** fù 동 (돈을) 지불하다　**现金** xiànjīn 명 현금

시험에 이렇게 나온다!

짝꿍 표현 **一共**을 활용한 다양한 짝꿍 표현을 알아 둔다.

一共4块 yígòng sì kuài 모두 4위안이다

一共9页 yígòng jiǔ yè 모두 9페이지이다

一共有35位同学 yígòng yǒu sānshíwǔ wèi tóngxué
모두 35명의 학우가 있다

잠깐 수량의 합계를 나타낼 때 자주 쓰여요!

24 花 ★★
huā

3 동 **쓰다, 소비하다**

你买这个沙发花了多少钱？

Nǐ mǎi zhè ge shāfā huāle duōshao qián?

당신 이 소파 사는데 얼마를 썼나요?

沙发 shāfā 명 소파

시험에 이렇게 나온다!

花와 함께 자주 쓰이는 '**花** + 명사' 표현을 알아 둔다.

花钱 huā qián 돈을 쓰다

花时间 huā shíjiān 시간을 쓰다

25 超市 ★★
chāoshì

3 명 **슈퍼마켓**

超市里水果降价了，我买了10公斤。

Chāoshìli shuǐguǒ jiàngjià le, wǒ mǎile shí gōngjīn.

슈퍼마켓에 과일 가격이 내려서, 나는 10킬로그램을 샀어요.

降价 jiàngjià 동 (값을) 내리다, 할인하다　**公斤** gōngjīn 양 킬로그램

26 **购物** ★★

gòuwù

④ 급수

동 **물건을 사다, 구매하다**

我妈妈经常在网上购物。 (술어)

Wǒ māma jīngcháng zài wǎngshàng gòuwù.

우리 엄마는 항상 인터넷에서 물건을 산다.

经常 jīngcháng 부 항상, 자주 **网上** wǎngshàng 명 인터넷

27 **价格** ★★★

jiàgé

④ 명 **가격, 값**

这个手表价格很高，我买不起。

Zhè ge shǒubiǎo jiàgé hěn gāo, wǒ mǎi bu qǐ.

이 손목시계는 가격이 너무 비싸서, 나는 살 수 없다.

买不起 mǎi bu qǐ (능력이 되지 않아) 살 수 없다

28 **打折** ★★★

dǎzhé

④ 동 **할인하다, 가격을 깎다**

这些东西是打折的时候买的。

Zhèxiē dōngxi shì dǎzhé de shíhou mǎi de.

이 물건들은 할인할 때 산 것이다.

时候 shíhou 명 때, 무렵

시험에 이렇게 나온다!

짝꿍표현 **打**와 **折** 사이에 숫자 **一**(yī, 1)부터 **九**(jiǔ, 9)를 넣어서 얼마나 할인되는지를 표현할 수 있다. 할인하는 비율로 말하는 한국과 달리, 중국은 할인되어 받는 비율이 얼마인지를 말한다.

打五折 dǎ wǔ zhé 5(50%)만큼 받는다 = 50% 할인하다

打七折 dǎ qī zhé 7(70%)만큼 받는다 = 30% 할인하다

29 **活动** ★★★

huódòng

④ 명 **행사, 활동** 동 **움직이다, 활동하다**

那家店的打折活动已经结束了。

Nà jiā diàn de dǎzhé huódòng yǐjīng jiéshù le.

그 가게의 할인 행사는 이미 끝났다.

冬天要多活动一下身体。

Dōngtiān yào duō huódòng yíxià shēntǐ.

겨울에는 몸을 많이 움직여야 한다.

结束 jiéshù 동 끝나다 **冬天** dōngtiān 명 겨울

30 **顾客** ★★
gùkè

4 명 **고객, 손님**

급수

술어

"买一送一"活动吸引了很多顾客。
'Mǎi yī sòng yī' huódòng xīyǐnle hěn duō gùkè.
'원 플러스 원' 행사가 많은 고객을 불러왔다.

吸引 xīyǐn 동 불러오다, 끌어당기다, 매료시키다

31 **逛**
guàng

4 동 **거닐다, 배회하다**

你要买沙发的话，去家具店逛逛。
Nǐ yào mǎi shāfā dehuà, qù jiājù diàn guàngguang.
당신이 소파를 사고 싶다면, 가구점에 가서 둘러보세요.

的话 dehuà 조 ~하다면, ~라면 **家具** jiājù 명 가구

32 **眼镜** ★★
yǎnjìng

4 명 **안경**

我的眼镜有点儿旧了，所以打算去买新眼镜。
Wǒ de yǎnjìng yǒudiǎnr jiù le, suǒyǐ dǎsuan qù mǎi xīn yǎnjìng.
내 안경이 조금 오래되어서, 새 안경을 사러 가려고 한다.

有点儿 yǒudiǎnr 부 조금, 약간 **旧** jiù 형 오래되다, 낡다

33 **袜子** ★★
wàzi

4 명 **양말, 스타킹**

昨天买的袜子今天就破了，真是一分钱一分货。
Zuótiān mǎi de wàzi jīntiān jiù pò le, zhēnshi yì fēn qián yì fēn huò.
어제 산 양말이 오늘 바로 해졌는데. 정말 싼 게 비지떡이다.

破 pò 동 해지다, 파손되다
一分钱一分货 yì fēn qián yì fēn huò 싼 게 비지떡이다, 한 푼의 돈으로 한 푼의 물건을 사다

34 **脱**
tuō

4 [동] **벗다**

급수

这双鞋子很难脱，我穿别的试试看。

술어

Zhè shuāng xiézi hěn nán tuō, wǒ chuān bié de shìshi kàn.

이 신발은 벗기 힘드네요. 다른 걸로 신어 볼게요.

双 shuāng [양] 켤레, 쌍 **鞋子** xiézi [명] 신발

시험에 이렇게 나온다!

[작문 노하우] 쓰기 제2부분에서는 제시어 **脱**와 함께 신발, 양말, 옷 등을 벗고 있는 사진이 자주 출제된다. **她/他把+A+脱下来了。**(그녀/그는 A를 벗었다.)와 같은 문장으로 쉽게 작문할 수 있다.

她把鞋子脱下来了。 그녀는 신발을 벗었다.
他把袜子脱下来了。 그는 양말을 벗었다.
他把衣服脱下来了。 그는 옷을 벗었다.

35 **售货员**
shòuhuòyuán

4 [명] **점원, 판매원**

售货员的态度让我非常高兴。

Shòuhuòyuán de tàidu ràng wǒ fēicháng gāoxìng.

점원의 태도는 나를 굉장히 기쁘게 했다.

态度 tàidu [명] 태도

36 **合适** ★★
héshì

4 [형] **알맞다, 적합하다**

这双鞋好看是好看，不过大小不合适。

Zhè shuāng xié hǎokàn shì hǎokàn, búguò dàxiǎo bù héshì.

이 신발은 예쁘긴 예쁜데, 그러나 크기가 나한테 알맞지 않아요.

大小 dàxiǎo [명] 크기

37 **提供**
tígōng

4 [동] **제공하다, 공급하다**

我们百货商店为顾客提供最好的服务。

Wǒmen bǎihuò shāngdiàn wèi gùkè tígōng zuì hǎo de fúwù.

저희 백화점에서는 고객을 위해 최고의 서비스를 제공합니다.

百货商店 bǎihuò shāngdiàn 백화점 **为** wèi [개] ~을 위해
服务 fúwù [동] 서비스하다

★★★ = 출제율 최상 ★★ = 출제율 상

38 质量 ★★

zhìliàng

4 명 **품질, 질**

这两双袜子哪一双质量更好?

Zhè liǎng shuāng wàzi nǎ yì shuāng zhìliàng gèng hǎo?

이 양말 두 켤레 중 어느 것의 품질이 더 좋나요?

시험에 이렇게 나온다!

짝꿍 표현 **质量**을 활용한 다양한 짝꿍 표현을 알아 둔다. 참고로 **质量**은 물건의 품질뿐만 아니라, 추상적인 것의 질을 표현할 때에도 쓰인다.

空气的质量 kōngqì de zhìliàng 공기의 질

翻译的质量 fānyì de zhìliàng 번역의 질

睡觉的质量 shuìjiào de zhìliàng 수면의 질

39 值得 ★★

zhídé

4 동 **~할 만한 가치가 있다**

质量这么好，就算价格高也值得买。

Zhìliàng zhème hǎo, jiùsuàn jiàgé gāo yě zhídé mǎi.

품질이 이렇게 좋으니, 가격이 높더라도 살 만한 가치가 있어요.

就算 jiùsuàn 접 ~하더라도

시험에 이렇게 나온다!

짝꿍 표현 **值得**와 함께 자주 쓰이는 '**值得** + 동사' 짝꿍 표현을 알아 둔다.

值得买 zhídé mǎi 살 만한 가치가 있다

值得相信 zhídé xiāngxìn 믿을 만한 가치가 있다

值得学习 zhídé xuéxí 배울 만한 가치가 있다

值得阅读 zhídé yuèdú 읽을 만한 가치가 있다

40 付款

fùkuǎn

4 동 **돈을 지불하다**

我没有现金，可以用手机付款吗?

Wǒ méiyǒu xiànjīn, kěyǐ yòng shǒujī fùkuǎn ma?

제가 현금이 없는데, 핸드폰으로 돈을 지불해도 되나요?

시험에 이렇게 나온다!

짝꿍 표현 **付款**을 활용한 다양한 짝꿍 표현을 알아 둔다.

手机付款 shǒujī fùkuǎn 핸드폰으로 지불하다

现金付款 xiànjīn fùkuǎn 현금으로 지불하다

货到付款 huò dào fùkuǎn 착불 배송

연습문제 **체크체크!**

단어의 뜻을 오른쪽 보기에서 찾아 연결하세요.

01 超市

02 买

03 贵

04 逛

05 质量

ⓐ 돈, 화폐

ⓑ 슈퍼마켓

ⓒ 거닐다, 배회하다

ⓓ 비싸다, 귀하다

ⓔ 품질, 질

ⓕ 사다, 구매하다

문장을 읽고 빈칸에 들어 갈 단어를 찾아 적어보세요.

ⓐ 打折　ⓑ 价格　ⓒ 试　ⓓ 顾客　ⓔ 送

06 这家商店想到了一个吸引________的好办法。

07 这些东西是在________的时候买的，所以比较便宜。

08 我________了几件衣服，但是都没买。

09 这个包________很高，我买不起。

10 今天买两杯咖啡就会________一杯牛奶。

정답 : 01 ⓑ 02 ⓕ 03 ⓓ 04 ⓒ 05 ⓔ 06 ⓓ 07 ⓐ 08 ⓒ 09 ⓑ 10 ⓔ

* 06~10번 문제 해석과 추가 <Day별 단어 퀴즈 PDF>를 해커스중국어(china.Hackers.com)에서 다운로드 받으세요.

품사별로 헤쳐 모여!

앞에서 외운 단어들을 품사별로 다시 한 번 확인합니다.

☑ 잘 외워지지 않은 단어는 □에 체크해 두고 다음에 반복 암기합니다.

명사

□□□	东西 1급	dōngxi	명 것, 물건
□□□	钱 1급	qián	명 돈, 화폐
□□□	商店 1급	shāngdiàn	명 상점
□□□	手表 2급	shǒubiǎo	명 손목시계
□□□	颜色 2급	yánsè	명 색깔, 색
□□□	裙子 3급	qúnzi	명 치마, 스커트
□□□	裤子 3급	kùzi	명 바지
□□□	衬衫 3급	chènshān	명 셔츠, 블라우스
□□□	超市 3급	chāoshì	명 슈퍼마켓
□□□	价格 4급	jiàgé	명 가격, 값
□□□	活动 4급	huódòng	명 행사, 활동 동 움직이다, 활동하다
□□□	顾客 4급	gùkè	명 고객, 손님
□□□	眼镜 4급	yǎnjìng	명 안경
□□□	袜子 4급	wàzi	명 양말, 스타킹
□□□	售货员 4급	shòuhuòyuán	명 점원, 판매원
□□□	质量 4급	zhìliàng	명 품질, 질

동사

□□□	买 1급	mǎi	동 사다, 구매하다
□□□	卖 2급	mài	동 팔다, 판매하다
□□□	送 2급	sòng	동 주다, 선물하다, 보내다, 바래다주다, 배웅하다
□□□	试 3급	shì	동 시험하다, 시험 삼아 해 보다
□□□	花 3급	huā	동 쓰다, 소비하다

□□□	购物 4급	gòuwù	동 물건을 사다, 구매하다
□□□	打折 4급	dǎzhé	동 할인하다, 가격을 깎다
□□□	逛 4급	guàng	동 거닐다, 배회하다
□□□	脱 4급	tuō	동 벗다
□□□	提供 4급	tígōng	동 제공하다, 공급하다
□□□	值得 4급	zhídé	동 ~할 만한 가치가 있다
□□□	付款 4급	fùkuǎn	동 돈을 지불하다

형용사

□□□	贵 2급	guì	형 비싸다, 귀하다
□□□	便宜 2급	piányi	형 (값이) 싸다
□□□	蓝 3급	lán	형 파랗다
□□□	合适 4급	héshì	형 알맞다, 적합하다

부사

□□□	一共 3급	yígòng	부 모두, 전부

양사

□□□	块 1급	kuài	양 위안(元), 덩이, 조각
□□□	件 2급	jiàn	양 벌, 건, 개 [의류, 각각의 물건을 세는 단위]
□□□	元 3급	yuán	양 위안 [중국의 화폐 단위]
□□□	角 3급	jiǎo	양 쟈오 [중국의 화폐 단위, 1위안(元)의 1/10]
□□□	条 3급	tiáo	양 [가늘고 긴 것을 세는 단위]
□□□	毛 4급	máo	양 마오 [중국의 화폐 단위, 1위안(元)의 1/10] 명 털

대사

□□□	多少 1급	duōshao	대 얼마, 몇

DAY

06

해커스 HSK1-4급 단어장

타임머신

시간 · 날짜

주제를 알면 HSK가 보인다!

HSK 4급에서는 어떤 일이 발생했거나 시작되는 시점, 또는 진행된 시간 등을 파악해야 하는 문제가 자주 출제돼요. 따라서 '일요일', '(인원·시간 등을) 배정하다', '(월·연)말' 등과 같이 시간·날짜와 관련된 단어를 집중적으로 학습하면 이러한 문제를 쉽게 풀 수 있어요.

단어, 예문 MP3

미래에서 온 그대

미소씨, 이번 주 礼拜天에 安排된 일정 있어요?
해커스 어학원
같이 식사할래요?
약속은 없어요~ 不过 요즘 제가 속이 안 좋아서 죽만 먹고 있어요...
아 그럼 이번 달 底에 여름왕국 영화가 개봉...
아! 그 영화 이미 봤죠~! 至少 세 번은 본 것 같아요~
저는 부장님 호출 때문에... 잠시 실례할게요?
네, 하하...
....
아직 개봉 안 했는데... 게다가 부장님은 외근중...
또르르...

38 **礼拜天** lǐbàitiān 명 일요일

34 **不过** búguò 접 그러나, 그런데

40 **至少** zhìshǎo 부 적어도, 최소한

31 **安排** ānpái 동 (인원·시간 등을) 배정하다, 안배하다

35 **底** dǐ 명 말, 밑, 바닥

급수

01 现在
xiànzài

1 명 지금, 현재

술어

现在过去还来得及吗?
Xiànzài guòqu hái láidejí ma?
지금 가도 늦지 않을까요?

过去 guòqu 동 가다, 지나가다
来得及 láidejí 동 늦지 않다, 제 시간에 댈 수 있다

02 点
diǎn

1 양 시(時) 동 주문하다

现在都十一点二十分了，该睡觉了。
Xiànzài dōu shíyī diǎn èrshí fēn le, gāi shuìjiào le.
지금 벌써 11시 20분이니, 이제 자야 해.

我点的是西瓜汁，不是苹果汁。
Wǒ diǎn de shì xīguā zhī, bú shì píngguǒ zhī.
제가 주문한 것은 수박 주스이지 사과 주스가 아닙니다.

该 gāi 조동 ~해야 한다 汁 zhī 명 주스

03 分钟
fēnzhōng

1 양 분

饭馆儿离这儿挺近的，开车只要10分钟左右。
Fànguǎnr lí zhèr tǐng jìn de, kāichē zhǐ yào shí fēnzhōng zuǒyòu.
식당은 이곳에서 제법 가까운데, 차로 10분 정도밖에 안 걸린다.

饭馆儿 fànguǎnr 명 식당 挺……的 tǐng……de 제법 ~하다
开车 kāichē 동 차를 운전하다 左右 zuǒyòu 명 정도, 가량

04 秒
miǎo

4 양 초

他的跑步速度又加快了五秒。
Tā de pǎobù sùdù yòu jiākuàile wǔ miǎo.
그의 달리기 속도가 5초 더 빨라졌다.

速度 sùdù 명 속도 加快 jiākuài 동 (속도를) 빠르게 하다

05 **刻**

kè

급수

❸ 양 **15분**

술어

还有一刻会议就开始了，你去趟卫生间吧。

Hái yǒu yí kè huìyì jiù kāishǐ le, nǐ qù tàng wèishēngjiān ba.

15분만 있으면 회의가 시작해요. 화장실 한 번 다녀 오세요.

会议 huìyì 명 회의 **趟** tàng 양 번, 차례 **卫生间** wèishēngjiān 명 화장실

잠깐 刻 자체가 15분을 나타내는 단위이기 때문에 刻 뒤에는 分(분)을 붙이지 않아요.

06 **上午**

shàngwǔ

❶ 명 **오전**

上午的体育课不上了，改成历史课了。

Shàngwǔ de tǐyù kè bú shàng le, gǎichéng lìshǐ kè le.

오전 체육 수업은 하지 않게 되었고, 역사 수업으로 바뀌었다.

体育 tǐyù 명 체육 **改成** gǎichéng ~로 바뀌다 **历史** lìshǐ 명 역사

07 **中午**

zhōngwǔ

❶ 명 **정오**

我是明天中午的航班，你呢？

Wǒ shì míngtiān zhōngwǔ de hángbān, nǐ ne?

저는 내일 정오 항공편인데, 당신은요?

航班 hángbān 명 항공편

08 **下午**

xiàwǔ

❶ 명 **오후**

我女儿今天下午三点到五点上音乐课。

Wǒ nǚ'ér jīntiān xiàwǔ sān diǎn dào wǔ diǎn shàng yīnyuè kè.

내 딸은 오늘 오후 세 시부터 다섯 시까지 음악 수업을 듣는다.

音乐 yīnyuè 명 음악

09 **时间**

shíjiān

❷ 명 **시간(구체적인 시간 또는 시점을 일컫는 말)**

小学放学时间比以前早了，现在4点就放学。

Xiǎoxué fàngxué shíjiān bǐ yǐqián zǎo le, xiànzài sì diǎn jiù fàngxué.

초등학교 하교 시간이 예전보다 빨라졌다. 지금은 4시면 하교를 한다.

小学 xiǎoxué 명 초등학교 **放学** fàngxué 동 하교하다
以前 yǐqián 명 예전 **早** zǎo 형 (시간이) 빠르다, 이르다

급수

10 小时
xiǎoshí

❷ 명 시간(시간의 단위)

坐火车去北京两个小时就能到。 술어
Zuò huǒchē qù Běijīng liǎng ge xiǎoshí jiù néng dào.
기차를 타고 베이징에 가면 두 시간 만에 도착할 수 있다.

火车 huǒchē 명 기차 **北京** Běijīng 고유 베이징, 북경

시험에 이렇게 나온다!

어법 **小时**은 시간을 나타내는 단위로, '수사 + **个** + **小时**(~시간)' 형태로 쓰인다.
我打算休息两个小时。 Wǒ dǎsuan xiūxi liǎng ge xiǎoshí.
나는 2시간 동안 쉬려고 한다.

11 时候
shíhou

❶ 명 때, 시간, 무렵

这支笔是买书的时候送的。
Zhè zhī bǐ shì mǎi shū de shíhou sòng de.
이 펜은 책을 살 때 받은 것이다.

支 zhī 양 자루[막대 모양의 물건을 세는 단위] **笔** bǐ 명 펜

시험에 이렇게 나온다!

짝꿍 표현 **时候**를 활용한 다양한 짝꿍 표현을 알아 둔다.
……的时候 ……de shíhou ~할 때
有时候 yǒushíhou 가끔, 종종
小时候 xiǎoshíhou 어릴 때
到时候 dàoshíhou 그때 가서
什么时候 shénme shíhou 언제, 어느 때

12 年
nián

❶ 명 년, 해

中国文化节每一年举办一次。
Zhōngguó wénhuà jié měi yì nián jǔbàn yí cì.
중국 문화절은 1년에 한 번 열린다.

文化 wénhuà 명 문화 **节** jié 명 절, 축제, 기념일
举办 jǔbàn 동 열다, 거행하다

급수

13 **月**
yuè

❶ 명 **월, 달**

술어

小张才出国几个月，英语就这么流利了。
Xiǎo Zhāng cái chūguó jǐ ge yuè, Yīngyǔ jiù zhème liúlì le.
샤오장은 겨우 몇 개월간 외국에 나갔을 뿐인데, 영어가 이렇게나 유창해졌다.

才 cái 부 겨우 **出国** chūguó 동 외국에 나가다, 출국하다
英语 Yīngyǔ 고유 영어 **流利** liúlì 형 유창하다

14 **号**
hào

❶ 명 **일 [날짜를 가리킴], 번호**

六月一号是中国的儿童节。
Liù yuè yī hào shì Zhōngguó de értóngjié.
6월 1일은 중국의 어린이날이다.

儿童节 értóngjié 명 어린이날

잠깐 号와 日은 모두 날짜를 셀 때 쓰일 수 있지만, 号가 조금 더 구어체랍니다~

15 **日**
rì

❷ 명 **일, 날**

大家知道母亲节是几月几日吗?
Dàjiā zhīdào mǔqīnjié shì jǐ yuè jǐ rì ma?
여러분은 어머니의 날이 몇 월 며칠인지 알고 있나요?

母亲节 mǔqīnjié 명 어머니의 날

16 **今天**
jīntiān

2018.12.06

❶ 명 **오늘, 현재**

今天我朋友结婚，我从外地赶来祝贺他。
Jīntiān wǒ péngyou jiéhūn, wǒ cóng wàidì gǎnlai zhùhè tā.
오늘 내 친구가 결혼해서, 나는 그를 축하하러 외지에서 서둘러 왔다.

结婚 jiéhūn 동 결혼하다 **外地** wàidì 명 외지 **赶** gǎn 동 서두르다
祝贺 zhùhè 동 축하하다

17 **昨天**
zuótiān

급수

❶ 명 **어제**

술어

我昨天散步的时候，顺便去超市买了几个面包。
Wǒ zuótiān sànbù de shíhou, shùnbiàn qù chāoshì mǎile jǐ ge miànbāo.
나는 어제 산책할 때, 겸사겸사 슈퍼에 가서 빵 몇 개를 샀다.

散步 sànbù 동 산책하다 **顺便** shùnbiàn 부 겸사겸사, ~하는 김에
超市 chāoshì 명 슈퍼

18 **明天**
míngtiān

❶ 명 **내일**

明天要考试，所以今天我打算复习。
Míngtiān yào kǎoshì, suǒyǐ jīntiān wǒ dǎsuan fùxí.
내일 시험을 볼 거라서 오늘 나는 복습을 할 계획이다.

复习 fùxí 동 복습하다

19 **星期**
xīngqī

❶ 명 **주, 요일**

这个星期去上海的火车票都卖完了。
Zhè ge xīngqī qù Shànghǎi de huǒchē piào dōu màiwán le.
이번 주 상하이 행 기차표가 모두 다 팔렸다.

上海 Shànghǎi 고유 상하이, 상해 **火车票** huǒchē piào 기차표

시험에 이렇게 나온다!

짝꿍표현 **星期** 뒤에 숫자 **一**(yī, 1)부터 **六**(liù, 6)까지 차례로 붙이면 월요일~토요일이 된다. 단, 일요일은 **星期天** 또는 **星期日**로 표현한다.

星期一 xīngqīyī 월요일　**星期二** xīngqīèr 화요일
星期三 xīngqīsān 수요일　**星期四** xīngqīsì 목요일
星期五 xīngqīwǔ 금요일　**星期六** xīngqīliù 토요일
星期天 / 星期日 xīngqītiān / xīngqīrì 일요일

유의어 **星期**······ 대신 **周**······, **礼拜**······로 쓸 수 있으며, 듣기 지문과 정답에서 요일 표현이 자주 바뀌어 출제된다.

星期一 → 周一 xīngqīyī → zhōuyī 월요일
星期三 → 礼拜三 xīngqīsān → lǐbàisān 수요일
星期天 → 周日 xīngqītiān → zhōurì 일요일

→ 급수

20 **每** měi

② 대 **매, 각, ~마다, 모두**

→ 술어

小丽每个礼拜六下午两点到五点上钢琴课。

Xiǎo Lì měi ge lǐbàiliù xiàwǔ liǎng diǎn dào wǔ diǎn shàng gāngqín kè.

샤오리는 매주 토요일 오후 두 시부터 다섯 시까지 피아노 수업을 받는다.

钢琴 gāngqín 명 피아노 **课** kè 명 수업

시험에 이렇게 나온다!

짝꿍 표현 **每**를 활용한 다양한 짝꿍 표현을 알아 둔다. 참고로 **每**는 시간을 나타내는 표현과 함께 쓰일때 빈도를 나타낸다.

每个礼拜 / 每周 měi ge lǐbài / měi zhōu 매주

每天 měi tiān 매일

每(个)月 měi (ge) yuè 매월

每年 měi nián 매년

每次 měi cì 매번

21 **早上** zǎoshang

② 명 **아침**

咱们明天早上直接在火车站门口见吧。

Zánmen míngtiān zǎoshang zhíjiē zài huǒchē zhàn ménkǒu jiàn ba.

우리 내일 아침에 바로 기차역 입구에서 보자.

直接 zhíjiē 형 바로, 직접적인 **门口** ménkǒu 명 입구

22 **晚上** wǎnshang

② 명 **저녁**

白天忙着工作，只有晚上才有空。

Báitiān mángzhe gōngzuò, zhǐyǒu wǎnshang cái yǒu kòng.

낮에는 바쁘게 일하니, 저녁에야 비로소 여유가 있다.

白天 báitiān 명 낮 **空** kòng 명 여유, 틈

23 **长** cháng

② 형 **(길이·시간 등이) 길다**

孩子们很难长时间安静地坐着。

Háizimen hěn nán cháng shíjiān ānjìng de zuòzhe.

아이들은 긴 시간 동안 조용히 앉아있기 어렵다.

孩子 háizi 명 아이 **安静** ānjìng 형 조용하다

급수

24 去年
qùnián

2 [명] 작년

술어

去年放假的时候我去了美国。
Qùnián fàngjià de shíhou wǒ qùle Měiguó.
작년 방학 때 나는 미국에 갔다.

放假 fàngjià [동] 방학하다　美国 Měiguó [고유] 미국

시험에 이렇게 나온다!

[짝꿍 표현] **去年**이라는 단어 외에 **今年**(jīnnián, 올해), **明年**(míngnián, 내년)도 자주 출제되므로 함께 알아 둔다.

25 最后 ★★★
zuìhòu

12月
31

3 [명] 맨 마지막, 최후, 끝

今天最后的公交车是十二点的。
Jīntiān zuìhòu de gōngjiāochē shì shí'èr diǎn de.
오늘 맨 마지막 버스는 12시이다.

公交车 gōngjiāochē [명] 버스

26 周末 ★★
zhōumò

3 [명] 주말

这个周末我们打算带孩子去森林公园。
Zhè ge zhōumò wǒmen dǎsuan dài háizi qù sēnlín gōngyuán.
이번 주말에 우리는 아이를 데리고 삼림공원에 갈 계획이다.

带 dài [동] 데리다, 휴대하다　森林 sēnlín [명] 삼림, 숲
公园 gōngyuán [명] 공원

27 段 ★★★
duàn

3 [양] (한)동안, 단락, 토막

适应新的环境需要一段时间。
Shìyìng xīn de huánjìng xūyào yí duàn shíjiān.
새로운 환경에 적응하는 것은 한동안의 시간이 필요하다.

适应 shìyìng [동] 적응하다　环境 huánjìng [명] 환경

28 **一直** ★★★

yìzhí

급수

❸ [부] **줄곧, 계속**

她回到家以后一直睡觉。 술어

Tā huídào jiā yǐhòu yìzhí shuìjiào.

그녀는 집에 돌아온 이후 줄곧 잠만 잔다.

睡觉 shuìjiào [동] 잠을 자다

29 **久** ★★

jiǔ

❸ [형] **오래되다, 시간이 길다**

李先生和张先生很久没见面了。

Lǐ xiānsheng hé Zhāng xiānsheng hěn jiǔ méi jiànmiàn le.

이 선생님과 장 선생님은 오랫동안 만나지 않았다.

先生 xiānsheng [명] 선생님(성인 남성에 대한 경칭) **见面** jiànmiàn [동] 만나다

30 **一会儿**

yíhuìr

❸ [수량] **잠시, 곧** [부] **~하다가 ~하다**

走了这么久，我们休息一会儿吧。

Zǒule zhème jiǔ, wǒmen xiūxi yíhuìr ba.

이렇게나 오래 걸었는데, 우리 잠시 쉬어요.

他一会儿进，一会儿出，看起来很忙。

Tā yíhuìr jìn, yíhuìr chū, kànqǐlai hěn máng.

그는 들어왔다가, 나갔다가, 매우 바빠 보인다.

看起来 kànqǐlai ~해 보이다, 보아하니 ~하다

31 **安排** ★★

ānpái

❹ [동] **(인원·시간 등을) 배정하다, 안배하다**

会议时间安排在明天下午吗？

Huìyì shíjiān ānpái zài míngtiān xiàwǔ ma?

회의 시간이 내일 오후로 배정되어 있나요?

会议 huìyì [명] 회의

32 **内** ★★

nèi

❹ [명] **안, 속, 내부**

老师让我们在规定时间内交作业。

Lǎoshī ràng wǒmen zài guīdìng shíjiān nèi jiāo zuòyè.

선생님은 우리에게 정해진 시간 안에 숙제를 내라고 하셨다.

规定 guīdìng [동] 정하다, 규정하다 **交** jiāo [동] 내다 **作业** zuòyè [명] 숙제

급수

33 可是
kěshì

4 [접] 그러나, 하지만

明明是上午九点的约会，可是他还没有来。 술어
Míngmíng shì shàngwǔ jiǔ diǎn de yuēhuì, kěshì tā hái méiyǒu lái.
분명히 오전 아홉 시 약속인데, 그러나 그는 아직 오지 않았다.

明明 míngmíng [부] 분명히, 명백히 **约会** yuēhuì [명] 약속

34 不过 ★★★
búguò

4 [접] 그러나, 그런데 [부] ~에 불과하다

现在只有五分钟时间，不过我觉得来得及。
Xiànzài zhǐyǒu wǔ fēnzhōng shíjiān, búguò wǒ juéde láidejí.
지금 5분 밖에 시간이 없지만, 그러나 나는 늦지 않을 것이라 생각한다.

他成为一名记者的时候不过二十岁。
Tā chéngwéi yì míng jìzhě de shíhou búguò èrshí suì.
그가 기자가 되었을 때 스무 살에 불과했다.

成为 chéngwéi [동] ~가 되다 **记者** jìzhě [명] 기자

잠깐 不过, 可是 모두 '그러나'를 나타내지만, 不过는 구어체에서 더 자주 쓰여요~

35 底 ★★
dǐ

4 [명] 말, 밑, 바닥

八月底公司要举行一个活动。
Bā yuè dǐ gōngsī yào jǔxíng yí ge huódòng.
8월 말에 회사는 행사를 열려고 한다.

举行 jǔxíng [동] 열다, 개최하다 **活动** huódòng [명] 행사

시험에 이렇게 나온다!

[짝꿍 표현] **底**를 활용한 다양한 짝꿍 표현을 알아 둔다. 참고로 **底**는 **月**, **年**와 같이 시간을 나타내는 표현 뒤에 붙어서 주로 출제된다.

月底 yuèdǐ 월말
年底 niándǐ 연말

급수

36 **呀** yā

4 감 **[놀람이나 경이로움 등을 나타냄]**

술어

我们都60岁了，时间过得真快**呀**！
Wǒmen dōu liùshí suì le, shíjiān guò de zhēn kuài ya!
우리가 모두 60살이 되었네, 시간이 참 빨리 지나가는군!

过 guò 동 (시간이) 지나다

잠깐 실제 대화에서는 呀를 자연스럽게 경성으로 읽기도 해요!

37 **暂时** ★★ zànshí

4 형 **잠시, 짧은 시간의**

我打算在中国**暂时**住几个月。
Wǒ dǎsuan zài Zhōngguó zànshí zhù jǐ ge yuè.
나는 중국에서 잠시 몇 개월 살려고 한다.

住 zhù 동 살다

38 **礼拜天** ★★ lǐbàitiān

4 명 **일요일**

那封信上**礼拜天**已经寄出去了。
Nà fēng xìn shàng lǐbàitiān yǐjīng jì chūqu le.
그 편지 한 통은 지난주 일요일에 이미 발송되었다.

封 fēng 양 통, 봉투 信 xìn 명 편지 寄 jì 동 발송하다, 부치다

시험에 이렇게 나온다!

유의어 **礼拜天**과 바꿔 쓸 수 있는 **星期天**(xīngqītiān, 일요일), **周日**(zhōurì, 일요일)도 함께 알아 둔다.

39 **当时** dāngshí

4 명 **당시, 그때**

我三年前见过他，**当时**他还在找工作。
Wǒ sān nián qián jiànguo tā, dāngshí tā hái zài zhǎo gōngzuò.
나는 삼 년 전에 그를 만났었고, 당시 그는 아직 직업을 찾고 있었다.

前 qián 명 전, 앞

40 **至少** ★★★ zhìshǎo

4 부 **적어도, 최소한**

离目的地还远着呢，**至少**还要四个小时。
Lí mùdìdì hái yuǎnzhe ne, zhìshǎo hái yào sì ge xiǎoshí.
목적지까지 아직 멀었어, 적어도 네 시간은 필요해.

目的地 mùdìdì 명 목적지

연습문제 **체크체크!**

단어의 뜻을 오른쪽 보기에서 찾아 연결하세요.

01 一直 ⓐ 시간

02 现在 ⓑ 월, 달

03 月 ⓒ 줄곧, 계속

04 时间 ⓓ 지금, 현재

05 长 ⓔ 주, 요일

ⓕ (길이·시간 등이) 길다

문장을 읽고 빈칸에 들어 갈 단어를 찾아 적어보세요.

ⓐ 安排　ⓑ 久　ⓒ 暂时　ⓓ 今天　ⓔ 不过

06 你知道会议时间________在什么时候吗？

07 我打算在朋友家________住几天。

08 现在没有多少时间了，________我觉得能按时完成任务。

09 ________姐姐结婚，所以我从国外赶过来了。

10 我和奶奶好________没见面了，我特别想她。

정답 : 01 ⓒ 02 ⓓ 03 ⓑ 04 ⓐ 05 ⓕ 06 ⓐ 07 ⓒ 08 ⓔ 09 ⓓ 10 ⓑ

* 06~10번 문제 해석과 추가 <Day별 단어 퀴즈 PDF>를 해커스중국어(china.Hackers.com)에서 다운로드 받으세요.

품사별로 헤쳐 모여!

앞에서 외운 단어들을 품사별로 다시 한 번 확인합니다.

☑ 잘 외워지지 않은 단어는 □에 체크해 두고 다음에 반복 암기합니다.

명사

□□□	现在 1급	xiànzài	명 지금, 현재
□□□	上午 1급	shàngwǔ	명 오전
□□□	中午 1급	zhōngwǔ	명 정오
□□□	下午 1급	xiàwǔ	명 오후
□□□	时候 1급	shíhou	명 때, 시간, 무렵
□□□	年 1급	nián	명 년, 해
□□□	月 1급	yuè	명 월, 달
□□□	号 1급	hào	명 일 [날짜를 가리킴], 번호
□□□	今天 1급	jīntiān	명 오늘, 현재
□□□	昨天 1급	zuótiān	명 어제
□□□	明天 1급	míngtiān	명 내일
□□□	星期 1급	xīngqī	명 주, 요일
□□□	时间 2급	shíjiān	명 시간(구체적인 시간 또는 시점을 일컫는 말)
□□□	小时 2급	xiǎoshí	명 시간(시간의 단위)
□□□	日 2급	rì	명 일, 날
□□□	早上 2급	zǎoshang	명 아침
□□□	晚上 2급	wǎnshang	명 저녁
□□□	去年 2급	qùnián	명 작년
□□□	最后 3급	zuìhòu	명 맨 마지막, 최후, 끝
□□□	周末 3급	zhōumò	명 주말
□□□	内 4급	nèi	명 안, 속, 내부
□□□	底 4급	dǐ	명 말, 밑, 바닥
□□□	礼拜天 4급	lǐbàitiān	명 일요일
□□□	当时 4급	dāngshí	명 당시, 그때

동사

□□□	安排 4급	ānpái	동 (인원·시간 등을) 배정하다, 안배하다

형용사

□□□	长 2급	cháng	형 (길이·시간 등이) 길다
□□□	久 3급	jiǔ	형 오래되다, 시간이 길다
□□□	暂时 4급	zànshí	형 잠시, 짧은 시간의

부사

□□□	一直 3급	yìzhí	부 줄곧, 계속
□□□	至少 4급	zhìshǎo	부 적어도, 최소한

양사

□□□	点 1급	diǎn	양 시(時) 동 주문하다
□□□	分钟 1급	fēnzhōng	양 분
□□□	刻 3급	kè	양 15분
□□□	段 3급	duàn	양 (한)동안, 단락, 토막
□□□	秒 4급	miǎo	양 초

접속사

□□□	可是 4급	kěshì	접 그러나, 하지만
□□□	不过 4급	búguò	접 그러나, 그런데 부 ~에 불과하다

대사

□□□	每 2급	měi	대 매, 각, ~마다, 모두

수량사

□□□	一会儿 3급	yíhuìr	수량 잠시, 곧 부 ~하다가 ~하다

감탄사

□□□	呀 4급	yā	감 [놀람이나 경이로움 등을 나타냄]

DAY 07

해커스 HSK1-4급 단어장

날씨요정

날씨

주제를 알면 HSK가 보인다!

HSK 4급에서는 현재 날씨나 특정 지역의 기후와 관련된 문제가 자주 출제돼요. 따라서 '따뜻하다', '차례', '적합하다', '구름', '뜻밖에'처럼 날씨와 관련된 단어를 집중적으로 학습하면 이러한 문제를 쉽게 풀 수 있어요.

단어, 예문 MP3

나는야 날씨요정

나는 날씨요정이라서 내가 가는 곳마다 맑고 暖和하지.
큰 비가 한 场 내리다가도 내가 가면 바로 그친다구!
봐, 오늘도 산책하기에 아주 适合하고 云 한 점 없이 화창하잖아!
coffee
cafe
coffe
竟然......
쿠르릉-
음?
쿠쿵-!! 쿠르릉-
미소야~~ 안녕~~
우르르쿠쿵~!!
......
비의 요정 등장...

28 **暖和** nuǎnhuo [형] 따뜻하다

30 **适合** shìhé [동] 적합하다, 적절하다, 알맞다

38 **竟然** jìngrán [부] 뜻밖에, 의외로

37 **场** chǎng [양] 차례, 회, 번

40 **云** yún [명] 구름

01 **天气** tiānqì

급수 ❶ 명 **날씨**

明天的天气怎么样? (술어)
Míngtiān de tiānqì zěnmeyàng?
내일 날씨는 어떤가요?

明天 míngtiān 명 내일

02 **冷** lěng

❶ 형 **춥다, 차다**

今天虽然很冷，但也要开窗换换空气。
Jīntiān suīrán hěn lěng, dàn yě yào kāi chuāng huànhuan kōngqì.
오늘은 비록 춥지만, 그래도 창문을 열어 환기를 좀 시켜야 한다.

虽然……但 suīrán……dàn 비록 ~하지만 **窗** chuāng 명 창문
换 huàn 동 바꾸다 **空气** kōngqì 명 공기

03 **热** rè

❶ 형 **덥다, 뜨겁다**

这几天天气热起来了。
Zhè jǐ tiān tiānqì rè qǐlai le.
요 며칠 날씨가 더워지기 시작했다.

起来 qǐlai 동 ~하기 시작하다

04 **有** yǒu

❶ 동 **있다, 소유하다**

北京的天气有什么特点?
Běijīng de tiānqì yǒu shénme tèdiǎn?
베이징의 날씨는 어떤 특징이 있나요?

特点 tèdiǎn 명 특징

시험에 이렇게 나온다!

어법 **有**자문은 '(관형어) + 주어 + **有** + (관형어) + 목적어'의 어순을 가지며, '(주어)는 (목적어)가 있다'라는 의미로 해석된다.

我们都有自己的爱好。 Wǒmen dōu yǒu zìjǐ de àihào.
우리는 모두 각자의 취미가 있다.

05 好
hǎo

❶ 형 좋다

礼拜天的空气质量非常好。
Lǐbàitiān de kōngqì zhìliàng fēicháng hǎo.
일요일의 공기 질이 매우 좋다.

质量 zhìliàng 명 질, 품질

06 雪
xuě

❷ 명 눈

很多游客去黄山看美丽的雪景。
Hěn duō yóukè qù Huángshān kàn měilì de xuějǐng.
많은 여행객들이 아름다운 설경을 보러 황산에 간다.

游客 yóukè 명 여행객 **黄山** Huángshān 고유 황산
美丽 měilì 형 아름답다 **雪景** xuějǐng 명 설경

07 上
shàng

❶ 명 (시간 등의)지난, 앞, 위

上个礼拜天气温突然下降了很多。
Shàng ge lǐbàitiān qìwēn tūrán xiàjiàngle hěn duō.
지난주 일요일에 기온이 갑자기 많이 떨어졌다.

气温 qìwēn 명 기온 **突然** tūrán 부 갑자기 **下降** xiàjiàng 동 떨어지다

시험에 이렇게 나온다!

어법 上은 '명사 + 上' 표현으로 자주 사용되며 '명사 + 上'은 주로 존현문의 주어가 된다. 존현문은 '주어 + 술어 + (관형어) + 목적어'의 문형을 가지며, (장소/시간)에는 (목적어)가 (술어)하다'라는 의미로 해석된다는 것을 알아두자.

桌子上有一台笔记本。 Zhuōzi shang yǒu yì tái bǐjìběn.
책상 위에 노트북 한 대가 있다.

08 下

xià

➊ 동 내리다 명 아래, 밑, 다음

我和妻子希望快点儿下雪。

Wǒ hé qīzi xīwàng kuài diǎnr xià xuě.

나와 아내는 빨리 눈이 내리기를 바란다.

公司楼下有一家咖啡厅。

Gōngsī lóu xià yǒu yì jiā kāfēitīng.

회사 아래층에는 카페 하나가 있다.

希望 xīwàng 동 바라다, 희망하다 **快点儿** kuài diǎnr 빨리 ~하다
家 jiā 양 [가게·집을 세는 단위]

09 下雨

xiàyǔ

➊ 동 비가 내리다

这几天一直下雨，我们不得不取消明天的旅游。

Zhè jǐ tiān yìzhí xiàyǔ, wǒmen bùdébù qǔxiāo míngtiān de lǚyóu.

요 며칠 비가 계속 내려서, 우리는 내일 여행을 어쩔 수 없이 취소했다.

一直 yìzhí 부 계속 **不得不** bùdébù 부 어쩔 수 없이
取消 qǔxiāo 동 취소하다 **旅游** lǚyóu 동 여행하다

시험에 이렇게 나온다!

듣기 **下雨** 이외에 **下雪**(xià xuě, 눈이 내리다)라는 표현도 자주 출제된다. 참고로 음성 지문과 제시문의 일치 불일치를 판단하는 문제에서, **下雨** 대신 **下雪**가 언급되어 불일치하는 문제가 출제되기도 하므로 이를 정확히 구분하여 들을 수 있어야 한다.

10 说

shuō

➊ 동 말하다, 설명하다

电视广播里说今天天气不好。

Diànshì guǎngbō li shuō jīntiān tiānqì bù hǎo.

TV 방송에서 오늘 날씨가 좋지 않다고 말했다.

广播 guǎngbō 명 방송

시험에 이렇게 나온다!

듣기 **说到做到**(shuō dào zuò dào, 말한 것은 반드시 실행하다)라는 표현도 듣기에서 출제되므로 함께 알아둔다.

11 **得**

de

❷ 조 **[술어와 정도보어를 연결함]**

급수 / 술어

天气热得让我受不了了！

Tiānqì rè de ràng wǒ shòubuliǎo le!

날씨가 못 견딜 정도로 덥군!

受不了 shòubuliǎo 동 견딜 수 없다

시험에 이렇게 나온다!

쓰기 쓰기 제1부분 제시된 어휘로 문장 완성하는 문제에서, '동사/형용사 + **得**' 형태의 어휘가 있으면 바로 술어 자리에 배치하고, 그 뒤에 보어를 배치한다.

12 **晴**

qíng

❷ 형 **(하늘이) 맑다**

刚刚还是晴天呢，现在雨下得真大。

Gānggāng háishi qíngtiān ne, xiànzài yǔ xià de zhēn dà.

방금까지는 여전히 맑은 날씨였는데, 지금은 비가 정말 많이 내리네.

刚刚 gānggāng 부 방금

시험에 이렇게 나온다!

짝꿍표현 **晴**을 활용한 다양한 짝꿍 표현을 알아 둔다.

晴天 qíngtiān 맑은 날씨

天晴了 tiān qíng le 날씨가 맑아졌다

13 **阴**

yīn

❷ 형 **(하늘이) 흐리다**

天阴了，航班不会推迟吧？

Tiān yīn le, hángbān bú huì tuīchí ba?

날이 흐려졌네, 항공편이 지연되지는 않겠지?

航班 hángbān 명 항공편 **推迟** tuīchí 동 지연시키다, 미루다

시험에 이렇게 나온다!

짝꿍표현 **阴**을 활용한 다양한 짝꿍 표현을 알아 둔다.

阴天 yīntiān 흐린 날씨

阴雨天 yīnyǔtiān 흐리고 비오는 날씨

天阴了 tiān yīn le 날씨가 흐려졌다

14 **最**
zuì

급수
❷ [부] **가장, 제일**

술어
中国最热的城市是哪里?
Zhōngguó zuì rè de chéngshì shì nǎli?
중국에서 가장 더운 도시는 어디예요?

城市 chéngshì [명] 도시

15 **快**
kuài

❷ [형] **빠르다** [부] **빨리, 곧, 어서**

这边季节变化得很快，刚来的时候我总是感冒。
Zhèbian jìjié biànhuà de hěn kuài, gāng lái de shíhou wǒ zǒngshì gǎnmào.
이곳은 계절이 매우 빠르게 바뀌어서, 막 왔을 때 나는 늘 감기에 걸렸다.

你快来尝尝我做的包子。
Nǐ kuài lái chángchang wǒ zuò de bāozi.
빨리 와서 내가 만든 만두를 맛보세요.

季节 jìjié [명] 계절 **变化** biànhuà [동] 바꾸다, 변화하다
总是 zǒngshì [부] 늘, 언제나 **感冒** gǎnmào [동] 감기에 걸리다
尝 cháng [동] (시험 삼아) 맛보다, 먹어 보다 **包子** bāozi [명] 만두

16 **黑**
hēi

❷ [형] **어둡다, 까맣다**

天已经黑了，我们快回家吧。
Tiān yǐjīng hēi le, wǒmen kuài huí jiā ba.
날이 이미 어두워졌어, 우리 빨리 집에 돌아가자.

天 tiān [명] 날, 하루, 하늘

시험에 이렇게 나온다!

[짝꿍 표현] 黑를 활용한 다양한 짝꿍 표현을 알아 둔다.
黑色 hēisè 검정색
黑板 hēibǎn 칠판

01 02 03 04 05 06 DAY 07 08 09 10

17 **季节**
jìjié

③ 명 **계절**

급수

술어

现在正是看红叶的好季节，我们去公园走走吧。
Xiànzài zhèng shì kàn hóngyè de hǎo jìjié, wǒmen qù gōngyuán zǒuzou ba.
지금은 마침 단풍을 보기 좋은 계절이니, 우리 공원에 가서 산책하자.

正 zhèng 부 마침, 바로 **红叶** hóngyè 명 단풍 **公园** gōngyuán 명 공원

18 **春** ★★
chūn

③ 명 **봄**

春天开很多花儿，非常浪漫。
Chūntiān kāi hěn duō huār, fēicháng làngmàn.
봄에는 꽃이 많이 피어서, 매우 낭만적이다.

开花 kāi huā 동 꽃이 피다 **浪漫** làngmàn 형 낭만적이다

19 **夏** ★★
xià

③ 명 **여름**

夏天晚上太热了，我家人都睡不着。
Xiàtiān wǎnshang tài rè le, wǒ jiārén dōu shuì bu zháo.
여름은 저녁에 너무 더워서, 우리 가족은 모두 잠이 오지 않는다.

睡着 shuì zháo 동 잠이 들다

20 **秋**
qiū

③ 명 **가을**

我家人一到秋天，就去看红叶。
Wǒ jiārén yí dào qiūtiān, jiù qù kàn hóngyè.
우리 가족은 가을이 되자마자, 단풍을 보러 간다.

家人 jiārén 명 가족, 식구

21 **冬** ★★

dōng

③ 명 **겨울** (→ 급수)

我觉得今年冬天没有去年那么冷。 (觉得 → 술어)

Wǒ juéde jīnnián dōngtiān méiyǒu qùnián nàme lěng.

나는 올해 겨울은 작년 겨울만큼 그렇게 춥지 않다고 생각한다.

觉得 juéde 동 ~라고 생각하다

시험에 이렇게 나온다!

짝꿍표현 **冬**처럼 계절을 나타내는 단어는 단독으로 쓰이기보다 뒤에 **天**이나 **季**를 붙인 어휘로 주로 쓰인다. 이와 같이 계절을 나타내는 어휘들을 한꺼번에 묶어서 외워두자.

春天 chūntiān 봄	**春季** chūnjì 봄철, 춘계
夏天 xiàtiān 여름	**夏季** xiàjì 여름철, 하계
秋天 qiūtiān 가을	**秋季** qiūjì 가을철, 추계
冬天 dōngtiān 겨울	**冬季** dōngjì 겨울철, 동계

22 **最近** ★★★

zuìjìn

③ 명 **요즘, 최근**

多穿点儿衣服吧，最近早上还是很冷呢。

Duō chuān diǎnr yīfu ba, zuìjìn zǎoshang háishi hěn lěng ne.

옷을 좀 많이 입으렴. 요즘 아침에는 아직 추워.

穿 chuān 동 입다

23 **经常** ★★★

jīngcháng

③ 부 **자주, 늘, 항상**

这个地方夏天经常下雨，冬天一点儿也不下。

Zhè ge dìfang xiàtiān jīngcháng xiàyǔ, dōngtiān yìdiǎnr yě bú xià.

이곳은 여름에 자주 비가 내리는데, 겨울에는 조금도 내리지 않는다.

地方 dìfang 명 곳, 장소

★★★ = 출제율 최상 ★★ = 출제율 상

24 **刮风**
guāfēng

❸ 동 **바람이 불다**

(급수)

刚才还有太阳，怎么突然刮风下雨呢？ (술어)
Gāngcái hái yǒu tàiyáng, zěnme tūrán guāfēng xiàyǔ ne?
방금까지도 해가 있었는데, 어떻게 갑자기 바람이 불고 비가 내리지?

刚才 gāngcái 명 방금 **太阳** tàiyáng 명 태양

시험에 이렇게 나온다!

어법 **刮风**은 **刮**(불다) + **风**(바람)이 합쳐진 '동사 + 목적어' 형태의 이합동사이다. 따라서 **刮**와 **风**사이에 바람을 묘사하는 표현들을 넣을 수 있다.

刮大风 guā dà fēng 큰 바람이 불다
刮东南风 guā dōngnán fēng 동남풍이 불다

잠깐 吹风(chuīfēng, 바람이 불다)도 함께 알아두세요!

25 **太阳**
tàiyáng

❸ 명 **태양**

最近一直下雨，很久没见太阳了。
Zuìjìn yìzhí xiàyǔ, hěn jiǔ méi jiàn tàiyáng le.
요즘 계속 비가 와서, 오랫동안 태양을 보지 못했다.

久 jiǔ 형 오래 되다, 오래다

26 **月亮**
yuèliang

❸ 명 **달**

月亮在太阳和地球之间。
Yuèliang zài tàiyáng hé dìqiú zhījiān.
달은 태양과 지구 사이에 있다.

地球 dìqiú 명 지구 **之间** zhījiān 명 사이

27 **后来**
hòulái

❸ 명 **나중, 훗날**

他们后来才慢慢适应了这里的气候。
Tāmen hòulái cái mànmān shìyìngle zhèli de qìhòu.
그들은 나중에 비로소 이곳의 기후에 차츰 적응했다.

适应 shìyìng 동 적응하다 **气候** qìhòu 명 기후

28 **暖和** ★★
nuǎnhuo

4 (급수)
형 **따뜻하다**

我们去暖和的海南过冬吧。 (술어)
Wǒmen qù nuǎnhuo de Hǎinán guòdōng ba.
우리 따뜻한 하이난에 가서 겨울을 보내요.

海南 Hǎinán 고유 하이난　**过冬** guòdōng 동 겨울을 보내다, 겨울을 나다

29 **凉快**
liángkuai

4
형 **시원하다, 서늘하다**

我家在20楼，所以夏天很凉快，不需要空调。
Wǒ jiā zài èrshí lóu, suǒyǐ xiàtiān hěn liángkuai, bù xūyào kōngtiáo.
우리 집은 20층에 있어서 여름에 시원하고, 에어컨이 필요 없다.

楼 lóu 명 층　**空调** kōngtiáo 명 에어컨

30 **适合** ★★★
shìhé

4
동 **적합하다, 적절하다, 알맞다**

如果天气太热的话，不适合到外面运动。
Rúguǒ tiānqì tài rè dehuà, bú shìhé dào wàimian yùndòng.
만약 날씨가 너무 덥다면, 밖에서 운동하기 적합하지 않다.

如果……的话 rúguǒ……dehuà 만약 ~하다면

시험에 이렇게 나온다!

어법 **适合**는 형용사 **合适**(héshì, 적당하다, 알맞다)과 한자와 의미가 비슷하여 혼동하기 쉽다. **适合**는 '**适合** + 목적어(~에 적합하다)'와 같이 뒤에 목적어가 올 수 있지만, 형용사 **合适**은 뒤에 목적어가 올 수 없다는 것을 알아 둔다.

31 **气候**
qìhòu

4
명 **기후**

这里气候条件不错，而且景色也很美。
Zhèli qìhòu tiáojiàn búcuò, érqiě jǐngsè yě hěn měi.
이곳은 기후 조건이 좋고, 게다가 풍경도 아름답다.

条件 tiáojiàn 명 조건　**而且** érqiě 접 게다가　**景色** jǐngsè 명 풍경
美 měi 형 아름답다

★★★ = 출제율 최상　★★ = 출제율 상

급수

32 **不仅**
bùjǐn

4 접 **~뿐만 아니라** 부 **~만은 아니다**

下雨天不仅很凉快，而且空气也很干净。
술어
Xiàyǔ tiān bùjǐn hěn liángkuai, érqiě kōngqì yě hěn gānjìng.
비가 오는 날은 시원할 뿐만 아니라, 게다가 공기도 깨끗하다.

这不仅是我一个人的意见。
Zhè bùjǐn shì wǒ yí ge rén de yìjiàn.
이것은 나 혼자만의 의견이 아니다.

干净 gānjìng 형 깨끗하다 **意见** yìjiàn 명 의견

시험에 이렇게 나온다!

짝꿍표현 **不仅**은 주로 접속사 **而且**(érqiě, 게다가) 또는 부사 **也**(yě, ~도)와 함께 출제된다.

不仅……而且…… ~뿐만 아니라 게다가 ~
不仅……也…… ~뿐만 아니라 ~도

33 **温度**
wēndù

4 명 **온도**

明天最高温度才20度。
Míngtiān zuì gāo wēndù cái èrshí dù.
내일 최고 온도가 겨우 20도이다.

度 dù 양 도[온도, 각도, 위도 등을 나타내는 단위]

34 **高**
gāo

2 형 **높다, (키가) 크다**

秋天中午温度高，但早晚很凉快。
Qiūtiān zhōngwǔ wēndù gāo, dàn zǎowǎn hěn liángkuai.
가을은 정오에 온도가 높지만, 아침저녁으로는 시원하다.

中午 zhōngwǔ 명 정오 **早晚** zǎowǎn 명 아침과 저녁

35 **低** ★★★
dī

4 형 **(높이·등급·정도 등이) 낮다**

养植物的时候室温不能太低。
Yǎng zhíwù de shíhou shìwēn bù néng tài dī.
식물을 키울 때 실온이 너무 낮으면 안 된다.

养 yǎng 동 키우다 **植物** zhíwù 명 식물 **室温** shìwēn 명 실온

36 **降低**
jiàngdī

4 급수

[동] **내려가다, 내리다, 낮추다**

下过雨后，温度确实降低了。(술어)
Xiàguo yǔ hòu, wēndù quèshí jiàngdī le.
비가 내린 후, 온도가 확실히 내려갔다.

过 guo [조] [동사 뒤에 쓰여 행위나 변화가 발생했음을 나타냄]
确实 quèshí [부] 확실히

시험에 이렇게 나온다!

[짝꿍 표현] **降低**를 활용한 다양한 짝꿍 표현을 알아 둔다.
温度降低了 wēndù jiàngdī le 온도가 내려가다
降低标准 jiàngdī biāozhǔn 기준을 내리다
降低污染 jiàngdī wūrǎn 오염을 낮추다

37 **场** ★★★
chǎng

4

[양] **차례, 회, 번**

我女儿出生的那天下了一场大雨。
Wǒ nǚ'ér chūshēng de nàtiān xiàle yì chǎng dà yǔ.
내 딸이 태어난 그날에는 한 차례 큰 비가 내렸다.

出生 chūshēng [동] 태어나다

시험에 이렇게 나온다!

[짝꿍 표현] 양사 **场**과 자주 함께 쓰이는 명사를 '**这** + **场** + 명사' 표현으로 알아 둔다.
这场比赛 zhè chǎng bǐsài 한 차례 경기
这场演出 zhè chǎng yǎnchū 한 차례 공연
这场国际交流会 zhè chǎng guójì jiāoliúhuì 한 차례 국제 교류회
这场国际会议 zhè chǎng guójì huìyì 한 차례 국제 회의

38 **竟然** ★★★
jìngrán

4

[부] **뜻밖에, 의외로**

春天竟然下雪，太奇怪了。
Chūntiān jìngrán xià xuě, tài qíguài le.
봄에 뜻밖에 눈이 오다니, 정말 이상하군.

奇怪 qíguài [형] 이상하다

39 **偶尔**

ǒu'ěr

❹ 부 **때때로, 가끔**

天气暖和了，老温偶尔跑跑步来锻炼身体。

Tiānqì nuǎnhuo le, Lǎo Wēn ǒu'ěr pǎopaobù lái duànliàn shēntǐ.

날씨가 따뜻해져서, 라오원은 때때로 달리기를 해서 몸을 단련한다.

跑步 pǎobù 동 달리다 **锻炼** duànliàn 동 단련하다

40 **云** ★★

yún

❹ 명 **구름**

广播上说今天多云，但是不会下雨。

Guǎngbō shang shuō jīntiān duōyún, dànshì bú huì xiàyǔ.

방송에서 말하길, 오늘 구름은 많으나, 비는 오지 않을 것이라고 했다.

시험에 이렇게 나온다!

짝꿍 표현 云을 활용한 다양한 짝꿍 표현을 알아 둔다.

白云 báiyún 흰 구름

云层 yúncéng 구름층

多云 duōyún 구름이 많음

연습문제 **체크체크!**

단어의 뜻을 오른쪽 보기에서 찾아 연결하세요.

01 经常	ⓐ (하늘이) 맑다
02 高	ⓑ 비가 내리다
03 冷	ⓒ 높다, (키가) 크다
04 下雨	ⓓ 춥다, 차다
05 晴	ⓔ 자주, 늘, 항상
	ⓕ 때때로, 가끔

문장을 읽고 빈칸에 들어 갈 단어를 찾아 적어보세요.

ⓐ 最近　ⓑ 暖和　ⓒ 适合　ⓓ 低　ⓔ 竟然

06 养花的时候室内温度不能太________。

07 春天________会下雪，怎么会这样呢？

08 ________比较冷，还是多穿点儿衣服吧。

09 这种天气不________到外面运动。

10 这个地方冬天很________，很多人来这里过冬。

정답 : 01 ⓔ 02 ⓒ 03 ⓓ 04 ⓑ 05 ⓐ 06 ⓓ 07 ⓔ 08 ⓐ 09 ⓒ 10 ⓑ

* 06~10번 문제 해석과 추가 <Day별 단어 퀴즈 PDF>를 해커스중국어(china.Hackers.com)에서 다운로드 받으세요.

품사별로 헤쳐 모여!

앞에서 외운 단어들을 품사별로 다시 한 번 확인합니다.

☑ 잘 외워지지 않은 단어는 □에 체크해 두고 다음에 반복 암기합니다.

명사

□□□	天气 1급	tiānqì	명 날씨
□□□	上 1급	shàng	명 (시간 등의) 지난, 앞, 위
□□□	雪 2급	xuě	명 눈
□□□	季节 3급	jìjié	명 계절
□□□	春 3급	chūn	명 봄
□□□	夏 3급	xià	명 여름
□□□	秋 3급	qiū	명 가을
□□□	冬 3급	dōng	명 겨울
□□□	最近 3급	zuìjìn	명 요즘, 최근
□□□	太阳 3급	tàiyáng	명 태양
□□□	月亮 3급	yuèliang	명 달
□□□	后来 3급	hòulái	명 나중, 훗날
□□□	气候 4급	qìhòu	명 기후
□□□	温度 4급	wēndù	명 온도
□□□	云 4급	yún	명 구름

동사

□□□	有 1급	yǒu	동 있다, 소유하다
□□□	下 1급	xià	동 내리다 명 아래, 밑, 다음
□□□	下雨 1급	xiàyǔ	동 비가 내리다
□□□	说 1급	shuō	동 말하다, 설명하다
□□□	刮风 3급	guāfēng	동 바람이 불다
□□□	适合 4급	shìhé	동 적합하다, 적절하다, 알맞다

□□□	降低 4급	jiàngdī	동 내려가다, 내리다, 낮추다

형용사

□□□	冷 1급	lěng	형 춥다, 차다
□□□	热 1급	rè	형 덥다, 뜨겁다
□□□	好 1급	hǎo	형 좋다
□□□	晴 2급	qíng	형 (하늘이) 맑다
□□□	阴 2급	yīn	형 (하늘이) 흐리다
□□□	快 2급	kuài	형 빠르다 부 빨리, 곧, 어서
□□□	黑 2급	hēi	형 어둡다, 까맣다
□□□	高 2급	gāo	형 높다, (키가) 크다
□□□	暖和 4급	nuǎnhuo	형 따뜻하다
□□□	凉快 4급	liángkuai	형 시원하다, 서늘하다
□□□	低 4급	dī	형 (높이·등급·정도 등이) 낮다

부사

□□□	最 2급	zuì	부 가장, 제일
□□□	经常 3급	jīngcháng	부 자주, 늘, 항상
□□□	竟然 4급	jìngrán	부 뜻밖에, 의외로
□□□	偶尔 4급	ǒu'ěr	부 때때로, 가끔

양사

□□□	场 4급	chǎng	양 차례, 회, 번

접속사

□□□	不仅 4급	bùjǐn	접 ~뿐만 아니라 부 ~만은 아니다

조사

□□□	得 2급	de	조 [술어와 정도보어를 연결함]

DAY

08

해커스 HSK1-4급 단어장

외출 30분전

외출준비

주제를 알면 HSK가 보인다!

HSK 4급에서는 씻기, 옷 입기, 밥 먹기, 짐 챙기기 등 외출 준비 상황과 관련된 문제가 자주 출제돼요. 따라서 '(시간이) 긴박하다', '두껍다', '쓰다, 착용하다', '거울', '늦지 않다' 처럼 외출 준비와 관련된 단어를 집중적으로 학습하면 이러한 문제를 쉽게 풀 수 있어요.

단어, 예문 MP3

겟레디위드미 (Get ready with me)

약속 시간이 살짝 紧张해서 빨리 준비해야겠네요.
오늘은 날씨가 추우니까 厚한 옷을 입고 모자를 戴하고~
镜子도 한 번 보면~ 끝입니다~
지금 나가면 약속 장소에 来得及 할 수 있겠네요~
안녕~
아... 씻기 귀찮아...
약속시간 30분 남음

36 **紧张** jǐnzhāng 형 긴박하다, 불안하다

12 **厚** hòu 형 두껍다, 두텁다

24 **戴** dài 동 (안경, 모자, 시계 등을) 쓰다, 착용하다

27 **镜子** jìngzi 명 거울

40 **来得及** láidejí 동 (제 시간에) 늦지 않다, 이를 수 있다

01 外

wài

급수

❷ 명 **밖, 겉, 바깥쪽, ~이외에, 외국**

술어

外面有人敲门，是不是车已经到了？

Wàimian yǒu rén qiāo mén, shì bu shì chē yǐjīng dào le?

밖에 어떤 사람이 문을 두드리는데, 차가 이미 도착한 것 아닌가요?

敲 qiāo 동 두드리다 **车** chē 명 차

시험에 이렇게 나온다!

짝꿍표현 外를 활용한 다양한 짝꿍 표현을 알아 둔다. 참고로 HSK에서 外는 단독으로 쓰이기보다 자주 다른 어휘와 결합하여 한 단어처럼 쓰인다.

外面 wàimian 밖, 바깥쪽

外地 wàidì 외지

外语 wàiyǔ 외국어

郊外 jiāowài 교외

国外 guówài 국외, 해외

室外 shìwài 실외

02 出

chū

❷ 동 **나가다, 나오다, 나타나다**

出门前别忘了把空调关掉，最近电价太贵了。

Chūmén qián bié wàng le bǎ kōngtiáo guāndiào, zuìjìn diànjià tài guì le.

문을 나가기 전에 에어컨을 끄는 것을 잊지마, 최근에 전기세가 너무 비싸.

忘 wàng 동 잊다 **把** bǎ 개 ~을(를) **空调** kōngtiáo 명 에어컨
关掉 guāndiào 끄다, 꺼버리다 **最近** zuìjìn 명 최근 **电价** diànjià 전기세

시험에 이렇게 나온다!

짝꿍표현 出를 활용한 다양한 짝꿍 표현을 알아 둔다.

出门 chūmén 문을 나가다, 외출하다

出来 chūlai 나오다

出去 chūqu 나가다

03 准备
zhǔnbèi

급수 ❷ 동 준비하다

술어
下午有一个约会，我需要准备什么？
Xiàwǔ yǒu yí ge yuēhuì, wǒ xūyào zhǔnbèi shénme?
오후에 약속이 있는데, 무엇을 준비해야 할까?

约会 yuēhuì 명 약속 **需要** xūyào 동 ~해야 한다

시험에 이렇게 나온다!

어법 **准备**는 명사뿐만 아니라 동사(구) 또는 술목구도 목적어로 취할 수 있는 동사이다.

[准备 + 명사] **准备礼物** zhǔnbèi lǐwù 선물을 준비하다
[准备 + 동사] **准备上班** zhǔnbèi shàngbān 출근할 준비하다
[准备 + 술목구] **准备去国外** zhǔnbèi qù guówài 외국에 갈 준비하다

04 这
zhè

❶ 대 이, 이것

这是我第一次跟妈妈去的旅游。
Zhè shì wǒ dìyī cì gēn māma qù de lǚyóu.
이건 내가 엄마와 처음 가는 여행이다.

旅游 lǚyóu 동 여행하다

05 那
nà

❶ 대 그, 저, 그곳

那个饼干我帮你去买吧，我家对面就是超市。
Nà ge bǐnggān wǒ bāng nǐ qù mǎi ba, wǒ jiā duìmiàn jiù shì chāoshì.
그 과자 제가 대신 가서 살게요. 우리 집 맞은편이 바로 슈퍼예요.

饼干 bǐnggān 명 과자, 비스킷 **超市** chāoshì 명 슈퍼

시험에 이렇게 나온다!

작문 노하우 지시대사 **那**와 **这**(zhè, 이)는 '**那/这** + 양사(+ 명사)' 형태로 주로 쓰인다. 작문 시 양사를 빼고 작문하지 않도록 주의하자.

这件衣服 zhè jiàn yīfu 이 (한 벌의) 옷 **这衣服** (X)
那双袜子 nà shuāng wàzi 저 (한 켤레의) 양말 **那袜子** (X)
那条裤子 nà tiáo kùzi 저 (한 벌의) 바지 **那裤子** (X)

06 **很**
hěn

급수

❶ 부 **매우, 대단히**

술어

今天天气很好，适合到郊区玩儿。
Jīntiān tiānqì hěn hǎo, shìhé dào jiāoqū wánr.
오늘은 날씨가 좋아서, 교외에 가서 놀기 적합하다.

适合 shìhé 동 적합하다 **郊区** jiāoqū 명 교외, 변두리

잠깐 중국어에서는 형용사 앞에 很을 특별한 강조의 의미 없이도 습관적으로 붙여서 사용해요!

07 **怎么**
zěnme

❶ 대 **어떻게, 어째서**

聚会时间快到了，你难道不知道怎么去聚会地点吗?
Jùhuì shíjiān kuài dào le, nǐ nándào bù zhīdào zěnme qù jùhuì dìdiǎn ma?
모임 시간이 거의 다 됐는데, 당신 설마 모임 장소에 어떻게 가는지 모르는 거예요?

你怎么光喝牛奶不吃饭呢?
Nǐ zěnme guāng hē niúnǎi bù chī fàn ne?
너는 어째서 우유만 마시고 밥은 먹지 않는 거니?

聚会 jùhuì 명 모임 **难道** nándào 부 설마 ~란 말인가?
地点 dìdiǎn 명 장소 **光** guāng 부 ~만, 단지

시험에 이렇게 나온다!

듣기 독해 듣기나 독해에서 의문대사 **怎么**를 활용한 질문이 자주 출제된다.
男的怎么了? Nán de zěnme le? 남자는 어떠한가?
女的建议怎么做? Nǚ de jiànyì zěnme zuò?
여자는 어떻게 하기를 제안하는가?
女的愿意怎么做? Nǚ de yuànyì zěnme zuò?
여자는 어떻게 하기를 원하는가?

급수

08 怎么样

zěnmeyàng

❶ 대 어떠한가, 어떻다

我要出门了，这件衣服怎么样？ 술어

Wǒ yào chūmén le, zhè jiàn yīfu zěnmeyàng?

외출하려고 하는데, 이 옷 어떤가요?

要……了 yào……le (곧) ~하려고 하다

시험에 이렇게 나온다!

듣기 독해 듣기나 독해에서 의문대사 **怎么样**을 활용한 질문이 자주 출제된다.

现在天气怎么样？ Xiànzài tiānqì zěnmeyàng? 현재 날씨는 어떠한가?

烤鸭店怎么样？ Kǎoyā diàn zěnmeyàng? 오리구이 가게는 어떠한가?

女的现在怎么样？ Nǚde xiànzài zěnmeyàng? 여자는 지금 어떠한가?

男的觉得咖啡怎么样？ Nánde juéde kāfēi zěnmeyàng?
남자는 커피가 어떻다고 생각하는가?

09 衣服

yīfu

❶ 명 옷, 의복

这件衣服非常适合你，就穿这件吧。

Zhè jiàn yīfu fēicháng shìhé nǐ, jiù chuān zhè jiàn ba.

이 옷은 너에게 정말 잘 어울려. 이거 입도록 해.

件 jiàn 양 벌, 개[옷 등을 세는 단위]

10 穿

chuān

❷ 동 (옷·신발·양말 등을) 입다, 신다

这件衣服太厚了，她穿了另外一件。

Zhè jiàn yīfu tài hòu le, tā chuānle lìngwài yí jiàn.

이 옷이 너무 두꺼워서, 그녀는 다른 것을 입었다.

厚 hòu 형 두껍다　另外 lìngwài 대 다른(사람이나 사물)

잠깐 한국어로 옷은 '입다', 신발이나 양말은 '신다'로 표현하지만, 중국어에서는 신발과 양말에도 모두 **穿**을 사용해요!

11 已经

yǐjīng

❷ 부 이미, 벌써

我已经收拾好行李了，你再检查一下。

Wǒ yǐjīng shōushi hǎo xíngli le, nǐ zài jiǎnchá yíxià.

내가 이미 짐을 다 정리했어. 네가 다시 검사해 봐.

收拾 shōushi 동 정리하다　行李 xíngli 명 짐　检查 jiǎnchá 동 검사하다

급수

12 厚 ★★
hòu

❹ 형 **두껍다, 두텁다**

술어

外面天气非常冷，你穿厚点儿的衣服吧。
Wàimian tiānqì fēicháng lěng, nǐ chuān hòu diǎnr de yīfu ba.
바깥 날씨가 매우 추우니, 너는 좀 두꺼운 옷을 입도록 해.

시험에 이렇게 나온다!

어법 **厚**를 연속 두 번 쓴 **厚厚**(두툼하다)라는 표현도 자주 사용된다. 이와 같이 정도를 강조하기 위해 형용사를 중첩해서 사용할 수 있다.

厚厚 hòuhòu 두툼하다 | **白白** báibái 새하얗다
慢慢(儿) mànmān(r) 천천히 | **好好(儿)** hǎohāo(r) 잘, 충분히

13 洗
xǐ

❷ 동 **빨다, 씻다**

这条裙子太脏了，得洗一洗。
Zhè tiáo qúnzi tài zāng le, děi xǐ yi xǐ.
이 치마가 너무 더러워서, 좀 빨아야겠다.

条 tiáo 양 [가늘고 긴 것을 세는 단위] **裙子** qúnzi 명 치마
脏 zāng 형 더럽다 **得** děi 조동 ~해야 한다

14 把 ★★★
bǎ

❸ 개 **~을(를)** 양 **[손잡이가 있는 기구를 세는 단위]**

妈妈出门之前把钥匙给我了。
Māma chūmén zhīqián bǎ yàoshi gěi wǒ le.
엄마는 나가기 전에 열쇠를 나에게 주었다.

他回去拿了一把伞。
Tā huíqu nále yì bǎ sǎn.
그는 돌아가서 우산 하나를 가져 왔다.

钥匙 yàoshi 명 열쇠 **伞** sǎn 명 우산

시험에 이렇게 나온다!

어법 개사 **把**를 사용한 **把**자문은 '주어 + **把** + 행위의 대상 + 술어 + 기타성분'의 어순을 가지며, '(행위의 대상)을 (술어)하다'라는 의미로 해석된다.

我把面条吃完了。 Wǒ bǎ miàntiáo chīwán le. 나는 국수를 다 먹었다.

짝꿍표현 양사 **把**를 활용한 다양한 출제표현을 알아 둔다.

一把伞 yì bǎ sǎn 우산 하나
一把钥匙 yì bǎ yàoshi 열쇠 하나

★★★ = 출제율 최상 ★★ = 출제율 상

→ 급수

15 **洗澡**
xǐzǎo

❸ 동 **목욕하다, 씻다**

冬天用热水洗澡让我十分开心。 → 술어

Dōngtiān yòng rè shuǐ xǐzǎo ràng wǒ shífēn kāixīn.

겨울에 따뜻한 물로 목욕하는 것은 나를 매우 즐겁게 한다.

十分 shífēn 부 매우, 아주 **开心** kāixīn 형 기쁘다

시험에 이렇게 나온다!

독해 **用热水洗澡**(yòng rè shuǐ xǐzǎo, 따뜻한 물로 목욕하다)와 같은 의미로 **洗热水澡**(xǐ rè shuǐ zǎo)라는 간단한 표현이 출제되기도 한다.

16 **脸**
liǎn

❸ 명 **얼굴**

弟弟脸洗得干干净净。

Dìdi liǎn xǐ de gānganjìngjìng.

남동생은 얼굴을 깨끗하게 씻었다.

干净 gānjìng 형 깨끗하다

17 **头发**
tóufa

❸ 명 **머리카락**

我今天早上起得很晚，没有时间整理头发。

Wǒ jīntiān zǎoshang qǐ de hěn wǎn, méiyǒu shíjiān zhěnglǐ tóufa.

나는 오늘 아침에 늦게 일어나서, 머리를 정리할 시간이 없었다.

整理 zhěnglǐ 동 정리하다

18 **理发** ★★
lǐfà

❹ 동 **이발하다**

因为明天我有个非常重要的约会，所以要去理发。

Yīnwèi míngtiān wǒ yǒu ge fēicháng zhòngyào de yuēhuì, suǒyǐ yào qù lǐfà.

내일 나는 아주 중요한 약속이 있기 때문에, 이발하러 가려고 한다.

重要 zhòngyào 형 중요하다

시험에 이렇게 나온다!

짝꿍표현 **理发**를 활용한 다양한 짝꿍 표현을 알아 둔다.

理发店 lǐfàdiàn 이발소, 미용실

理发师 lǐfàshī 이발사

19 **刷牙**
shuāyá

❸ 동 **이를 닦다, 양치질하다** (급수)

我的儿子不爱刷牙。 (爱: 술어)
Wǒ de érzi bú ài shuāyá.
나의 아들은 이를 닦는 것을 싫어한다.

儿子 érzi 명 아들 **爱** ài 동 좋아하다

잠깐 **刷牙**(이를 닦다)를 뒤집으면 **牙刷**(칫솔)가 돼요!

20 **牙膏** ★★
yágāo

❹ 명 **치약**

你帮我拿一下牙刷和牙膏。
Nǐ bāng wǒ ná yíxià yáshuā hé yágāo.
저에게 칫솔과 치약을 좀 갖다 주세요.

牙刷 yáshuā 명 칫솔

21 **首先**
shǒuxiān

❹ 부 **가장 먼저, 맨 먼저** 대 **첫째, 첫 번째**

吃早饭前，你首先应该把手洗干净。
Chī zǎofàn qián, nǐ shǒuxiān yīnggāi bǎ shǒu xǐ gānjìng.
아침밥 먹기 전에, 너는 가장 먼저 손을 깨끗하게 씻어야 해.

应该 yīnggāi 조동 ~해야 한다

22 **双** ★★
shuāng

❸ 양 **쌍, 켤레 [짝을 이룬 물건을 세는 단위]**

去爬山的时候，应该穿双运动鞋。
Qù páshān de shíhou, yīnggāi chuān shuāng yùndòngxié.
산을 오를 때에는, 운동화를 신어야 한다.

爬山 páshān 산을 오르다, 등산하다 **运动鞋** yùndòngxié 명 운동화

23 **皮鞋**
píxié

❸ 명 **가죽 구두**

这双皮鞋不适合在下雨天穿。
Zhè shuāng píxié bú shìhé zài xiàyǔ tiān chuān.
이 가죽 구두는 비 오는 날에 신기에 적합하지 않다.

시험에 이렇게 나온다!

짝꿍 표현 **皮鞋**는 **皮**(가죽) + **鞋**(구두, 신발)가 합쳐진 단어로, **鞋**는 '구두, 신발'이라는 의미로 쓰이기도 한다. **鞋**와 자주 쓰이는 짝꿍 표현을 알아둔다.

运动鞋 yùndòng xié 운동화
鞋店 xié diàn 구두 가게
刷鞋 shuā xié 구두를 (솔로) 닦다

24 **戴** ★★★

dài

급수

❹ 동 (안경, 모자, 시계 등을) 쓰다, 착용하다

술어

你戴这个眼镜很好看，今天戴上吧。

Nǐ dài zhè ge yǎnjìng hěn hǎokàn, jīntiān dàishang ba.

네가 이 안경을 쓰면 보기 좋으니까, 오늘 써 봐.

眼镜 yǎnjìng 명 안경

시험에 이렇게 나온다!

짝꿍표현 戴와 함께 자주 쓰이는 '戴 + 명사' 짝꿍 표현을 알아 둔다.

戴眼镜 dài yǎnjìng 안경을 쓰다

戴帽子 dài màozi 모자를 쓰다

25 **帽子**

màozi

❸ 명 모자

现在我头发很乱，出去要戴个帽子。

Xiànzài wǒ tóufa hěn luàn, chūqu yào dài ge màozi.

지금 내 머리가 매우 엉망이라서, 나갈 때 모자를 쓰려고 한다.

乱 luàn 형 엉망이다

26 **照**

zhào

❹ 동 비추다, 비치다, (사진을) 찍다

别照镜子了，我们快下楼吧。

Bié zhào jìngzi le, wǒmen kuài xià lóu ba.

거울은 그만 비춰보고, 우리 빨리 아랫층으로 내려가자.

镜子 jìngzi 명 거울　下楼 xià lóu 동 아랫층으로 내려가다

27 **镜子** ★★★

jìngzi

❹ 명 거울

他正在对着镜子。

Tā zhèngzài duìzhe jìngzi.

그는 거울을 마주 보고 있다.

对 duì 동 마주하다, 향하다

시험에 이렇게 나온다!

작문노하우 쓰기 제2부분에서는 제시어 **镜子**와 함께 거울을 비춰보고 있는 사진이 자주 출제된다. 이때 **她/他正在对着镜子。**(그녀/그는 거울을 마주보고 있다.) 또는 **她/他正在照着镜子。**(그녀/그는 거울을 비춰보고 있다.)와 같은 표현을 사용하면 보다 쉽게 작문할 수 있다.

28 **伞**

sǎn

급수

❸ 명 **우산**

술어

外面在下大雨，出门前别忘了带伞。

Wàimian zài xià dàyǔ, chūmén qián bié wàng le dài sǎn.

밖에 큰 비가 내리니, 외출 전에 우산 챙기는 것 잊지 마세요.

出门 chūmén 동 외출하다

시험에 이렇게 나온다!

짝꿍표현 **伞**을 활용한 다양한 짝꿍 표현을 알아 둔다.

没带伞 méi dài sǎn 우산을 가져오지 않았다

带上伞 dài shang sǎn 우산을 챙기다

拿雨伞 ná yǔsǎn 우산을 가져오다

29 **打扮**

dǎban

❹ 동 **꾸미다, 치장하다** 명 **차림, 분장**

他想打扮自己，但不知道该怎么打扮。

Tā xiǎng dǎban zìjǐ, dàn bù zhīdào gāi zěnme dǎban.

그는 자신을 꾸미고 싶어하는데, 그런데 어떻게 꾸며야 하는지를 모른다.

自己 zìjǐ 대 자신

30 **见面** ★★

jiànmiàn

❸ 동 **만나다, 대면하다**

我们俩好久没有见面，所以今天有点儿激动。

Wǒmen liǎ hǎo jiǔ méiyǒu jiànmiàn, suǒyǐ jīntiān yǒudiǎnr jīdòng.

우리 둘은 오랫동안 만나지 못했어. 그래서 오늘 조금 설레.

激动 jīdòng 형 설레다, 흥분하다

시험에 이렇게 나온다!

작문노하우 **见面**은 **见**(보다)과 **面**(얼굴)이 합쳐진 이합동사로, 뒤에 목적어가 올 수 없다. 따라서 작문할 때 '**见面** + 사람(~를 만나다)'로 쓰면 틀린 문장이 된다. 반드시 '**跟** + 사람 + **见面**(~와 만나다)' 형태로 작문해야 한다.

见面他 jiànmiàn tā 그를 만나다 (X)

跟他见面 gēn tā jiànmiàn 그와 만나다 (O)

급수

31 **约会**

yuēhuì

4 [명] **약속** [동] **약속하다**

술어

下午有个重要的约会，早上我要好好儿准备一下。

Xiàwǔ yǒu ge zhòngyào de yuēhuì, zǎoshang wǒ yào hǎohāor zhǔnbèi yíxià.

오후에 중요한 약속이 있어서, 아침에 잘 준비하려 한다.

好好儿 hǎohāor [부] 잘, 제대로

잠깐 중국에서는 최근 '데이트'라는 뜻으로 주로 쓰여요!

32 **提醒** ★★★

tíxǐng

4 [동] **일깨우다, 깨우치다**

谢谢你提醒我明天的约会地点和时间。

Xièxie nǐ tíxǐng wǒ míngtiān de yuēhuì dìdiǎn hé shíjiān.

내일 약속 장소와 시간을 일깨워주어서 고마워요.

시험에 이렇게 나온다!

[어법] **提醒**은 목적어를 두 개 취할 수 있는 동사로, '**提醒** + A + B(A에게 B를 일깨우다)' 형태로 사용된다.

我要提醒他出发。 Wǒ yào tíxǐng tā chūfā.

나는 그에게 출발하라고 일깨우려 한다.

33 **舒服**

shūfu

3 [형] **편안하다, 안락하다**

我身体有点儿不舒服，今天不太想出去。

Wǒ shēntǐ yǒudiǎnr bù shūfu, jīntiān bú tài xiǎng chūqu.

나는 몸이 조금 좋지 않아서, 오늘은 그다지 나가고 싶지 않다.

身体 shēntǐ [명] 몸, 신체

34 **马上**

mǎshàng

3 [부] **곧, 금방, 즉시, 바로**

车马上就要来了，你还没准备好吗？

Chē mǎshàng jiù yào lái le, nǐ hái méi zhǔnbèi hǎo ma?

차가 곧 오려고 하는데, 당신 아직 준비 덜 됐어요?

要……了 yào……le 곧 ~하려 하다

35 **迟到** ★★

chídào

❸ 동 **지각하다** (급수)

我又睡懒觉了，也许会迟到。 (술어)

Wǒ yòu shuìlǎnjiào le, yěxǔ huì chídào.

나는 또 늦잠을 자서, 아마 지각할 것이다.

睡懒觉 shuìlǎnjiào 동 늦잠을 자다 **也许** yěxǔ 부 아마, 어쩌면

36 **紧张** ★★

jǐnzhāng

❹ 형 **긴박하다, 긴장해 있다, 불안하다**

时间很紧张，咱们赶快走吧。

Shíjiān hěn jǐnzhāng, zánmen gǎnkuài zǒu ba.

시간이 급해요. 우리 빨리 가요.

大家不要太紧张，今天的考试很简单。

Dàjiā bú yào tài jǐnzhāng, jīntiān de kǎoshì hěn jiǎndān.

여러분 너무 긴장하지 마세요. 오늘 시험은 매우 쉬워요.

咱们 zánmen 대 우리 **赶快** gǎnkuài 부 빨리, 서둘러

简单 jiǎndān 형 쉽다, 간단하다

37 **陪**

péi

❹ 동 **모시다, 동반하다**

我要陪奶奶去公园，把她的大衣给我吧。

Wǒ yào péi nǎinai qù gōngyuán, bǎ tā de dàyī gěi wǒ ba.

저 할머니를 모시고 공원에 가려고 해요. 제게 그녀의 외투를 주세요.

大衣 dàyī 명 외투

시험에 이렇게 나온다!

어법 **陪**는 주로 '**陪** + A + 동사(A를 모시고 동사하다, A와 함께 동사하다)' 형태로 쓰인다.

陪爷爷去医院 péi yéye qù yīyuàn 할아버지를 모시고 병원에 가다

陪孩子玩儿 péi háizi wánr 아이와 함께 놀다

38 **节约**

jiéyuē

급수

4 동 **절약하다, 아끼다**

술어

出门前把灯关掉，我们要节约用电。

Chūmén qián bǎ dēng guāndiào, wǒmen yào jiéyuē yòng diàn.

나가기 전에 불을 끄세요. 우리는 전기 사용을 절약해야 해요.

灯 dēng 명 불, 램프

39 **来不及** ★★

láibují

4 동 **(시간이 촉박하여) ~할 수 없다, 겨를이 없다**

咱们要抓紧时间，已经来不及了。

Zánmen yào zhuājǐn shíjiān, yǐjīng láibují le.

우리 시간을 서둘러야 해, 이미 시간이 없어.

抓紧 zhuājǐn 동 서둘러 하다, 꽉 쥐다

40 **来得及** ★★

láidejí

4 동 **(제 시간에) 늦지 않다, 이를 수 있다**

时间还来得及，可以慢慢来。

Shíjiān hái láidejí, kěyǐ mànmān lái.

시간이 아직 늦지 않았으니, 천천히 하셔도 돼요.

慢 màn 형 느리다

연습문제 **체크체크!**

단어의 뜻을 오른쪽 보기에서 찾아 연결하세요.

01 刷牙

02 衣服

03 准备

04 伞

05 迟到

ⓐ 이를 닦다, 양치질하다

ⓑ 지각하다

ⓒ 옷, 의복

ⓓ 준비하다

ⓔ 절약하다, 아끼다

ⓕ 우산

문장을 읽고 빈칸에 들어 갈 단어를 찾아 적어보세요.

ⓐ 理发　ⓑ 紧张　ⓒ 穿　ⓓ 戴　ⓔ 陪

06 她＿＿＿＿着一个很好看的帽子。

07 时间比较＿＿＿＿，我们快点儿出门吧。

08 爷爷想让我＿＿＿＿他去公园走走。

09 头发都这么长了，我今天得去＿＿＿＿。

10 你的袜子破了，＿＿＿＿另外一双吧。

정답 : 01 ⓐ 02 ⓒ 03 ⓓ 04 ⓕ 05 ⓑ 06 ⓓ 07 ⓑ 08 ⓔ 09 ⓐ 10 ⓒ

* 06~10번 문제 해석과 추가 <Day별 단어 퀴즈 PDF>를 해커스중국어(china.Hackers.com)에서 다운로드 받으세요.

품사별로 헤쳐 모여!

앞에서 외운 단어들을 품사별로 다시 한 번 확인합니다.

☑ 잘 외워지지 않은 단어는 □에 체크해 두고 다음에 반복 암기합니다.

명사

□□□	衣服 1급	yīfu	명 옷, 의복
□□□	外 2급	wài	명 밖, 겉, 바깥쪽, ~이외에, 외국
□□□	脸 3급	liǎn	명 얼굴
□□□	头发 3급	tóufa	명 머리카락
□□□	皮鞋 3급	píxié	명 가죽 구두
□□□	帽子 3급	màozi	명 모자
□□□	伞 3급	sǎn	명 우산
□□□	镜子 4급	jìngzi	명 거울
□□□	牙膏 4급	yágāo	명 치약
□□□	约会 4급	yuēhuì	명 약속 동 약속하다

동사

□□□	出 2급	chū	동 나가다, 나오다, 나타나다
□□□	准备 2급	zhǔnbèi	동 준비하다
□□□	穿 2급	chuān	동 (옷·신발·양말 등을) 입다, 신다
□□□	洗 2급	xǐ	동 빨다, 씻다
□□□	洗澡 3급	xǐzǎo	동 목욕하다, 씻다
□□□	刷牙 3급	shuāyá	동 이를 닦다, 양치질하다
□□□	见面 3급	jiànmiàn	동 만나다, 대면하다
□□□	迟到 3급	chídào	동 지각하다
□□□	理发 4급	lǐfà	동 이발하다
□□□	戴 4급	dài	동 (안경, 모자, 시계 등을) 쓰다, 착용하다
□□□	照 4급	zhào	동 비추다, 비치다, (사진을) 찍다

□□□	打扮 4급	dǎban	동 꾸미다, 치장하다 명 차림, 분장
□□□	提醒 4급	tíxǐng	동 일깨우다, 깨우치다
□□□	陪 4급	péi	동 모시다, 동반하다
□□□	节约 4급	jiéyuē	동 절약하다, 아끼다
□□□	来不及 4급	láibují	동 (시간이 촉박하여) ~할 수 없다, 겨를이 없다
□□□	来得及 4급	láidejí	동 (제 시간에) 늦지 않다, 이를 수 있다

형용사

□□□	舒服 3급	shūfu	형 편안하다, 안락하다
□□□	厚 4급	hòu	형 두껍다, 두텁다
□□□	紧张 4급	jǐnzhāng	형 긴박하다, 긴장해 있다, 불안하다

부사

□□□	很 1급	hěn	부 매우, 대단히
□□□	已经 2급	yǐjīng	부 이미, 벌써
□□□	马上 3급	mǎshàng	부 곧, 금방, 즉시, 바로
□□□	首先 4급	shǒuxiān	부 가장 먼저, 맨 먼저 대 첫째, 첫 번째

양사

□□□	双 3급	shuāng	양 쌍, 켤레 [짝을 이룬 물건을 세는 단위]

개사

□□□	把 3급	bǎ	개 ~을(를) 양 [손잡이가 있는 기구를 세는 단위]

대사

□□□	这 1급	zhè	대 이, 이것
□□□	那 1급	nà	대 그, 저, 그곳
□□□	怎么 1급	zěnme	대 어떻게, 어째서
□□□	怎么样 1급	zěnmeyàng	대 어떠한가, 어떻다

DAY 09

해커스 HSK1-4급 단어장

여행을 떠나자

여행

주제를 알면 HSK가 보인다!

HSK 4급에서는 여행 계획, 여행 일정 및 관광지 소개와 관련된 문제가 자주 출제돼요. 따라서 '여행하다', '비자', '타다', '순조롭다'처럼 여행과 관련된 단어를 집중적으로 학습하면 이러한 문제를 쉽게 풀 수 있어요.

단어, 예문 MP3

꿈만 같은 호캉스

누나, 이번 여름에 旅行가려고 하는데, 이 옷 어때?
어~ 예쁘네~ 잘 어울려~ 딱이야~
签证을 발급 받고~ 비행기를 乘坐하고~
모히또에서 몰디브 한 잔 캬~ 모든 것이 顺利하구나~~ 이게 바로 호캉스~
좋네-
캬-
좋다! 하하하
현실은 矿泉水......

22 **旅行** lǚxíng 동 여행하다

26 **签证** qiānzhèng 명 비자(visa)

29 **乘坐** chéngzuò 동 타다

32 **顺利** shùnlì 형 순조롭다

39 **矿泉水** kuàngquánshuǐ 명 생수, 미네랄 워터

01 **旅游** lǚyóu

❷ 급수

[동] **여행하다**

我们寒假一起去旅游吧! (술어)

Wǒmen hánjià yìqǐ qù lǚyóu ba!

우리 겨울 방학에 같이 여행 가자!

寒假 hánjià [명] 겨울 방학

02 **飞机** fēijī

❶ [명] **비행기, 항공기**

我打算下星期坐飞机去上海玩儿。

Wǒ dǎsuan xià xīngqī zuò fēijī qù Shànghǎi wánr.

나는 다음 주에 비행기를 타고 상하이에 가서 놀 계획이다.

上海 Shànghǎi [고유] 상하이, 상해

03 **机场** jīchǎng

❷ [명] **공항**

去国外旅游时，一定要提前两个小时到机场。

Qù guówài lǚyóu shí, yídìng yào tíqián liǎng ge xiǎoshí dào jīchǎng.

해외로 여행을 갈 때는 반드시 두 시간 앞당겨 공항에 도착해야 한다.

国外 guówài [명] 해외, 외국 **提前** tíqián [동] (시간이나 기한을) 앞당기다

04 **宾馆** bīnguǎn

❷ [명] **(규모가 비교적 큰) 호텔**

七月和八月宾馆价格比平时高得多。

Qī yuè hé bā yuè bīnguǎn jiàgé bǐ píngshí gāo de duō.

7월과 8월에는 호텔 가격이 평소보다 훨씬 높다.

价格 jiàgé [명] 가격 **平时** píngshí [명] 평소

시험에 이렇게 나온다!

[유의어] **宾馆** 이외에 '호텔'이라는 의미의 **酒店**(jiǔdiàn, 호텔)도 함께 알아 둔다.

05 **住**

zhù

HOTEL

급수

❶ 동 **숙박하다, 살다**

술어

今天这家酒店的房间都住满了。

Jīntiān zhè jiā jiǔdiàn de fángjiān dōu zhùmǎn le.

오늘 이 호텔의 방은 다 찼다.

酒店 jiǔdiàn 명 호텔

06 **想**

xiǎng

❶ 조동 **~하려고 하다** 동 **생각하다**

如果你想去云南的话，最好九月以后去。

Rúguǒ nǐ xiǎng qù Yúnnán dehuà, zuìhǎo jiǔ yuè yǐhòu qù.

만약 당신이 윈난에 가려고 한다면, 9월 이후에 가는 것이 가장 좋다.

我以为你还是学生，没想到你已经毕业了！

Wǒ yǐwéi nǐ háishi xuésheng, méi xiǎngdào nǐ yǐjīng bìyè le!

나는 네가 아직 학생인 줄 알았는데, 네가 이미 졸업했을 줄은 생각도 못 했네!

云南 Yúnnán 고유 윈난(성), 운남(성) **最好** zuìhǎo 부 ~하는 것이 가장 좋다
以为 yǐwéi 동 알다, 생각하다 **毕业** bìyè 동 졸업하다

시험에 이렇게 나온다!

듣기 **想**을 활용한 **没想到**(méi xiǎngdào, 생각도 못했다)는 듣기에서 자주 출제되므로 함께 알아 둔다.

07 **谢谢**

xièxie

❶ 동 **고맙습니다, 감사합니다**

谢谢，以后有问题我再问您。

Xièxie, yǐhòu yǒu wèntí wǒ zài wèn nín.

고맙습니다. 앞으로 문제가 있으면 당신에게 다시 물어보겠습니다.

시험에 이렇게 나온다!

짝꿍 표현 **谢谢** 뒤에 감사의 대상을 붙여 '**谢谢** + 대상'으로 표현할 수 있다. 또한 **谢谢** 앞에는 주어가 자주 생략되는데, 이는 문맥상 화자가 **我**(나), **我们**(우리)임을 분명히 알 수 있기 때문이다.

谢谢老师 xièxie lǎoshī 선생님 감사합니다

谢谢大夫 xièxie dàifu 의사 선생님 감사합니다

08 **不客气**
bú kèqi

❶ (급수) **별 말씀을요, 천만에요**

不客气，这是(술어)我们应该为客人做的。
Bú kèqi, zhè shì wǒmen yīnggāi wèi kèrén zuò de.
별 말씀을요. 이건 저희가 손님을 위해 당연히 해야 하는 것입니다.

为 wèi 개 ~을 위해

잠깐 같은 뜻을 가진 不谢(bú xiè), 不用谢(bú yòng xiè)도 함께 알아 두세요!

09 **对不起**
duìbuqǐ

❶ 동 **죄송합니다, 미안합니다**

对不起先生，八月二号的机票都卖完了。
Duìbuqǐ xiānsheng, bā yuè èr hào de jīpiào dōu màiwán le.
죄송합니다 선생님. 8월 2일의 비행기 표는 다 팔렸습니다.

机票 jīpiào 명 비행기 표

시험에 이렇게 나온다!

유의어 **对不起**와 같이 미안함을 나타내는 **不好意思**(bùhǎoyìsi, 미안합니다), **抱歉**(bàoqiàn, 죄송스럽게 생각합니다)이라는 표현도 함께 알아 둔다.

10 **没关系**
méi guānxi

❶ **괜찮다, 상관 없다**

没关系，我只要是周日的票就可以。
Méi guānxi, wǒ zhǐyào shì zhōurì de piào jiù kěyǐ.
괜찮아요. 저는 일요일 표이기만 하면 돼요.

只要……就…… zhǐyào……jiù…… ~하기만 하면, ~하다

시험에 이렇게 나온다!

유의어 **没关系**와 같이 괜찮다는 뜻을 나타내는 **没事**(méishì, 아니에요, 괜찮아요)이라는 표현도 함께 알아 둔다.

11 **帮助**
bāngzhù

❷ 동 **돕다**

旅游能帮助人们放松紧张的心情。
Lǚyóu néng bāngzhù rénmen fàngsōng jǐnzhāng de xīnqíng.
여행은 사람들이 긴장된 마음을 푸는 것을 도와줄 수 있다.

放松 fàngsōng 동 (긴장을) 풀다, 느슨하게 하다
紧张 jǐnzhāng 형 긴장하다 **心情** xīnqíng 명 마음

12 问

wèn

급수

❷ 동 **묻다, 질문하다**

술어

旅游时如果遇到问题，可以去问导游。

Lǚyóu shí rúguǒ yùdào wèntí, kěyǐ qù wèn dǎoyóu.

여행할 때 만약 문제에 맞닥뜨리면, 가이드에게 물어보면 된다.

遇到 yùdào 동 맞닥뜨리다

13 被 ★★★

bèi

❸ 동 **~에게 ~을 당하다**

游客都被黄山的美景吸引了。

Yóukè dōu bèi Huángshān de měijǐng xīyǐn le.

여행객들은 모두 황산의 아름다운 풍경에 매료되었다.

游客 yóukè 명 여행객 **黄山** Huángshān 고유 황산

美景 měijǐng 명 아름다운 풍경 **吸引** xīyǐn 동 매료시키다

시험에 이렇게 나온다!

어법 **被**자문은 '주어 + **被** + 행위의 주체 + 술어 + 기타성분'의 어순을 가지며, '(행위의 주체)에 의해 (술어)되다'라는 의미로 해석된다.

书包被他弄丢了。 Shūbāo bèi tā nòngdiū le.

책가방은 그에 의해 잃어버려졌다.

14 护照

hùzhào

❸ 명 **여권**

妹妹去机场时忘带护照了，我去给她吧。

Mèimei qù jīchǎng shí wàng dài hùzhào le, wǒ qù gěi tā ba.

여동생이 공항에 갈 때 여권을 들고 가는 것을 잊어버렸어요. 제가 갖다 줄게요.

忘 wàng 동 잊다 **带** dài 동 가지다, 휴대하다

15 **行李箱** xínglǐxiāng

③ 명 **캐리어, 여행용 가방**

如果你的行李箱超过20公斤的话，不能带上飞机。
Rúguǒ nǐ de xínglǐxiāng chāoguò èrshí gōngjīn dehuà, bù néng dàishang fēijī.
만약 당신의 캐리어가 20킬로그램을 초과한다면, 비행기에 가지고 탈 수 없어요.

超过 chāoguò 동 초과하다 **公斤** gōngjīn 양 킬로그램

16 **带** ★★★ dài

③ 동 **가지다, 휴대하다, 데리다**

她就出差两天，所以不用带箱子。
Tā jiù chūchāi liǎng tiān, suǒyǐ búyòng dài xiāngzi.
그녀는 겨우 이틀 출장을 가기 때문에, 캐리어를 가지고 갈 필요가 없다.

出差 chūchāi 동 출장을 가다 **不用** búyòng 부 ~할 필요 없다
箱子 xiāngzi 명 캐리어

17 **跟** ★★★ gēn

③ 개 **~과** 동 **따라가다** 명 **뒤꿈치, 구두 굽**

去旅游的时候，我喜欢跟当地人交流。
Qù lǚyóu de shíhou, wǒ xǐhuan gēn dāngdì rén jiāoliú.
여행 갔을 때, 나는 현지 사람들과 교류하는 것을 좋아한다.

大家跟着我，不要走丢了。
Dàjiā gēnzhe wǒ, bú yào zǒudiū le.
모두들 저를 따라오세요. 길 잃어버리지 마시고요.

这个鞋子是昨天刚买的，我的脚跟很疼。
Zhè ge xiézi shì zuótiān gāng mǎi de, wǒ de jiǎogēn hěn téng.
이 신발은 어제 막 산 것이라서 내 발뒤꿈치가 너무 아프다.

当地 dāngdì 명 현지 **交流** jiāoliú 동 교류하다 **丢** diū 동 잃다, 버리다
脚 jiǎo 명 발 **疼** téng 형 아프다

★★★ = 출제율 최상 ★★ = 출제율 상

급수

18 **打算** ★★
dǎsuan

❸ 동 ~할 계획이다, ~할 생각이다 명 계획, 생각

술어

我打算和父母去长城玩儿。
Wǒ dǎsuan hé fùmǔ qù Chángchéng wánr.
나는 부모님과 만리장성에 가서 놀 계획이다.

这个暑假你有什么打算？
Zhè ge shǔjià nǐ yǒu shénme dǎsuan?
이번 여름 방학에 당신은 무슨 계획이 있나요?

父母 fùmǔ 명 부모 **长城** Chángchéng 고유 만리장성
暑假 shǔjià 명 여름 방학

19 **其他**
qítā

❸ 대 다른 사람, 기타, 그 밖

只有小东陪我去上海，其他人都不能去。
Zhǐyǒu Xiǎo Dōng péi wǒ qù Shànghǎi, qítā rén dōu bù néng qù.
샤오둥만이 나와 함께 상하이에 가고, 다른 사람들은 모두 가지 못한다.

陪 péi 동 함께 가다, 동반하다

20 **起飞**
qǐfēi

❸ 동 이륙하다, 떠오르다

飞机马上要起飞了，请在座位上坐好。
Fēijī mǎshàng yào qǐfēi le, qǐng zài zuòwèi shang zuòhǎo.
비행기가 곧 이륙하려고 하니, 자리에 앉아주세요.

座位 zuòwèi 명 자리, 좌석

21 **降落** ★★
jiàngluò

❹ 동 착륙하다, 내려오다

飞机不得不提前降落。
Fēijī bùdébù tíqián jiàngluò.
비행기는 어쩔 수 없이 착륙하는 것을 앞당겼다.

不得不 bùdébù 부 어쩔 수 없이

22 **旅行** ★★
lǚxíng

급수
4 [동] **여행하다**

술어
现在买机票、找酒店都可以在网上完成，这让旅行变得非常方便。
Xiànzài mǎi jīpiào, zhǎo jiǔdiàn dōu kěyǐ zài wǎngshàng wánchéng, zhè ràng lǚxíng biàn de fēicháng fāngbiàn.
이제 비행기표를 사고, 호텔을 찾는 것 모두 인터넷으로 할 수 있게 되었는데, 이는 여행하는 것을 매우 편리하게 했다.

网上 wǎngshàng [명] 인터넷 **完成** wánchéng [동] 다하다, 완성하다
方便 fāngbiàn [형] 편리하다

23 **登机牌**
dēngjīpái

4 [명] **탑승권**

请拿好登机牌，准备登机。
Qǐng náhǎo dēngjīpái, zhǔnbèi dēngjī.
탑승권을 잘 소지하고, 탑승할 준비를 해주세요.

登机 dēngjī [동] 탑승하다

시험에 이렇게 나온다!

[유의어] **登机牌** 이외에 '비행기표'라는 의미의 **飞机票**(fēijīpiào, 비행기 표), **机票**(jīpiào, 비행기 표)도 함께 알아 둔다.

24 **赶** ★★
gǎn

4 [동] **대다, 서두르다, 쫓다**

他起晚了，结果没赶上飞机。
Tā qǐwǎn le, jiéguǒ méi gǎnshàng fēijī.
그는 늦게 일어나서, 결국 비행기를 놓쳤다.

结果 jiéguǒ [접] 결국, 그 결과, 끝내

25 **航班** ★★★

hángbān

4 명 **항공편, 운항편**

请您帮我找一下明天的航班，今天的我赶不过去了。

Qǐng nín bāng wǒ zhǎo yíxià míngtiān de hángbān, jīntiān de wǒ gǎn bu guòqu le.

내일 항공편을 좀 찾아주세요. 오늘 것은 시간 맞춰 갈 수 없어요.

赶 gǎn 동 (시간에 맞춰) 가다, 서두르다

26 **签证** ★★

qiānzhèng

4 명 **비자(visa)**

您的签证有问题，暂时买不了飞机票。

Nín de qiānzhèng yǒu wèntí, zànshí mǎi bu liǎo fēijī piào.

당신의 비자는 문제가 있어서, 잠시 동안 비행기 표를 살 수 없습니다.

暂时 zànshí 명 잠시 동안

27 **丢** ★★★

diū

4 동 **잃어버리다, 잃다**

弟弟平时乱放东西，他把自己的登机牌也弄丢了。

Dìdi píngshí luàn fàng dōngxi, tā bǎ zìjǐ de dēngjīpái yě nòngdiū le.

남동생은 평소에 물건을 제멋대로 두는데, 그는 자신의 탑승권도 잃어버렸다.

乱 luàn 부 제멋대로 **放** fàng 동 두다, 놓다

28 **规定** ★★

guīdìng

4 동 **규정하다** 명 **규정, 규칙**

我们宾馆规定两点以后可以入住。

Wǒmen bīnguǎn guīdìng liǎng diǎn yǐhòu kěyǐ rùzhù.

저희 호텔은 두 시 이후에 체크인이 가능하도록 규정되어 있습니다.

入住 rùzhù 동 체크인하다, 입주하다

시험에 이렇게 나온다!

짝꿍 표현 **规定**을 활용한 다양한 짝꿍 표현을 함께 알아 둔다.

按/按照规定 + 동사 àn/ànzhào guīdìng 규정에 따라 ~하다

符合规定 fúhé guīdìng 규정에 부합하다

29 **乘坐** ★★
chéngzuò

④ 동 (자동차·배·비행기 등을) 타다
(급수)

他们乘坐的航班刚刚开始降落。
(술어: 开始)
Tāmen chéngzuò de hángbān gānggāng kāishǐ jiàngluò.
그들이 탄 항공편이 방금 착륙하기 시작했다.

刚刚 gānggāng 부 방금, 막

시험에 이렇게 나온다!

유의어 **乘坐** 이외에 '비행기에 탑승하다'라는 의미의 **登机**(dēngjī, 비행기에 탑승하다)라는 표현도 함께 알아 둔다.

30 **留** ★★
liú

④ 동 남기다, 남다, 머무르다

这座城市景色美极了，给我留下了很深的印象。
Zhè zuò chéngshì jǐngsè měi jíle, gěi wǒ liúxiàle hěn shēn de yìnxiàng.
이 도시의 경치가 너무나 아름다워서, 나에게 깊은 인상을 남겼다.

座 zuò 양 [도시, 산 등을 세는 단위] **城市** chéngshì 명 도시
景色 jǐngsè 명 경치 **……极了** ……jíle 너무 ~하다 **深** shēn 형 깊다
印象 yìnxiàng 명 인상

시험에 이렇게 나온다!

짝꿍 표현 **留**를 활용한 다양한 짝꿍 표현을 함께 알아 둔다.

留在…… liú zài…… ~에 머무르다
留下……的印象 liúxia……de yìnxiàng ~한 인상을 남기다

31 **首都**
shǒudū

④ 명 (한 나라의) 수도

飞机将于十点离开首都机场。
Fēijī jiāng yú shí diǎn líkāi shǒudū jīchǎng.
비행기는 10시에 수도 공항을 떠날 것이다.

将 jiāng 부 ~할 것이다 **于** yú 개 ~에, ~에서 **离开** líkāi 동 떠나다

시험에 이렇게 나온다!

짝꿍 표현 **首都**는 주로 '**首都** + 장소' 형태로 출제된다. 자주 쓰이는 '**首都** + 장소' 표현을 알아 둔다.

首都机场 shǒudū jīchǎng 수도 공항
首都剧院 shǒudū jùyuàn 수도 극장
首都医院 shǒudū yīyuàn 수도 병원

★★★ = 출제율 최상 ★★ = 출제율 상

급수

32 **顺利** ★★★
shùnlì

4 [형] **순조롭다**

술어

我一开始担心出门太晚，但最后顺利登机了。
Wǒ yì kāishǐ dānxīn chūmén tài wǎn, dàn zuìhòu shùnlì dēngjī le.
처음에 나는 너무 늦게 집을 나서서 걱정했지만, 결국 순조롭게 비행기에 탑승했다.

担心 dānxīn [동] 걱정하다

시험에 이렇게 나온다!

[짝꿍표현] **顺利**는 형용사이지만 '**顺利** + 동사(순조롭게 ~하다)' 형태로 동사를 꾸미는 부사어로 쓰일 수 있다.

顺利通过 shùnlì tōngguò 순조롭게 통과하다
顺利交流 shùnlì jiāoliú 순조롭게 교류하다
顺利毕业 shùnlì bìyè 순조롭게 졸업하다

33 **准时** ★★★
zhǔnshí

4 [형] **제때에, 시간에 맞다**

跟导游旅行时，要准时到规定的地方。
Gēn dǎoyóu lǚxíng shí, yào zhǔnshí dào guīdìng de dìfang.
가이드와 여행을 할 때는, 정해진 장소에 제때에 도착해야 한다.

规定 guīdìng [동] 정하다, 규정하다 **地方** dìfang [명] 장소, 곳

시험에 이렇게 나온다!

[어법] **准时**은 형용사이지만 '**准时** + 동사(제때에 ~하다)' 형태로 동사를 꾸미는 부사어로 주로 쓰인다.

准时到 zhǔnshí dào 제때에 도착하다
准时交作业 zhǔnshí jiāo zuòyè 제때에 숙제를 제출하다

34 **推迟** ★★★
tuīchí

4 [동] **미루다, 연기하다**

刚才广播通知我们要乘坐的航班推迟了一个小时。
Gāngcái guǎngbō tōngzhī wǒmen yào chéngzuò de hángbān tuīchíle yí ge xiǎoshí.
방금 방송에서 우리가 탑승하려는 항공편이 한 시간 미뤄졌다고 통지했다.

广播 guǎngbō [명] 방송 **通知** tōngzhī [동] 통지하다

35 **趟** ★★★
tàng

급수
4 양 **차례, 번 [횟수를 세는 데 쓰임]**

술어
帮我查一下今天飞往北京的最后一趟航班。
Bāng wǒ chá yíxià jīntiān fēi wǎng Běijīng de zuìhòu yí tàng hángbān.
오늘 베이징으로 가는 마지막 항공편을 찾아봐 주세요.

查 chá 동 찾다, 조사하다

시험에 이렇게 나온다!

독해 독해 제1부분에서 '동사 + ( )' 형태의 빈칸에 양사 **趟**을 채우는 문제가 자주 출제된다. 이 경우는 동사와 양사 사이에 수사 一(yī, 하나)가 생략된 것이다.

동사 + (수사) + 동량사
去 (一) **趟** 한 번 가다

36 **原因** ★★
yuányīn

4 명 **원인**

不知道是什么原因，我们的签证申请被拒绝了。
Bù zhīdào shì shénme yuányīn, wǒmen de qiānzhèng shēnqǐng bèi jùjué le.
어떤 원인인지는 모르겠지만, 우리의 비자 신청이 거절당했다.

申请 shēnqǐng 동 신청하다 **拒绝** jùjué 동 거절하다

37 **许多** ★★
xǔduō

4 수 **매우 많다**

许多景点因为在电影里出现过而有名起来了。
Xǔduō jǐngdiǎn yīnwèi zài diànyǐng li chūxiànguo ér yǒumíng qǐlai le.
매우 많은 명소가 영화에 나왔다는 이유로 유명해지기 시작했다.

景点 jǐngdiǎn 명 명소 **出现** chūxiàn 동 나오다, 출현하다
而 ér 접 원인 등을 나타내는 성분을 연결시킴 **有名** yǒumíng 형 유명하다

급수

38 **既然**

jìrán

❹ 접 **~인 이상, ~이 된 바에야**

술어

你既然已经决定去那里旅游，那么好好儿准备吧。

Nǐ jìrán yǐjīng juédìng qù nàli lǚyóu, nàme hǎohāor zhǔnbèi ba.

당신이 이미 그곳에 가서 여행하기로 결정한 이상, 잘 준비하도록 하세요.

决定 juédìng 동 결정하다 **好好儿** hǎohāor 부 잘, 제대로

시험에 이렇게 나온다!

짝꿍표현 **既然**은 접속사 **那么**(nàme, 그렇다면) 또는 부사 **就**(jiù, ~면)와 함께 짝꿍으로 자주 쓰인다.

既然……, 那么…… jìrán……nàme…… ~인 이상, 그렇다면 ~

既然……, 就…… jìrán……jiù…… ~인 이상, ~

39 **矿泉水** ★★

kuàngquánshuǐ

❹ 명 **생수, 미네랄 워터**

这家宾馆除了矿泉水以外，其他都收费。

Zhè jiā bīnguǎn chúle kuàngquánshuǐ yǐwài, qítā dōu shōufèi.

이 호텔은 생수 외에, 다른 것은 모두 비용을 받는다.

除了……以外 chúle……yǐwài ~외에 **其他** qítā 대 다른 것

收费 shōufèi 동 비용을 받다

40 **轻** ★★★

qīng

❹ 형 **가볍다**

去旅游时行李箱要轻一些，这样回来时可以带很多东西。

Qù lǚyóu shí xínglǐxiāng yào qīng yìxiē, zhèyàng huílai shí kěyǐ dài hěn duō dōngxi.

여행을 갈 때 캐리어는 좀 가벼워야 해, 그래야 돌아올 때 많은 물건을 가져올 수 있어.

带 dài 동 가지다 **东西** dōngxi 명 물건, 것

연습문제 **체크체크!**

단어의 뜻을 오른쪽 보기에서 찾아 연결하세요.

01 起飞

02 行李箱

03 住

04 推迟

05 没关系

ⓐ 괜찮다, 상관 없다

ⓑ 착륙하다, 내려오다

ⓒ 이륙하다, 떠오르다

ⓓ 미루다, 연기하다

ⓔ 숙박하다, 살다

ⓕ 캐리어, 여행용 가방

문장을 읽고 빈칸에 들어 갈 단어를 찾아 적어보세요.

ⓐ 乘坐　ⓑ 旅游　ⓒ 丢　ⓓ 顺利　ⓔ 许多

06 我不小心把护照弄______了。

07 我们______的飞机已经开始降落。

08 我们最后______地登机了。

09 电视里介绍了______有名的景点。

10 这个假期我想和你一起去______。

정답 : 01 ⓒ 02 ⓕ 03 ⓔ 04 ⓓ 05 ⓐ 06 ⓒ 07 ⓐ 08 ⓓ 09 ⓔ 10 ⓑ

* 06~10번 문제 해석과 추가 <Day별 단어 퀴즈 PDF>를 해커스중국어(china.Hackers.com)에서 다운로드 받으세요.

품사별로 헤쳐 모여!

앞에서 외운 단어들을 품사별로 다시 한 번 확인합니다.
☑ 잘 외워지지 않은 단어는 □에 체크해 두고 다음에 반복 암기합니다.

명사

□□□	飞机 1급	fēijī	명 비행기, 항공기
□□□	机场 2급	jīchǎng	명 공항
□□□	宾馆 2급	bīnguǎn	명 (규모가 비교적 큰) 호텔
□□□	护照 3급	hùzhào	명 여권
□□□	行李箱 3급	xínglǐxiāng	명 캐리어, 여행용 가방
□□□	登机牌 4급	dēngjīpái	명 탑승권
□□□	航班 4급	hángbān	명 항공편, 운항편
□□□	签证 4급	qiānzhèng	명 비자(visa)
□□□	首都 4급	shǒudū	명 (한 나라의) 수도
□□□	原因 4급	yuányīn	명 원인
□□□	矿泉水 4급	kuàngquánshuǐ	명 생수, 미네랄 워터

동사

□□□	住 1급	zhù	동 숙박하다, 살다
□□□	谢谢 1급	xièxie	동 고맙습니다, 감사합니다
□□□	对不起 1급	duìbuqǐ	동 죄송합니다, 미안합니다
□□□	旅游 2급	lǚyóu	동 여행하다
□□□	帮助 2급	bāngzhù	동 돕다
□□□	问 2급	wèn	동 묻다, 질문하다
□□□	被 3급	bèi	동 ~에게 ~을 당하다
□□□	带 3급	dài	동 가지다, 휴대하다, 데리다
□□□	打算 3급	dǎsuan	동 ~할 계획이다, ~할 생각이다 명 계획, 생각
□□□	起飞 3급	qǐfēi	동 이륙하다, 떠오르다
□□□	降落 4급	jiàngluò	동 착륙하다, 내려오다

□□□	旅行 4급	lǚxíng	동 여행하다
□□□	赶 4급	gǎn	동 대다, 서두르다, 쫓다
□□□	丢 4급	diū	동 잃어버리다, 잃다
□□□	规定 4급	guīdìng	동 규정하다 명 규정, 규칙
□□□	乘坐 4급	chéngzuò	동 (자동차·배·비행기 등을) 타다
□□□	留 4급	liú	동 남기다, 남다, 머무르다
□□□	推迟 4급	tuīchí	동 미루다, 연기하다

형용사

□□□	顺利 4급	shùnlì	형 순조롭다
□□□	准时 4급	zhǔnshí	형 제때에, 시간에 맞다
□□□	轻 4급	qīng	형 가볍다

수사, 양사

□□□	许多 4급	xǔduō	수 매우 많다
□□□	趟 4급	tàng	양 차례, 번 [횟수를 세는 데 쓰임]

개사

□□□	跟 3급	gēn	개 ~과 동 따라가다 명 뒤꿈치, 구두 굽

접속사

□□□	既然 4급	jìrán	접 ~인 이상, ~이 된 바에야

대사

□□□	其他 3급	qítā	대 다른 사람, 기타, 그 밖

조동사

□□□	想 1급	xiǎng	조동 ~하려고 하다 동 생각하다

기타

□□□	不客气 1급	bú kèqi	별 말씀을요, 천만에요
□□□	没关系 1급	méi guānxi	괜찮다, 상관 없다

DAY

10

해커스 HSK1-4급 단어장

소확행

감정 (1) - 즐거움과 기쁨

주제를 알면 HSK가 보인다!

HSK 4급에서는 즐거움, 행복함, 기쁨, 신남 등 긍정적인 감정을 나타내는 다양한 표현이 사용된 문제가 자주 출제돼요. 따라서 '재미있다', '기쁘다'처럼 긍정적인 감정과 관련된 단어를 집중적으로 학습하면 이러한 문제를 쉽게 풀 수 있어요.

단어, 예문 MP3

소소하지만 확실한 나만의 행복을 찾아서

자신만의 소확행 말하기
나는 축구 보는 것이 有趣해서, 경기장에서 축구 경기를 보는 게 행복해.
나는 친구들과 금요일 밤에 맥주 한 잔 하는 게 开心해.
나는 여자친구와 함께 对话하는 게 十分 행복해.
캬~
너의 소확행은 뭐야?
나는 뭐 그냥...
소름~
소박하게 건물 한 개만 있으면 행복할 것 같아.

23 **有趣** yǒuqù 형 재미있다, 흥미가 있다

18 **开心** kāixīn 형 기쁘다, 즐겁다

40 **对话** duìhuà 동 대화하다

28 **十分** shífēn 부 매우, 아주

01 喜欢
xǐhuan

급수

❶ 동 좋아하다

술어

我特别喜欢凉快的秋天。
Wǒ tèbié xǐhuan liángkuai de qiūtiān.
나는 시원한 가을을 특히 좋아한다.

特别 tèbié 부 특히 **凉快** liángkuai 형 시원하다 **秋天** qiūtiān 명 가을

시험에 이렇게 나온다!

어법 **喜欢**은 명사뿐만 아니라 동사(구), 술목구도 목적어로 취할 수 있다.
[喜欢 + 명사] **喜欢数学** xǐhuan shùxué 수학을 좋아하다
[喜欢 + 동사] **喜欢旅游** xǐhuan lǚyóu 여행하는 것을 좋아하다
[喜欢 + 술목구] **喜欢写日记** xǐhuan xiě rìjì 일기 쓰는 것을 좋아하다

02 高兴
gāoxìng

❶ 형 기쁘다, 즐겁다

拿到奖金是一件值得高兴的事。
Nádào jiǎngjīn shì yí jiàn zhídé gāoxìng de shì.
보너스를 받는 것은 기뻐할 만한 일이다.

奖金 jiǎngjīn 명 보너스, 상금 **值得** zhídé 동 ~할 만하다

03 爱
ài

❶ 동 좋아하다, 사랑하다

我奶奶爱看电视剧，没有她不知道的演员。
Wǒ nǎinai ài kàn diànshìjù, méiyǒu tā bù zhīdào de yǎnyuán.
우리 할머니께서는 드라마 보는 것을 좋아하시는데, 그녀가 모르는 배우는 없다.

电视剧 diànshìjù 명 드라마 **演员** yǎnyuán 명 배우

시험에 이렇게 나온다!

듣기 **相爱的人**(xiāng'ài de rén, 서로 사랑하는 사람)이라는 표현도 함께 알아둔다.

04 **快乐**
kuàilè

급수 **2** 형 **즐겁다, 행복하다**

술어

我朋友是个很幽默的人，他总给我们带来快乐。
Wǒ péngyou shì ge hěn yōumò de rén, tā zǒng gěi wǒmen dàilai kuàilè.
내 친구는 유머러스한 사람이라서, 그는 항상 우리에게 즐거움을 가져다 준다.

幽默 yōumò 형 유머러스하다 **总** zǒng 부 항상, 줄곧

시험에 이렇게 나온다!

짝꿍표현 **快乐**는 형용사이지만 '동사 + **快乐**(즐거움을 ~하다)', '……**的** + **快乐**(~인 즐거움)'와 같이 명사로도 자주 쓰인다.

带来快乐 dàilai kuàilè 즐거움을 가져오다
所有的快乐和烦恼 suǒyǒu de kuàilè he fánnǎo 모든 즐거움과 괴로움

05 **对**
duì

2 개 **~에 (대해), ~에게**

老师经常表扬学生对孩子成长有帮助。
Lǎoshī jīngcháng biǎoyáng xuésheng duì háizi chéngzhǎng yǒu bāngzhù.
선생님이 자주 학생을 칭찬하는 것은 아이가 성장하는 데에 도움이 된다.

经常 jīngcháng 부 자주 **表扬** biǎoyáng 동 칭찬하다
成长 chéngzhǎng 동 성장하다

06 **红**
hóng

2 형 **붉다, 빨갛다**

中国人常常用红包来表示祝贺。
Zhōngguórén chángcháng yòng hóngbāo lái biǎoshì zhùhè.
중국인은 종종 붉은 봉투로 축하를 나타낸다.

红包 hóngbāo 명 (돈을 넣는)붉은 봉투, 홍빠오
表示 biǎoshì 동 나타내다, 표시하다 **祝贺** zhùhè 동 축하하다

시험에 이렇게 나온다!

짝꿍표현 **红**을 활용한 다양한 짝꿍 표현을 알아 둔다.

红色 hóngsè 빨간색
红叶 hóngyè 단풍
红糖 hóngtáng 흑설탕
发红包 fā hóngbāo 붉은 봉투(돈 봉투)를 주다

급수

07 **它**
tā

❷ 대 **그, 그것 [사람 이외의 것을 가리킴]**

술어

那家店的包子很好吃，早上买它的顾客特别多。
Nà jiā diàn de bāozi hěn hǎochī, zǎoshang mǎi tā de gùkè tèbié duō.
저 가게의 만두는 맛있어서, 아침에 그것을 사는 손님이 아주 많다.

包子 bāozi 명 만두 **顾客** gùkè 명 고객

08 **让**
ràng

❷ 동 **~하게 하다**

这件事情让所有人都十分高兴。
Zhè jiàn shìqing ràng suǒyǒu rén dōu shífēn gāoxìng.
이 일은 모든 사람을 매우 기쁘게 한다.

所有 suǒyǒu 형 모든 **十分** shífēn 부 매우

시험에 이렇게 나온다!

쓰기 쓰기 제1부분에서, 제시된 어휘 중 **让**이 있으면 겸어문(주어1 + **让** + 목적어1/주어2 + 술어2)을 완성해야 한다는 것을 알아두자.

他让我回答问题。 Tā ràng wǒ huídá wèntí.
그는 나에게 문제에 대답하게 했다.

09 **笑**
xiào

❷ 동 **웃다**

兄弟俩都在笑着，看起来非常快乐。
Xiōngdì liǎ dōu zài xiàozhe, kànqǐlai fēicháng kuàilè.
형제 둘 모두 웃고 있는데, 매우 즐거워 보인다.

兄弟 xiōngdì 명 형제 **俩** liǎ 수 둘, 두 사람

10 **笑话**
xiàohua

❹ 명 **농담, 우스갯소리**

我爸爸经常讲笑话，我和弟弟都爱听。
Wǒ bàba jīngcháng jiǎng xiàohua, wǒ hé dìdi dōu ài tīng.
아빠는 농담을 자주 하는데, 나와 남동생은 모두 듣는 것을 좋아한다.

讲 jiǎng 동 말하다, 이야기하다

시험에 이렇게 나온다!

짝꿍표현 **笑话**는 동사 **讲**(jiǎng, 말하다)과 함께 **讲笑话**(농담을 하다)의 형태로 자주 출제된다.

11 **特别** ★★★
tèbié

급수

3 부 아주, 특히 형 특이하다, 특별하다

明天的足球比赛一定特别精彩。 술어
Míngtiān de zúqiú bǐsài yídìng tèbié jīngcǎi.
내일 축구 경기는 반드시 아주 훌륭할 것이다.

他的脾气非常特别，所以我不能了解他。
Tā de píqi fēicháng tèbié, suǒyǐ wǒ bù néng liǎojiě tā.
그의 성격이 너무 특이해서 나는 그를 이해할 수 없다.

足球 zúqiú 명 축구 比赛 bǐsài 명 경기 一定 yídìng 부 반드시
精彩 jīngcǎi 형 훌륭하다 脾气 píqi 명 성격, 성질
了解 liǎojiě 동 이해하다

12 **满意**
mǎnyì

3 동 만족하다

张老师对学生们的态度挺满意的。
Zhāng lǎoshī duì xuéshengmen de tàidu tǐng mǎnyì de.
장 선생님은 학생들의 태도에 대해 꽤 만족한다.

态度 tàidu 명 태도

13 **记得**
jìde

3 동 기억하고 있다

小时候我有一个爱听的歌，尽管过了很长时间，还记得歌词。
Xiǎoshíhou wǒ yǒu yí ge ài tīng de gē, jǐnguǎn guòle hěn cháng shíjiān, hái jìde gēcí.
어렸을 때 내가 즐겨 듣던 노래가 있었는데, 비록 시간이 오래 지났지만, 아직 가사를 기억하고 있다

歌 gē 명 노래 尽管 jǐnguǎn 접 비록, 설령 歌词 gēcí 명 가사

14 **或者**
huòzhě

3 접 ~이거나, ~이든지

听听音乐或者聊聊天儿都可以减少压力。
Tīngting yīnyuè huòzhě liáoliaotiānr dōu kěyǐ jiǎnshǎo yālì.
음악을 듣거나 이야기를 하는 것은 모두 스트레스를 줄일 수 있다.

音乐 yīnyuè 명 음악 聊天 liáotiān 동 이야기하다
减少 jiǎnshǎo 동 줄이다 压力 yālì 명 스트레스

15 **还是** ★★
háishi

급수
③ 부 여전히, 아직도 접 아니면, 또는

술어
那件事已经过了好几天，但他还是感到很激动。
Nà jiàn shì yǐjīng guòle hǎo jǐ tiān, dàn tā háishi gǎndào hěn jīdòng.
그 일이 이미 며칠 지났지만, 그는 여전히 감격스럽다고 느낀다.

我不能相信，我拿到了第一名到底是真的还是假的？
Wǒ bù néng xiāngxìn, wǒ nádàole dìyī míng dàodǐ shì zhēn de háishi jiǎ de?
나는 믿을 수가 없어, 도대체 내가 일등이라는 것이 진짜야 아니면 가짜야?

激动 jīdòng 형 감격하다, 흥분하다 **相信** xiāngxìn 동 믿다
到底 dàodǐ 부 도대체 **假** jiǎ 형 가짜의, 거짓의

16 **地** ★★★
de

③ 조 ~하게 [부사어와 술어를 연결함]

听到好消息，玲玲高兴地跳起了舞。
Tīngdào hǎo xiāoxi, Línglíng gāoxìng de tiàoqǐle wǔ.
좋은 소식을 듣고, 링링은 기쁘게 춤을 추었다.

消息 xiāoxi 명 소식

17 **又** ★★
yòu

③ 부 또, 다시, 거듭

你又赢得了这场比赛，太棒了！
Nǐ yòu yíngdéle zhè chǎng bǐsài, tài bàng le!
네가 이번 경기에서 또 이겼구나, 정말 대단해!

赢得 yíngdé 동 이기다, 얻다 **棒** bàng 형 대단하다, 좋다

시험에 이렇게 나온다!

짝꿍표현 又는 '又 + A + 又 + B(A하고 B하다)' 형태로도 자주 출제된다.
又酸又辣 yòu suān yòu là 시고 맵다
又香又甜 yòu xiāng yòu tián 맛있고 달다
又渴又饿 yòu kě yòu è 배고프고 목마르다

급수

18 **开心** ★★

kāixīn

4 형 **즐겁다, 기쁘다**

술어

今天我跟朋友玩儿得非常开心。

Jīntiān wǒ gēn péngyou wánr de fēicháng kāixīn.

오늘 나와 친구는 매우 즐겁게 놀았다.

玩儿 wánr 동 놀다

19 **开玩笑**

kāiwánxiào

4 동 **농담하다, 웃기다**

我姐姐从来不随便开玩笑。

Wǒ jiějie cónglái bù suíbiàn kāiwánxiào.

우리 언니는 여태껏 함부로 농담을 한 적이 없다.

从来 cónglái 부 여태껏 **随便** suíbiàn 부 함부로, 마음대로

20 **鼓励** ★★★

gǔlì

4 동 **격려하다, (용기를) 북돋우다**

教育孩子的时候，父母应该经常鼓励孩子。

Jiàoyù háizi de shíhou, fùmǔ yīnggāi jīngcháng gǔlì háizi.

아이를 교육할 때, 부모는 자주 아이를 격려해야 한다.

教育 jiàoyù 동 교육하다

잠깐 동사이지만, 명사로도 자주 쓰인답니다!

21 **感谢** ★★★

gǎnxiè

4 동 **감사하다, 고맙다**

感谢大家对我的理解与鼓励。

Gǎnxiè dàjiā duì wǒ de lǐjiě yǔ gǔlì.

모두들 저에 대한 이해와 격려에 감사 드립니다.

理解 lǐjiě 동 이해하다 **与** yǔ 접 ~와(과)

시험에 이렇게 나온다!

어법 **感谢**는 문장 맨 앞에 쓰일 수 있는 동사로, 문맥상 화자가 누구인지 분명하게 알 수 있으면 문장의 주어가 생략된다.

(我)感谢你照顾我。 (Wǒ) gǎnxiè nǐ zhàogù wǒ.

(나는) 당신이 나를 돌봐준 것에 감사해요.

22 **愉快** ★★
yúkuài

급수
4 [형] **유쾌하다, 즐겁다**

和小丽一起散步让我很愉快。 술어
Hé Xiǎo Lì yìqǐ sànbù ràng wǒ hěn yúkuài.
샤오리와 함께 산책하는 것은 나를 유쾌하게 한다.

散步 sànbù [동] 산책하다

23 **有趣** ★★
yǒuqù

4 [형] **재미있다, 흥미가 있다**

这位老师的课非常有趣，学生们都喜欢他的课。
Zhè wèi lǎoshī de kè fēicháng yǒuqù, xuéshengmen dōu xǐhuan tā de kè.
이 선생님의 수업이 매우 재미있어서, 학생들은 모두 그의 수업을 좋아한다.

课 kè [명] 수업

시험에 이렇게 나온다!

[듣기] **有趣**는 듣기 지문에서 **有意思**(yǒuyìsi, 재미있다, 흥미가 있다)로 바뀌어 표현되는 경우가 많다.

24 **幸福**
xìngfú

4 [명] **행복** [형] **행복하다**

爸爸回忆了年轻时候的幸福。
Bàba huíyìle niánqīng shíhou de xìngfú.
아빠는 젊은 시절의 행복을 회상했다.

回忆 huíyì [동] 회상하다, 기억하다 **年轻** niánqīng [형] 젊다

25 **兴奋**
xīngfèn

4 [형] **흥분하다, 감격하다** [명] **흥분**

明天是男朋友的生日，她兴奋得一晚上都没睡着。
Míngtiān shì nánpéngyou de shēngrì, tā xīngfèn de yì wǎnshang dōu méi shuìzháo.
내일은 남자친구의 생일이라, 그녀는 흥분해서 저녁 내내 잠들지 못했다.

睡着 shuìzháo [동] 잠들다

26 **辛苦** xīnkǔ

(급수) ❹ 형 **고생스럽다, 수고스럽다**

为了完成这个任务，我们辛苦(술어)了大半年。

Wèile wánchéng zhè ge rènwu, wǒmen xīnkǔle dà bànnián.

이 업무를 완성하기 위해, 우리는 반 년 이상 고생했다.

为了 wèile 개 ~하기 위해 **完成** wánchéng 동 완성하다
任务 rènwu 명 업무, 임무 **大半年** dà bànnián 명 반 년 이상

27 **羡慕** ★★★ xiànmù

❹ 동 **부러워하다**

"羡慕"有时候能让我们发现自己需要提高的地方。

'Xiànmù' yǒushíhou néng ràng wǒmen fāxiàn zìjǐ xūyào tígāo de dìfang.

'부러워하는 것'은 때때로 우리로 하여금 스스로 향상시켜야 할 부분을 발견하게 해줄 수 있다.

发现 fāxiàn 동 발견하다 **提高** tígāo 동 향상시키다

28 **十分** ★★★ shífēn

❹ 부 **매우, 아주**

我给爷爷送了一本小说，他十分喜欢我的礼物。

Wǒ gěi yéye sòngle yì běn xiǎoshuō, tā shífēn xǐhuan wǒ de lǐwù.

나는 할아버지에게 소설책 한 권을 선물했는데, 그는 나의 선물을 매우 좋아했다.

小说 xiǎoshuō 명 소설(책) **礼物** lǐwù 명 선물

29 **祝贺** ★★★ zhùhè

❹ 동 **축하하다**

姐姐，祝贺你正式成为一名老师。

Jiějie, zhùhè nǐ zhèngshì chéngwéi yì míng lǎoshī.

언니, 정식으로 선생님이 된 것을 축하해.

成为 chéngwéi 동 ~가 되다

시험에 이렇게 나온다!

쓰기 **祝贺**는 주로 문장 맨 앞에 쓰이는 동사이므로, 쓰기 제1부분에서 **祝贺**가 제시되어 있으면 문장 맨 앞에 배치한다.

30 **激动** ★★

jīdòng

급수

4 [형] **감격하다, 감동하다**

这首歌让观众们都很激动。 (술어)

Zhè shǒu gē ràng guānzhòngmen dōu hěn jīdòng.

이 노래는 관중들을 감격하게 했다.

首 shǒu [양] [시, 노래 등을 세는 단위] **观众** guānzhòng [명] 관중

시험에 이렇게 나온다!

[작문 노하우] 쓰기 제2부분에서는 제시어 **激动**과 함께, 사람들이 함께 기뻐하고 있거나 누군가 트로피를 들고 기뻐하는 사진이 자주 출제된다.
이때 '**她/他/他们激动得……**'를 사용하여 쉽게 작문할 수 있다.

她激动得把奖杯举了起来。 그녀는 기뻐서 트로피를 들어올렸다.

他们激动得跳了起来。 그들은 기뻐서 펄쩍 뛰었다.

31 **感动** ★★★

gǎndòng

4 [동] **감동하다, 감동시키다**

这部电影的内容真让人感动，我看了四遍。

Zhè bù diànyǐng de nèiróng zhēn ràng rén gǎndòng, wǒ kànle sì biàn.

이 영화의 내용은 정말 사람을 감동시켜, 나는 네 번을 보았어.

内容 nèiróng [명] 내용 **遍** biàn [양] 번

32 **干杯**

gānbēi

4 [동] **건배하다, 잔을 비우다**

为我们永远的友谊，干杯！

Wèi wǒmen yǒngyuǎn de yǒuyì, gānbēi!

우리의 영원한 우정을 위해, 건배!

永远 yǒngyuǎn [부] 영원히 **友谊** yǒuyì [명] 우정

시험에 이렇게 나온다!

[작문 노하우] 쓰기 제2부분에서는 제시어 **干杯**와 함께 건배 하고 있는 사진이 자주 출제된다. 이때 '**为我们的成功，干杯！**(우리의 성공을 위해, 건배!)'와 같은 문장으로 쉽게 작문할 수 있다.

★★★ = 출제율 최상 ★★ = 출제율 상

급수

33 感情 ★★
gǎnqíng

4 명 감정

他们俩之间的感情一直特别好。 → 술어
Tāmen liǎ zhījiān de gǎnqíng yìzhí tèbié hǎo.
그들 둘의 감정은 줄곧 매우 좋다.

一直 yìzhí 부 줄곧

34 得意
déyì

4 형 득의양양하다, 마음에 들다, 만족하다

我女儿得意地说："我今天考试得了一百分！"
Wǒ nǚ'ér déyì de shuō:"Wǒ jīntiān kǎoshì déle yìbǎi fēn!"
우리 딸이 득의양양하게 말했다. "나 오늘 시험에서 백 점 받았어요!"

得 dé 동 (점수를) 받다, 얻다

35 回忆
huíyì

4 동 회상하다, 추억하다

奶奶总回忆幸福的过去。
Nǎinai zǒng huíyì xìngfú de guòqù.
할머니께서는 늘 행복했던 과거를 회상하신다.

过去 guòqù 명 과거

36 感觉
gǎnjué

4 동 느끼다, 여기다 명 느낌, 감각

我感觉今年的活动比去年的活动进行得顺利一些。
Wǒ gǎnjué jīnnián de huódòng bǐ qùnián de huódòng jìnxíng de shùnlì yìxiē.
나는 이번 년도 행사가 작년 행사보다 더 순조롭게 진행된다고 느낀다.

活动 huódòng 명 행사 进行 jìnxíng 동 진행하다
顺利 shùnlì 형 순조롭다

37 成功 ★★★

chénggōng

급수

4 동 성공하다, 이루다 형 성공적이다

술어

经过多年的努力，小张的生意终于成功了。

Jīngguò duōnián de nǔlì, Xiǎo Zhāng de shēngyi zhōngyú chénggōng le.

몇 년간의 노력 끝에, 샤오장의 사업은 결국 성공했다.

为了能成功举行这次活动，我们必须努力准备。

Wèile néng chénggōng jǔxíng zhè cì huódòng, wǒmen bìxū nǔlì zhǔnbèi.

이번 행사를 성공적으로 개최할 수 있도록, 우리는 반드시 열심히 준비해야 한다.

经过 jīngguò 동 지나다, 거치다 **努力** nǔlì 동 노력하다
生意 shēngyi 명 사업, 장사 **终于** zhōngyú 부 결국, 마침내
必须 bìxū 부 반드시

시험에 이렇게 나온다!

짝꿍표현 **成功**은 동사 또는 형용사이지만 '**成功的**……(성공의 ~)', '동사 + **成功**(성공을 ~하다)'와 같이 명사로도 자주 쓰인다.

成功的机会 chénggōng de jīhuì 성공의 기회
成功的关键 chénggōng de guānjiàn 성공의 관건
获得成功 huòdé chénggōng 성공을 얻다

38 理想 ★★

lǐxiǎng

4 형 이상적이다(바라는 바에 부합됨) 명 이상

祝贺你考上了理想的大学！

Zhùhè nǐ kǎoshàngle lǐxiǎng de dàxué!

네가 바라던 대학교에 합격한 것을 축하해!

考上 kǎoshàng 합격하다 **大学** dàxué 동 대학

39 表示 ★★
biǎoshì

4 급수

동 **나타내다, 의미하다**

你对孩子说"你真棒"，这可以表示你对他的支持。 (表示: 술어)

Nǐ duì háizi shuō 'nǐ zhēn bàng', zhè kěyǐ biǎoshì nǐ duì tā de zhīchí.

당신이 아이에게 '넌 정말 대단해'라고 말한다면, 이것은 그에 대한 당신의 지지를 나타낼 수 있다.

孩子 háizi 명 아이, 어린이 **支持** zhīchí 동 지지하다

시험에 이렇게 나온다!

짝꿍표현 表示과 함께 자주 쓰이는 '**表示** + 동사/형용사' 짝꿍 표현을 알아 둔다. 表示은 목적어로 동사 또는 형용사가 주로 온다.

表示反对 biǎoshì fǎnduì 반대를 나타내다
表示怀疑 biǎoshì huáiyí 의심을 나타내다
表示理解 biǎoshì lǐjiě 이해를 나타내다
表示友好 biǎoshì yǒuhǎo 우호적임을 나타내다

40 对话 ★★
duìhuà

4

동 **대화하다**

小明学了两年的英语，现在可以用英语对话了。

Xiǎo Míng xuéle liǎng nián de Yīngyǔ, xiànzài kěyǐ yòng Yīngyǔ duìhuà le.

샤오밍은 2년 동안 영어를 배워서, 지금은 영어로 대화할 수 있다.

英语 Yīngyǔ 고유 영어 **对话** duìhuà 동 대화하다

시험에 이렇게 나온다!

듣기 듣기 대화 문제에서, **对话**가 포함된 질문이 자주 출제된다.

对话最可能发生在哪里? Duìhuà zuì kěnéng fāshēng zài nǎli?
대화는 어디에서 발생했을 가능성이 가장 큰가?

根据对话，下列哪个正确? Gēnjù duìhuà, xiàliè nǎ ge zhèngquè?
대화에 근거하여, 다음 중 옳은 것은?

根据对话，可以知道什么? Gēnjù duìhuà, kěyǐ zhīdào shénme?
대화에 근거하여, 알 수 있는 것은 무엇인가?

연습문제 **체크체크!**

단어의 뜻을 오른쪽 보기에서 찾아 연결하세요.

01 爱
02 满意
03 幸福
04 鼓励
05 表示

ⓐ 붉다, 빨갛다
ⓑ 만족하다
ⓒ 격려하다, (용기를) 북돋우다
ⓓ 행복, 행복하다
ⓔ 좋아하다, 사랑하다
ⓕ 나타내다, 의미하다

문장을 읽고 빈칸에 들어 갈 단어를 찾아 적어보세요.

ⓐ 成功　ⓑ 开心　ⓒ 有趣　ⓓ 还是　ⓔ 感谢

06 我刚才听到了一个很________的故事。
07 经过一年的努力，我终于减肥________了。
08 我十分________大家对我的鼓励与支持。
09 都过了这么多天了，他________很激动。
10 今天我和朋友聊得非常________。

정답 : 01 ⓔ 02 ⓑ 03 ⓓ 04 ⓒ 05 ⓕ 06 ⓒ 07 ⓐ 08 ⓔ 09 ⓓ 10 ⓑ

* 06~10번 문제 해석과 추가 <Day별 단어 퀴즈 PDF>를 해커스중국어(china.Hackers.com)에서 다운로드 받으세요.

품사별로 헤쳐 모여!

앞에서 외운 단어들을 품사별로 다시 한 번 확인합니다.
☑ 잘 외워지지 않은 단어는 □에 체크해 두고 다음에 반복 암기합니다.

명사

□□□	笑话 4급	xiàohua	명 농담, 우스갯소리
□□□	幸福 4급	xìngfú	명 행복 형 행복하다
□□□	感情 4급	gǎnqíng	명 감정

동사

□□□	喜欢 1급	xǐhuan	동 좋아하다
□□□	爱 1급	ài	동 좋아하다, 사랑하다
□□□	让 2급	ràng	동 ~하게 하다
□□□	笑 2급	xiào	동 웃다
□□□	满意 3급	mǎnyì	동 만족하다
□□□	记得 3급	jìde	동 기억하고 있다
□□□	开玩笑 4급	kāiwánxiào	동 농담하다, 웃기다
□□□	鼓励 4급	gǔlì	동 격려하다, (용기를) 북돋우다
□□□	感谢 4급	gǎnxiè	동 감사하다, 고맙다
□□□	羡慕 4급	xiànmù	동 부러워하다
□□□	祝贺 4급	zhùhè	동 축하하다
□□□	感动 4급	gǎndòng	동 감동하다, 감동시키다
□□□	干杯 4급	gānbēi	동 건배하다, 잔을 비우다
□□□	回忆 4급	huíyì	동 회상하다, 추억하다
□□□	感觉 4급	gǎnjué	동 느끼다, 여기다 명 느낌, 감각
□□□	成功 4급	chénggōng	동 성공하다, 이루다 형 성공적이다
□□□	表示 4급	biǎoshì	동 나타내다, 의미하다
□□□	对话 4급	duìhuà	동 대화하다

형용사

□□□	高兴 1급	gāoxìng	형 기쁘다, 즐겁다
□□□	快乐 2급	kuàilè	형 즐겁다, 행복하다
□□□	红 2급	hóng	형 붉다, 빨갛다
□□□	开心 4급	kāixīn	형 즐겁다, 기쁘다
□□□	愉快 4급	yúkuài	형 유쾌하다, 즐겁다
□□□	有趣 4급	yǒuqù	형 재미있다, 흥미가 있다
□□□	兴奋 4급	xīngfèn	형 흥분하다, 감격하다 명 흥분
□□□	辛苦 4급	xīnkǔ	형 고생스럽다, 수고스럽다
□□□	激动 4급	jīdòng	형 감격하다, 감동하다
□□□	得意 4급	déyì	형 득의양양하다, 마음에 들다, 만족하다
□□□	理想 4급	lǐxiǎng	형 이상적이다(바라는 바에 부합됨) 명 이상

부사

□□□	特别 3급	tèbié	부 아주, 특히 형 특이하다, 특별하다
□□□	还是 3급	háishi	부 여전히, 아직도 접 아니면, 또는
□□□	又 3급	yòu	부 또, 다시, 거듭
□□□	十分 4급	shífēn	부 매우, 아주

개사

□□□	对 2급	duì	개 ~에 (대해), ~에게

접속사

□□□	或者 3급	huòzhě	접 ~이거나, ~이든지

대사

□□□	它 2급	tā	대 그, 그것 [사람 이외의 것을 가리킴]

조사

□□□	地 3급	de	조 ~하게 [부사어와 술어를 연결함]

HSK 4급 **미니 실전모의고사 1**

듣기, 독해 MP3

[듣기] HSK 4급 미니실전모의고사1_1번~6번.mp3

1-2. 음성을 듣고 제시된 문장이 지문 내용과 일치하면 √, 일치하지 않으면 X를 체크하세요.

1. ★ 说话人博士已经毕业了。 (　　)

2. ★ 游泳馆的水温是二十七度。 (　　)

3-6. 대화와 단문 및 질문을 듣고 알맞은 보기를 선택하세요.

3. A 旅游	B 购物	C 加班	D 约会
4. A 鸭肉很香	B 味道不好	C 比烤鸭新鲜	D 不是很有名
5. A 很安全	B 很便宜	C 选择更多	D 质量更好
6. A 省钱	B 不便	C 免费换新	D 花很多时间

[독해]

7-9. 빈칸에 알맞은 단어를 선택하세요.

A 互相　　B 表扬　　C 祝贺

7. 这是一家非常不错的餐厅，这里的菜获得过英国女王的(　　)。

8. 知道林老师结婚了，大家都很高兴，并向他表示(　　)。

9. A: 你和你室友的关系真好，你是怎么做到的呀?

   B: 最重要的是(　　)尊重。

10-11. ABC를 순서에 맞게 배열하세요.

10. A 它的缺点只有一个

B 网上购物有许多好处

C 就是容易让人买得太多 ____________

11. A 昨天晚上8点的羽毛球比赛太精彩了

B 甚至有的人都激动得哭了

C 观众都很兴奋 ____________

12-13. 지문을 읽고 질문에 알맞은 보기를 선택하세요.

12. 有时候，售货员热情地为顾客介绍这、介绍那，也会让顾客觉得很烦、很不舒服。我在商店购物时，喜欢自己慢慢看、慢慢选，而不愿意总是被别人打扰。

★ 他在逛商店时：

A 喜欢有人介绍　B 喜欢自己选择　C 买东西速度快　D 最先考虑价格

13. 乘客朋友们请注意，我们抱歉地通知您，本次航班由于天气原因推迟起飞，请您在座位上耐心等一会儿。谢谢您的理解和支持！

★ 航班推迟起飞时，乘客应该：

A 马上离开　B 通知朋友　C 耐心等一会儿　D 感到非常生气

[쓰기]

14-15. 제시된 어휘로 어순에 맞는 문장을 완성하세요.

14. 这趟　十分　旅行　顺利

15. 为顾客　舒服的　这家餐厅　座位　提供了

16. 제시된 어휘와 사진을 보고 연관된 한 문장을 만들어보세요.

16.  激动

정답 및 해석·해설 p.514

DAY

11

해커스 HSK1-4급 단어장

멘붕 치유

감정 (2) - 분노와 슬픔

주제를 알면 HSK가 보인다!

HSK 4급에서는 슬픔, 괴로움, 상심, 분노, 실망 등 부정적인 감정을 묻는 문제가 자주 출제돼요. 따라서 '소홀하다', '포기하다', '견딜 수 없다'처럼 부정적인 감정과 관련된 단어를 익혀두면 이러한 표현을 정확히 이해할 수 있어요.

단어, 예문 MP3

멘붕을 치유할 수 있는 가장 확실한 방법

아으 정말...!
왜 그래? 오늘 무슨 일 있었어?
먼저,아침에 어떤 사람이 马虎하게 우산을 털고 지하철에 타서 내 옷이 다 젖었고
또 회사 컴퓨터가 完全 고장 나서 보고서 제출을 放弃할 수 밖에 없었고
하하하 대리님 제가 또 실수를..!
게다가 우리 팀 粗心한 신입이 큰 错误를 해서 하루 종일 受不了했어!!!
긁적 긁적
띵동~
!?
치킨 배달 왔습니다~
네~ 나가요~
워야 무서워
언제 시킨거야..

19 马虎 mǎhu 형 소홀하다, 부주의하다

21 放弃 fàngqì 동 포기하다

24 错误 cuòwù 명 실수, 잘못

17 完全 wánquán 부 완전히

18 粗心 cūxīn 형 소홀하다, 세심하지 못하다

27 受不了 shòubuliǎo 동 견딜 수 없다

01 **不**
bù

❶ 부 **[동사·형용사·부사 앞에서 부정을 나타냄]** (→ 급수)

怎么这么热啊，我不喜欢这里的夏天天气。 (→ 술어)
Zěnme zhème rè a, wǒ bù xǐhuan zhèli de xiàtiān tiānqì.
어쩌면 이렇게 더울까, 나는 이곳의 여름 날씨가 싫어.

夏天 xiàtiān 명 여름

02 **太**
tài

❶ 부 **너무, 매우, 아주**

小海最近太累了，今天要休息。
Xiǎo Hǎi zuìjìn tài lèi le, jīntiān yào xiūxi.
샤오하이는 최근에 너무 피곤해서, 오늘은 쉬려고 한다.

最近 zuìjìn 명 최근

시험에 이렇게 나온다!

짝꿍 표현 太를 활용한 다양한 짝꿍 표현을 알아 둔다.

太 + 형용사 + 了 tài……le 너무 ~하다
不太 + 형용사 bú tài…… 그다지 ~않다

03 **多**
duō

❶ 형 **많다** 대 **얼마나(정도, 수량을 물음)** 수 **남짓, 여**

现在排队的人太多，我很着急。
Xiànzài páiduì de rén tài duō, wǒ hěn zháojí.
지금 줄을 선 사람이 너무 많아서, 나는 조급하다.

我们不知道电影对旅游的影响有多大。
Wǒmen bù zhīdào diànyǐng duì lǚyóu de yǐngxiǎng yǒu duō dà.
우리는 영화가 여행에 미치는 영향이 얼마나 큰지 모른다.

同学会已经进行了三个多小时。
Tóngxuéhuì yǐjīng jìnxíngle sān ge duō xiǎoshí.
동창회는 이미 세 시간 남짓 진행되었다.

排队 páiduì 동 줄을 서다 **着急** zháojí 형 조급하다 **旅游** lǚyóu 동 여행하다
影响 yǐngxiǎng 명 영향 **同学会** tóngxuéhuì 동창회 **进行** jìnxíng 동 진행하다

시험에 이렇게 나온다!

어법 형용사 **多**는 술어 앞에서 '많이'라는 뜻의 부사어로도 쓰인다.

你想弹好钢琴，那要多练习。
Nǐ xiǎng tánhǎo gāngqín, nà yào duō liànxí.
당신이 피아노를 잘 치고 싶다면, 많이 연습해야 한다.

급수

04 **少**
shǎo

❶ 형 (수량이) 적다 동 모자라다, 없다

他做的面条汤太少，而且味道也很咸。 술어
Tā zuò de miàntiáo tāng tài shǎo, érqiě wèidao yě hěn xián.
그가 만든 면은 국물이 너무 적고, 게다가 맛도 짜다.

我的书怎么少了两本？
Wǒ de shū zěnme shǎole liǎng běn?
내 책이 왜 두 권 모자라지?

汤 tāng 명 국물, 국 **而且** érqiě 접 게다가 **味道** wèidao 명 맛 **咸** xián 형 짜다

시험에 이렇게 나온다!

어법 형용사 **少**는 술어 앞에서 '적게'라는 뜻의 부사어로도 쓰인다. 또한 **少**의 부정형인 **不少**(bù shǎo, 적지 않다)는 관형어 또는 보어로 자주 사용된다는 것도 알아두자.

부사어 少(적게)
你少吃点儿巧克力! Nǐ shǎo chī diǎnr qiǎokèlì!
초콜릿 좀 적게 먹어라!

관형어 不少(적지 않은)
赚了不少钱 zhuànle bù shǎo qián 적지 않은 돈을 벌었다

보어 不少(적지 않게)
速度高了不少 sùdù gāo le bù shǎo 속도가 적지 않게 빨라졌다

05 **都**
dōu

❶ 부 모두, 다

因为张亮一点儿工作经验都没有，所以大家不相信他能做好。
Yīnwèi Zhāng Liàng yìdiǎnr gōngzuò jīngyàn dōu méiyǒu, suǒyǐ dàjiā bù xiāngxìn tā néng zuòhǎo.
장량은 업무 경험이 조금도 없기 때문에, 다들 그가 잘할 수 있을 것이라고는 믿지 않는다.

经验 jīngyàn 명 경험 **相信** xiāngxìn 동 믿다

06 **非常**
fēicháng

❷ 부 아주, 매우, 대단히

小丽的公司离她的家非常远，所以她压力特别大。
Xiǎo Lì de gōngsī lí tā de jiā fēicháng yuǎn, suǒyǐ tā yālì tèbié dà.
샤오리의 회사는 그녀의 집에서 아주 멀어서, 그녀는 스트레스가 매우 크다.

压力 yālì 명 스트레스

07 **为什么**
wèishénme

❷ 급수

대 **왜, 어째서**

为什么女的感到生气? (술어: 感到)
Wèishénme nǚde gǎndào shēngqì?
여자는 왜 화가 났는가?

感到 gǎndào 동 느끼다, 여기다 **生气** shēngqì 동 화나다

시험에 이렇게 나온다!

듣기 독해 듣기 또는 독해 문제에서 **为什么**를 활용하여 이유 또는 원인을 묻는 질문이 자주 출제된다.

男的为什么不带箱子? Nánde wèishénme bú dài xiāngzi?
남자는 왜 캐리어를 가지고 가지 않는가?

家长为什么要买学区房?
Jiāzhǎng wèishénme yào mǎi xuéqū fáng?
학부모는 왜 좋은 학교가 있는 동네에 집을 사려고 하는가?

08 **事情**
shìqing

❷ 명 **일, 사건**

她可能忘记自己说了什么，但这个事情我一直放在心里。
Tā kěnéng wàngjì zìjǐ shuōle shénme, dàn zhè ge shìqing wǒ yìzhí fàng zài xīnli.
그녀는 아마도 자신이 무엇을 말했는지 잊어버렸을 것이다. 하지만 나는 이 일을 줄곧 마음속에 두고 있다.

忘记 wàngjì 동 잊어버리다 **一直** yìzhí 부 줄곧 **放** fàng 동 두다
心 xīn 명 마음

09 **因为……所以……**
yīnwèi…… suǒyǐ……

❷ 접 **~하기 때문에, 그래서 ~하다**

因为他平时没有礼貌，所以大家都不喜欢他。
Yīnwèi tā píngshí méiyǒu lǐmào, suǒyǐ dàjiā dōu bù xǐhuan tā.
그는 평소에 예의가 없기 때문에, 그래서 모두들 그를 좋아하지 않는다.

平时 píngshí 명 평소 **礼貌** lǐmào 명 예의

시험에 이렇게 나온다!

독해 독해 제2부분인 문장의 순서를 배열하는 문제에서, 두 개의 보기에 각각 **因为**와 **所以**가 있으면 **因为**가 있는 보기 → **所以**순으로 배열한다.

★★★ = 출제율 최상 ★★ = 출제율 상

10 **着** zhe

❷ 조 ~하고 있다, ~한 채로 있다

大家都争着去拿大的面包。

Dàjiā dōu zhēngzhe qù ná dà de miànbāo.

모두가 앞다투어 큰 빵을 가져가고 있다.

争 zhēng 동 앞다투다, 쟁탈하다 **拿** ná 동 가지다 **面包** miànbāo 명 빵

시험에 이렇게 나온다!

어법 **着**는 zháo로도 발음할 수 있는데, **着**(zháo)는 동사 뒤에 쓰여 이미 목적에 도달했거나 어떤 결과가 있음을 나타낸다.

睡着了 shuìzháo le 잠이 들었다

睡不着 shuì bu zháo 잠이 오지 않는다

11 **担心** ★★ dānxīn

❸ 동 걱정하다, 염려하다

我担心我的普通话不标准，不能参加这次大赛。

Wǒ dānxīn wǒ de pǔtōnghuà bù biāozhǔn, bù néng cānjiā zhè cì dàsài.

나는 내 보통화가 표준적이지 않아서 이번 대회에 참가할 수 없을까봐 걱정된다.

普通话 pǔtōnghuà 명 보통화(현대 중국 표준어)

标准 biāozhǔn 형 표준적이다 **参加** cānjiā 동 참가하다 **大赛** dàsài 명 대회

12 **害怕** hàipà

❸ 동 무서워하다, 두려워하다

外面那么黑，难道你不害怕吗？

Wàimian nàme hēi, nándào nǐ bú hàipà ma?

바깥이 저렇게나 깜깜한데, 설마 무섭지 않은 것인가?

黑 hēi 형 깜깜하다, 어둡다 **难道** nándào 부 설마 ~하겠는가?

13 **哭** kū

❸ 동 울다

小孩子迷路了，在哭着找爸爸。

Xiǎoháizi mílù le, zài kūzhe zhǎo bàba.

아이가 길을 잃어서, 울며 아빠를 찾고 있다.

迷路 mílù 동 길을 잃다

14 **难过** nánguò

↗ 급수

❸ 형 **슬프다, 괴롭다, 힘들게 보내다**

小李在足球比赛中受伤了，为此我们都觉得特别难过。 (술어 ← 觉得)

Xiǎo Lǐ zài zúqiú bǐsài zhōng shòushāng le, wèicǐ wǒmen dōu juéde tèbié nánguò.

샤오리가 축구 경기 중에 부상을 입어서, 이 때문에 우리는 아주 슬프다.

足球 zúqiú 명 축구 **比赛** bǐsài 명 경기, 시합 **受伤** shòushāng 동 부상을 입다 **为此** wèicǐ 접 이 때문에 **特别** tèbié 부 아주

15 **生气** shēngqì

❸ 동 **화나다, 화내다**

我第一次看到他那么生气的样子。

Wǒ dìyī cì kàndào tā nàme shēngqì de yàngzi.

나는 그가 그렇게 화가 난 모습은 처음 본다.

样子 yàngzi 명 모습

시험에 이렇게 나온다!

독해 **气话**(qìhuà, 화가 나서 하는 말)라는 표현도 출제되므로 함께 알아 둔다.

16 **着急** zháojí

❸ 형 **조급하다, 초조하다**

你别着急，不要把门敲得那么响。

Nǐ bié zháojí, bú yào bǎ mén qiāo de nàme xiǎng.

조급해 하지 말고, 문을 그렇게 시끄럽게 두드리지 마세요.

敲 qiāo 동 두드리다 **响** xiǎng 형 시끄럽다, 우렁차다

시험에 이렇게 나온다!

듣기 독해 **着急**는 부사 **别**(bié, ~하지 마세요)와 함께 **别着急**(bié zháojí, 조급해 하지 마세요) 라는 표현으로 자주 출제된다.

17 **完全** ★★★ wánquán

❹ 부 **완전히** 형 **완전하다**

我完全不能理解你的看法。

Wǒ wánquán bù néng lǐjiě nǐ de kànfǎ.

나는 당신의 견해를 완전히 이해할 수 없습니다.

理解 lǐjiě 동 이해하다 **看法** kànfǎ 명 견해

18 **粗心** ★★

cūxīn

급수

4 형 **소홀하다, 세심하지 못하다**

술어

经历了几次失败以后，我妹妹不再那样粗心了。

Jīnglìle jǐ cì shībài yǐhòu, wǒ mèimei bú zài nàyàng cūxīn le.

몇 번의 실패를 경험한 후, 나의 여동생은 다시는 그렇게 소홀하지 않는다.

经历 jīnglì 동 경험하다 **失败** shībài 동 실패하다

시험에 이렇게 나온다!

작문 노하우 쓰기 제2부분에서 제시어 **粗心**과 함께 한 사람이 다른 사람에게 지적하는 듯한 사진이 자주 출제된다. 이때 **你怎么这么粗心，好好儿想想** + A + **放在哪儿了**(너는 어쩌면 이렇게 세심하지 못하니, A을/를 어디다 뒀는지 잘 생각해봐)라는 문장으로 쉽게 작문할 수 있다.

你怎么这么粗心，好好儿想想钥匙/卡/钱/手机放在哪儿了。

너는 어쩌면 이렇게 세심하지 못하니, 열쇠/카드/돈/핸드폰을/를 어디다 뒀는지 잘 생각해봐.

19 **马虎** ★★

mǎhu

4 형 **소홀하다, 부주의하다, 건성으로 하다**

安全问题千万不能马虎，小心一点！

Ānquán wèntí qiānwàn bù néng mǎhu, xiǎoxīn yìdiǎn!

안전 문제는 절대로 소홀하면 안 돼요. 조심하세요!

安全 ānquán 형 안전하다 **千万** qiānwàn 부 절대로, 반드시

小心 xiǎoxīn 동 조심하다

시험에 이렇게 나온다!

어법 **马虎**는 형용사이지만, 조동사 **不能**(bù néng, ~해서는 안 된다)과 함께 **不能马虎**(소홀해서는 안 된다)라는 표현으로 쓰일 수 있다.

20 **反对** ★★

fǎnduì

4 동 **반대하다**

所有的人反对我的意见，没有一个人支持我。

Suǒyǒu de rén fǎnduì wǒ de yìjiàn, méiyǒu yí ge rén zhīchí wǒ.

모든 사람이 내 의견에 반대한다. 한 사람도 나를 지지하지 않는다.

意见 yìjiàn 명 의견 **支持** zhīchí 동 지지하다

21 **放弃** ★★★
fàngqì

급수

4 동 **포기하다**

我们不能遇到一点儿困难就想放弃。 (술어)
Wǒmen bù néng yùdào yìdiǎnr kùnnan jiù xiǎng fàngqì.
우리는 약간의 어려움에 부딪쳤다고 해서 바로 포기하려 해서는 안 된다.

遇到 yùdào 동 부딪치다, 만나다 **困难** kùnnan 명 어려움

22 **麻烦** ★★★
máfan

4 형 **귀찮다, 번거롭다** 동 **번거롭게 하다, 폐를 끼치다** 명 **번거로운 일**

同事们把许多麻烦的事都推给我了。
Tóngshìmen bǎ xǔduō máfan de shì dōu tuī gěi wǒ le.
동료들은 많은 귀찮은 일을 모두 나에게 미뤘다.

许多 xǔduō 수 (매우) 많다 **推** tuī 동 미루다

시험에 이렇게 나온다!

쓰기 **麻烦**은 '번거로우시겠지만'이나는 의미로 문장 맨 앞에 올 수 있다. 따라서 쓰기 제1부분에서 **麻烦(你)**가 제시되어 있으면 문장 맨 앞에 배치할 수 있다.

23 **伤心** ★★
shāngxīn

4 형 **상심하다, 슬퍼하다**

你别再伤心了，我在你身边呢。
Nǐ bié zài shāngxīn le, wǒ zài nǐ shēnbiān ne.
더는 상심하지 마세요. 제가 당신 곁에 있잖아요.

身边 shēnbiān 명 곁, 몸

시험에 이렇게 나온다!

작문 노하우 쓰기 제2부분에서는 제시어 **伤心**과 함께 한 사람이 상심한 표정을 짓고 있는 사진이 자주 출제된다. 이때 A + **让我伤心**(A는 나를 상심하게 한다)과 같은 문장으로 쉽게 작문할 수 있다.

这个消息/这个结果/以前的事情+让我伤心。
이 소식/이 결과/이전의 일은 나를 상심하게 한다.

24 **错误** ★★★

cuòwù

4 (급수) 명 실수, 잘못 형 틀리다, 잘못되다

他的文章仔细一看，就有很多错误。(술어)

Tā de wénzhāng zǐxì yí kàn, jiù yǒu hěn duō cuòwù.

그의 글은 자세히 보면, 많은 실수가 있다.

他的想法有正确的，也有错误的。

Tā de xiǎngfǎ yǒu zhèngquè de, yě yǒu cuòwù de.

그의 견해는 옳은 것도 있고, 틀린 것도 있다.

文章 wénzhāng 명 글 **仔细** zǐxì 형 자세하다 **想法** xiǎngfǎ 명 견해
正确 zhèngquè 형 옳다, 정확하다

25 **后悔** ★★

hòuhuǐ

4 동 후회하다, 뉘우치다

我十分后悔对小新发了脾气。

Wǒ shífēn hòuhuǐ duì Xiǎo Xīn fāle píqi.

나는 샤오신에게 화를 낸 것을 매우 후회한다.

十分 shífēn 부 매우 **发脾气** fā píqi 화를 내다, 성질을 부리다

26 **脾气**

píqi

4 명 성질, 성격, 기질

小李性格很好，但有时候会发脾气。

Xiǎo Lǐ xìnggé hěn hǎo, dàn yǒushíhou huì fā píqi.

샤오리는 성격은 좋지만, 가끔 성질을 부린다.

性格 xìnggé 명 성격 **有时候** yǒushíhou 부 가끔

시험에 이렇게 나온다!

싹쓸 표현 **脾气**를 활용한 다양한 싹쓸 표현을 함께 알아 둔다.

发脾气 fā píqi 성질을 부리다, 화를 내다
脾气好 píqi hǎo 성격이 좋다

27 **受不了**

shòubuliǎo

4 동 견딜 수 없다

这夏天热得真让人受不了。

Zhè xiàtiān rè de zhēn ràng rén shòubuliǎo.

이번 여름은 사람이 정말 견딜 수 없을 정도로 덥다.

真 zhēn 부 정말

급수

28 **烦恼**
fánnǎo

4 [형] **걱정스럽다, 괴롭다**

술어

现在人们生活中的烦恼比以前多了。
Xiànzài rénmen shēnghuó zhōng de fánnǎo bǐ yǐqián duō le.
현재 사람들의 생활 속의 걱정이 예전보다 많아졌다.

生活 shēnghuó [명] 생활 **以前** yǐqián [명] 예전

시험에 이렇게 나온다!

[짝꿍표현] **烦恼**는 형용사이지만 '……**的** + **烦恼**(~의 걱정)'와 같이 명사로도 자주 쓰인다.

生活中的烦恼 shēnghuó zhōng de fánnǎo 생활 속의 걱정
小时候的幸福与烦恼 xiǎoshíhou de xìngfú yǔ fánnǎo
어린 시절의 행복과 걱정

29 **失败**
shībài

4 [동] **실패하다, 패배하다**

有的人往往在失败中看到成功的机会。
Yǒu de rén wǎngwǎng zài shībài zhōng kàndào chénggōng de jīhuì.
어떤 사람은 종종 실패 중에서 성공의 기회를 본다.

往往 wǎngwǎng [부] 종종 **成功** chénggōng [형] 성공적이다
机会 jīhuì [명] 기회

시험에 이렇게 나온다!

[짝꿍표현] **失败**은 동사이지만 명사로도 자주 쓰인다.

经历失败 jīnglì shībài 실패를 경험하다
失败是成功之母 shībài shì chénggōng zhī mǔ
실패는 성공의 어머니이다

30 **失望**
shīwàng

4 [동] **실망하다** [형] **실망스럽다**

不要感到失望，你已经付出了最大的努力。
Bú yào gǎndào shīwàng. nǐ yǐjīng fùchūle zuì dà de nǔlì.
실망하지 마세요. 당신은 이미 최대의 노력을 들였어요.

付出 fùchū [동] 들이다, 지급하다 **努力** nǔlì [동] 노력하다

31 **故意**
gùyì

급수 ④ 부 **일부러, 고의로** 명 **고의**

张丽故意把我的眼镜弄坏了。 (술어: 弄坏)
Zhāng Lì gùyì bǎ wǒ de yǎnjìng nònghuài le.
장리는 내 안경을 일부러 망가뜨렸다.

眼镜 yǎnjìng 명 안경 **弄坏** nòng huài 망가뜨리다

32 **抱歉** ★★
bàoqiàn

④ 형 **미안해하다, 미안하게 생각하다**

实在很抱歉，我以为你会理解这件事情。
Shízài hěn bàoqiàn, wǒ yǐwéi nǐ huì lǐjiě zhè jiàn shìqing.
정말 미안해, 나는 네가 이 일을 이해해줄 거라고 생각했어.

实在 shízài 부 정말, 확실히 **以为** yǐwéi 동 생각하다, 여기다

33 **原谅**
yuánliàng

④ 동 **용서하다, 양해하다**

小关希望获得朋友的原谅。
Xiǎo Guān xīwàng huòdé péngyou de yuánliàng.
샤오관은 친구의 용서를 얻기를 바란다.

希望 xīwàng 동 바라다 **获得** huòdé 동 얻다

시험에 이렇게 나온다!

쓰기 **原谅**은 동사 **获得**(얻다)와 함께 **获得** + …… + **的** + **原谅**(~의 용서를 얻다) 형태로 자주 출제된다. 이때 **原谅**은 명사로도 쓰인다.
获得大家的原谅 huòdé dàjiā de yuánliàng 모두의 용서를 얻다

34 **可惜**
kěxī

④ 형 **아쉽다, 아깝다**

和第一名只差30秒，真是太可惜了！
Hé dìyī míng zhǐ chà sānshí miǎo, zhēnshi tài kěxī le!
1등과 30초밖에 차이가 나지 않아, 정말 너무 아쉬워!

差 chà 동 차이 나다, 모자라다 **秒** miǎo 양 초 **真是** zhēnshi 부 정말

급수

35 可怜
kělián

4 형 불쌍하다, 가련하다

술어

他其实是非常可怜的人，我们帮帮他吧。
Tā qíshí shì fēicháng kělián de rén, wǒmen bāngbang tā ba.
그는 사실 매우 불쌍한 사람이야. 우리 그를 도와주자.

其实 qíshí 부 사실, 실은

36 同情
tóngqíng

4 동 동정하다

我对这件事表示同情。
Wǒ duì zhè jiàn shì biǎoshì tóngqíng.
저는 이 일에 대해 동정을 표합니다.

表示 biǎoshì 동 표하다, 나타내다

37 穷
qióng

4 형 가난하다, 빈곤하다

我奶奶小时候比较穷，没有钱去上学。
Wǒ nǎinai xiǎoshíhou bǐjiào qióng, méiyǒu qián qù shàngxué.
우리 할머니는 어렸을 때 비교적 가난해서, 학교에 다닐 돈이 없었다.

小时候 xiǎoshíhou 명 어렸을 때 比较 bǐjiào 부 비교적
上学 shàngxué 동 학교에 다니다

38 只好
zhǐhǎo

4 부 어쩔 수 없이, 부득이

父母都反对我的意见，我只好放弃了。
Fùmǔ dōu fǎnduì wǒ de yìjiàn, wǒ zhǐhǎo fàngqì le.
부모님이 모두 나의 의견에 반대해서, 나는 어쩔 수 없이 포기했다.

父母 fùmǔ 명 부모님

급수

39 **死**

sǐ

4 동 **죽다**

술어

最近我特别忙，都快累死我了。

Zuìjìn wǒ tèbié máng, dōu kuài lèi sǐ wǒ le.

최근에 나는 특히나 바빠서, 힘들어 죽을 지경이다.

시험에 이렇게 나온다!

짝꿍 표현 동사 **死**는 **了**(le)와 함께 술어 뒤에서 **~死了**(~해 죽겠다)라는 의미의 정도 보어로 자주 출제된다.

累死了 lèi sǐ le 피곤해 죽겠다

饿死了 è sǐ le 배고파 죽겠다

热死了 rè sǐ le 더워 죽겠다

冷死了 lěng sǐ le 추워 죽겠다

40 **讨厌**

tǎoyàn

4 동 **싫어하다, 미워하다** 형 **싫다, 성가시다**

我很讨厌他，所以他的话我一句都不相信。

Wǒ hěn tǎoyàn tā, suǒyǐ tā de huà wǒ yí jù dōu bù xiāngxìn.

나는 그를 매우 싫어해서, 그의 말은 한 마디도 믿지 않는다.

句 jù 양 마디

연습문제 **체크체크!**

단어의 뜻을 오른쪽 보기에서 찾아 연결하세요.

01 害怕

02 多

03 非常

04 后悔

05 粗心

ⓐ 아쉽다, 아깝다

ⓑ 두려워하다, 무서워하다

ⓒ 후회하다, 뉘우치다

ⓓ 소홀하다, 세심하지 못하다

ⓔ 아주, 매우, 대단히

ⓕ 많다, 얼마나(정도, 수량을 물음), 남짓, 여

문장을 읽고 빈칸에 들어 갈 단어를 찾아 적어보세요.

ⓐ 脾气　ⓑ 麻烦　ⓒ 完全　ⓓ 放弃　ⓔ 担心

06 你这样发__________并不能解决问题。

07 我们不应该__________这次机会。

08 最近我需要解决很多__________的事。

09 我__________不知道该怎么做才好。

10 我很__________不能参加这次比赛。

정답 : 01 ⓑ 02 ⓕ 03 ⓔ 04 ⓒ 05 ⓓ 06 ⓐ 07 ⓓ 08 ⓑ 09 ⓒ 10 ⓔ

* 06~10번 문제 해석과 추가 <Day별 단어 퀴즈 PDF>를 해커스중국어(china.Hackers.com)에서 다운로드 받으세요.

품사별로 헤쳐 모여!

앞에서 외운 단어들을 품사별로 다시 한 번 확인합니다.

☑ 잘 외워지지 않은 단어는 □에 체크해 두고 다음에 반복 암기합니다.

명사

□□□	事情 2급	shìqing	명 일, 사건
□□□	错误 4급	cuòwù	명 실수, 잘못 형 틀리다, 잘못되다
□□□	脾气 4급	píqi	명 성질, 성격, 기질

동사

□□□	担心 3급	dānxīn	동 걱정하다, 염려하다
□□□	害怕 3급	hàipà	동 무서워하다, 두려워하다
□□□	哭 3급	kū	동 울다
□□□	生气 3급	shēngqì	동 화나다, 화내다
□□□	反对 4급	fǎnduì	동 반대하다
□□□	放弃 4급	fàngqì	동 포기하다
□□□	后悔 4급	hòuhuǐ	동 후회하다, 뉘우치다
□□□	受不了 4급	shòubuliǎo	동 견딜 수 없다
□□□	失败 4급	shībài	동 실패하다, 패배하다
□□□	失望 4급	shīwàng	동 실망하다 형 실망스럽다
□□□	原谅 4급	yuánliàng	동 용서하다, 양해하다
□□□	同情 4급	tóngqíng	동 동정하다
□□□	死 4급	sǐ	동 죽다
□□□	讨厌 4급	tǎoyàn	동 싫어하다, 미워하다 형 싫다, 성가시다

형용사

□□□	多 1급	duō	형 많다 대 얼마나(정도, 수량을 물음) 수 남짓, 여
□□□	少 1급	shǎo	형 (수량이) 적다 동 모자라다, 없다
□□□	难过 3급	nánguò	형 슬프다, 괴롭다, 힘들게 보내다

□□□	着急 3급	zháojí	형 조급하다, 초조하다
□□□	粗心 4급	cūxīn	형 소홀하다, 세심하지 못하다
□□□	马虎 4급	mǎhu	형 소홀하다, 부주의하다, 건성으로 하다
□□□	麻烦 4급	máfan	형 귀찮다, 번거롭다 동 번거롭게 하다, 폐를 끼치다 명 번거로운 일
□□□	伤心 4급	shāngxīn	형 상심하다, 슬퍼하다
□□□	烦恼 4급	fánnǎo	형 걱정스럽다, 괴롭다
□□□	抱歉 4급	bàoqiàn	형 미안해하다, 미안하게 생각하다
□□□	可惜 4급	kěxī	형 아쉽다, 아깝다
□□□	可怜 4급	kělián	형 불쌍하다, 가련하다
□□□	穷 4급	qióng	형 가난하다, 빈곤하다

부사

□□□	不 1급	bù	부 [동사·형용사·부사 앞에서 부정을 나타냄]
□□□	太 1급	tài	부 너무, 매우, 아주
□□□	都 1급	dōu	부 모두, 다
□□□	非常 2급	fēicháng	부 아주, 매우, 대단히
□□□	完全 4급	wánquán	부 완전히 형 완전하다
□□□	故意 4급	gùyì	부 일부러, 고의로 명 고의
□□□	只好 4급	zhǐhǎo	부 어쩔 수 없이, 부득이

접속사

□□□	因为…… 所以…… 2급	yīnwèi…… suǒyǐ……	접 ~하기 때문에, 그래서 ~하다

대사

□□□	为什么 2급	wèishénme	대 왜, 어째서

조사

□□□	着 2급	zhe	조 ~하고 있다, ~한 채로 있다

DAY

12

해커스 HSK1-4급 단어장

처음 뵙겠습니다

인물 소개

주제를 알면 HSK가 보인다!

HSK 4급에서는 특정 인물의 이름, 나이, 성격, 모습을 설명하는 인물 소개와 관련된 문제가 자주 출제돼요. 따라서 '적극적이다', '꼼꼼하다', '인상', '성격', '활발하다', '장점'처럼 인물의 특징이나 성격을 나타내는 단어를 익혀두면 이러한 문제를 쉽게 풀 수 있어요.

단어, 예문 MP3

너와 나의 연결고리

인사해. 이쪽은 우리 팀 동료야.
안녕하세요~
항상 积极하게 하시고, 일도 아주 仔细하게 하시지.
안녕하세요~ 印象이 참 좋으시네요~
하하 감사합니다~
性格가 참 좋으시네요. 저도 그렇다는 소리 많이 듣거든요 하하
네... 감사합니다. 미소씨도 참 活泼하시네요!
오호호호 감사합니다~ 퇴근하시고 주로 뭐하세요?
저는 매일 헬스장 가서 운동합니다.
어머~ 저랑 어쩜 똑같네요~ 정말 优点이 많으시네요~
떠리리링—♪
어~자기야~
아, 죄송하지만 잠시만 전화 좀 받고 오겠습니다.
스윽-
네에~

21 **积极** jījí 형 적극적이다, 긍정적이다

27 **印象** yìnxiàng 명 인상

22 **活泼** huópō 형 활발하다, 활달하다

29 **仔细** zǐxì 형 꼼꼼하다, 세심하다

32 **性格** xìnggé 명 성격

34 **优点** yōudiǎn 명 장점

급수

01 **叫** jiào

❶ 동 **~이라고 하다, 부르다**

술어

不好意思，这里没有叫小海的人。

Bùhǎoyìsi, zhèli méiyǒu jiào Xiǎo Hǎi de rén.

죄송합니다. 이곳에는 샤오하이라는 사람이 없습니다.

不好意思 bùhǎoyìsi 죄송합니다

02 **介绍** jièshào

❷ 동 **소개하다**

大家好，我来自我介绍一下。

Dàjiā hǎo, wǒ lái zìwǒ jièshào yíxià.

안녕하세요. 자기소개를 하겠습니다.

自我介绍 zìwǒ jièshào 자기소개하다

03 **名字** míngzi

❶ 명 **이름**

很多父母都会认真地考虑孩子的名字。

Hěn duō fùmǔ dōu huì rènzhēn de kǎolǜ háizi de míngzi.

많은 부모는 아이의 이름을 지을 때 진지하게 고민한다.

认真 rènzhēn 형 진지하다 **考虑** kǎolǜ 동 고민하다, 고려하다

시험에 이렇게 나온다!

짝꿍 표현 **名字**를 활용한 다양한 짝꿍 표현을 알아 둔다.

填名字 tián míngzi 이름을 기입하다

起名字 qǐ míngzi 이름을 짓다

04 **谁** shéi

❶ 대 **누구**

跟小王聊天儿的那个男人是谁？

Gēn Xiǎo Wáng liáotiānr de nà ge nánrén shì shéi?

샤오왕과 이야기하고 있는 저 남자는 누구인가요?

聊天儿 liáotiānr 동 이야기하다

★★★ = 출제율 최상 ★★ = 출제율 상

05 大
dà

급수

❶ 형 (나이, 수량이) 많다, 크다, 넓다

술어

她虽然年龄不大，却有丰富的工作经验。

Tā suīrán niánlíng bú dà, què yǒu fēngfù de gōngzuò jīngyàn.

그녀는 비록 나이가 많지 않지만, 풍부한 업무 경험을 가지고 있다.

年龄 niánlíng 명 나이 **却** què 부 ~지만 **丰富** fēngfù 형 풍부하다
工作经验 gōngzuò jīngyàn 업무 경험

06 小
xiǎo

❶ 형 작다, (나이, 수량이) 적다

他在小城市长大，所以毕业后想在大城市找工作。

Tā zài xiǎo chéngshì zhǎng dà, suǒyǐ bìyè hòu xiǎng zài dà chéngshì zhǎo gōngzuò.

그는 작은 도시에서 자라서, 졸업한 후에 대도시에서 직업을 찾고 싶어한다.

城市 chéngshì 명 도시 **长大** zhǎng dà 자라다, 성장하다
毕业 bìyè 동 졸업하다

07 比
bǐ

❷ 개 ~보다, ~에 비해

王老师看上去比实际年龄小很多。

Wáng lǎoshī kànshàngqu bǐ shíjì niánlíng xiǎo hěn duō.

왕 선생님은 실제 나이보다 많이 어려 보인다.

看上去 kànshàngqu 보기에 **实际** shíjì 형 실제의

시험에 이렇게 나온다!

어법 **比**자문은 '주어 + **比** + 비교대상 + (부사어 +)술어(+ 보어)'의 어순을 가지며, '(주어)가 (비교대상)보다 (술어)하다'라는 의미로 해석된다.

我的收入比去年增加了一倍。
Wǒ de shōurù bǐ qùnián zēngjiāle yí bèi.
나의 수입은 작년보다 1배 증가했다.

比를 사용하지 않는 비교문인 '주어 + **有/没有** + 비교대상 + 술어(~만큼 ~하다/하지 않다)'의 형태도 자주 출제된다.

他没有他爸爸高。 Tā méiyǒu tā bàba gāo.
그는 그의 아빠만큼 크지 않다.

급수

08 **漂亮**
piàoliang

❶ 형 **예쁘다, 아름답다**

술어

小新今天有个约会，打扮得很漂亮。
Xiǎo Xīn jīntiān yǒu ge yuēhuì, dǎban de hěn piàoliang.
샤오신은 오늘 약속이 있어서, 예쁘게 꾸몄다.

约会 yuēhuì 명 약속 **打扮** dǎban 동 꾸미다

09 **认识**
rènshi

❶ 동 **알다, 인식하다** 명 **인식**

我和男朋友是一个朋友介绍认识的。
Wǒ hé nán péngyou shì yí ge péngyou jièshào rènshi de.
나와 남자 친구는 한 친구의 소개로 알게 되었다.

男朋友 nán péngyou 남자 친구

10 **姓**
xìng

❷ 동 **성이 ~이다** 명 **성, 성씨**

我姓张，叫张强，您贵姓？
Wǒ xìng Zhāng, jiào Zhāng Qiáng, nín guì xìng?
저의 성은 장이고, 장챵이라고 합니다. 당신은 성이 무엇인가요?

贵姓 guì xìng 명 [높임말] 성, 성함 [다른 사람에게 성씨를 물을 때 쓰임]

시험에 이렇게 나온다!

짝꿍 표현 **姓**을 활용한 다양한 짝꿍 표현을 알아 둔다.
姓名 xìngmíng 성명, 이름
姓氏 xìngshì 성씨

11 **大家**
dàjiā

❷ 대 **여러분, 모든 사람**

观众朋友们，今天我们节目为大家请来了一位音乐界的大师。
Guānzhòng péngyoumen, jīntiān wǒmen jiémù wèi dàjiā qǐng láile yí wèi yīnyuè jiè de dàshī.
관중 여러분, 오늘 여러분을 위해 저희 프로그램에서는 음악계의 대가를 모셨습니다.

观众 guānzhòng 명 관중 **节目** jiémù 명 프로그램
音乐界 yīnyuè jiè 명 음악계 **大师** dàshī 명 대가

12 **欢迎** ★★★

huānyíng

급수

❸ 동 **환영하다**

술어

欢迎大家带家人参加年会。

Huānyíng dàjiā dài jiārén cānjiā niánhuì.

모두들 가족과 함께 송년회에 참가하신 것을 환영합니다.

年会 niánhuì 명 송년회

시험에 이렇게 나온다!

짝꿍 표현 **欢迎**은 동사 **受**(shòu, 받다)와 함께 **受欢迎**(환영을 받다, 인기가 있다)이라는 표현으로 자주 출제된다. 이때 **欢迎**은 명사로 쓰인다.

这部电影最近很受欢迎。

Zhè bù diànyǐng zuìjìn hěn shòu huānyíng.

이 영화는 최근에 매우 환영을 받는다.

13 **个子**

gèzi

❸ 명 **(사람의) 키, 체격**

别看小刘个子那么高，可实际上他还是个孩子。

Bié kàn Xiǎo Liú gèzi nàme gāo, kě shíjìshang tā háishi ge háizi.

샤오리우는 키가 저렇게나 크지만, 사실 그는 아직 어린아이이다.

别看 bié kàn 접 ~지만, ~이긴 하지만 **实际上** shíjìshang 부 사실, 실제로는
孩子 háizi 명 어린 아이

14 **矮**

ǎi

❸ 형 **(키가) 작다, (높이가) 낮다**

我比妹妹稍微矮一点儿。

Wǒ bǐ mèimei shāowēi ǎi yìdiǎnr.

나는 내 여동생보다 키가 약간 작다.

比 bǐ 개 ~보다 **稍微** shāowēi 부 약간, 조금

15 **胖**

pàng

❸ 형 **뚱뚱하다**

春节的时候我吃得太多了，变得有点儿胖了。

Chūnjié de shíhou wǒ chī de tài duō le, biàn de yǒudiǎnr pàng le.

나는 춘절 때 너무 많이 먹어서, 조금 뚱뚱해졌다.

春节 Chūnjié 고유 춘절

급수

16 聪明

cōngming

3 형 **똑똑하다, 총명하다**

술어

这位商家非常聪明，他知道怎么能赚钱。

Zhè wèi shāngjiā fēicháng cōngming, tā zhīdào zěnme néng zhuànqián.

이 상인은 매우 똑똑해서, 그는 어떻게 돈을 벌 수 있는지 알고 있다.

商家 shāngjiā 명 상인 **赚钱** zhuànqián 동 돈을 벌다

17 年轻

niánqīng

3 형 **젊다, 어리다**

我父亲看起来特别年轻。

Wǒ fùqīn kànqǐlai tèbié niánqīng.

우리 아버지는 아주 젊어 보인다.

父亲 fùqīn 명 아버지 **看起来** kànqǐlai 동 보기에, 보아하니

시험에 이렇게 나온다!

짝꿍 표현 **年轻**을 활용한 다양한 짝꿍 표현을 함께 알아 둔다.

年轻人 niánqīngrén 젊은이

看起来很年轻 kànqǐlai hěn niánqīng 젊어 보인다

18 声音

shēngyīn

3 명 **목소리, 소리**

她说话的时候声音太小，我们都听不清楚。

Tā shuōhuà de shíhou shēngyīn tài xiǎo, wǒmen dōu tīng bu qīngchu.

그녀는 말할 때 목소리가 너무 작아서, 우리는 모두 명확하게 듣지 못했다.

说话 shuōhuà 동 말하다 **清楚** qīngchu 형 명확하다, 분명하다

급수

19 相信 ★★

xiāngxìn

❸ 동 믿다, 신뢰하다

술어

老李从来不说谎，他是一个值得相信的人。

Lǎo lǐ cónglái bù shuōhuǎng, tā shì yí ge zhídé xiāngxìn de rén.

라오리는 여태껏 거짓말을 한 적이 없다. 그는 믿을 만한 사람이다.

从来 cónglái 부 여태껏 **说谎** shuōhuǎng 동 거짓말을 하다
值得 zhídé 동 ~할 만 하다

시험에 이렇게 나온다!

짝꿍표현 **相信**을 활용한 다양한 짝꿍 표현을 함께 알아 둔다.

值得相信 zhídé xiāngxìn 믿을 만하다
相信自己 xiāngxìn zìjǐ 자신을 믿다

20 帅

shuài

❹ 형 멋지다, 잘생기다

我们班的男同学都挺帅的。

Wǒmen bān de nán tóngxué dōu tǐng shuài de.

우리 반 남학생들은 모두 매우 멋지다.

班 bān 명 반 **挺** tǐng 부 매우, 꽤

21 积极 ★★★

jījí

❹ 형 적극적이다, 긍정적이다

你怎么每次都能这么积极地解决问题呢?

Nǐ zěnme měi cì dōu néng zhème jījí de jiějué wèntí ne?

너는 어떻게 매번 이렇게 적극적으로 문제를 해결할 수 있는 것이니?

解决 jiějué 동 해결하다

시험에 이렇게 나온다!

어법 **积极**는 부사어 또는 관형어로 자주 사용되며, 구조조사 **地** 없이 동사를 꾸미거나 구조조사 **的** 없이 명사를 꾸밀 수 있다.

积极地做事 jījí de zuòshì 적극적으로 일하다
积极问问题 jījí wèn wèntí 적극적으로 질문하다
积极的态度 jījí de tàidu 적극적인 태도
积极作用 jījí zuòyòng 긍정적인 효과

22 活泼 ★★
huópō

급수

4 [형] **활발하다, 활달하다**

小西平时是个安静的人，然而在她的朋友面前十分活泼。

술어

Xiǎo Xī píngshí shì ge ānjìng de rén, rán'ér zài tā de péngyou miànqián shífēn huópō.

샤오시는 평소에 조용한 사람이다. 그렇지만 친구들 앞에서는 매우 활발하다.

安静 ānjìng [형] 조용하다　**然而** rán'ér [접] 그렇지만
面前 miànqián [명] 앞, 면전　**十分** shífēn [부] 매우

23 好像
hǎoxiàng

4 [부] **마치**

她好像和李老师很熟。

Tā hǎoxiàng hé Lǐ lǎoshī hěn shú.

그녀는 마치 이 선생님과 잘 아는 것 같다.

熟 shú [형] 잘 알다, 익숙하다

24 任何
rènhé

4 [대] **어떠한, 무슨**

这对他来说是很重要的事，他从来没跟任何一个人提起过。

Zhè duì tā lái shuō shì hěn zhòngyào de shì, tā cónglái méi gēn rènhé yí ge rén tíqǐguo.

이것은 그에게 중요한 일이어서, 그는 여태껏 어떤 사람에게도 말한 적이 없다.

重要 zhòngyào [형] 중요하다　**提起** tíqǐ [동] 말하다, 언급하다

시험에 이렇게 나온다!

[짝꿍표현] 자주 쓰이는 '**任何** + 명사' 표현들을 알아 둔다.

任何人 rènhé rén 어떤 사람
任何地方 rènhé dìfang 어떤 곳
任何错误 rènhé cuòwù 어떤 잘못
任何好处 rènhé hǎochù 어떤 좋은 점

25 **区别** ★★★

qūbié

4 [명] **차이, 구별** [동] **구별하다**

(급수) (술어)

她们姐妹长得很像，看起来没有区别。

Tāmen jiěmèi zhǎng de hěn xiàng, kànqǐlai méiyǒu qūbié.

자매는 매우 비슷하게 생겨서, 차이가 없어 보인다.

姐妹 jiěmèi [명] 자매 **长** zhǎng [동] 생기다 **像** xiàng [동] 비슷하다, 닮다

26 **稍微**

shāowēi

4 [부] **약간, 조금**

弟弟的皮肤比我稍微白一些。

Dìdi de pífū bǐ wǒ shāowēi bái yìxiē.

남동생의 피부는 나보다 약간 더 하얗다.

皮肤 pífū [명] 피부

시험에 이렇게 나온다!

[짝꿍 표현] **稍微**를 활용한 다양한 짝꿍 표현을 함께 알아 둔다.

稍微 + 형용사 + **一些** yìxiē 약간 더 ~하다

稍微 + 형용사 + **一点儿** yìdiǎnr 약간 더 ~하다

27 **印象** ★★

yìnxiàng

4 [명] **인상**

小丽每次与人见面的时候都准时到，所以给人留下非常好的印象。

Xiǎo Lì měi cì yǔ rén jiànmiàn de shíhou dōu zhǔnshí dào, suǒyǐ gěi rén liú xià fēicháng hǎo de yìnxiàng.

샤오리는 매번 사람과 만날 때 전부 제때에 도착해서, 사람에게 아주 좋은 인상을 남긴다.

准时 zhǔnshí [형] 제때에

28 **幽默**

yōumò

4 [형] **유머러스하다, 익살스럽다**

张丽不但很聪明，而且幽默有趣。

Zhāng Lì búdàn hěn cōngming, érqiě yōumò yǒuqù.

장리는 똑똑할 뿐만 아니라, 게다가 유머러스하고 재미있다.

不但 búdàn [접] ~뿐만 아니라 **而且** érqiě [접] 게다가

有趣 yǒuqù [형] 재미있다

29 **仔细** ★★

zǐxì

급수

4 형 **꼼꼼하다, 세심하다**

老强检查得非常仔细，连这么小的错误他都能发现。

술어

Lǎo Qiáng jiǎnchá de fēicháng zǐxì, lián zhème xiǎo de cuòwù tā dōu néng fāxiàn.

라오챵은 매우 꼼꼼하게 검토해서, 이렇게 작은 실수조차도 그는 발견할 수 있다.

检查 jiǎnchá 동 검토하다, 검사하다 **连……都** lián……dōu ~조차도 ~하다
错误 cuòwù 명 실수 **发现** fāxiàn 동 발견하다, 알아차리다

시험에 이렇게 나온다!

어법 **仔细**는 형용사이지만 '**仔细** + 동사(자세히 ~하다)' 형태로 동사를 꾸미는 부사어가 될 수 있다.

仔细检查 zǐxì jiǎnchá 꼼꼼하게 검사하다
仔细阅读 zǐxì yuèdú 꼼꼼하게 읽다
仔细看看 zǐxì kànkan 자세히 보다

30 **自信**

zìxìn

4 명 **자신, 자신감** 형 **자신감 있다**

他在会议上自信满满地说了自己的看法。

Tā zài huìyì shang zìxìn mǎnmǎn de shuōle zìjǐ de kànfǎ.

그는 회의에서 자기의 의견을 자신만만하게 말했다.

会议 huìyì 명 회의 **自己** zìjǐ 대 자기, 스스로 **看法** kànfǎ 명 의견

31 **友好**

yǒuhǎo

4 형 **우호적이다**

老师对我们十分友好，我们很喜欢他。

Lǎoshī duì wǒmen shífēn yǒuhǎo, wǒmen hěn xǐhuan tā.

선생님은 우리에게 매우 우호적이어서, 우리는 그를 매우 좋아한다.

喜欢 xǐhuan 동 좋아하다

급수

32 **性格** ★★
xìnggé

4 명 **성격**

这兄弟俩的外貌很像，但性格完全不一样。
술어

Zhè xiōngdì liǎ de wàimào hěn xiàng, dàn xìnggé wánquán bù yíyàng.

이 형제 둘의 외모는 매우 닮았다. 하지만 성격은 완전히 다르다.

兄弟 xiōngdì 명 형제 **俩** liǎ 수 둘, 두 사람 **外貌** wàimào 명 외모
完全 wánquán 부 완전히

시험에 이렇게 나온다!

짝꿍표현 **性格**는 주로 성격을 묘사하는 표현과 함께 출제된다. 자주 쓰이는 '**性格** + 성격 표현'들을 알아 둔다.

性格活泼 xìnggé huópō 성격이 활발하다
性格很急 xìnggé hěn jí 성격이 급하다
性格不同 xìnggé bùtóng 성격이 다르다
性格相反 xìnggé xiāngfǎn 성격이 상반되다

33 **性别**
xìngbié

4 명 **성별**

文文和她的好朋友虽然性别不同，但他们的性格比较像。

Wén Wén hé tā de hǎo péngyou suīrán xìngbié bùtóng, dàn tāmen de xìnggé bǐjiào xiàng.

원원과 그녀의 단짝 친구는 비록 성별은 다르지만, 그들의 성격은 비교적 비슷하다.

不同 bùtóng 형 다르다

34 **优点** ★★
yōudiǎn

4 명 **장점**

老刘最大的优点就是每次讨论的时候，都提出好主意。

Lǎo Liú zuìdà de yōudiǎn jiùshì měi cì tǎolùn de shíhou, dōu tíchū hǎo zhǔyi.

라오리우의 가장 큰 장점은 매번 토론할 때마다 좋은 아이디어를 내는 것이다.

讨论 tǎolùn 동 토론하다 **提出** tíchū 동 내다, 제의하다
主意 zhǔyi 명 아이디어

35 骄傲
jiāo'ào

급수

4 형 **거만하다, 오만하다, 자랑스럽다**

술어

儿子，别受到表扬就骄傲，也别受到批评就没了自信。

Érzi, bié shòudào biǎoyáng jiù jiāo'ào, yě bié shòudào pīpíng jiù méile zìxìn.

아들아, 칭찬 받았다고 거만해지지 말고, 비판 받았다고 자신감 없어지지 도 말아라.

受到 shòudào 동 받다 **表扬** biǎoyáng 동 칭찬하다
批评 pīpíng 동 비판하다

36 礼貌
lǐmào

4 명 **예의** 형 **예의 바르다**

我女儿不仅有责任心，还懂得礼貌。

Wǒ nǚ'ér bùjǐn yǒu zérèn xīn, hái dǒngde lǐmào.

나의 딸은 책임감이 있을 뿐만 아니라, 게다가 예의를 안다.

不仅 bùjǐn 접 ~뿐만 아니라 **责任** zérèn 명 책임
懂得 dǒngde 동 알다, 이해하다

시험에 이렇게 나온다!

짝꿍 표현 **礼貌**를 활용한 다양한 짝꿍 표현을 알아 둔다.

懂得礼貌 dǒngde lǐmào 예의를 안다
有礼貌 yǒu lǐmào 예의가 있다
不礼貌 bù lǐmào 예의 바르지 않다

37 冷静
lěngjìng

4 형 **침착하다, 냉정하다**

我觉得李律师最大的优点是不管遇到什么事都很冷静。

Wǒ juéde Lǐ lǜshī zuìdà de yōudiǎn shì bùguǎn yùdào shénme shì dōu hěn lěngjìng.

내 생각에 리 변호사의 가장 큰 장점은 어떤 일을 마주치든 관계없이 침착하다는 것이다.

优点 yōudiǎn 명 장점 **不管** bùguǎn 접 ~에 관계없이
遇到 yùdào 동 마주치다, 만나다

38 害羞

hàixiū

급수

4 형 **부끄러워하다, 수줍어하다**

술어

她害羞地低下了头。

Tā hàixiū de dīxiale tóu.

그녀는 부끄러워하며 고개를 숙였다.

低 dī 동 숙이다

39 笨

bèn

4 형 **멍청하다, 어리석다**

有的人以为小关很笨，实际上，他很聪明。

Yǒu de rén yǐwéi Xiǎo Guān hěn bèn, shíjìshang, tā hěn cōngming.

어떤 사람은 샤오관이 멍청하다고 생각하는데, 사실 그는 똑똑하다.

以为 yǐwéi 동 ~라고 생각하다, 여기다

40 诚实

chéngshí

4 형 **성실하다, 진실하다**

大家都认为她是个诚实的人。

Dàjiā dōu rènwéi tā shì ge chéngshí de rén.

모두들 그녀가 성실한 사람이라고 생각한다.

认为 rènwéi 동 생각하다

연습문제 **체크체크!**

단어의 뜻을 오른쪽 보기에서 찾아 연결하세요.

01 欢迎
02 认识
03 相信
04 积极
05 漂亮

ⓐ 예쁘다, 아름답다
ⓑ 침착하다, 냉정하다
ⓒ 환영하다
ⓓ 알다, 인식하다, 인식
ⓔ 믿다, 신뢰하다
ⓕ 적극적이다, 긍정적이다

문장을 읽고 빈칸에 들어 갈 단어를 찾아 적어보세요.

ⓐ 仔细　ⓑ 好像　ⓒ 区别　ⓓ 介绍　ⓔ 印象

06 她们姐妹俩看起来几乎没有什么________。
07 他________有点儿不开心。
08 第一次见面时，小丽给我留下了很好的________。
09 老师________地检查了我的作业。
10 大家好，我先给大家做一下自我________。

정답 : 01 ⓒ 02 ⓓ 03 ⓔ 04 ⓕ 05 ⓐ 06 ⓒ 07 ⓑ 08 ⓔ 09 ⓐ 10 ⓓ

* 06~10번 문제 해석과 추가 <Day별 단어 퀴즈 PDF>를 해커스중국어(china.Hackers.com)에서 다운로드 받으세요.

품사별로 헤쳐 모여!

앞에서 외운 단어들을 품사별로 다시 한 번 확인합니다.

☑ 잘 외워지지 않은 단어는 □에 체크해 두고 다음에 반복 암기합니다.

명사

□□□	名字 1급	míngzi	명 이름
□□□	个子 3급	gèzi	명 (사람의) 키, 체격
□□□	声音 3급	shēngyīn	명 목소리, 소리
□□□	区别 4급	qūbié	명 차이, 구별 동 구별하다
□□□	印象 4급	yìnxiàng	명 인상
□□□	自信 4급	zìxìn	명 자신, 자신감 형 자신감 있다
□□□	性格 4급	xìnggé	명 성격
□□□	性别 4급	xìngbié	명 성별
□□□	优点 4급	yōudiǎn	명 장점
□□□	礼貌 4급	lǐmào	명 예의 형 예의 바르다

동사

□□□	叫 1급	jiào	동 ~이라고 하다, 부르다
□□□	认识 1급	rènshi	동 알다, 인식하다 명 인식
□□□	介绍 2급	jièshào	동 소개하다
□□□	姓 2급	xìng	동 성이 ~이다 명 성, 성씨
□□□	欢迎 3급	huānyíng	동 환영하다
□□□	相信 3급	xiāngxìn	동 믿다, 신뢰하다

형용사

□□□	大 1급	dà	형 (나이, 수량이) 많다, 크다, 넓다
□□□	小 1급	xiǎo	형 작다, (나이, 수량이) 적다
□□□	漂亮 1급	piàoliang	형 예쁘다, 아름답다

□□□	矮 3급	ǎi	형 (키가) 작다, (높이가) 낮다
□□□	胖 3급	pàng	형 뚱뚱하다
□□□	聪明 3급	cōngming	형 똑똑하다, 총명하다
□□□	年轻 3급	niánqīng	형 젊다, 어리다
□□□	帅 4급	shuài	형 멋지다, 잘생기다
□□□	积极 4급	jījí	형 적극적이다, 긍정적이다
□□□	活泼 4급	huópō	형 활발하다, 활달하다
□□□	幽默 4급	yōumò	형 유머러스하다, 익살스럽다
□□□	仔细 4급	zǐxì	형 꼼꼼하다, 세심하다
□□□	友好 4급	yǒuhǎo	형 우호적이다
□□□	骄傲 4급	jiāo'ào	형 거만하다, 오만하다, 자랑스럽다
□□□	冷静 4급	lěngjìng	형 침착하다, 냉정하다
□□□	害羞 4급	hàixiū	형 부끄러워하다, 수줍어하다
□□□	笨 4급	bèn	형 멍청하다, 어리석다
□□□	诚实 4급	chéngshí	형 성실하다, 진실하다

부사

□□□	好像 4급	hǎoxiàng	부 마치
□□□	稍微 4급	shāowēi	부 약간, 조금

개사

□□□	比 2급	bǐ	개 ~보다, ~에 비해

대사

□□□	谁 1급	shéi	대 누구
□□□	大家 2급	dàjiā	대 여러분, 모든 사람
□□□	任何 4급	rènhé	대 어떠한, 무슨

DAY

13

해커스 HSK1-4급 단어장

북경이 베이징?!

중국 문화

주제를 알면 HSK가 보인다!

HSK 4급에서는 중국의 음식, 지역, 풍습, 전통 예술 등 중국 문화와 관련된 문제가 자주 출제돼요. 따라서 '문화', '경극', '쿵후', '만리장성' 등처럼 중국 문화와 관련된 단어를 익혀두면 이러한 문제를 쉽게 풀 수 있어요.

단어, 예문 MP3

중국 전문가는 나야 나!

00경극원 내한 공연
땡~
땡~
제가 평소에 중국 文化에 관심이 많아서 이런 京剧도 자주 보러 다닌답니다.
정말 멋지세요~ 저런 멋진 功夫 动作도 할 줄 아세요?
그럼요~ 长城에서 쿵푸 자세를 취한 사진도 있어요.
우와~ 甚至 베이징도 가보셨어요?
아뇨, 아뇨.
베이징은 못 가보고 북경만 가봤어요.
네???
척!
북경이 베이징인데...

[17] **文化** wénhuà 명 문화

[28] **功夫** gōngfu 명 쿵후, 중국 무술

[20] **长城** Chángchéng 고유 만리장성

[30] **京剧** jīngjù 명 경극

[29] **动作** dòngzuò 명 동작, 행동

[39] **甚至** shènzhì 접 심지어

급수

01 **中国**
Zhōngguó

❶ 고유 **중국, 중화인민공화국**

술어

现在很多外国人生活在中国。
Xiànzài hěn duō wàiguórén shēnghuó zài Zhōngguó.
현재 많은 외국 사람이 중국에서 생활한다.

生活 shēnghuó 동 생활하다

02 **汉语**
Hànyǔ

❶ 고유 **중국어, 한어**

看中国电影能提高汉语听力水平。
Kàn Zhōngguó diànyǐng néng tígāo Hànyǔ tīnglì shuǐpíng.
중국 영화를 보면 중국어 듣기 수준을 향상시킬 수 있다.

提高 tígāo 동 향상시키다 **听力** tīnglì 명 듣기, 청력
水平 shuǐpíng 명 수준

03 **中文**
Zhōngwén

❸ 고유 **중국어, 중문**

老张是中文翻译，他翻译过很多有名的中文书。
Lǎo Zhāng shì Zhōngwén fānyì, tā fānyìguo hěn duō yǒumíng de Zhōngwén shū.
라오장은 중국어 번역가이고, 그는 많은 유명한 중국어 책을 번역한 적이 있다.

翻译 fānyì 명 번역(통역)가 동 번역(통역)하다 **有名** yǒumíng 형 유명하다

시험에 이렇게 나온다!

짝꿍 표현 **中文**을 활용한 다양한 짝꿍 표현을 알아 둔다.
中文翻译 Zhōngwén fānyì 중국어 번역(통역)가
中文广播 Zhōngwén guǎngbō 중국어 방송
中文教师 Zhōngwén jiàoshī 중국어 교사

04 **北京**
Běijīng

❶ 고유 **베이징, 북경 [중국의 수도]**

北京是中国的首都，是世界上最美丽的首都之一。
Běijīng shì Zhōngguó de shǒudū, shì shìjiè shang zuì měilì de shǒudū zhī yī.
베이징은 중국의 수도이며, 세계에서 가장 아름다운 수도 중 하나이다.

首都 shǒudū 명 수도 **世界** shìjiè 명 세계 **美丽** měilì 형 아름답다

05 的
de

급수

❶ 조 [관형어와 주어·목적어를 연결함]

술어

因为我的朋友喜欢中国文化，他决定去中国读硕士。

Yīnwèi wǒ de péngyou xǐhuan Zhōngguó wénhuà, tā juédìng qù Zhōngguó dú shuòshì.

내 친구는 중국 문화를 좋아하기 때문에, 그는 중국에 가서 석사 과정을 공부하기로 결정했다.

文化 wénhuà 명 문화 **决定** juédìng 동 결정하다 **读** dú 동 공부하다
硕士 shuòshì 명 석사 (과정)

06 茶
chá

❶ 명 **차**

这茶是我从云南带来的，非常香。

Zhè chá shì wǒ cóng Yúnnán dàilai de, fēicháng xiāng.

이 차는 제가 윈난에서 가져온 것인데, 매우 향기로워요.

云南 Yúnnán 고유 윈난(성), 운남(성) **带** dài 동 가지다, 지니다
香 xiāng 형 향기롭다, 맛있다

07 给
gěi

❷ 동 **주다** 개 **~에게**

这漂亮的茶杯是中国朋友给我的。

Zhè piàoliang de chábēi shì Zhōngguó péngyou gěi wǒ de.

이 예쁜 찻잔은 중국 친구가 나에게 준 것이다.

在北京吃的烤鸭给我留下了很深的印象。

Zài Běijīng chī de kǎoyā gěi wǒ liúxiàle hěn shēn de yìnxiàng.

베이징에서 먹은 오리구이는 나에게 깊은 인상을 남겼다.

杯 bēi 명 잔, 컵 **烤鸭** kǎoyā 명 오리구이, 카오야 **留** liú 동 남기다
深 shēn 형 깊다 **印象** yìnxiàng 명 인상

시험에 이렇게 나온다!

어법 **给**는 동사로도, 개사로도 사용되는 어휘이다. '**给** + 명사(~에게 주다)' 형태로 사용되었을 경우 동사로, '**给** + 명사 + 동사(~에게 ~하다)' 형태로 사용되었을 경우 개사로 사용된 것이다.

08 **节日**
jiérì

급수
③ [명] **명절, 기념일**

술어

中国有春节、国庆节、中秋节，其中春节是中国最大的节日。
Zhōngguó yǒu Chūnjié, guóqìngjié, Zhōngqiūjié, qízhōng Chūnjié shì Zhōngguó zuì dà de jiérì.
중국에는 춘절, 국경절, 중추절이 있는데, 그 중에 춘절은 가장 큰 명절이다.

春节 Chūnjié [고유] 춘절 **国庆节** guóqìngjié [명] 국경절
中秋节 Zhōngqiūjié [고유] 중추절 **其中** qízhōng [대] 그 중에

09 **关心**
guānxīn

③ [동] **관심을 갖다, 관심을 기울이다**

在客人离开时，中国人说"慢走"来表示对客人的关心。
Zài kèrén líkāi shí, Zhōngguórén shuō 'màn zǒu' lái biǎoshì duì kèrén de guānxīn.
손님이 떠날 때, 중국 사람은 '천천히 가세요'라고 말함으로써 손님에 대한 관심을 나타낸다.

客人 kèrén [명] 손님 **离开** líkāi [동] 떠나다
表示 biǎoshì [동] 나타내다, 표시하다

시험에 이렇게 나온다!

[짝꿍 표현] **关心**은 동사이지만 '동사 + **关心**(관심을 ~하다)'와 같이 명사로도 자주 쓰인다.

需要别人的关心 xūyào biérén de guānxīn
다른 사람의 관심을 필요로 하다

希望得到关心 xīwàng dédào guānxīn 관심을 얻고 싶다

10 **北方**
běifāng

③ [명] **북방, 북쪽, 북부 지역**

北方人过年的时候有包饺子的习惯。
Běifāng rén guònián de shíhou yǒu bāo jiǎozi de xíguàn.
북방 사람들은 설을 지낼 때 만두를 빚는 습관이 있다.

过年 guònián [동] 설을 지내다 **包** bāo [동] 빚다 **饺子** jiǎozi [명] 만두
习惯 xíguàn [명] 습관

시험에 이렇게 나온다!

[독해] **北方**뿐만 아니라, 중국의 동북지역을 나타내는 **东北**(dōngběi, 동북)라는 어휘도 자주 출제되므로 함께 알아 둔다.

11 **熊猫**
xióngmāo

❸ 명 **판다**

(급수) (술어)

现在熊猫的数量正在减少，我们要保护熊猫。
Xiànzài xióngmāo de shùliàng zhèngzài jiǎnshǎo, wǒmen yào bǎohù xióngmāo.
현재 판다의 수가 감소하고 있어서, 우리는 판다를 보호해야 한다.

数量 shùliàng 명 수, 수량 **减少** jiǎnshǎo 동 감소하다
保护 bǎohù 동 보호하다

12 **机会**
jīhuì

❸ 명 **기회**

中国的大城市虽然工作机会很多，但是经济压力也大。
Zhōngguó de dà chéngshì suīrán gōngzuò jīhuì hěn duō, dànshì jīngjì yālì yě dà.
중국의 대도시는 비록 일할 기회는 많지만, 그러나 경제적 부담도 크다.

城市 chéngshì 명 도시 **经济** jīngjì 명 경제 **压力** yālì 명 부담, 스트레스

시험에 이렇게 나온다!

짝꿍표현 **机会**를 활용한 다양한 짝꿍 표현을 함께 알아 둔다.
工作机会 gōngzuò jīhuì 일할 기회
发展机会 fāzhǎn jīhuì 발전 기회
成功的机会 chénggōng de jīhuì 성공의 기회
合适的机会 héshì de jīhuì 적절한 기회
获得机会 huòdé jīhuì 기회를 얻다

13 **明白**
míngbai

❸ 동 **이해하다, 알다** 형 **분명하다, 명백하다**

我没有听明白他说的汉语。
Wǒ méiyǒu tīng míngbai tā shuō de Hànyǔ.
나는 그가 말한 중국어를 듣고 이해하지 못했다.

시험에 이렇게 나온다!

짝꿍표현 **明白**는 '동사 + **明白**(~하고 이해하다, 분명하게 ~하다)' 형태로도 자주 사용된다. 참고로, 여기서 **明白**는 보어이다.
听明白 tīng míngbai 듣고 이해하다
想明白 xiǎng míngbai 분명하게 생각하다
说明白 shuō míngbai 분명하게 말하다
弄明白 nòng míngbai 분명하게 하다

14 **当然**
dāngrán

급수
❸ 부 당연히, 물론 형 당연하다, 물론이다

술어
小丽在上海住10年了，她当然对这儿很熟悉。
Xiǎo Lì zài Shànghǎi zhù shí nián le, tā dāngrán duì zhèr hěn shúxi.
샤오리는 상하이에서 10년을 살았으니 그녀는 당연히 이곳에 익숙하겠지.

上海 Shànghǎi 고유 상하이, 상해 **熟悉** shúxi 동 익숙하다

잠깐 당연하지~하고 대답할 때 단독으로 쓸 수 있어요!

15 **放** ★★★
fàng

❸ 동 넣다, 놓다, 두다

我觉得这碗酸汤鱼盐放多了。
Wǒ juéde zhè wǎn suāntāngyú yán fàng duō le.
내 생각에 이 쏸탕위는 소금을 많이 넣은 것 같아.

碗 wǎn 양 그릇 **酸汤鱼** suāntāngyú 명 쏸탕위(구이저우성의 대표 요리)
盐 yán 명 소금

시험에 이렇게 나온다!

짝꿍 표현 放을 활용한 다양한 짝꿍 표현을 알아 둔다.
放 + 명사 fàng…… ~를 넣다
명사 + 放多了 ……fàng duō le ~를 많이 넣었다
放在 + 장소 fàng zài…… ~에 두다

16 **普通话**
pǔtōnghuà

❹ 명 (현대 중국어의) 표준어, 보통화

他不但会讲流利的普通话，还会说几句上海话。
Tā búdàn huì jiǎng liúlì de pǔtōnghuà, hái huì shuō jǐ jù Shànghǎi huà.
그는 유창한 표준어를 말할 수 있을 뿐만 아니라, 몇 마디의 상하이 말도 할 줄 안다.

不但 búdàn 접 ~뿐만 아니라 **讲** jiǎng 동 말하다 **流利** liúlì 형 유창하다

17 **文化** ★★
wénhuà

급수
❸ 명 **문화**

通过西安旅行，我们能学到很多关于中国文化的知识。

(술어: 学)

Tōngguò Xī'ān lǚxíng, wǒmen néng xuédào hěn duō guānyú Zhōngguó wénhuà de zhīshi.

시안 여행을 통해, 우리는 중국 문화에 관한 많은 지식을 배울 수 있다.

通过 tōngguò 개 ~을 통해 **西安** Xī'ān 고유 시안, 서안
关于 guānyú 개 ~에 관한 **知识** zhīshi 명 지식

18 **之** ★★★
zhī

❹ 조 **~의**

云南是中国的美丽名城之一。

Yúnnán shì Zhōngguó de měilì míngchéng zhī yī.

윈난은 중국의 아름다운 도시로 유명한 곳 중의 하나이다.

名城 míngchéng 유명한 도시

19 **比如** ★★
bǐrú

❹ 동 **~이 예다, 예를 들면 ~이다**

我会做特别简单的中国菜，比如西红柿炒鸡蛋。

Wǒ huì zuò tèbié jiǎndān de Zhōngguó cài, bǐrú xīhóngshì chǎo jīdàn.

나는 아주 간단한 중국 요리를 할 수 있는데, 토마토 달걀 볶음이 그 예다.

简单 jiǎndān 형 간단하다

20 **长城** ★★
Chángchéng

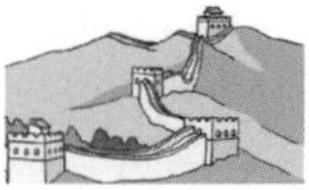

❹ 고유 **만리장성**

导游准备带我们去爬长城。

Dǎoyóu zhǔnbèi dài wǒmen qù pá Chángchéng.

가이드는 우리를 데리고 만리장성을 오르려고 한다.

导游 dǎoyóu 명 가이드 **准备** zhǔnbèi 동 ~하려고 하다 **爬** pá 동 오르다

21 长江 ★★
Chángjiāng

급수

4 [고유] **창장 (강)**

술어

你知道中国有几座长江大桥吗?
Nǐ zhīdào Zhōngguó yǒu jǐ zuò Chángjiāng dàqiáo ma?
당신은 중국에 몇 개의 창장대교가 있는지 아나요?

座 zuò 양 [건축물, 산 등을 세는 단위] **桥** qiáo 명 다리

시험에 이렇게 나온다!

[듣기 독해] 중국의 **长江**에는 여러 개의 **大桥**(dàqiáo, 대교)가 있으며, 듣기나 독해에서 창장에 있는 **武汉长江大桥**(Wǔhàn chángjiāng dàqiáo, 우한 창장대교), **南京长江大桥**(Nánjīng chángjiāng dàqiáo, 난징 창장대교) 등과 관련된 지문이 출제되기도 한다.

22 黄河
Huánghé

3 [고유] **황허 (강)**

这幅画里的河是长江还是黄河?
Zhè fú huà li de hé shì Chángjiāng háishi Huánghé?
이 그림 안의 강이 창장인가요 아니면 황허인가요?

幅 fú 양 폭 **河** hé 명 강 **还是** háishi 접 아니면

23 出现 ★★
chūxiàn

4 [동] **나타나다, 출현하다**

"网友"是在中国出现的新词语。
'Wǎngyǒu' shì zài Zhōngguó chūxiàn de xīn cíyǔ.
'왕요우(누리꾼)'는 중국에서 나타난 새로운 어휘이다.

网友 wǎngyǒu 명 왕요우, 누리꾼 **词语** cíyǔ 명 어휘

24 发生 ★★★
fāshēng

4 [동] **생기다, 일어나다, 발생하다**

随着社会的发展，汉语也在发生着变化。
Suízhe shèhuì de fāzhǎn, Hànyǔ yě zài fāshēngzhe biànhuà.
사회의 발전에 따라, 중국어 또한 변화가 생기고 있다.

随着 suízhe [개] ~에 따라 **社会** shèhuì [명] 사회 **发展** fāzhǎn [동] 발전하다
变化 biànhuà [명] 변화

시험에 이렇게 나온다!

[짝꿍 표현] **发生**을 활용한 다양한 짝꿍 표현을 함께 알아 둔다.

发生 + 变化/改变 fāshēng + biànhuà/gǎibiàn 변화가 생기다
发生 + 事情 fāshēng + shìqing 사건이 일어나다
发生在 + 장소 fāshēng zài ~에서 발생하다
发生在 + 시간 fāshēng zài ~에 발생하다

25 改变 ★★
gǎibiàn

4 [동] **바꾸다, 변하다, 고치다**

互联网改变了中国人的生活方式。
Hùliánwǎng gǎibiànle Zhōngguórén de shēnghuó fāngshì.
인터넷은 중국 사람들의 생활 방식을 바꾸었다.

互联网 hùliánwǎng [명] 인터넷 **方式** fāngshì [명] 방식

시험에 이렇게 나온다!

[짝꿍 표현] **改变**은 동사 **发生**(fāshēng, 발생하다, 생기다)과 함께 **发生改变**(변화가 발생하다)라는 표현으로 자주 출제된다. 이때 **改变**은 명사로 쓰인다.

他最近发生了很大的改变。
Tā zuìjìn fāshēngle hěn dà de gǎibiàn.
그에게 최근 큰 변화가 생겼다.

26 世纪
shìjì

4 [명] **세기**

那位京剧演员出生于19世纪。
Nà wèi jīngjù yǎnyuán chūshēng yú shíjiǔ shìjì.
저 경극 배우는 19세기에 태어났다.

京剧 jīngjù [명] 경극 **演员** yǎnyuán [명] 배우, 연기자
出生于 chūshēng yú ~에 태어나다

27 **因此** ★★★

yīncǐ

급수

❹ 접 **그래서, 이로 인하여**

中国的空气污染比较严重，因此骑公共自行车的人越来越多。

술어

Zhōngguó de kōngqì wūrǎn bǐjiào yánzhòng, yīncǐ qí gōnggòng zìxíngchē de rén yuèláiyuè duō.

중국의 공기 오염이 비교적 심각하다. 그래서 공용 자전거를 타는 사람들이 점점 많아진다.

空气 kōngqì 명 공기 **污染** wūrǎn 동 오염시키다 **比较** bǐjiào 부 비교적
严重 yánzhòng 형 심각하다 **公共** gōnggòng 형 공용의
越来越 yuèláiyuè 점점, 더욱더

28 **功夫** ★★★

gōngfu

❹ 명 **1. 쿵후, 중국 무술 2. 재주, 솜씨**
3. (일을 하기 위해) 들인 시간과 노력

今天主要为大家介绍中国功夫。

Jīntiān zhǔyào wèi dàjiā jièshào Zhōngguó gōngfu.

오늘은 여러분에게 주로 중국의 쿵후를 소개할 거예요.

我在很多节目里看过那个女人，她真有功夫！

Wǒ zài hěn duō jiémù li kànguo nà ge nǚrén, tā zhēn yǒu gōngfu!

저는 많은 프로그램에서 저 여자를 봤어요. 그녀는 정말 재주가 있군요!

为了这次演出，他平时下了很多功夫。

Wèile zhè cì yǎnchū, tā píngshí xiàle hěn duō gōngfu.

이번 공연을 위해, 그는 평소에 많은 시간과 노력을 들였어요.

主要 zhǔyào 부 주로 **为** wèi 개 ~에게, ~을 위하여
节目 jiémù 명 프로그램 **为了** wèile 개 ~을 위해
演出 yǎnchū 동 공연하다

시험에 이렇게 나온다!

작문 노하우 쓰기 제2부분에서는 제시어 **功夫**와 함께 한 사람이 무술 동작 자세를 취하고 있는 사진이 자주 출제된다. 이때 **他(她)表演的中国功夫真**A。(그(그녀)가 공연한 중국 쿵후는 정말 A하다)라는 문장으로 쉽게 작문할 수 있다.

他(她)表演的中国功夫真精彩/棒/厉害。
그(그녀가) 공연한 중국 쿵후는 정말 멋지다/수준이 높다/대단하다.

급수

29 动作 ★★
dòngzuò

4 명 **동작, 행동**

술어

这几个功夫动作有点儿复杂，老师先做一遍。
Zhè jǐ ge gōngfu dòngzuò yǒudiǎnr fùzá, lǎoshī xiān zuò yí biàn.
이 몇 가지의 쿵후 동작은 조금 복잡하니, 선생님이 먼저 한번 해 볼게요.

复杂 fùzá 형 복잡하다 **先** xiān 부 먼저 **遍** biàn 양 번

30 京剧 ★★★
jīngjù

4 명 **경극**

如果你有机会来北京，我建议你去看京剧。
Rúguǒ nǐ yǒu jīhuì lái Běijīng, wǒ jiànyì nǐ qù kàn jīngjù.
만약 당신이 베이징에 올 기회가 있다면, 저는 경극 보러 가는 것을 제안해요.

如果 rúguǒ 접 만약 **建议** jiànyì 동 제안하다

시험에 이렇게 나온다!

짝꿍 표현 **京剧**를 활용한 다양한 짝꿍 표현을 알아 둔다.

听京剧 tīng jīngjù 경극을 듣다(경극을 관람하다)
唱京剧 chàng jīngjù 경극을 부르다
京剧演员 jīngjù yǎnyuán 경극 배우
京剧大师 jīngjù dàshī 경극의 대가

31 本来 ★★★
běnlái

4 부 **본래, 원래** 형 **본래의**

"任"本来读4声，不过用在人的姓氏要读2声。
'Rèn' běnlái dú sì shēng, búguò yòng zài rén de xìngshì yào dú èr shēng.
'任(rèn)'은 본래 4성으로 읽는데, 하지만 사람의 성씨에 쓰일 때에는 2성으로 읽어야 한다.

声 shēng 명 성, 성조 **不过** búguò 접 하지만 **姓氏** xìngshì 명 성씨

32 原来 ★★

yuánlái

급수

4 [부] **원래, 알고 보니** [형] **원래의** [명] **원래, 본래**

술어

我原来打算暂时在西安住几个月，没想到在这里住这么久。

Wǒ yuánlái dǎsuan zànshí zài Xī'ān zhù jǐ ge yuè, méi xiǎngdào zài zhèli zhù zhème jiǔ.

나는 원래 잠시 시안에서 몇 개월 머무르려고 했는데, 여기에서 이렇게 오래 머무르게 될 줄 생각도 못했다.

他放弃了原来的计划。

Tā fàngqìle yuánlái de jìhuà.

그는 원래의 계획을 포기했다.

那家店的生意比原来更好了。

Nà jiā diàn de shēngyi bǐ yuánlái gèng hǎo le.

그 가게의 장사는 원래보다 더 잘 된다.

暂时 zànshí [형] 잠시 **久** jiǔ [형] 오래다 **放弃** fàngqì [동] 포기하다
计划 jìhuà [명] 계획 **生意** shēngyi [명] 장사, 사업

잠깐 '원래, 본래'라는 뜻을 나타낼 때 **本来**와 **原来** 모두 다 쓰일 수 있지만, '알고 보니'라는 뜻을 나타낼 때는 **原来**만 쓸 수 있답니다.

33 富

fù

4 [형] **부유하다, 많다, 풍부하다**

中国人相信真正的富不是钱，而是健康快乐。

Zhōngguórén xiāngxìn zhēnzhèng de fù bú shì qián, ér shì jiànkāng kuàilè.

중국인은 진정한 부유함은 돈이 아니라, 건강하고 행복한 것이라고 믿는다.

相信 xiāngxìn [동] 믿다 **真正** zhēnzhèng [형] 진정한
不是……而是…… bú shì…… ér shì ~가 아니라 ~이다
健康 jiànkāng [형] 건강하다 **快乐** kuàilè [형] 행복하다

34 **民族** mínzú

❹ 명 **민족**

中国有56个民族，每个民族都有自己的特点。

(급수 / 술어)

Zhōngguó yǒu wǔshíliù ge mínzú, měi ge mínzú dōu yǒu zìjǐ de tèdiǎn.

중국에는 56개의 민족이 있고, 각각의 민족은 모두 자신만의 특징이 있다.

自己 zìjǐ 대 자신, 자기 **特点** tèdiǎn 명 특징

시험에 이렇게 나온다!

짝꿍 표현 **民族**를 활용한 다양한 짝꿍 표현을 알아 둔다.

民族舞 mínzú wǔ 민족 무용
民族文化 mínzú wénhuà 민족 문화
民族历史 mínzú lìshǐ 민족 역사

35 **来自** ★★ láizì

❹ 동 **~에서 오다, ~으로부터 오다**

这位教授来自北京，他要给我们介绍中国文化。

Zhè wèi jiàoshòu láizì Běijīng, tā yào gěi wǒmen jièshào Zhōngguó wénhuà.

이 교수님은 베이징에서 왔는데, 그는 우리에게 중국 문화를 소개하려 한다.

位 wèi 양 분, 명 **教授** jiàoshòu 명 교수

시험에 이렇게 나온다!

짝꿍 표현 **来自**는 항상 '**来自** + 장소' 형태로 출제된다. 다양한 '**来自** + 장소' 형태의 짝꿍 표현을 알아 둔다.

来自北京 láizì Běijīng 베이징에서 오다
来自南方 láizì nánfāng 남방에서 오다
来自亚洲 láizì Yàzhōu 아시아에서 오다
来自世界各地 láizì shìjiè gèdì 세계 각지에서 오다
来自相同的国家 láizì xiāngtóng de guójiā 같은 국가에서 오다

36 友谊
yǒuyì

4 명 우정, 우의

我真喜欢这本中国小说，书中孩子们的友谊让人特别感动。

Wǒ zhēn xǐhuan zhè běn Zhōngguó xiǎoshuō, shū zhōng háizimen de yǒuyì ràng rén tèbié gǎndòng.

나는 이 중국 소설을 정말 좋아하는데, 책 속 아이들의 우정은 사람을 몹시 감동하게 한다.

小说 xiǎoshuō 명 소설 **感动** gǎndòng 동 감동하다
特别 tèbié 부 몹시, 아주

37 仍然 ★★
réngrán

4 부 여전히, 변함없이

他在上海生活了这么多年，仍然不习惯吃上海菜。

Tā zài Shànghǎi shēnghuóle zhème duō nián, réngrán bù xíguàn chī Shànghǎi cài.

그는 상하이에서 이렇게 여러 해 생활했지만, 여전히 상하이 요리를 먹는 데에 익숙해지지 않았다.

习惯 xíguàn 동 익숙해지다

38 小伙子
xiǎohuǒzi

4 명 젊은이, 청년

这位优秀的小伙子来自西安，是汉语专业的。

Zhè wèi yōuxiù de xiǎohuǒzi láizì Xī'ān, shì Hànyǔ zhuānyè de.

이 우수한 젊은이는 시안에서 왔으며 중국어 전공이다.

优秀 yōuxiù 형 우수하다 **专业** zhuānyè 명 전공

39 甚至 ★★
shènzhì

4 접 심지어, ~까지도

小张特别喜欢吃中国菜，甚至那么辣的四川菜也会吃。

Xiǎo Zhāng tèbié xǐhuan chī Zhōngguó cài, shènzhì nàme là de Sìchuān cài yě huì chī.

샤오장은 중국 요리 먹는 것을 아주 좋아하며, 심지어 그렇게나 매운 쓰촨 요리도 먹을 줄 안다.

辣 là 형 맵다 **四川** Sìchuān 고유 쓰촨, 사천

40 相反

xiāngfǎn

급수

4 형 상반되다 접 반대로, 도리어

这两个汉字长得很像，但其实它们的意思完全相反。

술어

Zhè liǎng ge Hànzì zhǎng de hěn xiàng, dàn qíshí tāmen de yìsi wánquán xiāngfǎn.

이 두 한자는 생긴 것이 매우 닮았다. 하지만 사실 그것들의 뜻은 완전히 상반된다.

有的人以为她喜欢安静，相反，实际上她最爱热闹。

Yǒu de rén yǐwéi tā xǐhuan ānjìng, xiāngfǎn, shíjìshang tā zuì ài rènao.

어떤 사람들은 그녀가 조용한 것을 좋아한다고 생각하지만, 반대로, 사실 그녀는 떠들썩한 것을 가장 좋아한다.

汉字 Hànzì 명 한자 **长** zhǎng 동 생기다, 자라다 **其实** qíshí 부 사실
完全 wánquán 부 완전히 **以为** yǐwéi 동 ~라고 생각하다
安静 ānjìng 형 조용하다 **热闹** rènao 형 떠들썩하다

연습문제 **체크체크!**

단어의 뜻을 오른쪽 보기에서 찾아 연결하세요.

01 黄河 ⓐ 창쟝 (강)

02 茶 ⓑ 경극

03 京剧 ⓒ 황허 (강)

04 普通话 ⓓ 차

05 节日 ⓔ 명절, 기념일

ⓕ (현대 중국어의) 표준어, 보통화

문장을 읽고 빈칸에 들어 갈 단어를 찾아 적어보세요.

ⓐ 机会　ⓑ 比如　ⓒ 改变　ⓓ 汉语　ⓔ 来自

06 这位优秀的学生 ____________ 山东，是经济专业的。

07 我不想放弃学习中国文化的 ____________。

08 我会做的中国菜比较多， ____________ 西红柿鸡蛋汤。

09 我想在短时间内提高自己的 ____________ 水平。

10 中国人的生活方式有了很大的 ____________。

정답 : 01 ⓒ 02 ⓓ 03 ⓑ 04 ⓕ 05 ⓔ 06 ⓔ 07 ⓐ 08 ⓑ 09 ⓓ 10 ⓒ

* 06~10번 문제 해석과 추가 <Day별 단어 퀴즈 PDF>를 해커스중국어(china.Hackers.com)에서 다운로드 받으세요.

품사별로 헤쳐 모여!

앞에서 외운 단어들을 품사별로 다시 한 번 확인합니다.

☑ 잘 외워지지 않은 단어는 □에 체크해 두고 다음에 반복 암기합니다.

명사

□□□	茶 1급	chá	명 차
□□□	节日 3급	jiérì	명 명절, 기념일
□□□	北方 3급	běifāng	명 북방, 북쪽, 북부 지역
□□□	熊猫 3급	xióngmāo	명 판다
□□□	机会 3급	jīhuì	명 기회
□□□	文化 3급	wénhuà	명 문화
□□□	普通话 4급	pǔtōnghuà	명 (현대 중국어의) 표준어, 보통화
□□□	世纪 4급	shìjì	명 세기
□□□	功夫 4급	gōngfu	명 1. 쿵후, 중국 무술 2. 재주, 솜씨 3. (일을 하기 위해) 들인 시간과 노력
□□□	动作 4급	dòngzuò	명 동작, 행동
□□□	京剧 4급	jīngjù	명 경극
□□□	民族 4급	mínzú	명 민족
□□□	友谊 4급	yǒuyì	명 우정, 우의
□□□	小伙子 4급	xiǎohuǒzi	명 젊은이, 청년

고유어

□□□	中国 1급	Zhōngguó	고유 중국, 중화인민공화국
□□□	汉语 1급	Hànyǔ	고유 중국어, 한어
□□□	北京 1급	Běijīng	고유 베이징, 북경 [중국의 수도]
□□□	中文 3급	Zhōngwén	고유 중국어, 중문
□□□	黄河 3급	Huánghé	고유 황허 (강)
□□□	长城 4급	Chángchéng	고유 만리장성
□□□	长江 4급	Chángjiāng	고유 창장 (강)

동사

□□□	给 2급	gěi	동 주다 개 ~에게
□□□	关心 3급	guānxīn	동 관심을 갖다, 관심을 기울이다
□□□	明白 3급	míngbai	동 이해하다, 알다 형 분명하다, 명백하다
□□□	放 3급	fàng	동 넣다, 놓다, 두다
□□□	比如 4급	bǐrú	동 ~이 예다, 예를 들면 ~이다
□□□	出现 4급	chūxiàn	동 나타나다, 출현하다
□□□	发生 4급	fāshēng	동 생기다, 일어나다, 발생하다
□□□	改变 4급	gǎibiàn	동 바꾸다, 변하다, 고치다
□□□	来自 4급	láizì	동 ~에서 오다, ~으로부터 오다

형용사

□□□	富 4급	fù	형 부유하다, 많다, 풍부하다
□□□	相反 4급	xiāngfǎn	형 상반되다 접 반대로, 도리어

부사

□□□	当然 3급	dāngrán	부 당연히, 물론 형 당연하다, 물론이다
□□□	本来 4급	běnlái	부 본래, 원래 형 본래의
□□□	原来 4급	yuánlái	부 원래, 알고 보니 형 원래의 명 원래, 본래
□□□	仍然 4급	réngrán	부 여전히, 변함없이

접속사

□□□	因此 4급	yīncǐ	접 그래서, 이로 인하여
□□□	甚至 4급	shènzhì	접 심지어, ~까지도

조사

□□□	的 1급	de	조 [관형어와 주어·목적어를 연결함]
□□□	之 4급	zhī	조 ~의

DAY 14

해커스 HSK1-4급 단어장

만병의 근원

건강 · 운동

주제를 알면 HSK가 보인다!

HSK 4급에서는 건강 관리, 운동 방법, 식습관 등과 관련된 문제가 자주 출제돼요. 따라서 '다이어트하다', '스트레스', '테니스' 등처럼 건강·운동과 관련된 단어를 익혀두면 이러한 문제를 쉽게 풀 수 있어요.

단어, 예문 MP3

스트레스야 물러가라

연예인 B모씨 영양실조로 응급실 행, 원인은 무리한 减肥.
위험한 减肥
에구구 요즘 젊은이들 다이어트 한다고 밥도 按时 안 먹으니, 영양이 缺少해서 아픈 거야~
压力도 많이 받을 텐데 그럼 몸 다 상해요~ 网球같은 운동을 해서 건강하게 빼야지.
맞아, 스트레스는 만병의 근원인데,
우물
우물
다이어트는 스트레스 받으니까......
건강해지려면 먹어야지!!!
아-
너무 먹어서 스트레스가 아니고?

20 **减肥** jiǎnféi 동 다이어트하다, 살을 빼다

39 **按时** ànshí 부 제때에, 규정된 시간에 따라

40 **缺少** quēshǎo 동 부족하다, 모자라다

22 **压力** yālì 명 스트레스, 부담

27 **网球** wǎngqiú 명 테니스

01 **运动**
yùndòng

급수 ❷ 동 **운동하다** 명 **운동**

今天是晴天，适合到外面运动。(술어: 适合)
Jīntiān shì qíngtiān, shìhé dào wàimian yùndòng.
오늘은 맑은 날이라서, 밖에서 운동하기에 적합하다.

晴天 qíngtiān 명 맑은 날 **适合** shìhé 동 적합하다

시험에 이렇게 나온다!

짝꿍 표현 **运动**을 활용한 다양한 짝꿍 표현을 알아 둔다.

运动会 yùndònghuì 운동회
运动员 yùndòngyuán 운동 선수
运动裤 yùndòng kù 운동 바지
运动量 yùndòngliàng 운동량
运动鞋 yùndòng xié 운동화

02 **健康**
jiànkāng

❸ 형 **건강하다**

他每天走路上班，所以身体恢复健康了。
Tā měitiān zǒulù shàngbān, suǒyǐ shēntǐ huīfù jiànkāng le.
그는 매일 걸어서 출근해서, 몸이 건강을 회복했다.

恢复 huīfù 동 회복하다

시험에 이렇게 나온다!

짝꿍 표현 **健康**을 활용한 다양한 짝꿍 표현을 알아 둔다. 참고로, **健康**은 형용사이지만 명사로도 자주 쓰인다.

健康发展 jiànkāng fāzhǎn 건강하게 발전하다
恢复健康 huīfù jiànkāng 건강을 회복하다

03 **做**
zuò

❶ 동 **하다, 만들다**

周末不要一直在家里，做自己喜欢的运动。
Zhōumò bú yào yìzhí zài jiāli, zuò zìjǐ xǐhuan de yùndòng.
주말에 줄곧 집에만 있지 말고, 자신이 좋아하는 운동을 하세요.

周末 zhōumò 명 주말 **一直** yìzhí 부 줄곧

급수

04 **会**
huì

❶ **[조동] ~할 것이다, (배워서) ~을 할 수 있다**

술어

每天一个小时的运动会让我觉得一天的压力都不见了。

Měitiān yí ge xiǎoshí de yùndòng huì ràng wǒ juéde yìtiān de yālì dōu bú jiàn le.

매일 한 시간 동안의 운동은 나로 하여금 하루의 스트레스가 다 사라진다고 느끼게 할 것이다.

压力 yālì [명] 스트레스

05 **在**
zài

❶ **[동] ~에 있다, 존재하다** **[개] ~에서**
[부] ~하고 있는 중이다

妈妈，我的运动裤在哪儿呢？

Māma, wǒ de yùndòng kù zài nǎr ne?

엄마, 제 운동 바지 어디에 있어요?

在家附近的公园散步是一种最简单方便的运动方法。

Zài jiā fùjìn de gōngyuán sànbù shì yì zhǒng zuì jiǎndān fāngbiàn de yùndòng fāngfǎ.

집 근처 공원에서 산책하는 것은 가장 간단하고 편리한 운동 방법이다.

小丽在运动，你别打扰她。

Xiǎo Lì zài yùndòng, nǐ bié dǎrǎo tā.

샤오리는 운동하고 있는 중이니 그녀를 방해하지 마세요.

裤 kù [명] 바지 **散步** sànbù [동] 산책하다 **简单** jiǎndān [형] 간단하다
方便 fāngbiàn [형] 편리하다 **方法** fāngfǎ [명] 방법
打扰 dǎrǎo [동] 방해하다, 폐를 끼치다

시험에 이렇게 나온다!

[어법] **在**는 동사로도, 개사로도 사용되는 어휘이다. '**在** + 장소(~에 있다)' 형태로 사용되었을 경우 동사로, '**在** + 장소 + 동사(~에서 ~하다)' 사용되었을 경우 개사로 사용된 것이다.

급수

06 **水**
shuǐ

❶ 명 물

술어

每天喝一定量的水对身体有好处。
Měitiān hē yídìng liàng de shuǐ duì shēntǐ yǒu hǎochù.
매일 일정량의 물을 마시는 것은 몸에 이로운 점이 있다.

一定量 yídìng liàng 일정량 **好处** hǎochù 명 이로운 점, 좋은 점

07 **跑步**
pǎobù

❷ 동 달리다, 뛰다

我跑步的时候常常听歌，这样不会无聊。
Wǒ pǎobù de shíhou chángcháng tīng gē, zhèyàng bú huì wúliáo.
나는 달리기를 할 때 종종 음악을 듣는데, 이렇게 하면 심심하지 않다.

常常 chángcháng 부 종종, 자주 **无聊** wúliáo 형 심심하다, 지루하다

08 **踢足球**
tī zúqiú

❷ 축구를 하다

我已经和老王他们约好了下个礼拜天一起去踢足球。
Wǒ yǐjīng hé Lǎo Wáng tāmen yuēhǎo le xià ge lǐbàitiān yìqǐ qù tī zúqiú.
나는 라오왕 쪽 사람들이랑 다음 주 일요일에 같이 축구하기로 이미 약속했다.

约 yuē 동 약속하다 **礼拜天** lǐbàitiān 명 일요일

시험에 이렇게 나온다!

듣기 독해 **踢足球**에서 **足球**(축구)라는 단어만 단독으로 쓰이는 경우도 많다. **足球**와 관련된 표현들이 듣기 또는 독해에서 자주 출제되므로 함께 알아 둔다.

进球 jìn·qiú 골을 넣다
球童 qiú tong 축구 아동(축구 선수들이 손을 잡고 나오는 어린이)
球衣 qiúyī 운동복(축구, 농구 등 구기 운동을 할 때 입는 옷)

09 打篮球
dǎ lánqiú

❷ 농구를 하다 (급수)

对于小孩子来说，打篮球有助于长高。(술어: 有助于)
Duìyú xiǎoháizi lái shuō, dǎ lánqiú yǒuzhùyú zhǎng gāo.
아이들에게 있어 농구하는 것은 키가 자라는데 도움이 된다.

对于……来说 duìyú……lái shuō ~에게 있어 **小孩子** xiǎoháizi 명 아이
有助于 yǒuzhùyú 동 ~에 도움이 되다 **长** zhǎng 동 자라다

10 累
lèi

❷ 형 **피곤하다, 지치다**

我今天自行车骑了五个小时，所以非常累。
Wǒ jīntiān zìxíngchē qíle wǔ ge xiǎoshí, suǒyǐ fēicháng lèi.
나는 오늘 자전거를 5시간 타서 매우 피곤하다.

骑 qí 동 타다 **自行车** zìxíngchē 명 자전거

11 重要 ★★★
zhòngyào

❸ 형 **중요하다**

尽管工作很重要，但更重要的是自己的健康。
Jǐnguǎn gōngzuò hěn zhòngyào, dàn gèng zhòngyào de shì zìjǐ de jiànkāng.
비록 일이 중요하다 하더라도, 더욱 중요한 것은 자신의 건강이다.

尽管 jǐnguǎn 접 비록

12 锻炼 ★★
duànliàn

❸ 동 **단련하다**

你既然开始锻炼身体了，就坚持下去吧。
Nǐ jìrán kāishǐ duànliàn shēntǐ le, jiù jiānchí xiàqu ba.
당신이 몸을 단련하는 것을 시작한 이상, 꾸준히 해 나가세요.

既然 jìrán 접 ~인 이상, 이왕 ~된 바에야 **坚持** jiānchí 동 꾸준히 하다

시험에 이렇게 나온다!

짝꿍 표현 **锻炼**을 활용한 다양한 짝꿍 표현을 알아 둔다.
锻炼身体 duànliàn shēntǐ 몸을 단련하다
缺少锻炼 quēshǎo duànliàn 단련이 부족하다
鼓励锻炼 gǔlì duànliàn 단련을 장려하다

13 **起来** ★★★

qǐlai

급수

❸ [동] **일어서다, 일어나다**

술어

足球运动员进了球后，观众们激动地站了起来。

Zúqiú yùndòngyuán jìnle qiú hòu, guānzhòngmen jīdòng de zhànle qǐlai.

축구 선수가 골을 넣자, 관중들은 감격하며 일어섰다.

运动员 yùndòngyuán [명] 운동 선수 **进球** jìn qiú 골을 넣다
观众 guānzhòng [명] 관중 **激动** jīdòng [형] 감격하다 **地** de [조] ~하며, ~하게
站 zhàn [동] 서다

시험에 이렇게 나온다!

[짝꿍 표현] **起来**는 술어 뒤에서 '~서다, 올리다, ~하기에, ~하기 시작하다'라는 뜻의 방향보어로 주로 출제된다.

站起来 zhàn qǐlai 일어서다
抬起来 tái qǐlai 들어 올리다
看起来 kànqǐlai 보기에
读起来 dúqǐlai 읽기에
积累起来 jīlěi qǐlai 쌓기 시작하다

14 **比赛** ★★★

bǐsài

❸ [명] **경기, 시합**

这场篮球比赛一定特别精彩，咱们去看看吧。

Zhè chǎng lánqiú bǐsài yídìng tèbié jīngcǎi, zánmen qù kànkan ba.

이 농구 경기는 반드시 아주 훌륭할 것이니, 우리 가서 한번 봐요.

一定 yídìng [부] 반드시 ~할 것이다 **精彩** jīngcǎi [형] 훌륭하다
咱们 zánmen [대] 우리

시험에 이렇게 나온다!

[짝꿍 표현] **比赛**를 활용한 다양한 짝꿍 표현을 알아 둔다.

国际比赛 guójì bǐsài 국제 경기
足球比赛 zúqiú bǐsài 축구 경기
钢琴比赛 gāngqín bǐsài 피아노 콩쿠르
比赛结果 bǐsài jiéguǒ 경기 결과
比赛过程 bǐsài guòchéng 경기 과정
参加比赛 cānjiā bǐsài 경기에 참가하다
赢了比赛 yíngle bǐsài 경기에서 이겼다

15 简单 ★★
jiǎndān

③ 형 간단하다, 단순하다

(급수)

医生说你身体还没恢复好，只能做些简单的运动。 (술어)

Yīshēng shuō nǐ shēntǐ hái méi huīfù hǎo, zhǐ néng zuò xiē jiǎndān de yùndòng.

의사 선생님이 당신 몸이 아직 다 회복되지 않아서, 간단한 운동만 약간 할 수 있다고 하셨어요.

医生 yīshēng 명 의사

16 容易 ★★
róngyì

③ 형 쉽다

运动时间太长的话，容易感到累。

Yùndòng shíjiān tài cháng dehuà, róngyì gǎndào lèi.

운동 시간이 너무 길면, 쉽게 피곤함을 느낀다.

感到 gǎndào 동 ~를 느끼다

17 如果 ★★
rúguǒ

③ 접 만약

如果你想要过幸福的生活，那么健康的生活态度非常重要。

Rúguǒ nǐ xiǎngyào guò xìngfú de shēnghuó, nàme jiànkāng de shēnghuó tàidu fēicháng zhòngyào.

만약 당신이 행복한 생활을 보내고 싶다면, 건강한 생활 태도가 매우 중요하다.

想要 xiǎngyào 동 ~하고 싶다 **过** guò 동 보내다 **幸福** xìngfú 형 행복하다
态度 tàidu 명 태도

[18] 体育
tǐyù

❸ 명 **체육, 스포츠**

下星期六的羽毛球比赛将在体育馆举行。
Xià xīngqīliù de yǔmáoqiú bǐsài jiāng zài tǐyùguǎn jǔxíng.
다음 주 토요일 배드민턴 경기는 체육관에서 열릴 것이다.

羽毛球 yǔmáoqiú 명 배드민턴 **将** jiāng 부 ~할 것이다
举行 jǔxíng 동 열다, 거행하다

시험에 이렇게 나온다!

짝꿍표현 **体育**를 활용한 다양한 짝꿍 표현을 알아 둔다.
体育馆 tǐyùguǎn 체육관
体育课 tǐyù kè 체육 수업
体育爱好者 tǐyù àihàozhě 체육 마니아

[19] 瘦
shòu

❸ 형 **마르다, 여위다**

老李最近变瘦了，原来他每天晚上在跑步。
Lǎo Lǐ zuìjìn biàn shòu le, yuánlái tā měitiān wǎnshang zài pǎobù.
라오리가 요즘 살이 빠졌는데, 알고 보니 그는 매일 저녁에 달리기를 하고 있었다.

变 biàn 동 ~하게 변하다 **原来** yuánlái 부 알고 보니

시험에 이렇게 나온다!

짝꿍표현 **瘦**는 변화를 나타내는 동사 **变**(biàn, 변하다) 또는 어기조사 **了**(le, ~했다)와 함께 '살이 빠지다(마르게 변하다)'라는 표현으로 자주 쓰인다.
变瘦了 biàn shòu le 살이 빠지다(마르게 변하다)
更瘦了 gèng shòu le 더 살이 빠지다(더 말랐다)

[20] 减肥 ★★
jiǎnféi

❹ 동 **다이어트하다, 살을 빼다**

很多流行的减肥方法不能帮助人们变瘦。
Hěn duō liúxíng de jiǎnféi fāngfǎ bù néng bāngzhù rénmen biàn shòu.
유행하는 많은 다이어트 방법은 사람들이 살을 빼는 데 도움이 되지 않는다.

流行 liúxíng 형 유행하다

급수

21 **散步** sànbù

❹ 동 **산책하다**

술어

每天吃完晚饭后，我奶奶都会去楼下的公园散步。
Měitiān chīwán wǎnfàn hòu, wǒ nǎinai dōu huì qù lóu xià de gōngyuán sànbù.
매일 저녁 밥을 먹은 후, 할머니는 건물 아래 공원에 가서 산책한다.

楼下 lóu xià 명 건물 아래 **散步** sànbù 동 산책하다

22 **压力** ★★★ yālì

❹ 명 **스트레스, 부담**

受到压力时，你可以吃甜的来减轻压力。
Shòudào yālì shí, nǐ kěyǐ chī tián de lái jiǎnqīng yālì.
스트레스를 받을 때, 당신은 단 것을 먹어서 스트레스를 줄일 수 있다.

受到 shòudào 동 받다 **甜** tián 형 달다
减轻 jiǎnqīng 동 줄이다, 경감하다

시험에 이렇게 나온다!

짝꿍 표현 **压力**를 활용한 다양한 짝꿍 표현을 알아 둔다.
减轻压力 jiǎnqīng yālì 스트레스를 줄이다
竞争压力 jìngzhēng yālì 경쟁 스트레스
交通压力 jiāotōng yālì 교통 체증

23 **放松** ★★ fàngsōng

❹ 동 **(마음을) 편하게 하다, 긴장을 풀다**

运动后洗冷水澡是一种放松心情的好方式。
Yùndòng hòu xǐ lěng shuǐ zǎo shì yì zhǒng fàngsōng xīnqíng de hǎo fāngshì.
운동 후 찬물 샤워를 하는 것은 마음을 편하게 하는 좋은 방법이다.

洗澡 xǐzǎo 동 샤워하다 **心情** xīnqíng 명 마음 **方式** fāngshì 명 방법, 방식

24 **赢** ★★★

yíng

급수

4 [동] **이기다**

술어

上海队赢得了这场比赛，可惜我昨天没看到比赛!

Shànghǎi duì yíngdéle zhè chǎng bǐsài, kěxī wǒ zuótiān méi kàndào bǐsài!

상하이 팀이 이번 경기에서 이겼어. 어제 경기를 보지 못해서 아쉬워!

上海 Shànghǎi [고유] 상하이　**队** duì [명] 팀

시험에 이렇게 나온다!

[짝꿍 표현] **赢**은 동사 **得**(dé, 얻다)와 함께 **赢得**(yíngdé, 이기다, 이겨서 얻다)라는 동사로 자주 출제되며, 이때 목적어로는 **比赛**(bǐsài, 경기)가 자주 온다.

赢得比赛 yíngdé bǐsài 경기에서 이기다

25 **输** ★★

shū

4 [동] **패하다, 지다**

比赛的输赢并不重要，重要的是过程。

Bǐsài de shūyíng bìng bú zhòngyào, zhòngyào de shì guòchéng.

경기의 승패는 결코 중요하지 않고, 중요한 것은 과정이다.

并 bìng [부] 결코　**过程** guòchéng [명] 과정

시험에 이렇게 나온다!

[짝꿍 표현] **输**를 활용한 다양한 짝꿍 표현을 알아 둔다.

输给 shū gěi ~에게 지다

输赢 shūyíng 승패

26 **乒乓球**

pīngpāngqiú

4 [명] **탁구**

我妹妹乒乓球打得很好，谁也比不过她。

Wǒ mèimei pīngpāngqiú dǎ de hěn hǎo, shéi yě bǐ bu guò tā.

내 여동생은 탁구를 잘 치는데, 아무도 그녀를 이길 수 없다.

比不过 bǐ bu guò 이길 수 없다, 비할 바 못 된다

급수

27 网球 ★★★

wǎngqiú

4 명 테니스

술어

我的叔叔以前是网球运动员，他获得了很多奖。

Wǒ de shūshu yǐqián shì wǎngqiú yùndòngyuán, tā huòdéle hěn duō jiǎng.

우리 삼촌은 예전에 테니스 운동 선수였는데, 그는 많은 상을 받았다.

叔叔 shūshu 명 삼촌 **以前** yǐqián 명 예전 **获得** huòdé 동 받다, 얻다
奖 jiǎng 명 상

시험에 이렇게 나온다!

짝꿍 표현 **网球**를 활용한 다양한 짝꿍 표현을 알아 둔다.

网球场 wǎngqiúchǎng 테니스장
网球比赛 wǎngqiú bǐsài 테니스 경기
网球运动员 wǎngqiú yùndòngyuán 테니스 선수

28 羽毛球 ★★

yǔmáoqiú

4 명 배드민턴

我受到压力时，会通过打羽毛球来放松自己。

Wǒ shòudào yālì shí, huì tōngguò dǎ yǔmáoqiú lái fàngsōng zìjǐ.

나는 스트레스를 받을 때, 배드민턴 치는 것을 통해 스스로를 편안하게 하곤 한다.

通过 tōngguò 개 ~를 통해

29 汗

hàn

4 명 땀

我打篮球出了点儿汗，下午要回家换个衣服。

Wǒ dǎ lánqiú chūle diǎnr hàn, xiàwǔ yào huí jiā huàn ge yīfu.

나는 농구하고 땀이 조금 나서, 오후에 집에 돌아가 옷을 바꿔 입으려고 한다.

换 huàn 동 바꾸다

시험에 이렇게 나온다!

짝꿍 표현 **汗**은 동사 **出**(chū, 나다, 나오다)와 함께 **出汗**(땀이 나다)이라는 표현으로 자주 출제된다.

30 力气 ★★

lìqi

④ 급수

명 **힘, 역량**

我腿疼得很厉害，这么高的山没有力气爬上去了。(술어)

Wǒ tuǐ téng de hěn lìhai, zhème gāo de shān méiyǒu lìqi pá shàngqu le.

나는 다리가 심하게 아파서, 이렇게 높은 산을 오를 힘이 없다.

腿 tuǐ 명 다리 **疼** téng 형 아프다 **厉害** lìhai 형 심하다
爬 pá 동 오르다

시험에 이렇게 나온다!

작문 노하우 쓰기 제2부분에서는 제시어 **力气**와 함께 남자 여자 둘이 팔씨름을 하고 있는 사진이 자주 출제된다. 이때 '**我的力气比你更** + ……(나의 힘은 너보다 더욱 ~하다)'을 사용하여 쉽게 작문할 수 있다.

我的力气比你更大/小 나의 힘은 너보다 더욱 세다/약하다

31 棒 ★★★

bàng

④ 형 **대단하다, (성적이) 좋다, (수준이) 높다**

你太棒了，最后三分钟竟然又进了两球！

Nǐ tài bàng le, zuìhòu sān fēn zhōng jìngrán yòu jìnle liǎng qiú!

너 정말 대단해, 마지막 3분에 놀랍게도 또 두 골이나 넣었어!

最后 zuìhòu 명 마지막 **竟然** jìngrán 부 놀랍게도, 의외로

32 好处 ★★★

hǎochù

④ 명 **이로운 점, 이익, 장점**

每天坚持锻炼对身体有好处。

Měitiān jiānchí duànliàn duì shēntǐ yǒu hǎochù.

매일 꾸준히 단련하면 몸에 이로운 점이 있다.

시험에 이렇게 나온다!

짝꿍 표현 **好处**를 활용한 다양한 짝꿍 표현을 함께 알아 둔다.

对……有好处 duì……yǒu hǎochù ~에 이로운 점이 있다
没有任何好处 méiyǒu rènhé hǎochù 아무런 장점이 없다

급수

33 **进行** ★★
jìnxíng

④ 동 **진행하다**

술어

由于新的运动员加入，比赛进行得很顺利。
Yóuyú xīn de yùndòngyuán jiārù, bǐsài jìnxíng de hěn shùnlì.
새로운 운동 선수들이 참가했기 때문에, 경기는 순조롭게 진행되었다.

由于 yóuyú 접 ~때문에 **加入** jiārù 동 참가하다, 가입하다
顺利 shùnlì 형 순조롭다

시험에 이렇게 나온다!

짝꿍표현 进行을 활용한 다양한 짝꿍 표현을 함께 알아 둔다.

进行考试 jìnxíng kǎoshì 시험을 진행하다
进行计划 jìnxíng jìhuà 계획을 진행하다
进行调查 jìnxíng diàochá 조사를 진행하다

34 **报名** ★★
bàomíng

④ 동 **신청하다, 등록하다**

上千人报名参加这次网球比赛。
Shàng qiān rén bàomíng cānjiā zhè cì wǎngqiú bǐsài.
수 천명의 사람이 이번 테니스 경기에 참가하는 것을 신청했다.

시험에 이렇게 나온다!

짝꿍표현 报名은 '**报名 + 参加** + 명사(~에 참가하는 것을 신청하다)'와 같은 형태로 자주 출제된다.

报名参加考试 bàomíng cānjiā kǎoshì 시험에 참가하는 것을 신청하다
报名参加活动 bàomíng cānjiā huódòng 행사에 참가하는 것을 신청하다
报名参加聚会 bàomíng cānjiā jùhuì 모임에 참가하는 것을 신청하다

35 **只要**
zhǐyào

④ 접 **~하기만 하면**

只要你坚持练习骑车，有一天你就会了。
zhǐyào nǐ jiānchí liànxí qí chē, yǒu yì tiān nǐ jiù huì le.
자전거 타는 연습을 꾸준히 하기만 하면, 어느 날에 너는 탈 줄 알게 될 것이다.

练习 liànxí 동 연습하다

36 **正常**
zhèngcháng

급수

4 [형] **정상이다, 정상적이다**

你突然抬了这么重的箱子，胳膊酸很正常。 술어
Nǐ tūrán táile zhème zhòng de xiāngzi, gēbo suān hěn zhèngcháng.
당신이 갑자기 이렇게 무거운 상자를 들었으니, 팔이 시큰거리는 것이 정상이에요.

突然 tūrán [부] 갑자기 **抬** tái [동] 들다 **重** zhòng [형] 무겁다
箱子 xiāngzi [명] 상자 **胳膊** gēbo [명] 팔
酸 suān [형] (몸이) 시큰하다, 시리다

37 **躺**
tǎng

4 [동] **눕다, 드러눕다**

如果身体不舒服的话，应该躺着休息一会儿。
Rúguǒ shēntǐ bù shūfu dehuà, yīnggāi tǎngzhe xiūxi yíhuìr.
만약 몸이 불편하다면, 누워서 잠시 쉬어야 한다.

舒服 shūfu [형] 편안하다 **一会儿** yíhuìr [수량] 잠시

시험에 이렇게 나온다!

[작문 노하우] 쓰기 제2부분에서는 제시어 **躺**과 함께 한 사람이 쇼파 또는 침대에 누워 있는 사진이 자주 출제된다. 이때 **她(他)躺着** + 동사(+ 명사)(그녀(그)는 누워서 ~하고 있다)라는 문장으로 쉽게 작문할 수 있다.

她(他)躺着+听音乐/看书/吃饼干。
그녀(그)는 누워서 음악을 듣고 있다/책을 보고 있다/과자를 먹고 있다.

38 **梦**
mèng

4 [명] **꿈** [동] **꿈을 꾸다**

压力比较大的时候，有可能会做好几个梦。
Yālì bǐjiào dà de shíhou, yǒu kěnéng huì zuò hǎo jǐ ge mèng.
스트레스가 비교적 클 때, 여러 개의 꿈을 꿀 가능성이 있다.

昨晚我梦到自己成了著名的演员。
Zuó wǎn wǒ mèng dào zìjǐ chéngle zhùmíng de yǎnyuán.
어젯밤에 나는 유명한 배우가 되는 꿈을 꾸었다.

比较 bǐjiào [부] 비교적 **有可能** yǒu kěnéng ~할 가능성이 있다
著名 zhùmíng [형] 유명하다, 저명하다 **演员** yǎnyuán [명] 배우

39 **按时** ★★★

ànshí

급수 4 부 **제때에, 규정된 시간에 따라**

不管今天下雨还是不下雨，运动会都会按时举行。(술어: 举行)

Bùguǎn jīntiān xiàyǔ háishi bú xiàyǔ, yùndònghuì dōu huì ànshí jǔxíng.

오늘 비가 내리든 안 내리든 관계없이, 운동회는 제때에 열릴 것이다.

不管……还是…… bùguǎn……háishi…… ~든 관계없이

시험에 이렇게 나온다!

짝꿍 표현 자주 쓰이는 '**按时** + 동사' 짝꿍 표현을 알아 둔다.

按时吃药 ànshí chī yào 제때에 약을 먹다
按时下班 ànshí xiàbān 제때에 퇴근하다
按时参加 ànshí cānjiā 제때에 참석하다
按时完成 ànshí wánchéng 제때에 완성하다

40 **缺少** ★★

quēshǎo

4 동 **부족하다, 모자라다**

你平时缺少锻炼，所以跑了这么长时间后会觉得腿很疼。

Nǐ píngshí quēshǎo duànliàn, suǒyǐ pǎole zhème cháng shíjiān hòu huì juéde tuǐ hěn téng.

당신이 평소에 단련하는 것이 부족하기 때문에, 이렇게 오랜 시간을 달린 후에는 다리가 아프다고 느낄 거예요.

시험에 이렇게 나온다!

짝꿍 표현 자주 쓰이는 '**缺少** + 목적어' 짝꿍 표현을 알아 둔다.

缺少经验 quēshǎo jīngyàn 경험이 부족하다
缺少阳光 quēshǎo yángguāng 햇빛이 부족하다
缺少材料 quēshǎo cáiliào 자료가 부족하다
缺少运动 quēshǎo yùndòng 운동이 부족하다
缺少耐心 quēshǎo nàixīn 인내심이 부족하다

연습문제 **체크체크!**

단어의 뜻을 오른쪽 보기에서 찾아 연결하세요.

01 水

02 健康

03 网球

04 散步

05 瘦

ⓐ 테니스

ⓑ 쉽다

ⓒ 물

ⓓ 건강하다

ⓔ 산책하다

ⓕ 마르다, 여위다

문장을 읽고 빈칸에 들어 갈 단어를 찾아 적어보세요.

ⓐ 好处　ⓑ 赢　ⓒ 简单　ⓓ 运动　ⓔ 进行

06 比赛已经______到一半了。

07 今天空气好，适合到外面______。

08 坚持锻炼对身体有______。

09 你的身体还没恢复好，就做些______的运动吧。

10 我们队最后______了这场篮球赛。

정답 : 01 ⓒ 02 ⓓ 03 ⓐ 04 ⓔ 05 ⓕ 06 ⓔ 07 ⓓ 08 ⓐ 09 ⓒ 10 ⓑ

* 06~10번 문제 해석과 추가 <Day별 단어 퀴즈 PDF>를 해커스중국어(china.Hackers.com)에서 다운로드 받으세요.

품사별로 헤쳐 모여!

앞에서 외운 단어들을 품사별로 다시 한 번 확인합니다.

☑ 잘 외워지지 않은 단어는 □에 체크해 두고 다음에 반복 암기합니다.

명사

□□□	水 1급	shuǐ	명 물
□□□	比赛 3급	bǐsài	명 경기, 시합
□□□	体育 3급	tǐyù	명 체육, 스포츠
□□□	压力 4급	yālì	명 스트레스, 부담
□□□	乒乓球 4급	pīngpāngqiú	명 탁구
□□□	网球 4급	wǎngqiú	명 테니스
□□□	羽毛球 4급	yǔmáoqiú	명 배드민턴
□□□	汗 4급	hàn	명 땀
□□□	力气 4급	lìqi	명 힘, 역량
□□□	好处 4급	hǎochù	명 이로운 점, 이익, 장점
□□□	梦 4급	mèng	명 꿈

동사

□□□	做 1급	zuò	동 하다, 만들다
□□□	在 1급	zài	동 ~에 있다, 존재하다 개 ~에서 부 ~하고 있는 중이다
□□□	运动 2급	yùndòng	동 운동하다 명 운동
□□□	跑步 2급	pǎobù	동 달리다, 뛰다
□□□	锻炼 3급	duànliàn	동 단련하다
□□□	起来 3급	qǐlai	동 일어서다, 일어나다
□□□	减肥 4급	jiǎnféi	동 다이어트하다, 살을 빼다
□□□	散步 4급	sànbù	동 산책하다
□□□	放松 4급	fàngsōng	동 (마음을) 편하게 하다, 긴장을 풀다
□□□	赢 4급	yíng	동 이기다

□□□	输 4급	shū	동 패하다, 지다
□□□	进行 4급	jìnxíng	동 진행하다
□□□	报名 4급	bàomíng	동 신청하다, 등록하다
□□□	躺 4급	tǎng	동 눕다, 드러눕다
□□□	缺少 4급	quēshǎo	동 부족하다, 모자라다

형용사

□□□	累 2급	lèi	형 피곤하다, 지치다
□□□	健康 3급	jiànkāng	형 건강하다
□□□	重要 3급	zhòngyào	형 중요하다
□□□	简单 3급	jiǎndān	형 간단하다, 단순하다
□□□	容易 3급	róngyì	형 쉽다
□□□	瘦 3급	shòu	형 마르다, 여위다
□□□	棒 4급	bàng	형 대단하다, (성적이) 좋다, (수준이) 높다
□□□	正常 4급	zhèngcháng	형 정상이다, 정상적이다

부사

□□□	按时 4급	ànshí	부 제때에, 규정된 시간에 따라

접속사

□□□	如果 3급	rúguǒ	접 만약
□□□	只要 4급	zhǐyào	접 ~하기만 하면

조동사

□□□	会 1급	huì	조동 ~할 것이다, (배워서) ~을 할 수 있다

기타

□□□	踢足球 2급	tī zúqiú	축구를 하다
□□□	打篮球 2급	dǎ lánqiú	농구를 하다

DAY 15

해커스 HSK1-4급 단어장

침대 밖은 위험해

여가 · 취미

주제를 알면 HSK가 보인다!

HSK 4급에서는 취미 생활이나 여가 계획 등을 묻는 문제가 자주 출제돼요. 따라서 '계획', '모임'처럼 여가·취미와 관련된 단어를 익혀두면 이러한 문제를 쉽게 풀 수 있어요.

단어, 예문 MP3

최고로 행복한 나의 취미

퇴근하고 아무 것도 안 하니까 너무 무료하네... 往往 취미 생활을 즐기면 몸도 더 轻松해지겠지?
요즘 免费로 배울 수 있는 것도 많다던데...
벌떡!
그래!! 취미 计划를 좀 세워봐야겠다.
끄응
짠-
♥ 미소의 하루 ♥
5시 기상
6-7시 무료 중국어 인강
7-8시 필라테스 수업
8-9시 독서 聚会
매주 일요일 등산 가기!
아주 만족스럽군 뭔가 설레이는걸?
일주일 후
역시 침대 밖은 위험해...

28 **往往** wǎngwǎng [부] 종종, 자주

26 **轻松** qīngsōng [형] 편안하다, 수월하다, 가뿐하다

30 **免费** miǎnfèi [동] 무료로 하다

27 **计划** jìhuà [명] 계획

33 **聚会** jùhuì [명] 모임

급수

01 爱好
àihào

3 명 취미

술어

看京剧是我和弟弟的共同爱好。
Kàn jīngjù shì wǒ hé dìdi de gòngtóng àihào.
경극을 보는 것은 나와 남동생의 공통 취미이다.

共同 gòngtóng 형 공통의

시험에 이렇게 나온다!

짝꿍 표현 '명사 + **爱好者**(àihàozhě, ~ 애호가)'라는 표현도 자주 출제되므로 함께 알아 둔다.

京剧爱好者 jīngjù àihàozhě 경극 애호가
体育爱好者 tǐyù àihàozhě 운동 애호가
网球爱好者 wǎngqiú àihàozhě 테니스 애호가

02 狗
gǒu

1 명 개

狗对人非常友好，很容易和人成为好朋友。
Gǒu duì rén fēicháng yǒuhǎo, hěn róngyì hé rén chéngwéi hǎo péngyou.
개는 사람에게 매우 우호적이라서, 사람과 좋은 친구가 되기 쉽다.

友好 yǒuhǎo 형 우호적이다 **容易** róngyì 형 ~하기 쉽다
成为 chéngwéi 동 ~가 되다

잠깐 '강아지'는 앞에 小(작다)를 붙여서 小狗(xiǎo gǒu, 강아지)라고 해요!

03 猫
māo

1 명 고양이

养猫并不简单，所以你要想好再养。
Yǎng māo bìng bù jiǎndān, suǒyǐ nǐ yào xiǎnghǎo zài yǎng.
고양이를 기르는 것은 결코 간단하지 않아서, 당신은 잘 생각하고 나서 길러야 한다.

养 yǎng 동 기르다 **并** bìng 부 결코

잠깐 '아기고양이'는 앞에 小(작다)를 붙여서 小猫(xiǎo māo, 아기고양이)라고 해요!

급수

04 **回**
huí

❶ 동 **돌아오다, 돌아가다**

술어

儿子放假回来了，他为家人带来了很多礼物。
Érzi fàngjià huílai le, tā wèi jiārén dàilaile hěn duō lǐwù.
아들이 방학을 해서 돌아왔는데, 그는 가족을 위해 많은 선물을 가지고 왔다.

放假 fàngjià 동 방학하다 **为** wèi 개 ~을 위해

05 **唱歌**
chànggē

❷ 동 **노래를 부르다**

这首歌我非常熟悉，可是不清楚唱歌的人是谁。
Zhè shǒu gē wǒ fēicháng shúxi, kěshì bù qīngchu chànggē de rén shì shéi.
나는 이 노래가 매우 익숙한데, 그러나 노래를 부른 사람이 누구인지 확실하지 않다.

首 shǒu 양 [시, 노래 등을 세는 단위] **歌** gē 명 노래
熟悉 shúxi 형 익숙하다 **清楚** qīngchu 형 확실하다, 분명하다

06 **游泳**
yóuyǒng

❷ 명 **수영** 동 **수영하다**

我和我妻子一起报名参加了游泳班，每星期六我们去游泳。
Wǒ hé wǒ qīzi yìqǐ bàomíng cānjiāle yóuyǒng bān, měi xīngqīliù wǒmen qù yóuyǒng.
나와 아내는 함께 수영 반에 참가 신청을 해서, 매주 토요일마다 우리는 수영하러 간다.

报名 bàomíng 동 신청하다 **班** bān 명 반, 조

07 **鱼**
yú

❷ 명 **물고기, 생선**

爸爸养的这些鱼价格比普通的鱼贵很多倍。
Bàba yǎng de zhèxiē yú jiàgé bǐ pǔtōng de yú guì hěn duō bèi.
아빠가 기르는 이 물고기들은 가격이 보통 물고기보다 몇 배는 비싸다.

普通 pǔtōng 형 보통이다 **倍** bèi 양 배

08 **吧**
ba

② 조 [문장 끝에 쓰여 청유·명령·추측을 나타냄]

급수

我们喝点儿饮料吧，你要喝什么？ (술어)
Wǒmen hē diǎnr yǐnliào ba, nǐ yào hē shénme?
우리 음료 좀 마시자. 너는 뭐 마실래?

听说你要结婚了，准备得很顺利吧？
Tīngshuō nǐ yào jiéhūn le, zhǔnbèi de hěn shùnlì ba?
듣자 하니 당신 곧 결혼한다던데, 준비는 순조롭게 되고 있죠?

饮料 yǐnliào 명 음료 **结婚** jiéhūn 동 결혼하다 **顺利** shùnlì 형 순조롭다

09 **感兴趣**
gǎn xìngqù

③ 관심이 있다, 흥미가 있다

我的外国朋友对中国文化很感兴趣。
Wǒ de wàiguó péngyou duì Zhōngguó wénhuà hěn gǎn xìngqù.
내 외국 친구는 중국 문화에 관심이 있다.

文化 wénhuà 명 문화

시험에 이렇게 나온다!

짝꿍 표현 感兴趣를 활용한 다양한 짝꿍 표현을 알아 둔다.
- **对……很感兴趣** duì……hěn gǎn xìngqù ~에 관심이 있다
- **没感兴趣** méi gǎn xìngqù 흥미를 느끼지 못했다, 흥미가 없다
- **不感兴趣** bù gǎn xìngqù 흥미를 느끼지 않는다, 흥미가 없다

10 **画** ★★★
huà

③ 동 (그림을) 그리다 명 그림

小明喜欢画画儿，他把自己的画挂在客厅里了。
Xiǎo Míng xǐhuan huàhuàr, tā bǎ zìjǐ de huà guà zài kètīng li le.
샤오밍은 그림 그리는 것을 좋아하는데, 그는 자신의 그림을 거실에 걸어 두었다.

挂 guà 동 걸다 **客厅** kètīng 명 거실

시험에 이렇게 나온다!

짝꿍 표현 画를 활용한 다양한 짝꿍 표현을 알아 둔다.
- **画画儿** huàhuàr 그림을 그리다
- **挂画儿** guà huàr 그림을 걸다
- **山水画** shānshuǐhuà 산수화
- **中国画** Zhōngguó huà 중국화
- **画家** huàjiā 화가

잠깐 명사 뜻으로 사용될 때에는 보통 画뒤에 儿을 붙인답니다!

11 **游戏**
yóuxì

3 명 **게임, 놀이**

周末父母应该多陪孩子玩儿，比如做游戏、看书等。

Zhōumò fùmǔ yīnggāi duō péi háizi wánr, bǐrú zuò yóuxì, kàn shū děng.

주말에 부모는 아이와 함께 많이 놀아주어야 한다. 예를 들면 게임을 하거나, 책을 보는 것 등이다.

陪 péi 동 함께하다, 모시다　**比如** bǐrú 동 예를 들면 ~이다

시험에 이렇게 나온다!

짝꿍표현 **游戏**는 동사 **玩儿**(wánr, 놀다), **打**(dǎ, 하다)와 자주 쓰인다. 이때 **游戏**는 보통 컴퓨터 게임을 나타낸다.

玩儿游戏 wánr yóuxì (컴퓨터) 게임을 하다

打游戏 dǎ yóuxì (컴퓨터) 게임을 하다

12 **聊天(儿)**
liáotiān(r)

3 동 **수다를 떨다, 잡담하다**

有时到处走走，跟旁边的人聊聊天儿也很好的。

Yǒushí dàochù zǒuzou, gēn pángbiān de rén liáoliáotiānr yě hěn hǎo de.

때로는 여기저기 좀 걷고, 옆에 있는 사람과 함께 수다를 떠는 것도 좋다.

到处 dàochù 부 여기저기

13 **爬山**
páshān

3 동 **등산하다**

爬山对身体健康很好，而且爬到山顶心情也很好。

Páshān duì shēntǐ jiànkāng hěn hǎo, érqiě pá dào shāndǐng xīnqíng yě hěn hǎo.

등산하는 것은 신체 건강에 좋고, 게다가 산 정상까지 올라가면 기분도 좋아진다.

健康 jiànkāng 형 건강하다　**而且** érqiě 접 게다가　**山顶** shāndǐng 명 산 정상

14 **饮料**
yǐnliào

3 명 **음료**

运动后喝一杯饮料，会让我觉得非常舒服。

Yùndòng hòu hē yì bēi yǐnliào, huì ràng wǒ juéde fēicháng shūfu.

운동 후에 음료 한 잔을 마시는 것은 나를 아주 상쾌하다고 느끼게 한다.

舒服 shūfu 형 상쾌하다

15 照片
zhàopiàn

급수

③ 명 **사진**

술어

每次看到我高中时的照片，我会回忆起那段快乐的生活。

Měi cì kàn dào wǒ gāozhōng shí de zhàopiàn, wǒ huì huíyì qǐ nà duàn kuàilè de shēnghuó.

매번 고등학교 시절 사진을 볼 때마다, 나는 즐거웠던 그 때의 생활을 회상한다.

高中 gāozhōng 명 고등학교 **回忆** huíyì 동 회상하다
段 duàn 양 시간의 일정한 거리를 나타냄

16 照相机
zhàoxiàngjī

③ 명 **사진기**

这台照相机是妈妈送我的，我经常用它自拍。

Zhè tái zhàoxiàngjī shì māma sòng wǒ de, wǒ jīngcháng yòng tā zìpāi.

이 사진기는 엄마가 나에게 선물해준 것인데, 나는 이것으로 자주 셀카를 찍는다.

台 tái 양 대(기계 등을 세는 단위) **自拍** zìpāi 동 셀카를 찍다

시험에 이렇게 나온다!

듣기 독해 **照相机**는 **照相**(zhàoxiàng, 사진을 찍다)과 **机**(jī, 기계)가 합쳐진 단어이다. 참고로, **相机**(xiàngjī, 카메라)라고 말하기도 한다. '사진을 찍다'를 나타내는 단어 또한 듣기 또는 독해에서 자주 출제되므로 함께 알아 둔다.

照相 zhàoxiàng 사진을 찍다
拍照 pāizhào 사진을 찍다

17 多么
duōme

③ 부 **얼마나**

周末一直在家看电视，多么开心啊！

Zhōumò yìzhí zài jiā kàn diànshì, duōme kāixīn a!

주말에 줄곧 집에서 텔레비전을 보다니 얼마나 즐거운가!

开心 kāixīn 형 즐겁다

시험에 이렇게 나온다!

짝꿍 표현 **多么**는 **多么** + 형용사 + **啊**!(얼마나 ~한가!)라는 감탄을 나타내는 표현으로 주로 출제된다.

18 **可爱**
kě'ài

③ 급수

형 **귀엽다, 사랑스럽다**

我去过四川，那里的熊猫长得特别可爱。 (술어)
wǒ qùguo Sìchuān, nàli de xióngmāo zhǎng de tèbié kě'ài.
나는 쓰촨에 가 본 적이 있는데, 그곳의 판다는 매우 귀엽게 생겼다.

四川 Sìchuān 고유 쓰촨, 사천 **熊猫** xióngmāo 명 판다 **长** zhǎng 동 생기다

19 **动物**
dòngwù

③ 명 **동물**

现在的小孩子们可以通过电视节目看到很多动物。
Xiànzài de xiǎoháizimen kěyǐ tōngguò diànshì jiémù kàndào hěn duō dòngwù.
요즘 어린이들은 TV 프로그램을 통해 많은 동물을 볼 수 있다.

通过 tōngguò 개 ~를 통해 **节目** jiémù 명 프로그램

20 **只**
zhī

③ 양 **마리, 짝**

这只小狗刚出生一个月。
Zhè zhī xiǎo gǒu gāng chūshēng yí ge yuè.
이 강아지는 태어난 지 막 한 달이 되었다.

刚 gāng 부 막, 방금 **出生** chūshēng 동 태어나다

잠깐 양사가 '대사 + 양사 + 명사' 형태로 쓰였을 때에는 굳이 해석하지 않는다.

21 **马**
mǎ

③ 명 **말**

我女儿学过游泳和乒乓球，最近在学骑马。
Wǒ nǚ'ér xuéguo yóuyǒng hé pīngpāngqiú, zuìjìn zài xué qí mǎ.
내 딸은 수영과 탁구를 배운 적이 있고, 요즘은 말 타는 것을 배우고 있다.

乒乓球 pīngpāngqiú 명 탁구 **骑** qí 동 (말·자전거·오토바이 등을) 타다

22 **鸟**
niǎo

③ 명 **새**

鸟不但很聪明，而且很可爱。
Niǎo búdàn hěn cōngming, érqiě hěn kě'ài.
새는 똑똑할 뿐만 아니라, 게다가 귀엽기까지 하다.

不但……而且…… búdàn……érqiě…… ~할 뿐만 아니라, 게다가
聪明 cōngming 형 똑똑하다

23 **老虎**
lǎohǔ

급수 4 [명] **호랑이**

老虎是受国家保护的动物。
Lǎohǔ shì shòu guójiā bǎohù de dòngwù.
호랑이는 국가 보호를 받는 동물이다.

受 shòu [동] 받다 **国家** guójiā [명] 국가 **保护** bǎohù [동] 보호하다

24 **然后**
ránhòu

3 [접] **그 다음에, 그런 후에**

妈妈先陪孩子上钢琴班，然后回来的路上去了趟商店。
Māma xiān péi háizi shàng gāngqín bān, ránhòu huílai de lùshang qùle tàng shāngdiàn.
엄마는 먼저 아이와 함께 피아노 수업을 들었고, 그 다음에 돌아오는 길에 상점에 갔다.

钢琴 gāngqín [명] 피아노 **趟** tàng [양] 번, 차례

25 **共同** ★★★
gòngtóng

4 [형] **공통의, 공동의** [부] **함께, 다 같이**

小李和她妹妹有共同爱好，她俩都是体育爱好者。
Xiǎo Lǐ hé tā mèimei yǒu gòngtóng àihào, tā liǎ dōu shì tǐyù àihàozhě.
샤오리와 그녀의 여동생은 공통 취미가 있는데, 그녀 둘 모두 스포츠 애호가이다.

这次活动由我们和学校共同举办。
Zhè cì huódòng yóu wǒmen hé xuéxiào gòngtóng jǔbàn.
이번 행사는 우리와 학교가 함께 개최한다.

体育 tǐyù [명] 스포츠, 체육 **由** yóu [개] ~이[일이나 동작의 주체를 나타냄]
举办 jǔbàn [동] 개최하다

시험에 이렇게 나온다!

[짝꿍 표현] **共同**을 활용한 다양한 짝꿍 표현을 알아 둔다. 참고로, 형용사 **共同**은 **的** 없이 명사를 꾸미는 경우가 많다는 것도 알아 두자.

共同爱好 gòngtóng àihào 공통 취미
共同语言 gòngtóng yǔyán 공통 언어
共同兴趣 gòngtóng xìngqù 공통 흥미
共同的责任 gòngtóng de zérèn 공통의 책임
共同举办 gòngtóng jǔbàn 함께 개최하다
共同商量 gòngtóng shāngliang 함께 상의하다

급수

26 **轻松** ★★
qīngsōng

4 형 **편안하다, 수월하다, 가뿐하다**

술어

周末对于普通人来说，就是轻松愉快的时候。
Zhōumò duìyú pǔtōng rén láishuō, jiù shì qīngsōng yúkuài de shíhou.
주말은 일반 사람들에게 있어서 편안하고 유쾌한 시간이다.

普通 pǔtōng 형 일반적이다

27 **计划** ★★★
jìhuà

4 동 **~할 계획이다** 명 **계획**

我下星期计划去上海玩儿，你有什么计划？
Wǒ xià xīngqī jìhuà qù Shànghǎi wánr, nǐ yǒu shénme jìhuà?
나는 다음주에 상하이에 가서 놀 계획인데, 당신은 무슨 계획이 있나요?

上海 Shànghǎi 고유 상하이, 상해

28 **往往** ★★★
wǎngwǎng

4 부 **종종, 자주**

小丽的爱好是看小说，她往往看到晚上十二点才睡。
Xiǎo Lì de àihào shì kàn xiǎoshuō, tā wǎngwǎng kàndào wǎnshang shí'èr diǎn cái shuì.
샤오리의 취미는 소설 보기인데, 그녀는 종종 저녁 12시까지 보고 나서야 잠을 잔다.

才 cái 부 ~서야

29 **随便** ★★
suíbiàn

4 부 **마음대로, 좋을 대로** 동 **마음대로 하다**

今天早上我随便穿一件衣服去散步了。
Jīntiān zǎoshang wǒ suíbiàn chuān yí jiàn yīfu qù sànbù le.
오늘 아침에 나는 마음대로 옷을 입고 산책했다.

30 **免费** ★★★
miǎnfèi

급수
④ 동 **무료로 하다**

술어
我家附近有免费的小电影院，那里受孩子们的欢迎。
Wǒjiā fùjìn yǒu miǎnfèi de xiǎo diànyǐngyuàn, nàli shòu háizimen de huānyíng.
우리 집 근처에는 무료로 하는 작은 영화관이 있는데, 그곳은 아이들에게 인기가 많다.

电影院 diànyǐngyuàn 명 영화관
受……的欢迎 shòu……de huānyíng ~에게 인기가 많다, ~의 환영을 받다

31 **举办** ★★★
jǔbàn

④ 동 **개최하다, 열다**

公司下个月举办网球比赛，因此我每天晚上练习半个小时。
Gōngsī xià ge yuè jǔbàn wǎngqiú bǐsài, yīncǐ wǒ měitiān wǎnshang liànxí bàn ge xiǎoshí.
회사에서 다음 달에 테니스 시합을 개최하는데, 그래서 나는 매일 저녁에 30분 동안 연습한다.

网球 wǎngqiú 명 테니스 **练习** liànxí 동 연습하다

시험에 이렇게 나온다!

짝꿍 표현 **举办**을 활용한 다양한 '**举办** + 명사' 짝꿍 표현을 알아 둔다.
举办会议 jǔbàn huìyì 회의를 개최하다
举办活动 jǔbàn huódòng 행사를 개최하다
举办运动会 jǔbàn yùndònghuì 운동회를 개최하다
举办年会 jǔbàn niánhuì 송년회를 개최하다

32 **邀请**
yāoqǐng

④ 동 **초대하다, 초청하다**

昨天我邀请了几位朋友来尝我做的酸辣汤。
Zuótiān wǒ yāoqǐngle jǐ wèi péngyou lái cháng wǒ zuò de suānlàtāng.
어제 나는 몇 명의 친구를 초대해서 내가 만든 쏸라탕을 맛보게 했다.

尝 cháng 동 맛보다 **酸辣汤** suānlàtāng 명 쏸라탕

★★★ = 출제율 최상 ★★ = 출제율 상

급수

33 **聚会** ★★
jùhuì

4 명 **모임** 동 **모이다**

同学聚会安排在下个礼拜天，大部分同学都来参加。
술어
Tóngxué jùhuì ānpái zài xià ge lǐbàitiān, dàbùfen tóngxué dōu lái cānjiā.
동창 모임이 다음 주 일요일에 배정되어 있는데, 대부분의 동창들이 모두 참석한다.

安排 ānpái 동 배정하다, 처리하다 **礼拜天** lǐbàitiān 명 일요일
大部分 dàbùfen 명 대부분

34 **郊区** ★★
jiāoqū

4 명 **교외, (도시의) 변두리**

花开了，咱们去郊区玩儿吧。
Huā kāi le, zánmen qù jiāoqū wánr ba.
꽃도 피었는데, 우리 교외에 가서 놀아요.

花 huā 명 꽃

35 **相同** ★★
xiāngtóng

4 형 **서로 같다, 똑같다**

他们都来自不同职业，却有相同的爱好。
Tāmen dōu láizì bùtóng zhíyè, què yǒu xiāngtóng de àihào.
그들은 모두 다른 직종에서 왔다. 그러나 서로 같은 취미가 있다.

来自 láizì 동 ~에서 오다 **职业** zhíyè 명 직종, 직업 **却** què 부 그러나, ~지만

36 **香** ★★
xiāng

4 형 **향기롭다, (음식이) 맛있다**

好香啊，这些都是爸爸做的菜吗？
Hǎo xiāng a, zhèxiē dōu shì bàba zuò de cài ma?
정말 향기롭네요. 이것들 모두 아빠가 만든 요리예요?

啊 a 조 [문장 끝에 쓰여 긍정·감탄·찬탄을 나타냄]

시험에 이렇게 나온다!

작문 노하우 쓰기 제2부분에서는 제시어 **香**과 한 사람이 꽃 향기를 맡는 사진이 자주 출제된다. 이때 '**这些花又香又** + 형용사(이 꽃들은 향기롭고 ~하다)'라는 문장으로 쉽게 작문할 수 있다.

这些花又香又 + 好看/漂亮。 이 꽃들은 향기롭고 예쁘다.

37 盒子

hézi

급수

4 명 상자

술어

妹妹喜欢收集漂亮的盒子，她的房间里有各种各样的盒子。

Mèimei xǐhuan shōují piàoliang de hézi, tā de fángjiān li yǒu gèzhǒnggèyàng de hézi.

여동생은 예쁜 상자를 수집하는 것을 좋아하는데, 그녀의 방에는 각양각색의 상자가 있다.

收集 shōují 동 수집하다　**各种各样** gèzhǒnggèyàng 성 각양각색

시험에 이렇게 나온다!

작문 노하우 쓰기 제2부분에서는 제시어 **盒子**와 한 사람이 상자를 들고 있는 사진이 자주 출제된다. 이때 **这个盒子里面有很** + …… + **东西。**(이 상자 안에는 ~한 물건이 있다.)라는 문장으로 쉽게 작문할 수 있다.

这个盒子里面有很 + 多/轻的/重的东西。
이 상자 안에는 많은/가벼운/무거운 물건이 있다.

38 挺

tǐng

4 부 꽤, 제법, 아주, 매우

这条街一到晚上就很热闹，感觉挺不错的。

Zhè tiáo jiē yí dào wǎnshang jiù hěn rènao, gǎnjué tǐng búcuò de.

이 거리는 저녁이 되기만 하면 시끌벅적해지는데, 느낌이 꽤 좋아요.

条 tiáo 양 [길고 가느다란 것을 세는 단위]　**街** jiē 명 거리
热闹 rènao 형 시끌벅적하다

시험에 이렇게 나온다!

짝꿍 표현 **挺**은 단독으로 사용되기보다 **的**와 함께 **挺……的**(꽤,제법 ~하다)라는 표현으로 사용된다.

挺帅的 tǐng shuài de 꽤 잘생기다
挺严格的 tǐng yángé de 꽤 엄격하다

39 海洋
hǎiyáng

급수 ❹

명 **바다, 해양**

술어

我们打算带孩子去海洋馆看一看海洋动物。

Wǒmen dǎsuan dài háizi qù hǎiyángguǎn kàn yi kàn hǎiyáng dòngwù.

우리는 아이를 데리고 수족관에 가서 바다 동물을 좀 보려고 한다.

打算 dǎsuan 동 ~하려고 한다 **带** dài 동 데리다 **孩子** háizi 명 아이
海洋馆 hǎiyángguǎn 명 수족관

시험에 이렇게 나온다!

짝꿍 표현 **海洋**을 활용한 다양한 짝꿍 표현을 알아 둔다.

海洋馆 hǎiyángguǎn 해양관, 수족관
海洋世界 hǎiyáng shìjiè 해양 세계, 아쿠아 월드
海洋动物 hǎiyáng dòngwù 바다 동물, 해양 동물
海洋球 hǎiyáng qiú 볼풀공(볼풀에 들어가는 여러 색깔의 고무공)

40 不管
bùguǎn

❹

접 **~하든지 간에, ~에 관계없이**

不管有多晚，我都会花半个小时打扫房间。

Bùguǎn yǒu duō wǎn, wǒ dōu huì huā bàn ge xiǎoshí dǎsǎo fángjiān.

얼마나 늦든지 간에, 나는 30분의 시간을 들여서 방을 청소한다.

花 huā 동 (시간을) 들이다, 쓰다 **打扫** dǎsǎo 동 청소하다

시험에 이렇게 나온다!

짝꿍 표현 **不管**은 부사 **都**(dōu, 모두)와 함께 **不管**……, **都**……(~에 관계 없이, 모두 ~)의 형태로 자주 출제된다. 독해 제2부분 문장 순서를 배열하는 문제에서, 두 개의 보기에 각각 **不管**과 **都** 가 있으면 '**不管**이 있는 보기 → **都**가 있는 보기' 순서로 배열한다.

연습문제 **체크체크!**

단어의 뜻을 오른쪽 보기에서 찾아 연결하세요.

01 可爱

02 猫

03 随便

04 爬山

05 计划

ⓐ 등산하다

ⓑ ~할 계획이다, 계획

ⓒ 귀엽다, 사랑스럽다

ⓓ 종종, 자주

ⓔ 고양이

ⓕ 마음대로, 좋을 대로, 마음대로 하다

문장을 읽고 빈칸에 들어 갈 단어를 찾아 적어보세요.

ⓐ 爱好　ⓑ 举办　ⓒ 唱歌　ⓓ 画　ⓔ 免费

06 我不知道是谁在______，不过唱得很好听。

07 他把我______的画儿挂在墙上了。

08 我家附近的______图书馆很受孩子们的欢迎。

09 我们公司下周______羽毛球比赛。

10 打网球是我和弟弟的共同______。

정답 : 01 ⓒ 02 ⓔ 03 ⓕ 04 ⓐ 05 ⓑ 06 ⓒ 07 ⓓ 08 ⓔ 09 ⓑ 10 ⓐ

* 06~10번 문제 해석과 추가 <Day별 단어 퀴즈 PDF>를 해커스중국어(china.Hackers.com)에서 다운로드 받으세요.

품사별로 헤쳐 모여!

앞에서 외운 단어들을 품사별로 다시 한 번 확인합니다.
☑ 잘 외워지지 않은 단어는 □에 체크해 두고 다음에 반복 암기합니다.

명사

□□□	狗 1급	gǒu	명 개
□□□	猫 1급	māo	명 고양이
□□□	游泳 2급	yóuyǒng	명 수영 동 수영하다
□□□	鱼 2급	yú	명 물고기, 생선
□□□	爱好 3급	àihào	명 취미
□□□	游戏 3급	yóuxì	명 게임, 놀이
□□□	饮料 3급	yǐnliào	명 음료
□□□	照片 3급	zhàopiàn	명 사진
□□□	照相机 3급	zhàoxiàngjī	명 사진기
□□□	动物 3급	dòngwù	명 동물
□□□	马 3급	mǎ	명 말
□□□	鸟 3급	niǎo	명 새
□□□	老虎 4급	lǎohǔ	명 호랑이
□□□	聚会 4급	jùhuì	명 모임 동 모이다
□□□	郊区 4급	jiāoqū	명 교외, (도시의) 변두리
□□□	盒子 4급	hézi	명 상자
□□□	海洋 4급	hǎiyáng	명 바다, 해양

동사

□□□	回 1급	huí	동 돌아오다, 돌아가다
□□□	唱歌 2급	chànggē	동 노래를 부르다
□□□	画 3급	huà	동 (그림을) 그리다 명 그림
□□□	聊天(儿) 3급	liáotiān(r)	동 수다를 떨다, 잡담하다
□□□	爬山 3급	páshān	동 등산하다

□□□	计划 4급	jìhuà	동 ~할 계획이다 명 계획
□□□	免费 4급	miǎnfèi	동 무료로 하다
□□□	举办 4급	jǔbàn	동 개최하다, 열다
□□□	邀请 4급	yāoqǐng	동 초대하다, 초청하다

형용사

□□□	可爱 3급	kě'ài	형 귀엽다, 사랑스럽다
□□□	共同 4급	gòngtóng	형 공통의, 공동의 부 함께, 다 같이
□□□	轻松 4급	qīngsōng	형 편안하다, 수월하다, 가뿐하다
□□□	相同 4급	xiāngtóng	형 서로 같다, 똑같다
□□□	香 4급	xiāng	형 향기롭다, (음식이) 맛있다

부사

□□□	多么 3급	duōme	부 얼마나
□□□	往往 4급	wǎngwǎng	부 종종, 자주
□□□	随便 4급	suíbiàn	부 마음대로, 좋을 대로 동 마음대로 하다
□□□	挺 4급	tǐng	부 꽤, 제법, 아주, 매우

양사

□□□	只 3급	zhī	양 마리, 짝

접속사

□□□	然后 3급	ránhòu	접 그 다음에, 그런 후에
□□□	不管 4급	bùguǎn	접 ~하든지 간에, ~에 관계없이

조사

□□□	吧 2급	ba	조 [문장 끝에 쓰여 청유·명령·추측을 나타냄]

기타

□□□	感兴趣 3급	gǎn xìngqù	관심이 있다, 흥미가 있다

DAY

16

해커스 HSK1-4급 단어장

마음의 양식

도서관

주제를 알면 HSK가 보인다!

HSK 4급에서는 책 읽기, 책 대여 및 반납, 책 소개 등과 관련된 문제가 자주 출제돼요. 따라서 '읽다', '페이지', '이해하다', '작가', '소설'처럼 도서관과 관련된 단어를 익혀두면 이러한 문제를 쉽게 풀 수 있어요.

단어, 예문 MP3

이 소설책의 가장 큰 장점은

오랜만에 도서관에 와서 阅读하니까 마음의 양식이 쌓이는 기분이야
시립 도서관
겨우 세 页보고...? 근데 이 책 어려워 보이는데 理解 할 수 있긴 해?
내가 이래 봬도 이 作家의 小说를 정말 좋아한다고!
오 대단한데?
그럼 이 작가의 어떤 부분이 좋은데?
음..
책이 두꺼워서 마음이 참 편안해...
아... 딱 좋다..
그래 그래~

37 **阅读** yuèdú 동 읽다, 열람하다
24 **页** yè 명 페이지, 쪽
30 **理解** lǐjiě 동 이해하다, 알다
20 **作家** zuòjiā 명 작가
25 **小说** xiǎoshuō 명 소설

급수

01 **书**
shū

❶ 명 **책**

长江书店离我公司不远。 술어
Chángjiāng shūdiàn lí wǒ gōngsī bù yuǎn.
창쟝 서점은 우리 회사에서 멀지 않다.

长江 Chángjiāng 고유 창쟝, 장강

시험에 이렇게 나온다!

듣기 **书** 뒤에 **店**(diàn, 상점, 가게)을 붙인 '**书店**(shūdiàn, 서점)'이라는 표현도 자주 출제된다. 듣기에서 대화를 듣고 대화자들이 있는 장소를 추론하는 문제가 출제되는데, 책을 구매·교환하거나 찾는 대화가 나오면 **书店**을 정답으로 선택한다.

02 **看**
kàn

❶ 동 **보다**

我认为看书是最好的学习方法。
Wǒ rènwéi kàn shū shì zuì hǎo de xuéxí fāngfǎ.
나는 책을 보는 것이 가장 좋은 공부 방법이라고 생각한다.

认为 rènwéi 동 생각하다, 여기다 **方法** fāngfǎ 명 방법

03 **读**
dú

❶ 동 **(책을) 읽다**

父母要鼓励孩子多读书。
Fùmǔ yào gǔlì háizi duō dúshū.
부모는 아이들에게 책을 많이 읽으라고 격려해야 한다.

鼓励 gǔlì 동 격려하다, 장려하다

시험에 이렇게 나온다!

듣기 독해 **读书**는 '책을 읽다'라는 뜻도 있지만 '공부하다'라는 뜻도 나타낼 수 있다.
在外国读书 zài wàiguó dúshū 외국에서 공부하다

04 **本** bĕn

❶ 양 권 [책을 세는 단위]

급수

술어

这两本书是高教授写的。

Zhè liǎng běn shū shì Gāo jiàoshòu xiě de.

이 책 두 권은 까오 교수님이 쓴 것이다.

教授 jiàoshòu 명 교수

시험에 이렇게 나온다!

짝꿍 표현 양사 **本**과 자주 쓰이는 '수사/대사 + **本** + 명사' 표현들을 함께 알아 둔다.

那本书 nà běn shū 그 책
这本杂志 zhè běn zázhì 이 잡지
一本小说 yì běn xiǎoshuō 소설 한 권
两本词典 liǎng běn cídiǎn 사전 두 권
三本日记 sān běn rìjì 일기 세 권

05 **图书馆** ★★★ túshūguǎn

❸ 명 도서관

抱歉，这瓶饮料不能带进图书馆去。

Bàoqiàn, zhè píng yǐnliào bù néng dài jìn túshūguǎn qu.

죄송합니다. 이 음료는 도서관에 가지고 들어가실 수 없습니다.

抱歉 bàoqiàn 동 죄송하다, 미안해하다

06 **哪** nǎ

❶ 대 어느, 어디

哪本书是最著名的？

Nǎ běn shū shì zuì zhùmíng de?

어느 책이 가장 유명한가요?

著名 zhùmíng 형 유명하다, 저명하다

시험에 이렇게 나온다!

짝꿍 표현 **哪**는 의문대사로, 주로 다른 양사 또는 명사와 결합하여 '**哪** + 양사/명사(어느 ~)' 형태로 사용된다. 의문을 나타내는 다양한 '**哪** + 양사/명사' 표현을 알아 둔다.

哪些 nǎxiē 어느 ~들
哪个 nǎ ge 어느 것
哪天 nǎ tiān 어느 날
哪种 nǎ zhǒng 어느 종류

급수

07 **里**
li

❶ 명 **안, 안쪽, 내부**

那本书只能在图书馆里看。 술어
Nà běn shū zhǐnéng zài túshūguǎn li kàn.
그 책은 도서관 안에서만 읽을 수 있다.

只能 zhǐnéng 부 ~만 할 수 있다, ~할 수 밖에 없다

시험에 이렇게 나온다!

어법 **里**는 방향을 나타내는 방위사로, 항상 '명사 + **里**' 형태로 쓰이거나, 뒤에 **面**(mian) 또는 **边**(bian) 이 붙은 **里面**(lǐmian, 안) 또는 **里边**(lǐbian, 안쪽)이라는 단어로 주로 쓰인다는 것을 알아 둔다.

冰箱里是空的。 Bīngxiāng li shì kōng de. 냉장고 안이 비어있다.

盒子里面放满了书。 Hézi lǐmian fàngmǎnle shū.
상자 안은 책으로 가득 찼다.

08 **说话**
shuōhuà

❷ 동 **말하다, 이야기하다**

在图书馆里禁止大声说话。
Zài túshūguǎn li jìnzhǐ dàshēng shuōhuà.
도서관 안에서는 큰 소리로 말하는 것을 금지합니다.

禁止 jìnzhǐ 동 금지하다 **大声** dàshēng 명 큰 소리

09 **再**
zài

❷ 부 **다시, 재차**

这本书让我十分感动，我想再读一遍。
Zhè běn shū ràng wǒ shífēn gǎndòng, wǒ xiǎng zài dú yí biàn.
이 책은 나를 매우 감동시켜서, 다시 한번 읽고 싶다.

十分 shífēn 부 매우 **感动** gǎndòng 동 감동하다 **遍** biàn 양 번, 차례

시험에 이렇게 나온다!

짝꿍 표현 **再**를 활용한 '**再** + 동사 + **一遍**(다시 한번 ~하다)' 표현을 알아 둔다.

再说一遍 zài shuō yí biàn 다시 한번 말하다

再发一遍 zài fā yí biàn 다시 한번 보내다

再跳一遍 zài tiào yí biàn 다시 한번 (춤을) 추다

급수

10 **完** wán

❷ [동] **끝내다, 마치다**

술어

他看完书以后会把自己的想法写下来。

Tā kàn wán shū yǐhòu huì bǎ zìjǐ de xiǎngfǎ xiě xiàlai.

그는 책을 다 본 후 자신의 생각을 적어둔다.

想法 xiǎngfǎ [명] 생각, 견해

시험에 이렇게 나온다!

[어법] **完**은 동사 뒤에서 '동사 + **完**(~하는 것을 끝내다, 다 ~하다)' 형태로 자주 사용된다. 여기서 **完**은 동사 뒤에서 동작이 완료되었음을 나타내는 결과보어이다.

看完 kànwán 다 봤다

吃完 chīwán 다 먹었다

卖完 màiwán 다 팔았다

做完 zuò wán 다했다

11 **报纸** bàozhǐ

❷ [명] **신문**

书和报纸都是很好的阅读材料。

Shū hé bàozhǐ dōu shì hěn hǎo de yuèdú cáiliào.

책과 신문은 모두 좋은 읽기 자료이다.

阅读 yuèdú [동] (책 등을) 읽다 **材料** cáiliào [명] 자료

12 **借** ★★ jiè

❸ [동] **빌려 주다, 빌리다**

那本书我帮你借吧，我家对面就是图书馆。

Nà běn shū wǒ bāng nǐ jiè ba, wǒ jiā duìmiàn jiù shì túshūguǎn.

그 책은 제가 빌려다 줄게요. 우리 집 맞은편이 바로 도서관이에요.

对面 duìmiàn [명] 맞은편

시험에 이렇게 나온다!

[듣기] **外借**(wàijiè, 외부로 빌려가다)라는 표현도 자주 출제되므로 함께 알아 둔다.

13 **还** ③ 동 **반납하다, 돌려주다, 갚다**

huán

(급수)

我上次借的书快到期了，后天就得去还。 (술어)

Wǒ shàng cì jiè de shū kuài dàoqī le, hòutiān jiù děi qù huán.

내가 저번에 빌린 책이 곧 기한이 다 돼서, 모레 반납하러 가야 한다.

到期 dàoqī 동 기한이 되다 **后天** hòutiān 명 모레

시험에 이렇게 나온다!

> 듣기 듣기에서 대화를 듣고 대화자들이 있는 장소를 추론하는 문제가 출제되는데, **还**, **借**(jiè, 빌리다), **书**(shū, 책)와 같은 표현이 언급되면 **图书馆**(túshūguǎn, 도서관)을 정답으로 선택한다.

14 **用** ★★★ ③ 동 **사용하다, 쓰다**

yòng

中国小说《红楼梦》用特别美的语言来讲一家人的故事。

Zhōngguó xiǎoshuō <Hónglóumèng> yòng tèbié měi de yǔyán lái jiǎng yì jiā rén de gùshi.

중국 소설 『홍루몽』은 매우 아름다운 언어로 한 가족의 이야기를 이야기한다.

红楼梦 Hónglóumèng 고유 『홍루몽』 (중국 청나라 때의 장편소설)
语言 yǔyán 명 언어

시험에 이렇게 나온다!

> 어법 **用**은 '주어 + **用**(술어1) + 목적어1 + 술어2(주어가 목적어1로 술어2하다)' 형태의 연동문에서 자주 사용된다.
>
> **中国人一般用筷子吃饭。** Zhōngguórén yìbān yòng kuàizi chīfàn.
> 중국인들은 보통 젓가락으로 밥을 먹는다.

15 **历史** ③ 명 **역사**

lìshǐ

我叔叔打算年底要完成一本历史小说。

Wǒ shūshu dǎsuan niándǐ yào wánchéng yì běn lìshǐ xiǎoshuō.

나의 삼촌은 연말에 역사 소설 한 권을 완성하려고 한다.

年底 niándǐ 명 연말 **完成** wánchéng 동 완성하다

급수

16 **国家**
guójiā

3 명 **국가, 나라**

小强在国家图书馆工作，他对自己的工作很满意。

술어

Xiǎo Qiáng zài guójiā túshūguǎn gōngzuò, tā duì zìjǐ de gōngzuò hěn mǎnyì.

샤오창은 국가 도서관에서 일하는데, 그는 자신의 일에 매우 만족한다.

满意 mǎnyì 동 만족하다

17 **旧**
jiù

3 형 **낡다, 옛날의**

现在人们在网上可以卖自己的旧书。

Xiànzài rénmen zài wǎngshàng kěyǐ mài zìjǐ de jiù shū.

현재 사람들은 인터넷에서 자신의 낡은 책을 팔 수 있다.

网上 wǎngshàng 명 인터넷

18 **笔记本**
bǐjìběn

3 명 **노트북, 노트**

我可以借你的笔记本用一下吗？

Wǒ kěyǐ jiè nǐ de bǐjìběn yòng yíxià ma?

내가 네 노트북을 빌려서 좀 쓸 수 있을까?

一下 yíxià 수량 좀 ~하다

시험에 이렇게 나온다!

듣기 **笔记本**은 명사 **电脑**(diànnǎo, 컴퓨터)와 함께 **笔记本电脑**(노트북 컴퓨터)라는 표현으로도 자주 쓰인다.

19 **句子**
jùzi

3 명 **문장**

这个句子翻译得不太好，我建议你去读原文。

Zhè ge jùzi fānyì de bú tài hǎo, wǒ jiànyì nǐ qù dú yuánwén.

이 문장은 번역이 잘 되어있지 않아서, 저는 원문을 읽는 것을 제안합니다.

建议 jiànyì 동 제안하다 **原文** yuánwén 명 원문

20 **作家** ★★★
zuòjiā

4 급수 ㊅명 **작가**

我很喜欢这位作家，他的书在年轻人中十分流行。 (술어)
Wǒ hěn xǐhuan zhè wèi zuòjiā, tā de shū zài niánqīngrén zhōng shífēn liúxíng.
나는 이 작가를 매우 좋아하는데, 그의 책은 젊은이들 사이에서 매우 유행한다.

年轻人 niánqīngrén 명 젊은이 **流行** liúxíng 동 유행하다

21 **作者**
zuòzhě

4 명 **저자, 지은이**

这些书都是作者根据自己的经历写的。
Zhèxiē shū dōu shì zuòzhě gēnjù zìjǐ de jīnglì xiě de.
이 책들은 모두 저자가 자신의 경험에 근거하여 쓴 것이다.

根据 gēnjù 개 ~에 근거하여 **经历** jīnglì 명 경험

22 **文章** ★★
wénzhāng

4 명 **글, 문장, 저작**

好文章往往内容丰富，而且语言简单有趣。
Hǎo wénzhāng wǎngwǎng nèiróng fēngfù, érqiě yǔyán jiǎndān yǒuqù.
좋은 글은 흔히 내용이 풍부하고, 게다가 언어가 쉽고 재미있다.

内容 nèiróng 명 내용 **丰富** fēngfù 형 풍부하다
简单 jiǎndān 형 쉽다, 간단하다 **有趣** yǒuqù 형 재미있다

23 **篇** ★★★
piān

4 양 **편, 장 [문장·종이의 수를 셀 때 쓰임]**

这篇文章主要谈儿童教育问题。
Zhè piān wénzhāng zhǔyào tán értóng jiàoyù wèntí.
이 글은 아동 교육 문제를 주로 이야기하고 있다.

谈 tán 동 이야기하다, 말하다 **儿童** értóng 명 아동 **教育** jiàoyù 명 교육

시험에 이렇게 나온다!

짝꿍 표현 篇과 자주 쓰이는 '수사/대사 + 篇 + 명사' 짝꿍 표현들을 함께 알아 둔다.

这篇文章 zhè piān wénzhāng 이 글
一篇小说 yì piān xiǎoshuō 소설 한 편
一篇总结 yì piān zǒngjié 총결산 한 편

급수

24 **页** ★★★

yè

4 명 **페이지, 쪽**

술어

这本汉语书我刚才看了几页，但是没怎么看懂。

Zhè běn Hànyǔ shū wǒ gāngcái kànle jǐ yè, dànshì méi zěnme kàndǒng.

이 중국어 책을 나는 방금 몇 페이지 봤지만, 별로 이해하지 못했다.

刚才 gāngcái 부 방금, 조금 전

시험에 이렇게 나온다!

작문 노하우 쓰기 제2부분에서는 제시어 **页**와 함께 책이 펼쳐져 있는 사진 또는 한 사람이 책을 보는 사진이 자주 출제된다. 이때 **这篇** + A + **一共有几页**？(이 A는 모두 몇 페이지인가요?)와 같은 문장으로 쉽게 작문할 수 있다.

这篇文章/小说一共有几页? 이 글/소설은 모두 몇 페이지인가요?

25 **小说** ★★

xiǎoshuō

4 명 **소설**

那位作家的新小说在这六个月内已经卖了20万部。

Nà wèi zuòjiā de xīn xiǎoshuō zài zhè liù ge yuè nèi yǐjīng màile èrshí wàn bù.

그 작가의 새로운 소설은 6개월에 이미 20만부가 팔렸다.

部 bù 양 부

26 **翻译** ★★★

fānyì

4 동 **번역하다, 통역하다** 명 **번역(가), 통역(가)**

马老师写的书被翻译成十几种语言。

Mǎ lǎoshī xiě de shū bèi fānyì chéng shí jǐ zhǒng yǔyán.

마 선생님이 쓴 책은 10여종의 언어로 번역되었다.

种 zhǒng 양 종, 종류

시험에 이렇게 나온다!

짝꿍 표현 **翻译**를 활용한 다양한 짝꿍 표현을 알아 둔다.

翻译成 fānyì chéng ~로 번역(통역)되다
翻译大赛 fānyì dàsài 번역(통역) 대회
翻译材料 fānyì cáiliào 번역(통역) 자료
翻译水平 fānyì shuǐpíng 번역(통역) 수준
当翻译 dāng fānyì 번역(통역)가가 되다
中文翻译 zhōngwén fānyì 중국어 번역(통역)가

27 **而** ★★★
ér

→ 급수

4 [접] **~고, 그리고[역접과 순접을 나타냄],**
~해서[앞뒤의 목적과 원인을 나타내는 성분을 연결함]

读书不能只看数量，而要重视质量。 (→ 술어)
Dúshū bù néng zhǐ kàn shùliàng, ér yào zhòngshì zhìliàng.
책을 읽는 것은 양만 봐서는 안 되고, 질을 중시해야 한다.

商店为了竞争会举办很多活动，而售货员也会变得特别忙。
Shāngdiàn wèile jìngzhēng huì jǔbàn hěn duō huódòng, ér shòuhuòyuán yě huì biàn de tèbié máng.
상점은 경쟁을 위해 많은 행사를 열 것이고, 종업원도 아주 바빠질 것이다.

牛油果因味道像牛油而得名。
Niúyóuguǒ yīn wèidao xiàng niúyóu ér démíng.
아보카도는 맛이 소기름과 같아서 이름을 얻었다.

数量 shùliàng [명] 양, 수량 **重视** zhòngshì [동] 중시하다
质量 zhìliàng [명] 질, 품질 **为了** wèile [개] ~을 위해
竞争 jìngzhēng [동] 경쟁하다 **活动** huódòng [명] 행사
售货员 shòuhuòyuán [명] 종업원 **牛油果** niúyóuguǒ [명] 아보카도
味道 wèidao [명] 맛 **像** xiàng [동] ~와 같다 **牛油** niúyóu [명] 소기름
得名 démíng 이름을 얻다

28 **从来** ★★★
cónglái

4 [부] **지금까지, 여태껏**

这种厚厚的历史书我从来没有读完过。
Zhè zhǒng hòuhòu de lìshǐ shū wǒ cónglái méiyǒu dú wánguo.
이런 두툼한 역사 책은 내가 지금까지 다 읽어본 적이 없다.

厚 hòu [형] 두껍다

시험에 이렇게 나온다!

[짝꿍 표현] **从来**는 부정부사 **不** 또는 **没/没有**와 함께 자주 쓰인다. **从来不/从来没(有)**(지금까지 ~한 적이 없다)를 활용한 다양한 짝꿍 표현을 알아 둔다.

从来不生气 cónglái bù shēngqì 지금까지 화를 낸 적이 없다
从来不说假话 cónglái bù shuō jiǎ huà 지금까지 거짓말한 적이 없다
从来没去过 cónglái méi qùguo 지금까지 가 본 적이 없다
从来没有见过 cónglái méiyǒu jiànguo 지금까지 만난 적이 없다

급수

29 **重** ★★★

zhòng

4 형 **무겁다, 비중이 크다**

술어

我一个人抬不起来这么多的书，实在太重了。

Wǒ yí ge rén tái bu qǐlai zhème duō de shū, shízài tài zhòng le.

나 혼자서는 이렇게 많은 책을 들 수 없어, 정말 너무 무거워.

抬 tái 동 들다 **实在** shízài 부 정말, 확실히

30 **理解** ★★★

lǐjiě

4 동 **이해하다, 알다**

这种小说理解起来有些困难。

Zhè zhǒng xiǎoshuō lǐjiě qǐlai yǒuxiē kùnnan.

이런 종류의 소설은 이해하기가 약간 어렵다.

困难 kùnnan 형 어렵다, 곤란하다

31 **知识** ★★★

zhīshi

4 명 **지식**

多看书，你的知识就会一点儿一点儿积累起来的。

Duō kàn shū, nǐ de zhīshi jiù huì yìdiǎnr yìdiǎnr jīlěi qǐlai de.

책을 많이 보면, 당신의 지식이 조금씩 조금씩 쌓여갈 것이다.

积累 jīlěi 동 쌓이다, 누적되다

시험에 이렇게 나온다!

짝꿍 표현 知识을 활용한 다양한 짝꿍 표현을 알아 둔다.

科学知识 kēxué zhīshi 과학 지식
基础知识 jīchǔ zhīshi 기초 지식
丰富的知识 fēngfù de zhīshi 풍부한 지식
积累知识 jīlěi zhīshi 지식을 쌓다

32 **方面** ★★

fāngmiàn

4 명 **분야, 방면, 부분**

我在省图书馆看到了中国文化方面的书。

Wǒ zài shěng túshūguǎn kàndàole Zhōngguó wénhuà fāngmiàn de shū.

저는 성 도서관에서 중국 문화 분야의 책을 봤어요.

文化 wénhuà 명 문화

잠깐 省(shěng)은 중국의 최상급 지방 행정 단위를 뜻해요.
예) 四川省 Sìchuānshěng 쓰촨성 云南省 Yúnnánshěng 윈난성

33 **杂志** ★★
zázhì

(4급) 명 **잡지**

这个月的篮球杂志全部都卖完了。（卖: 술어）
Zhè ge yuè de lánqiú zázhì quánbù dōu màiwán le.
이번 달의 농구 잡지는 모두 다 팔렸다.

篮球 lánqiú 명 농구 **全部** quánbù 명 모두, 전부

34 **法律**
fǎlǜ

4 명 **법률**

我有个律师朋友，他想翻译一本关于法律知识的书。
Wǒ yǒu ge lǜshī péngyou, tā xiǎng fānyì yì běn guānyú fǎlǜ zhīshi de shū.
나는 변호사 친구가 하나 있는데, 그는 법률 지식에 관한 책을 번역하려고 한다.

律师 lǜshī 명 변호사

시험에 이렇게 나온다!

짝꿍표현 **法律**를 활용한 '**法律** + 명사' 짝꿍 표현을 알아 둔다.

法律知识 fǎlǜ zhīshi 법률 지식 **法律基础** fǎlǜ jīchǔ 법률 기초
法律课 fǎlǜ kè 법률 수업

35 **参观**
cānguān

4 동 **참관하다, 견학하다**

那座楼对面就是图书馆，我带你进去参观一下。
Nà zuò lóu duìmiàn jiù shì túshūguǎn, wǒ dài nǐ jìnqu cānguān yíxià.
저 건물 맞은편이 바로 도서관인데, 내가 널 데리고 들어가서 참관시켜줄게.

座 zuò 양 [건물 등을 세는 단위] **楼** lóu 명 건물

36 **对于**
duìyú

4 개 **~에 대해**

对于一个作家来说，"写"是他的说话方式。
Duìyú yí ge zuòjiā láishuō, 'xiě' shì tā de shuōhuà fāngshì.
한 작가에 대해 말하자면, '쓰기'는 그의 말하는 방식이다.

方式 fāngshì 명 방식

시험에 이렇게 나온다!

짝꿍표현 **对于**는 **来说**(láishuō, ~말하자면)와 함께 **对于……来说**(~에 대해 말하자면, ~에게 있어서)라는 표현으로 자주 출제된다.

对于一个作家来说 duìyú yí ge zuòjiā láishuō 한 작가에 대해 말하자면
对于演员们来说 duìyú yǎnyuánmen láishuō 배우들에게 있어

★★★ = 출제율 최상 ★★ = 출제율 상

급수

37 阅读 ★★
yuèdú

❹ 동 **읽다, 열람하다**

술어

这位作者的小说值得阅读。
Zhè wèi zuòzhě de xiǎoshuō zhídé yuèdú.
이 저자의 소설은 읽을 만한 가치가 있다.

值得 zhídé 동 ~할 만한 가치가 있다

38 即使
jíshǐ

❹ 접 **설령 ~하더라도**

即使你对这本小说不太了解，也可以来参加明天的读书会。
Jíshǐ nǐ duì zhè běn xiǎoshuō bú tài liǎojiě, yě kěyǐ lái cānjiā míngtiān de dúshūhuì.
설령 당신이 이 소설에 대해 잘 모를지라도, 내일 독서회에 참석하셔도 됩니다.

了解 liǎojiě 동 (분명히) 알다 **参加** cānjiā 동 참석하다, 참가하다
读书会 dúshūhuì 독서회

시험에 이렇게 나온다!

독해 **即使**은 부사 **也**(yě, ~도)와 함께 **即使……也**(설령 ~하더라도)라는 표현으로 자주 출제된다. 독해 제1부분인 문장의 빈칸을 채우는 문제에서, 보기 중 **即使**이 있고, 빈칸이 문장 맨 앞에 있으면서 뒤쪽에 **也**가 있으면 **即使**을 정답으로 선택한다.

39 专门
zhuānmén

❹ 부 **전문적으로, 오로지, 특별히** 형 **전문적인**

他现在专门教孩子们写读书笔记。
Tā xiànzài zhuānmén jiāo háizimen xiě dúshū bǐjì.
지금 그는 전문적으로 아이들에게 독후감 쓰는 것을 가르친다.

教 jiāo 동 가르치다 **读书笔记** dúshū bǐjì 명 독후감

40 例如
lìrú

❹ 동 **예를 들다, 예컨대**

人们按照自己的兴趣爱好选择杂志，例如，喜欢篮球的人会看运动杂志。
Rénmen ànzhào zìjǐ de xìngqù àihào xuǎnzé zázhì, lìrú, xǐhuan lánqiú de rén huì kàn yùndòng zázhì.
사람들은 자신의 흥미와 취미에 따라 잡지를 선택하는데, 예를 들어 농구를 좋아하는 사람은 운동 잡지를 볼 것이다.

按照 ànzhào 개 ~에 따라 **兴趣** xìngqù 명 흥미 **爱好** àihào 명 취미
选择 xuǎnzé 동 선택하다

연습문제 **체크체크!**

단어의 뜻을 오른쪽 보기에서 찾아 연결하세요.

01 文章
02 本
03 说话
04 理解
05 从来

ⓐ 번역하다, 통역하다, 번역(가), 통역(가)
ⓑ 이해하다, 알다
ⓒ 권 [책을 세는 단위]
ⓓ 글, 문장, 저작
ⓔ 말하다, 이야기하다
ⓕ 지금까지, 여태껏

문장을 읽고 빈칸에 들어 갈 단어를 찾아 적어보세요.

ⓐ 作家　ⓑ 读　ⓒ 而　ⓓ 还　ⓔ 笔记本

06 父母应该鼓励孩子平时多________书。
07 这本书快要到期了，明天得去________。
08 我很喜欢这位________写的书。
09 不好意思，我可以借你的________用一下吗？
10 看书不要只重视数量，________更要重视质量。

정답 : 01 ⓓ 02 ⓒ 03 ⓔ 04 ⓑ 05 ⓕ 06 ⓑ 07 ⓓ 08 ⓐ 09 ⓔ 10 ⓒ

* 06~10번 문제 해석과 추가 <Day별 단어 퀴즈 PDF>를 해커스중국어(china.Hackers.com)에서 다운로드 받으세요.

품사별로 헤쳐 모여!

앞에서 외운 단어들을 품사별로 다시 한 번 확인합니다.

☑ 잘 외워지지 않은 단어는 □에 체크해 두고 다음에 반복 암기합니다.

명사

□□□	书 1급	shū	명 책
□□□	里 1급	li	명 안, 안쪽, 내부
□□□	报纸 2급	bàozhǐ	명 신문
□□□	图书馆 3급	túshūguǎn	명 도서관
□□□	历史 3급	lìshǐ	명 역사
□□□	国家 3급	guójiā	명 국가, 나라
□□□	笔记本 3급	bǐjìběn	명 노트북, 노트
□□□	句子 3급	jùzi	명 문장
□□□	作家 4급	zuòjiā	명 작가
□□□	作者 4급	zuòzhě	명 저자, 지은이
□□□	文章 4급	wénzhāng	명 글, 문장, 저작
□□□	页 4급	yè	명 페이지, 쪽
□□□	小说 4급	xiǎoshuō	명 소설
□□□	知识 4급	zhīshi	명 지식
□□□	方面 4급	fāngmiàn	명 분야, 방면, 부분
□□□	杂志 4급	zázhì	명 잡지
□□□	法律 4급	fǎlǜ	명 법률

동사

□□□	看 1급	kàn	동 보다
□□□	读 1급	dú	동 (책을) 읽다
□□□	说话 2급	shuōhuà	동 말하다, 이야기하다
□□□	完 2급	wán	동 끝내다, 마치다
□□□	借 3급	jiè	동 빌려 주다, 빌리다
□□□	还 3급	huán	동 반납하다, 돌려주다, 갚다

□□□	用 3급	yòng	동 사용하다, 쓰다
□□□	翻译 4급	fānyì	동 번역하다, 통역하다 명 번역(가), 통역(가)
□□□	理解 4급	lǐjiě	동 이해하다, 알다
□□□	参观 4급	cānguān	동 참관하다, 견학하다
□□□	阅读 4급	yuèdú	동 읽다, 열람하다
□□□	例如 4급	lìrú	동 예를 들다, 예컨대

형용사

□□□	旧 3급	jiù	형 낡다, 옛날의
□□□	重 4급	zhòng	형 무겁다, 비중이 크다

부사

□□□	再 2급	zài	부 다시, 재차
□□□	从来 4급	cónglái	부 지금까지, 여태껏
□□□	专门 4급	zhuānmén	부 전문적으로, 오로지, 특별히 형 전문적인

양사

□□□	本 1급	běn	양 권 [책을 세는 단위]
□□□	篇 4급	piān	양 편, 장 [문장·종이의 수를 셀 때 쓰임]

개사

□□□	对于 4급	duìyú	개 ~에 대해

접속사

□□□	而 4급	ér	접 ~고, 그리고[역접과 순접을 나타냄], ~해서[앞뒤의 목적과 원인을 나타내는 성분을 연결함]
□□□	即使 4급	jíshǐ	접 설령 ~하더라도

대사

□□□	哪 1급	nǎ	대 어느, 어디

DAY

17

해커스 HSK1-4급 단어장

유병장수

병원

주제를 알면 HSK가 보인다!

HSK 4급에서는 병원 방문, 병의 증세 설명, 진단 및 처방 등과 관련된 문제가 자주 출제돼요. 따라서 '의사', '기침하다', '(몸이) 불편하다', '제안하다', '팔', '심하다'처럼 병원과 관련된 단어를 익혀두면 이러한 문제를 쉽게 풀 수 있어요.

단어, 예문 MP3

21세기는 유병장수 시대

大夫, 제가 咳嗽가 너무 심해요.
정말 难受해서 못 살겠어요...
저 얼마 안 남은 거 맞죠.....?
하하하하
네, 무려 감기입니다.
물 많이 마시는 걸 建议해요.
슥-
감기요..?
며칠 후
선생님,
제가 胳膊 통증이
너무 厉害해요.
입원해야 되지 않을까요?
덜컥!
어..어디 봅시다!
이것 보세요..!
.....이 사람이 정말..!

26 **大夫** dàifu 명 의사

32 **难受** nánshòu 형 (몸이) 불편하다, 괴롭다

23 **胳膊** gēbo 명 팔

10 **咳嗽** késou 동 기침하다

25 **建议** jiànyì 동 제안하다 명 제안

35 **厉害** lìhai 형 심하다, 대단하다

01 医院
yīyuàn

급수

❶ 명 병원

술어

昨天小李生孩子了，我明天要去医院看看她。
Zuótiān Xiǎo Lǐ shēng háizi le, wǒ míngtiān yào qù yīyuàn kànkan tā.
어제 샤오리가 아이를 낳아서, 나는 내일 그녀를 보러 병원에 가보려 한다.

生 shēng 동 낳다, 태어나다

시험에 이렇게 나온다!

듣기 **医院**과 함께 '(병원에) 입원하다', '(병원에서) 퇴원하다'라는 의미의 표현도 함께 알아 둔다.
住院 zhùyuàn 입원하다
出院 chūyuàn 퇴원하다

02 医生
yīshēng

❶ 명 의사

我爷爷当医生已经快40年了。
Wǒ yéye dāng yīshēng yǐjīng kuài sìshí nián le.
우리 할아버지께서는 의사가 되신 지 벌써 40년이 다 되어간다.

当 dāng 동 ~가 되다, 담당하다

시험에 이렇게 나온다!

짝꿍표현 **医生**은 동사 **看**(kàn, 보다)과 함께 **看医生**(의사에게 보이다, 진찰 받다)이라는 표현으로도 자주 출제된다. **看医生** 이외에 '진찰 받다'라는 의미의 나타내는 다양한 표현도 함께 알아 둔다.
看医生 kàn yīshēng 진찰 받다, 의사에게 보이다
= **看大夫** kàn dàifu 진찰 받다, 의사에게 보이다
= **看病** kànbìng 진찰 받다, 진찰하다

03 哪儿
nǎr

❶ 대 어디, 어느 곳

你看起来全身没有力气，哪儿不舒服？
Nǐ kànqǐlai quánshēn méiyǒu lìqi, nǎr bù shūfu?
온 몸에 힘이 없어 보이는데, 어디가 불편하세요?

看起来 kànqǐlai 동 ~해 보이다 **全身** quánshēn 명 온 몸, 전신
力气 lìqi 명 힘 **舒服** shūfu 형 편안하다

급수

04 **生病**
shēngbìng

2 [동] **병이 나다, 병에 걸리다**

술어

这次生病时女儿照顾了我。
Zhè cì shēngbìng shí nǚ'ér zhàogùle wǒ.
이번에 병이 났을 때 딸이 나를 보살폈다.

照顾 zhàogù [동] 보살피다, 돌보다

05 **身体**
shēntǐ

2 [명] **몸, 신체**

他一直坚持锻炼，所以身体很快就恢复健康了。
Tā yìzhí jiānchí duànliàn, suǒyǐ shēntǐ hěn kuài jiù huīfù jiànkāng le.
그는 줄곧 단련을 꾸준히 해서, 몸이 빠르게 건강을 회복했다.

坚持 jiānchí [동] 꾸준히 하다, 견지하다 **锻炼** duànliàn [동] 단련하다
恢复 huīfù [동] 회복하다 **健康** jiànkāng [명] 건강

시험에 이렇게 나온다!

[짝꿍 표현] **身体**를 활용한 다양한 짝꿍 표현을 함께 알아 둔다.

A + **对身体好** duì shēntǐ hǎo A는 몸에 좋다
A + **对身体不好** duì shēntǐ bù hǎo A는 몸에 좋지 않다
A + **对身体有好处** duì shēntǐ yǒu hǎochù A는 몸에 좋은 점이 있다
A + **对身体没有任何好处** duì shēntǐ méiyǒu rènhé hǎochù A는 몸에 어떠한 좋은 점도 없다

06 **还**
hái

2 [부] **아직, 여전히, 또, 더**

你身体还没好，不能长时间运动。
Nǐ shēntǐ hái méi hǎo, bù néng cháng shíjiān yùndòng.
네 몸이 아직 좋아지지 않았으니, 긴 시간 동안 운동을 해서는 안 된다.

长 cháng [형] 길다

07 **药**
yào

→ 급수

2 명 **약, 약물**

→ 술어

你一定要按照说明书上的要求来吃药。
Nǐ yídìng yào ànzhào shuōmíngshū shang de yāoqiú lái chī yào.
당신은 반드시 설명서의 요구에 따라 약을 먹어야 합니다.

一定 yídìng 부 반드시 **按照** ànzhào 개 ~에 따라
说明书 shuōmíngshū 명 설명서 **要求** yāoqiú 명 요구

시험에 이렇게 나온다!

짝꿍 표현 药를 활용한 다양한 '동사 + 药(약을 ~하다)' 짝꿍 표현을 알아 둔다.
吃药 chī yào 약을 먹다
开药 kāi yào 약을 처방하다
取药 qǔ yào 약을 받다

08 **感冒**
gǎnmào

3 명 **감기** 동 **감기에 걸리다**

夏天空调不要开太低，否则很容易得感冒。
Xiàtiān kōngtiáo bú yào kāi tài dī, fǒuzé hěn róngyì dé gǎnmào.
여름에 에어컨을 너무 낮은 온도로 틀면 안 되는데, 그렇지 않으면 감기에 걸리기 쉽다.

空调 kōngtiáo 명 에어컨 **低** dī 형 낮다 **否则** fǒuzé 접 그렇지 않으면
得 dé 동 (병에) 걸리다, 얻다

09 **发烧**
fāshāo

3 동 **열이 나다**

我以为吃点儿药就没事了，但现在还发烧。
Wǒ yǐwéi chī diǎnr yào jiù méishìle, dàn xiànzài hái fāshāo.
나는 약을 좀 먹으면 바로 괜찮아 질 거라 생각했는데, 지금도 여전히 열이 난다.

以为 yǐwéi 동 생각하다, 여기다

급수

10 咳嗽 ★★★

késou

❹ 동 기침하다

술어

最近一到晚上就咳嗽，有时间你陪我去趟医院吧。

Zuìjìn yí dào wǎnshang jiù késou, yǒu shíjiān nǐ péi wǒ qù tàng yīyuàn ba.

요즘 저녁만 되면 기침을 하는데, 시간 있으면 네가 나와 함께 병원에 한 번 가줘.

陪 péi 동 함께 가다, 모시다　**趟** tàng 양 번, 차례

11 疼 ★★

téng

❸ 형 아프다

我头疼得受不了，一下班就要去看医生。

Wǒ tóu téng de shòubuliǎo, yí xiàbān jiù yào qù kàn yīshēng.

나는 머리가 견딜 수 없을 만큼 아파서, 퇴근하자마자 의사에게 진찰을 받으러 가려고 한다.

受不了 shòubuliǎo 동 견딜 수 없다

시험에 이렇게 나온다!

짝꿍 표현 **疼**은 주로 신체를 나타내는 단어와 함께 '신체 + **疼**(~가 아프다)' 형태로 출제된다. 자주 쓰이는 '신체 + **疼**' 표현들을 알아 둔다.

头疼 tóu téng 머리가 아프다

脚疼 jiǎo téng 다리가 아프다

嗓子疼 sǎngzi téng 목이 아프다

肚子疼 dùzi téng 배가 아프다

胳膊疼 gēbo téng 팔이 아프다

12 检查 ★★

jiǎnchá

❸ 동 검사하다, 점검하다

即使你没有生病，也应该每年做一次全身检查。

Jíshǐ nǐ méiyǒu shēngbìng, yě yīnggāi měinián zuò yí cì quánshēn jiǎnchá.

설령 네가 병에 걸리지 않았더라도, 매년 한 번은 신체 검사를 해야 한다.

即使 jíshǐ 접 (설령) ~하더라도

시험에 이렇게 나온다!

짝꿍 표현 **检查**는 동사이지만 '동사 + **检查**(검사를 ~하다)'와 같이 명사로도 자주 쓰인다.

进行检查 jìnxíng jiǎnchá 검사를 진행하다

做检查 zuò jiǎnchá 검사를 하다

13 需要 ★★★

xūyào

3 [동] 필요하다, 요구되다 [명] 요구

你妈妈刚做过手术，需要好好儿休息。

Nǐ māma gāng zuòguo shǒushù, xūyào hǎohāor xiūxi.

당신 어머니는 방금 수술을 해서, 충분히 쉬는 것이 필요합니다.

刚 gāng [부] 방금 **手术** shǒushù [명] 수술 **好好儿** hǎohāor [부] 충분히, 잘, 푹

시험에 이렇게 나온다!

[어법] 동사 **需要**는 명사뿐만 아니라 동사, 술목구를 목적어로 가질 수 있는 동사이다.

[需要 + 명사] **需要零钱** xūyào língqián 잔돈이 필요하다

[需要 + 동사] **需要帮忙** xūyào bāngmáng 도움이 필요하다

[需要 + 술목구] **需要填名字** xūyào tián míngzi 이름을 기입하는 것이 필요하다

14 更 ★★★

gèng

3 [부] 더, 더욱

比起吃药，按时休息对你的健康更有好处。

Bǐqǐ chī yào, ànshí xiūxi duì nǐ de jiànkāng gèng yǒu hǎochù.

약을 먹는 것보다, 제때에 휴식하는 것이 당신의 건강에 더 이로운 점이 있다.

比起 bǐqǐ ~보다, ~와 비교하다 **按时** ànshí [부] 제때에

好处 hǎochù [명] 이로운 점, 좋은 점

15 讲 ★★★

jiǎng

3 [동] 말하다, 설명하다

盐对身体有好处也有坏处，我给你讲讲我的看法。

Yán duì shēntǐ yǒu hǎochù yě yǒu huàichù, wǒ gěi nǐ jiǎngjiang wǒ de kànfǎ.

소금은 몸에 좋은 점도 있고 나쁜 점도 있는데, 당신에게 제 의견을 말해 줄게요.

盐 yán [명] 소금 **坏处** huàichù [명] 나쁜 점 **看法** kànfǎ [명] 의견, 견해

시험에 이렇게 나온다!

[독해] **讲**을 활용하여 지문의 중심 내용을 묻는 질문이 독해에서 자주 출제된다. **讲**을 활용한 질문의 형태를 알아 두자.

这段话主要讲什么？ zhè duàn huà zhǔyào jiǎng shénme?
이 지문은 주로 무엇을 말하는가

这段话主要讲的是： zhè duàn huà zhǔyào jiǎng de shì:
이 지문이 주로 설명하는 것은:

급수

16 眼睛
yǎnjing

2 명 눈

술어

你的眼睛都红了，回去好好儿休息吧。
Nǐ de yǎnjing dōu hóng le, huíqu hǎohāor xiūxi ba.
당신 눈이 빨개졌으니, 돌아가서 푹 쉬세요.

红 hóng 형 빨갛다

17 鼻子
bízi

3 명 코

昨天开始吃药后，我的鼻子舒服了很多。
Zuótiān kāishǐ chī yào hòu, wǒ de bízi shūfule hěn duō.
어제 약을 먹기 시작한 후, 나의 코는 많이 편안해졌다.

开始 kāishǐ 동 시작하다

18 嘴
zuǐ

3 명 입

医生让弟弟张大嘴给他看看。
Yīshēng ràng dìdi zhāngdà zuǐ gěi tā kànkan.
의사는 남동생에게 입을 크게 벌려서 그에게 좀 보여달라고 했다.

张 zhāng 동 벌리다, 펴다

19 耳朵
ěrduo

3 명 귀

医生检查了小关的耳朵，没查到什么问题。
Yīshēng jiǎnchále Xiǎo Guān de ěrduo, méi chádào shénme wèntí.
의사는 샤오꽌의 귀를 검사했는데, 아무 문제도 찾아내지 못했다.

查 chá 동 (뒤져서) 찾아보다

20 腿
tuǐ

3 명 다리

小天腿疼住院了，恐怕这几天不能去上课。
Xiǎo Tiān tuǐ téng zhùyuàn le, kǒngpà zhè jǐ tiān bù néng qù shàngkè.
샤오톈은 다리가 아파 입원했는데, 아마 요 며칠 동안은 수업하러 갈 수 없을 것이다.

住院 zhùyuàn 동 입원하다 恐怕 kǒngpà 부 아마 ~일 것이다

21 **脚**
jiǎo

급수

❸ 명 **발**

술어

我的脚破了，医生说以后别穿高跟鞋。
Wǒ de jiǎo pò le, yīshēng shuō yǐhòu bié chuān gāogēnxié.
내 발이 까져서 의사는 앞으로 하이힐을 신지 말라고 했다.

破 pò 동 까지다, 파손되다 **穿** chuān 동 (신발·옷 등을) 신다, 입다
高跟鞋 gāogēnxié 명 하이힐

22 **肚子**
dùzi

❹ 명 **배, 복부**

小丽肚子有点儿疼，不能参加晚上的活动。
Xiǎo Lì dùzi yǒudiǎnr téng, bù néng cānjiā wǎnshang de huódòng.
샤오리는 배가 조금 아파서 저녁 행사에 참석할 수 없다.

参加 cānjiā 동 참석하다 **活动** huódòng 명 행사

시험에 이렇게 나온다!

짝꿍표현 **肚子**를 활용한 다양한 짝꿍 표현을 알아 둔다.
肚子难受 dùzi nánshòu 속이 불편하다
吃坏肚子了 chī huài dùzi le 먹고 배탈이 났다

23 **胳膊** ★★
gēbo

❹ 명 **팔**

我胳膊疼得抬不起来，你能陪我去一趟医院吗？
Wǒ gēbo téng de tái bu qǐlai, nǐ néng péi wǒ qù yí tàng yīyuàn ma?
저 팔을 들어올릴 수 없을 정도로 아픈데, 저와 함께 병원에 한 번 가주실 수 있나요?

抬 tái 동 들다

★★★ = 출제율 최상 ★★ = 출제율 상

24 **老** lǎo

❸ 형 **늙다, 오래되다** 부 **자주, 언제나**

급수

술어

如果年轻时不锻炼身体，老了就可能会生病。

Rúguǒ niánqīng shí bú duànliàn shēntǐ, lǎo le jiù kěnéng huì shēngbìng.

만약 젊을 때 몸을 단련하지 않는다면, 늙어서 아마도 병에 걸릴지도 모른다.

你最近老咳嗽，哪里不舒服吗？

Nǐ zuìjìn lǎo késou, nǎli bù shūfu ma?

당신 최근에 자주 기침하는데, 어디 아픈 거예요?

年轻 niánqīng 형 젊다

시험에 이렇게 나온다!

짝꿍 표현 老를 활용한 다양한 짝꿍 표현을 알아 둔다.

老年人 lǎoniánrén 노인

老家 lǎojiā 고향

老朋友 lǎo péngyou 오랜 친구

老咳嗽 lǎo késou 자주 기침하다

老上网 lǎo shàngwǎng 언제나 인터넷을 하다

25 **建议** ★★★ jiànyì

❹ 동 **제안하다** 명 **제안**

我觉得你的身体越来越不好，我建议你去医院看看。

Wǒ juéde nǐ de shēntǐ yuèláiyuè bù hǎo, wǒ jiànyì nǐ qù yīyuàn kànkan.

네 몸이 점점 안 좋아지는 것 같은데, 나는 네가 병원에 가보는 것을 제안해.

越来越 yuèláiyuè 점점

26 **大夫** ★★★ dàifu

❹ 명 **의사**

我孙子一直头疼，今天我要带他去看大夫。

Wǒ sūnzi yìzhí tóu téng, jīntiān wǒ yào dài tā qù kàn dàifu.

내 손자가 줄곧 머리가 아파서, 오늘 나는 그를 데리고 의사에게 진료를 받으러 갈 거야.

孙子 sūnzi 명 손자 **一直** yìzhí 부 줄곧

시험에 이렇게 나온다!

듣기 **大夫**와 **医生**(yīshēng, 의사)은 같은 의미로, 듣기 지문과 보기에서 각각 서로 바꿔 표현되어 출제되는 경우도 있다. 참고로, **大夫**는 **医生**보다 더 정중한 표현이다.

27 **抽烟** ★★★

chōuyān

④ 동 **담배를 피우다**

医院里任何地方都不允许抽烟。

Yīyuàn li rènhé dìfang dōu bù yǔnxǔ chōuyān.

병원 안에서는 어떠한 곳에서도 담배를 피우는 것이 허락되지 않는다.

(급수) (술어)

任何 rènhé 대 어떠한 **地方** dìfang 명 곳, 부분 **允许** yǔnxǔ 동 허락하다

시험에 이렇게 나온다!

유의어 **抽烟**과 바꿔 쓸 수 있는 **吸烟**(xīyān, 담배를 피우다)이라는 표현도 함께 알아 둔다.

28 **禁止** ★★★

jìnzhǐ

④ 동 **금지하다**

请大家注意，病房里禁止大声说话。

Qǐng dàjiā zhùyì, bìngfáng li jìnzhǐ dàshēng shuōhuà.

모두 주의하세요. 병실 안에서는 큰 소리로 말하는 것을 금지합니다.

注意 zhùyì 동 주의하다 **病房** bìngfáng 명 병실

시험에 이렇게 나온다!

유의어 **禁止**과 바꿔 쓸 수 있는 **不允许**(bù yǔnxǔ, 허락하지 않다)라는 표현도 함께 알아 둔다.

작문 노하우 쓰기 제2부분에서 제시어 **禁止**과 함께 금지를 나타내는 표지판 사진이 자주 출제된다. 이때 '**请大家注意，这里禁止** + 행동。(모두 주의하세요. 여기서 ~하는 것을 금지합니다.)'이라는 문장으로 쉽게 작문할 수 있다.

请大家注意，这里禁止抽烟/停车。
모두 주의하세요, 여기서 담배 피우는 것/주차하는 것을 금지합니다.

29 **苦** ★★★

kǔ

④ 형 **쓰다, 힘들다, 고생스럽다**

这种药太苦了，我喝不下去了。

Zhè zhǒng yào tài kǔ le, wǒ hē bu xiàqu le.

이런 약은 너무 써서, 저는 못 마시겠어요.

喝不下去 hē bu xiàqu 못 마시겠다, 마실 수가 없다

시험에 이렇게 나온다!

작문 노하우 쓰기 제2부분에서는 제시어 **苦**와 함께 한 사람이 무엇을 마시며 찡그리고 있는 사진이 자주 출제된다. 이때 **这种** + A**有点儿苦**。(이런 A는 약간 쓰다.)라는 문장으로 쉽게 작문할 수 있다.

这种药/茶/咖啡/巧克力有点儿苦。 이런 약/차/커피/초콜릿은 약간 쓰다.

급수

30 护士 ★★

hùshi

4 명 **간호사**

술어

张护士告诉了我检查结果。

Zhāng hùshi gàosule wǒ jiǎnchá jiéguǒ.

장 간호사가 나에게 검사 결과를 알려주었다.

结果 jiéguǒ 명 결과

31 差不多 ★★

chàbuduō

4 부 **거의, 대체로** 형 **비슷하다**

我以为身体好得差不多了，大夫却说还得住院。

Wǒ yǐwéi shēntǐ hǎo de chàbuduō le, dàifu què shuō hái děi zhùyuàn.

나는 몸이 거의 다 나은 줄 알았는데, 의사는 오히려 여전히 입원해야 한다고 말했다.

这两种材料的质量差不多，但第一种价格更低。

Zhè liǎng zhǒng cáiliào de zhìliàng chàbuduō, dàn dìyī zhǒng jiàgé gèng dī.

이 두 가지 재료의 품질은 비슷하지만 첫 번째 것의 가격이 더 낮다.

却 què 부 오히려, 하지만 **材料** cáiliào 명 재료 **质量** zhìliàng 명 품질
价格 jiàgé 명 가격

32 难受 ★★

nánshòu

4 형 **(몸이) 불편하다, 괴롭다**

我昨天骑了五个小时的自行车，今天早上醒来觉得特别难受。

Wǒ zuótiān qíle wǔ ge xiǎoshí de zìxíngchē, jīntiān zǎoshang xǐnglai juéde tèbié nánshòu.

나는 어제 다섯 시간 동안 자전거를 탔는데, 오늘 아침에 깨어나니 몸이 아주 불편했다.

骑 qí 동 타다 **自行车** zìxíngchē 명 자전거 **醒** xǐng 동 (잠에서) 깨다

33 得 ★★★

děi

4 조동 **~해야 한다**

我妻子好多了，但是医生说她得住院一个月。

Wǒ qīzi hǎo duō le, dànshì yīshēng shuō tā děi zhùyuàn yí ge yuè.

내 부인은 많이 좋아졌지만, 의사는 그녀가 한 달 동안 입원해야 한다고 했다.

住院 zhùyuàn 동 입원하다

34 打针

dǎzhēn

급수 ④ 동 주사를 맞다(놓다)

你的儿子不用打针，开个药就行。 (술어)

Nǐ de érzi bú yòng dǎzhēn, kāi ge yào jiù xíng.

당신의 아들은 주사를 맞을 필요가 없고, 약 처방만 하면 됩니다.

开药 kāi yào 동 약을 처방하다

35 厉害

lìhai

④ 형 심하다, 대단하다

小海从昨天开始咳嗽得越来越厉害。

Xiǎo Hǎi cóng zuótiān kāishǐ késou de yuèláiyuè lìhai.

샤오하이는 어제부터 점점 심하게 기침을 하기 시작했다.

从 cóng 개 ~부터

36 不得不

bùdébù

④ 부 어쩔 수 없이, 부득이하게

大夫说我至少需要休息一个月，所以我不得不放弃原来的计划。

Dàifu shuō wǒ zhìshǎo xūyào xiūxi yí ge yuè, suǒyǐ wǒ bùdébù fàngqì yuánlái de jìhuà.

의사는 내가 적어도 한 달 동안 휴식해야 한다고 해서, 나는 어쩔 수 없이 원래의 계획을 포기했다.

至少 zhìshǎo 부 적어도, 최소한　放弃 fàngqì 동 포기하다
原来 yuánlái 형 원래의　计划 jìhuà 명 계획

37 部分

bùfen

④ 명 부분, 일부

大部分孩子怕打针，所以护士打完针给他们糖吃。

Dàbùfen háizi pà dǎzhēn, suǒyǐ hùshi dǎwán zhēn gěi tāmen táng chī.

대부분의 아이들이 주사 맞는 것을 무서워해서, 간호사는 주사를 놓은 후 그들에게 사탕을 먹으라고 준다.

怕 pà 동 무서워하다　糖 táng 명 사탕

시험에 이렇게 나온다!

짝꿍 표현 **部分**을 활용한 다양한 짝꿍 표현을 알아 둔다.

大部分 dàbùfen 대부분
一部分 yíbùfen 일부분

급수

38 **恐怕**
kǒngpà

4 [부] **아마 ~일 것이다**

她感冒还没好，恐怕今天不能上班。 술어

Tā gǎnmào hái méi hǎo, kǒngpà jīntiān bù néng shàngbān.

그녀는 감기가 아직 덜 나아서, 아마 오늘 출근을 못 할 것 같다.

시험에 이렇게 나온다!

[어법] **恐怕**는 걱정의 뉘앙스를 담고 있는 표현으로, 뒤에는 부정적인 내용이 주로 온다.

任务恐怕完成不了了。 Rènwu kǒngpà wánchéng bu liǎo le.
임무는 아마 다 완성되지 못할 것이다.

39 **皮肤**
pífū

4 [명] **피부**

抽烟喝酒对皮肤有不好的影响。

Chōuyān hē jiǔ duì pífū yǒu bù hǎo de yǐngxiǎng.

담배를 피우고 술을 마시는 것은 피부에 나쁜 영향을 준다.

影响 yǐngxiǎng [명] 영향

40 **其中**
qízhōng

4 [대] **그 중, 그 안에**

最近有很多病人，其中大部分都是老年人。

Zuìjìn yǒu hěn duō bìngrén, qízhōng dàbùfen dōu shì lǎoniánrén.

최근에 환자가 많은데, 그 중 대부분이 노인이다.

病人 bìngrén [명] 환자 **老年人** lǎoniánrén [명] 노인

연습문제 **체크체크!**

단어의 뜻을 오른쪽 보기에서 찾아 연결하세요.

01 医院	ⓐ 몸, 신체
02 建议	ⓑ 병원
03 身体	ⓒ 늙다, 오래되다, 자주, 언제나
04 苦	ⓓ 제안하다, 제안
05 疼	ⓔ 아프다
	ⓕ 쓰다, 힘들다, 고생스럽다

문장을 읽고 빈칸에 들어 갈 단어를 찾아 적어보세요.

ⓐ 检查　ⓑ 需要　ⓒ 禁止　ⓓ 抽烟　ⓔ 咳嗽

06 爸爸________得越来越厉害了。

07 病房里不允许________。

08 在医院________大声说话。

09 你最近做了手术，________好好儿休息。

10 就算没有生病，也应该每年________一次身体。

정답 : 01 ⓑ 02 ⓓ 03 ⓐ 04 ⓕ 05 ⓔ 06 ⓔ 07 ⓓ 08 ⓒ 09 ⓑ 10 ⓐ

* 06~10번 문제 해석과 추가 <Day별 단어 퀴즈 PDF>를 해커스중국어(china.Hackers.com)에서 다운로드 받으세요.

품사별로 헤쳐 모여!

앞에서 외운 단어들을 품사별로 다시 한 번 확인합니다.

☑ 잘 외워지지 않은 단어는 □에 체크해 두고 다음에 반복 암기합니다.

명사

□□□	医院 1급	yīyuàn	명 병원
□□□	医生 1급	yīshēng	명 의사
□□□	身体 2급	shēntǐ	명 몸, 신체
□□□	药 2급	yào	명 약, 약물
□□□	眼睛 2급	yǎnjing	명 눈
□□□	感冒 3급	gǎnmào	명 감기 동 감기에 걸리다
□□□	鼻子 3급	bízi	명 코
□□□	嘴 3급	zuǐ	명 입
□□□	耳朵 3급	ěrduo	명 귀
□□□	腿 3급	tuǐ	명 다리
□□□	脚 3급	jiǎo	명 발
□□□	肚子 4급	dùzi	명 배, 복부
□□□	胳膊 4급	gēbo	명 팔
□□□	大夫 4급	dàifu	명 의사
□□□	护士 4급	hùshi	명 간호사
□□□	部分 4급	bùfen	명 부분, 일부
□□□	皮肤 4급	pífū	명 피부

동사

□□□	生病 2급	shēngbìng	동 병이 나다, 병에 걸리다
□□□	发烧 3급	fāshāo	동 열이 나다
□□□	咳嗽 4급	késou	동 기침하다
□□□	检查 3급	jiǎnchá	동 검사하다, 점검하다
□□□	需要 3급	xūyào	동 필요하다, 요구되다 명 요구

□□□	讲 3급	jiǎng	동 말하다, 설명하다
□□□	建议 4급	jiànyì	동 제안하다 명 제안
□□□	抽烟 4급	chōuyān	동 담배를 피우다
□□□	禁止 4급	jìnzhǐ	동 금지하다
□□□	打针 4급	dǎzhēn	동 주사를 맞다(놓다)

형용사

□□□	疼 3급	téng	형 아프다
□□□	老 3급	lǎo	형 늙다, 오래되다 부 자주, 언제나
□□□	苦 4급	kǔ	형 쓰다, 힘들다, 고생스럽다
□□□	难受 4급	nánshòu	형 (몸이) 불편하다, 괴롭다
□□□	厉害 4급	lìhai	형 심하다, 대단하다

부사

□□□	还 2급	hái	부 아직, 여전히, 또, 더
□□□	更 3급	gèng	부 더, 더욱
□□□	差不多 4급	chàbuduō	부 거의, 대체로 형 비슷하다
□□□	不得不 4급	bùdébù	부 어쩔 수 없이, 부득이하게
□□□	恐怕 4급	kǒngpà	부 아마 ~일 것이다

대사

□□□	哪儿 1급	nǎr	대 어디, 어느 곳
□□□	其中 4급	qízhōng	대 그 중, 그 안에

조동사

□□□	得 4급	děi	조동 ~해야 한다

DAY

18

해커스 HSK1-4급 단어장

순번 대기표

공공기관

주제를 알면 HSK가 보인다!

HSK 4급에서는 은행, 우체국, 대사관 등의 장소에서 벌어지는 대화나 이용 방법, 정보 등과 관련된 문제가 자주 출제돼요. 따라서 '우체국', '줄을 서다', '(우편으로) 보내다', '안전하다'처럼 공공기관과 관련된 단어를 익혀두면 이러한 문제를 쉽게 풀 수 있어요.

단어, 예문 MP3

대기인원 52명

邮局에 사람이 이렇게나 많단 말이야? 지금 排队하면 늦을 텐데..
145
144
제가 刚 도착한 것은 알지만, 정말 죄송한데 이 편지를 먼저 寄할 수 있을까요? 제가 너무 급해서요.
네 먼저 하세요...
감사합니다!!!!
휴~ 3일 안에 보내기 성공했어. 이제 나는 安全해.
하하하
우체국
며칠 후
이 편지는 영국에서 시작되어 3일 안에 .....
이 녀석이...
태양 친구

34 **邮局** yóujú 명 우체국

21 **刚** gāng 부 막, 방금, 겨우

25 **安全** ānquán 형 안전하다

27 **排队** páiduì 동 줄을 서다

24 **寄** jì 동 (우편으로) 보내다, 부치다

01 **请**
qǐng

❶ 동 ~해주세요, 청하다, 요구하다

(급수) (술어)

请您在这张表格上填写您的姓名和国籍。
Qǐng nín zài zhè zhāng biǎogé shang tiánxiě nín de xìngmíng hé guójí.
이 표에 당신의 성명과 국적을 기입해 주세요.

张 zhāng 양 장 **表格** biǎogé 명 표, 서식 **填写** tiánxiě 동 기입하다
姓名 xìngmíng 명 성명 **国籍** guójí 명 국적

02 **和**
hé

❶ 접 ~와(과) 개 ~와(과) 함께, ~와(과)

只要把年龄和联系方式发到我的电子邮箱里就行了。
Zhǐyào bǎ niánlíng hé liánxì fāngshì fādào wǒ de diànzǐ yóuxiāng li jiù xíng le.
나이와 연락처를 제 이메일로 보내주시기만 하면 됩니다.

只要 zhǐyào 접 ~하기만 하면 **年龄** niánlíng 명 나이
联系方式 liánxì fāngshì 연락처 **电子邮箱** diànzǐ yóuxiāng 명 이메일

03 **知道**
zhīdào

❷ 동 알다, 이해하다

如果你的密码被别人知道了，要及时换掉。
Rúguǒ nǐ de mìmǎ bèi biérén zhīdào le, yào jíshí huàndiào.
만약 당신의 비밀번호를 다른 사람이 알게 된다면, 즉시 바꿔 버려야 합니다.

及时 jíshí 부 즉시, 신속히 **掉** diào 동 ~해 버리다

04 **进**
jìn

❷ 동 (밖에서 안으로) 들다, 나아가다

您好，我们这儿进来要先取票。
Nínhǎo, wǒmen zhèr jìnlai yào xiān qǔ piào.
안녕하세요. 이곳에 들어오시면 먼저 표를 뽑으셔야 합니다.

取 qǔ 동 뽑다, 고르다 **票** piào 명 표

05 意思
yìsi

급수

2 명 **뜻, 의미**

술어

她也许误会我的意思了，我想办的是护照不是签证。

Tā yěxǔ wùhuì wǒ de yìsi le, wǒ xiǎng bàn de shì hùzhào bú shì qiānzhèng.

그녀가 아마도 제 뜻을 오해한 것 같은데, 제가 발급받으려고 하는 것은 여권이지 비자가 아니에요.

也许 yěxǔ 부 아마도 **误会** wùhuì 동 오해하다
办 bàn 동 (비자, 카드 등을) 발급하다 **护照** hùzhào 명 여권
签证 qiānzhèng 명 비자

시험에 이렇게 나온다!

짝꿍 표현 **意思**를 활용한 다양한 짝꿍 표현을 알아 둔다.

有意思 yǒu yìsi 재미있다
没意思 méi yìsi 재미없다
不好意思 bùhǎoyìsi 죄송합니다

06 慢
màn

2 형 **느리다**

办签证的速度有点儿慢，提前一个月申请比较好。

Bàn qiānzhèng de sùdù yǒudiǎnr màn, tíqián yí ge yuè shēnqǐng bǐjiào hǎo.

비자가 발급되는 속도가 조금 느리니, 한 달 앞당겨서 신청하는 것이 비교적 좋습니다.

速度 sùdù 명 속도 **提前** tíqián 동 앞당기다 **申请** shēnqǐng 동 신청하다

시험에 이렇게 나온다!

어법 **慢**은 연속 두 번 써서 의미를 강조한 중첩 표현인 **慢慢(儿)**도 자주 출제된다. 주로 동사 앞에서 '**慢慢(地)** + 동사(천천히 ~하다)' 형태로 쓰인다는 것을 알아두자.

慢慢适应 mànmān shìyìng 천천히 적응하다
慢慢积累 mànmān jīlěi 천천히 쌓이다
慢慢地发展 mànmān de fāzhǎn 천천히 발전하다

급수

07 **生日** shēngrì

2 [명] **생일**

술어

有些人用自己的生日来做密码，但这样很容易被别人猜出。

Yǒu xiē rén yòng zìjǐ de shēngrì lái zuò mìmǎ, dàn zhèyàng hěn róngyì bèi biérén cāichū.

어떤 사람은 자신의 생일로 비밀번호를 만든다. 하지만 이렇게 하면 다른 사람에게 쉽게 추측 당할 수 있다.

容易 róngyì [형] ~하기 쉽다 **猜** cāi [동] 추측하다

08 **对** duì

2 [형] **옳다, 맞다, 정확하다**

陈雪在报名表上填的电话号码是不对的。

Chén Xuě zài bàomíng biǎo shang tián de diànhuà hàomǎ shì bú duì de.

천쉐가 신청서에 기입한 전화번호는 틀린 것이다.

报名表 bàomíng biǎo 신청서 **填** tián [동] 기입하다
号码 hàomǎ [명] 번호

09 **等** děng

2 [동] **기다리다**

您的护照至少再等一周才能出来。

Nín de hùzhào zhìshǎo zài děng yì zhōu cáinéng chūlai.

당신의 여권은 적어도 일주일은 더 기다려야 나올 수 있습니다.

至少 zhìshǎo [부] 적어도, 최소한

10 **张** ★★★ zhāng

3 [양] **장 [종이·책상 등을 세는 단위]**

每个人只有一张申请表，大家小心写错。

Měi ge rén zhǐ yǒu yì zhāng shēnqǐng biǎo, dàjiā xiǎoxīn xiěcuò.

한 사람당 신청표가 한 장만 있으니, 모두들 틀리게 쓰는 것에 주의하세요.

申请 shēnqǐng [동] 신청하다 **表** biǎo [명] 표
小心 xiǎoxīn [동] 주의하다, 조심하다

★★★ = 출제율 최상 ★★ = 출제율 상

11 **发** ★★★

fā

급수

❸ 동 **보내다, 발생하다, 내주다**

술어

听说工资上个星期就发了，但我没收到银行的短信提醒。

Tīngshuō gōngzī shàng ge xīngqī jiù fā le, dàn wǒ méi shōudào yínháng de duǎnxìn tíxǐng.

듣자 하니 월급은 지난 주에 벌써 보냈다는데, 하지만 나는 은행 문자 알림을 받지 못했다.

听说 tīngshuō 동 듣자 하니 **工资** gōngzī 명 월급 **收到** shōudào 동 받다
短信 duǎnxìn 명 문자 메시지 **提醒** tíxǐng 동 알리다, 일깨우다

시험에 이렇게 나온다!

짝꿍 표현 자주 쓰이는 '**发** + 명사' 표현들을 알아 둔다.

发邮件 fā yóujiàn 우편을 보내다
发短信 fā duǎnxìn 문자를 보내다
发传真 fā chuánzhēn 팩스를 보내다
发通知 fā tōngzhī 통지를 보내다
发奖金 fā jiǎngjīn 보너스를 주다

12 **为** ★★★

wèi

❸ 개 **~에게, ~ 때문에, ~을 위해**

大使馆职员正在为他们介绍怎么填信息。

Dàshǐguǎn zhíyuán zhèngzài wèi tāmen jièshào zěnme tián xìnxī.

대사관 직원은 그들에게 어떻게 정보를 기입하는지 소개하고 있다.

她为自己的错误而道歉。

Tā wèi zìjǐ de cuòwù ér dàoqiàn.

그녀는 자신의 잘못 때문에 사과했다.

大使馆 dàshǐguǎn 명 대사관 **职员** zhíyuán 명 직원
介绍 jièshào 동 소개하다 **信息** xìnxī 명 정보
错误 cuòwù 명 잘못 형 틀리다, 잘못되다
而 ér 접 [앞뒤의 목적과 원인을 나타내는 성분을 연결함]
道歉 dàoqiàn 동 사과하다

13 **为了** ★★★

wèile

③ 개 **~을 하기 위하여, ~을 위해서**

급수

为了保证您的申请顺利通过，一些准备工作是不可缺少的。

술어

Wèile bǎozhèng nín de shēnqǐng shùnlì tōngguò, yìxiē zhǔnbèi gōngzuò shì bù kě quēshǎo de.

당신의 신청이 순조롭게 통과하는 것을 확실히 책임지기 위하여, 약간의 준비 업무가 없어서는 안 됩니다.

保证 bǎozhèng 동 확실히 책임지다, 보증하다 **顺利** shùnlì 형 순조롭다
通过 tōngguò 동 통과하다
不可缺少 bù kě quēshǎo 없어서는 안 되다, 필수불가결하다

14 **银行** ★★★

yínháng

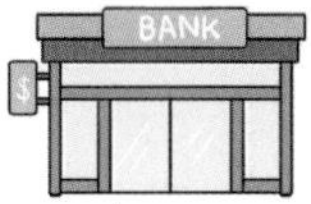
BANK

③ 명 **은행**

网上银行极大地方便了我们的生活。

Wǎngshàng yínháng jídà de fāngbiàn le wǒmen de shēnghuó.

인터넷 은행은 우리 생활을 대대적으로 편리하게 하였다.

极大 jídà 형 대대적으로, 지극히 크다 **方便** fāngbiàn 동 편리하게 하다
生活 shēnghuó 명 생활

시험에 이렇게 나온다!

짝꿍 표현 **银行**을 활용한 다양한 짝꿍 표현을 알아 둔다.

网上银行 wǎngshàng yínháng 인터넷 은행
银行卡 yínháng kǎ 은행 카드

★★★ = 출제율 최상 ★★ = 출제율 상

급수

15 **忘记** ★★
wàngjì

3 [동] **잊어버리다, 까먹다**

술어

小伙子忘记了取款密码，现在没办法取钱。
Xiǎohuǒzi wàngjìle qǔkuǎn mìmǎ, xiànzài méi bànfǎ qǔ qián.
청년은 예금 인출 비밀번호를 잊어버려서, 지금 돈을 찾을 방법이 없다

小伙子 xiǎohuǒzi [명] 청년, 젊은이 **取款** qǔkuǎn 예금 인출
密码 mìmǎ [명] 비밀번호 **办法** bànfǎ [명] 방법 **取钱** qǔ qián 돈을 찾다

시험에 이렇게 나온다!

[짝꿍 표현] **忘记**는 명사 **密码**(mìmǎ, 비밀 번호)와 함께 '**忘记……密码**(~ 비밀 번호를 잊다)'라는 표현으로 자주 출제된다.

忘记取款密码 wàngjì qǔkuǎn mìmǎ 예금 인출 비밀번호를 잊다
忘记邮箱密码 wàngjì yóuxiāng mìmǎ 메일 비밀번호를 잊다
忘记银行卡的密码 wàngjì yínháng kǎ de mìmǎ 은행카드 비밀 번호를 잊다

16 **清楚** ★★
qīngchu

3 [형] **명확하다, 분명하다**

我没听清楚您的解释，再给我讲一遍吧。
Wǒ méi tīng qīngchu nín de jiěshì, zài gěi wǒ jiǎng yí biàn ba.
당신의 설명을 명확하게 듣지 못했어요. 저에게 다시 한번 말씀해 주세요.

解释 jiěshì [동] 설명하다 **讲** jiǎng [동] 말하다

시험에 이렇게 나온다!

[어법] **清楚**는 '동사 + **清楚**(명확하게 ~하다, 분명하게 ~하다)' 형태로 자주 사용된다. 참고로 여기서 **清楚**는 보어이다.

看清楚 kàn qīngchu 명확하게 보다
解释不清楚 jiěshì bù qīngchu 분명하게 설명하지 못하다

급수

17 信用卡

xìnyòngkǎ

3 명 **신용카드**

술어

您要办信用卡的话，填好表格交给我。

Nín yào bàn xìnyòngkǎ de huà, tiánhǎo biǎogé jiāo gěi wǒ.

신용카드를 발급하시려면, 표를 다 기입하신 후 저에게 제출하세요.

交 jiāo 동 제출하다, 내다

시험에 이렇게 나온다!

듣기 독해 '신용카드를 발급받다, 만들다'를 표현할 때에는 동사 **办**(bàn, 처리하다)을 사용하여 '**办信用卡** bàn xìnyòngkǎ'로 표현한다. 여기서 **办**은 절차 등을 통해 정식적인 일을 처리할 때 주로 쓰이는 동사로, **办**을 사용한 **办签证**(bàn qiānzhèng, 비자를 발급하다), **办护照**(bàn hùzhào, 여권을 발급하다)와 같은 표현도 자주 출제되므로 함께 알아 둔다.

18 接

jiē

3 동 **잇다, 연결하다, 마중하다**

您可以写完第一张以后，接下来写第二张。

Nín kěyǐ xiěwán dìyī zhāng yǐhòu, jiē xiàlai xiě dì èr zhāng.

첫 번째 장을 다 쓰고 난 후, 이어서 두 번째 장을 쓰면 됩니다.

李老师的航班明天中午到，我去接他吧。

Lǐ lǎoshī de hángbān míngtiān zhōngwǔ dào, wǒ qù jiē tā ba.

이 선생님 항공편이 내일 점심에 도착하는데, 제가 그를 마중 나갈게요.

接下来 jiē xiàlai 이어서, 다음으로 **航班** hángbān 명 항공편

19 一般

yìbān

3 형 **일반적이다, 보통이다**

办卡申请通过后一般在15天后能拿到卡。

Bàn kǎ shēnqǐng tōngguò hòu yìbān zài shíwǔ tiān hòu néng nádào kǎ.

카드 발급 신청이 통과된 후, 일반적으로 15일 이후에 카드를 받을 수 있습니다.

卡 kǎ 명 카드

20 **愿意** yuànyì

급수 ❸ 동 **원하다**

你不愿意去银行排队的话，最好9点前去。 술어

Nǐ bú yuànyì qù yínháng páiduì de huà, zuìhǎo jiǔ diǎn qián qù.

당신이 은행에 가서 줄을 서는 것을 원하지 않는다면, 9시 전에 가는 것이 가장 좋다.

排队 páiduì 동 줄을 서다 **最好** zuìhǎo 부 ~하는 것이 가장 좋다

21 **刚** ★★★ gāng

❹ 부 **막, 방금, 겨우**

大使馆寄来的护照我昨天刚拿到。

Dàshǐguǎn jìlai de hùzhào wǒ zuótiān gāng nádào.

대사관에서 보낸 여권을 나는 어제 막 받았다.

寄 jì 동 보내다, 부치다

22 **密码** ★★★ mìmǎ

❹ 명 **비밀번호, 암호**

这几个密码都不正确，要不试试别的？

Zhè jǐ ge mìmǎ dōu bú zhèngquè, yàobù shìshi bié de?

이 몇 개의 비밀번호가 모두 정확하지 않은데, 다른 걸 좀 시도해보는 건 어때요?

正确 zhèngquè 형 정확하다 **试** shì 동 시도하다, 시험 삼아 해 보다
别的 bié de 다른 것

23 **存** ★★★ cún

❹ 동 **저축하다, 존재하다, 보존하다**

我把工资和奖金都存起来，终于买到了小房子。

Wǒ bǎ gōngzī hé jiǎngjīn dōu cún qǐlai, zhōngyú mǎidào le xiǎo fángzi.

나는 월급과 상여금을 모두 저축해서, 드디어 작은 집을 샀다.

奖金 jiǎngjīn 명 상여금 **终于** zhōngyú 부 드디어, 마침내
房子 fángzi 명 집

24 **寄** ★★★

jì

→ 급수

4 동 (우편으로) 보내다, 부치다

→ 술어

请问，这个东西寄到北京需要多长时间？

Qǐngwèn, zhè ge dōngxi jìdào Běijīng xūyào duō cháng shíjiān?

실례지만, 이 물건을 베이징까지 보내는데 얼마나 걸리나요?

시험에 이렇게 나온다!

작문 노하우 쓰기 제2부분에서는 제시어 **寄**와 편지 봉투 또는 한 사람이 우체통에 편지를 넣고 있는 사진이 자주 출제된다. 이때 **他(她)把 + A寄给我了。**(그(그녀)는 A를 나에게 보냈다.)와 같은 문장으로 쉽게 작문할 수 있다.

他(她)把这封信/这两份材料/这个邮件寄给我了。

그(그녀)는 이 한 통의 편지/이 자료 두 부/이 메일을 나에게 보냈다.

25 **安全** ★★★

ānquán

4 형 안전하다

考虑到安全问题，最好不要用太简单的数字做银行卡的密码。

Kǎolǜ dào ānquán wèntí, zuìhǎo bú yào yòng tài jiǎndān de shùzì zuò yínháng kǎ de mìmǎ.

안전 문제를 고려하면, 너무 간단한 숫자를 은행 카드의 비밀번호로 만들지 않는 것이 가장 좋다.

考虑 kǎolǜ 동 고려하다 **简单** jiǎndān 형 간단하다 **数字** shùzì 명 숫자

시험에 이렇게 나온다!

어법 **安全**은 단독으로 술어가 되기도 하지만, '**安全** + 명사' 형태와 같이 명사를 꾸미는 표현으로도 자주 쓰인다. 이때 **安全**은 '안전 ~'이라는 명사로 해석한다.

安全问题 ānquán wèntí 안전 문제

安全带 ānquán dài 안전띠

安全帽 ānquán mào 안전모

安全座椅 ānquán zuò yǐ 안전 의자(카시트)

급수

26 大使馆 ★★★
dàshǐguǎn

4 명 **대사관**

술어

今天去大使馆办签证，材料准备好了吗?

Jīntiān qù dàshǐguǎn bàn qiānzhèng, cáiliào zhǔnbèi hǎo le ma?

오늘 비자 발급받으러 대사관에 가는데, 자료는 다 준비되었어요?

材料 cáiliào 명 자료

시험에 이렇게 나온다!

듣기 **大使馆**은 '**大**'가 생략되어 '**使馆**'으로만 출제되기도 한다. 뜻은 동일하다.

27 排队 ★★★
páiduì

4 동 **줄을 서다**

请大家站在黄线外排队取钱。

Qǐng dàjiā zhàn zài huáng xiàn wài páiduì qǔ qián.

모두들 노란 선 밖에 줄을 서서 돈을 찾으세요.

站 zhàn 동 서다 **线** xiàn 명 선

28 交 ★★
jiāo

4 동 **제출하다, 건네다**

报名时除了照片以外还要交别的材料吗?

Bàomíng shí chúle zhàopiàn yǐwài hái yào jiāo biéde cáiliào ma?

신청할 때 사진 외에 제출해야 하는 다른 자료가 또 있나요?

报名 bàomíng 동 신청하다 **除了……以外** chúle…… yǐwài ~외에

29 现金 ★★
xiànjīn

4 명 **현금**

麻烦你将这些现金存到银行卡里。

Máfan nǐ jiāng zhèxiē xiànjīn cúndào yínháng kǎ li.

번거로우시겠지만 이 현금을 은행 카드에 저금해주세요.

麻烦 máfan 동 번거롭게 하다, 폐를 끼치다 **将** jiāng 개 ~을

30 **重新** ★★

chóngxīn

급수

④ 부 **다시, 재차, 처음부터**

술어

您提交的信息有误，请您按照规定重新填写。

Nín tíjiāo de xìnxī yǒu wù, qǐng nín ànzhào guīdìng chóngxīn tiánxiě.

당신이 제출한 정보에 오류가 있으므로, 규정에 따라 다시 기입해 주시기 바랍니다.

提交 tíjiāo 동 제출하다 **信息** xìnxī 명 정보, 소식 **误** wù 명 오류, 실수
按照 ànzhào 개 ~에 따라 **规定** guīdìng 명 규정

시험에 이렇게 나온다!

짝꿍표현 **重新**을 활용한 '**重新** + 동사(다시 ~하다)' 표현을 알아 둔다. 참고로, '**重新** + 동사' 뒤에는 동작의 횟수를 나타내는 '**一遍**(yí biàn, 한번), **一下**(yíxià, 한번)과 같은 표현이 자주 온다.

重新排列 chóngxīn páiliè 다시 배열하다
重新填写 chóngxīn tiánxiě 다시 기입하다
重新热一下 chóngxīn rè yíxià 다시 한번 데우다
重新做一遍 chóngxīn zuò yí biàn 다시 한번 하다
重新检查一遍 chóngxīn jiǎnchá yí biàn 다시 한번 검사하다

31 **零钱** ★★

língqián

④ 명 **잔돈, 용돈**

使用信用卡真方便，刷卡不用找零钱。

Shǐyòng xìnyòngkǎ zhēn fāngbiàn, shuākǎ búyòng zhǎo língqián.

신용카드를 사용하는 것은 정말 편리한데, 카드를 긁으면 잔돈을 거슬러줄 필요가 없다.

使用 shǐyòng 동 사용하다 **找** zhǎo 동 거슬러주다

32 详细 ★★

xiángxì

급수

4 형 상세하다, 자세하다

술어

你的申请书不够详细，需要再增加一些内容。

Nǐ de shēnqǐngshū búgòu xiángxì, xūyào zài zēngjiā yìxiē nèiróng.

당신의 신청서가 그다지 상세하지 않아서, 내용을 좀 더 추가해야 합니다.

申请书 shēnqǐngshū 명 신청서 **不够** búgòu 부 그다지 ~하지 않다
增加 zēngjiā 동 추가하다, 증가하다 **内容** nèiróng 명 내용

시험에 이렇게 나온다!

짝꿍 표현 **详细**는 '동사 + **得** + **详细**(상세하게 ~하다, 자세하게 ~하다)' 형태로 자주 사용된다. 참고로 여기서 **详细**는 동사의 정도를 나타내는 정도보어이다.

写得很详细 xiě de hěn xiángxì 상세하게 쓰다
说得很详细 shuō de hěn xiángxì 상세하게 말하다
介绍得很详细 jièshào de hěn xiángxì 자세하게 소개하다
说明得很详细 shuōmíng de hěn xiángxì 자세하게 설명하다

33 道歉 ★★

dàoqiàn

4 동 사과하다, 사죄하다

这件事是银行的错误，所以银行职员已经向我道歉了。

Zhè jiàn shì shì yínháng de cuòwù, suǒyǐ yínháng zhíyuán yǐjīng xiàng wǒ dàoqiàn le.

이 일은 은행 실수라서, 은행 직원은 이미 나에게 사과했다.

向 xiàng 개 ~에게, ~를 향해

시험에 이렇게 나온다!

짝꿍 표현 **道歉**을 활용한 다양한 짝꿍 표현을 알아 둔다.

向……道歉 xiàng……dàoqiàn ~에게 사과하다
为……道歉 wèi……dàoqiàn ~때문에 사과하다
道歉信 dàoqiàn xìn 사과 편지
接受道歉 jiēshòu dàoqiàn 사과를 받아들이다

급수

34 **邮局** ★★

yóujú

4 [명] **우체국**

我去邮局把那封信寄出去了，正常情况下三天左右就能到。

술어

Wǒ qù yóujú bǎ nà fēng xìn jì chūqu le, zhèngcháng qíngkuàng xià sān tiān zuǒyòu jiù néng dào.

제가 우체국에 가서 그 편지 한 통을 부쳤는데, 정상적인 상황에서 3일 정도면 도착할 수 있어요.

封 fēng [양] 통 **信** xìn [명] 편지 **正常** zhèngcháng [형] 정상적인
情况 qíngkuàng [명] 상황 **左右** zuǒyòu [명] 정도, 가량

35 **广告**

guǎnggào

4 [명] **광고, 선전**

大使馆门口挂着一个广告牌，上面写着英文。

Dàshǐguǎn ménkǒu guàzhe yí ge guǎnggào pái, shàngmian xiězhe Yīngwén.

대사관 입구에 광고판 하나가 걸려있는데, 위에 영어가 적혀있다.

门口 ménkǒu [명] 입구 **挂** guà [동] 걸다 **牌** pái [명] 판

36 **信封**

xìnfēng

4 [명] **봉투, 편지 봉투**

你先把现金放信封里，明天咱们把这些钱存到银行吧。

Nǐ xiān bǎ xiànjīn fàng xìnfēng li, míngtiān zánmen bǎ zhèxiē qián cúndào yínháng ba.

먼저 현금을 봉투에 넣어두세요. 내일 우리 돈을 은행에 저금해요.

시험에 이렇게 나온다!

[짝꿍 표현] **信封**은 **信**(편지)과 **封**(봉투)이 합쳐진 단어로, **信**은 '편지', **封**은 '봉투'라는 의미로 쓰이기도 한다. **信** 또는 **封**과 자주 쓰이는 짝꿍 표현을 알아둔다.

感谢信 gǎnxiè xìn 감사 편지
一封信 yì fēng xìn 편지 한 통

37 收入

shōurù

4 명 수입, 소득

姐姐每个月都会把收入中的一部分存进银行。

Jiějie měi ge yuè dōu huì bǎ shōurù zhōng de yíbùfen cúnjìn yínháng.

언니는 매월 수입에서 일부분을 은행에 저금한다.

一部分 yíbùfen 일부분

38 证明

zhèngmíng

4 명 증명서 동 증명하다

丈夫不小心把儿子的出生证明弄丢了，怎么办？

Zhàngfu bù xiǎoxīn bǎ érzi de chūshēng zhèngmíng nòng diū le, zěnmebàn?

남편이 조심하지 않아서 아들의 출생 증명서를 잃어버렸는데, 어떡하죠?

出生 chūshēng 동 출생하다, 태어나다 **弄丢** nòng diū 잃어버리다

39 全部

quánbù

4 명 전부

按照现在的速度，需要多久能把这些信全部寄完？

Ànzhào xiànzài de sùdù, xūyào duō jiǔ néng bǎ zhèxiē xìn quánbù jìwán?

지금 속도에 따라, 이 편지들을 전부 보내려면 얼마나 걸리나요?

按照 ànzhào 개 ~에 따라 **速度** sùdù 명 속도

40 准确

zhǔnquè

4 형 정확하다, 틀림없다

交材料之前再检查一遍，看看信息准不准确。

Jiāo cáiliào zhīqián zài jiǎnchá yí biàn, kànkan xìnxī zhǔn bu zhǔnquè.

자료를 제출하기 전에 다시 한번 검사해보고, 정보가 정확한지 아닌지 살펴보세요.

检查 jiǎnchá 동 검사하다

시험에 이렇게 나온다!

어법 **准不准确**(정확한지 아닌지)와 같이, 2음절 형용사 정반의문문은 'A不AB' 형태가 된다.

准不准确 zhǔn bu zhǔnquè 정확한지 아닌지
好不好吃 hǎo bu hǎochī 맛있는지 아닌지
漂不漂亮 piào bu piàoliàng 예쁜지 아닌지

연습문제 **체크체크!**

단어의 뜻을 오른쪽 보기에서 찾아 연결하세요.

01 一般	ⓐ 알다, 이해하다
02 信用卡	ⓑ 뜻, 의미
03 知道	ⓒ 저축하다, 존재하다, 보존하다
04 存	ⓓ 신용카드
05 意思	ⓔ 일반적이다, 보통이다
	ⓕ 기다리다

문장을 읽고 빈칸에 들어 갈 단어를 찾아 적어보세요.

ⓐ 道歉　ⓑ 忘记　ⓒ 详细　ⓓ 寄　ⓔ 证明

06 我想去邮局________一封信。

07 我不小心把毕业________弄丢了。

08 银行职员已经向顾客________了。

09 你的申请书写得不够________。

10 我________了取款密码，所以不能取钱了。

정답 : 01 ⓔ 02 ⓓ 03 ⓐ 04 ⓒ 05 ⓑ 06 ⓓ 07 ⓔ 08 ⓐ 09 ⓒ 10 ⓑ

* 06~10번 문제 해석과 추가 <Day별 단어 퀴즈 PDF>를 해커스중국어(china.Hackers.com)에서 다운로드 받으세요.

품사별로 헤쳐 모여!

앞에서 외운 단어들을 품사별로 다시 한 번 확인합니다.

☑ 잘 외워지지 않은 단어는 □에 체크해 두고 다음에 반복 암기합니다.

명사

□□□	意思 2급	yìsi	명 뜻, 의미
□□□	生日 2급	shēngrì	명 생일
□□□	银行 3급	yínháng	명 은행
□□□	信用卡 3급	xìnyòngkǎ	명 신용카드
□□□	密码 4급	mìmǎ	명 비밀번호, 암호
□□□	大使馆 4급	dàshǐguǎn	명 대사관
□□□	现金 4급	xiànjīn	명 현금
□□□	零钱 4급	língqián	명 잔돈, 용돈
□□□	邮局 4급	yóujú	명 우체국
□□□	广告 4급	guǎnggào	명 광고, 선전
□□□	信封 4급	xìnfēng	명 봉투, 편지 봉투
□□□	收入 4급	shōurù	명 수입, 소득
□□□	证明 4급	zhèngmíng	명 증명서 동 증명하다
□□□	全部 4급	quánbù	명 전부

동사

□□□	请 1급	qǐng	동 ~해주세요, 청하다, 요구하다
□□□	知道 2급	zhīdào	동 알다, 이해하다
□□□	进 2급	jìn	동 (밖에서 안으로) 들다, 나아가다
□□□	等 2급	děng	동 기다리다
□□□	发 3급	fā	동 보내다, 발생하다, 내주다
□□□	忘记 3급	wàngjì	동 잊어버리다, 까먹다
□□□	接 3급	jiē	동 잇다, 연결하다, 마중하다
□□□	愿意 3급	yuànyì	동 원하다

□□□	存 4급	cún	동 저축하다, 존재하다, 보존하다
□□□	寄 4급	jì	동 (우편으로) 보내다, 부치다
□□□	排队 4급	páiduì	동 줄을 서다
□□□	交 4급	jiāo	동 제출하다, 건네다
□□□	道歉 4급	dàoqiàn	동 사과하다, 사죄하다

형용사

□□□	慢 2급	màn	형 느리다
□□□	对 2급	duì	형 옳다, 맞다, 정확하다
□□□	清楚 3급	qīngchu	형 명확하다, 분명하다
□□□	一般 3급	yìbān	형 일반적이다, 보통이다
□□□	安全 4급	ānquán	형 안전하다
□□□	详细 4급	xiángxì	형 상세하다, 자세하다
□□□	准确 4급	zhǔnquè	형 정확하다, 틀림없다

부사

□□□	刚 4급	gāng	부 막, 방금, 겨우
□□□	重新 4급	chóngxīn	부 다시, 재차, 처음부터

양사

□□□	张 3급	zhāng	양 장 [종이·책상 등을 세는 단위]

개사

□□□	为 3급	wèi	개 ~에게, ~ 때문에, ~을 위해
□□□	为了 3급	wèile	개 ~을 하기 위하여, ~을 위해서

접속사

□□□	和 1급	hé	접 ~와(과), ~와(과) 함께 개 ~와(과)

DAY

19

해커스 HSK1-4급 단어장

출근길

대중교통

주제를 알면 HSK가 보인다!

HSK 4급에서는 버스, 지하철, 기차, 택시, 자전거 등 교통 수단과 관련된 다양한 표현이 자주 출제돼요. 따라서 '차가 막히다', '교통 상황'처럼 대중교통과 관련된 단어를 익혀두면 이러한 표현이 사용된 대화나 지문을 정확히 이해할 수 있어요.

단어, 예문 MP3

운수 좋은 날

오늘 平时보다 버스에 사람이 없네? 웬일이지?
여긴 매일 堵车하는 곳인데, 오늘은 交通 情况이 좋네~~
오늘 肯定 내가 제일 먼저 도착했겠지?
덜컥-!
응???
맙소사..
공휴일...

24 **平时** píngshí 명 평소, 평상시

27 **堵车** dǔchē 동 차가 막히다, 교통이 체증되다

20 **交通** jiāotōng 명 교통

21 **情况** qíngkuàng 명 상황, 정황

28 **肯定** kěndìng 부 확실히

급수

01 来
lái

① 동 오다

술어

今天公共汽车来得太晚了。
Jīntiān gōnggòng qìchē lái de tài wǎn le.
오늘 버스가 너무 늦게 왔다.

公共汽车 gōnggòng qìchē 명 버스

02 开
kāi

① 동 운전하다, 열다, 켜다

明天是世界无车日，我建议你别开车上班。
Míngtiān shì shìjiè wú chē rì, wǒ jiànyì nǐ bié kāichē shàngbān.
내일은 세계 차 없는 날이니, 저는 당신이 차를 운전해서 출근하지 않는 것을 제안합니다.

堵车时可以开窗户换换空气。
Dǔchē shí kěyǐ kāi chuānghu huànhuan kōngqì.
차가 막힐 때에는 창을 열어서 공기를 환기시키는 것도 좋다.

车内太热了，我们开空调吧。
Chē nèi tài rè le, wǒmen kāi kōngtiáo ba.
차 안이 너무 더운데, 우리 에어컨 켜요.

世界 shìjiè 명 세계　无 wú 동 없다　建议 jiànyì 동 제안하다
堵车 dǔchē 동 차가 막히다　窗户 chuānghu 명 창, 창문
换 huàn 동 바꾸다, 교환하다　空气 kōngqì 명 공기　内 nèi 명 안, 내부
空调 kōngtiáo 명 에어컨

03 出租车
chūzūchē

① 명 택시

突然下大雨了，咱们叫个出租车回去吧。
Tūrán xià dà yǔ le, zánmen jiào ge chūzūchē huíqu ba.
갑자기 비가 많이 내리니 우리 택시를 불러서 돌아가자.

突然 tūrán 부 갑자기　叫 jiào 동 부르다

급수

04 **坐**
zuò

❶ 동 **타다, 앉다**

술어

我和小丽要坐高铁回老家。
Wǒ hé Xiǎo Lì yào zuò gāotiě huí lǎojiā.
나와 샤오리는 고속 열차를 타고 고향 집으로 돌아가려고 한다.

高铁 gāotiě 명 고속 열차 **老家** lǎojiā 명 고향 집

시험에 이렇게 나온다!

짝꿍표현 **坐**는 주로 교통수단을 나타내는 어휘를 목적어로 가지는 경우가 많다. 자주 쓰이는 '**坐** + 교통수단' 표현들을 알아 둔다.

坐高铁 zuò gāotiě 고속 열차를 타다
坐船 zuò chuán 배를 타다
坐公共汽车 zuò gōnggòngqìchē 버스를 타다
坐超市班车 zuò chāoshì bānchē 마트 셔틀 버스를 타다

05 **公共汽车**
gōnggòng qìchē

❷ 명 **버스**

咱们上午9点坐公共汽车去植物园。
Zánmen shàngwǔ jiǔ diǎn zuò gōnggòng qìchē qù zhíwùyuán.
우리는 오전 9시에 버스를 타고 식물원에 간다.

植物园 zhíwùyuán 명 식물원

잠깐 회화에서는 公交车(gōngjiāochē, 버스)라고도 해요~

06 **火车站**
huǒchēzhàn

❷ 명 **기차역**

我觉得这儿没有直接到火车站的公共汽车。
Wǒ juéde zhèr méiyǒu zhíjiē dào huǒchēzhàn de gōnggòng qìchē.
내 생각에 이곳에는 기차역으로 바로 가는 버스가 없는 것 같다.

直接 zhíjiē 형 바로, 직접적인

시험에 이렇게 나온다!

짝꿍표현 **火车站**은 **火车**(기차)와 **站**(역)이 합쳐진 단어로, **火车**는 '기차'라는 의미로 쓰이기도 한다. **火车**와 자주 쓰이는 짝꿍 표현을 알아 둔다.

火车上 huǒchē shang 기차 안
火车票 huǒchēpiào 기차표
坐火车 zuò huǒchē 기차를 타다

07 **票**
piào

급수

② 명 **표, 티켓**

술어

身高1.5米以上的儿童乘车需要购买全价票。
Shēngāo yì mǐ wǔ yǐshàng de értóng chéng chē xūyào gòumǎi quánjià piào.
키가 1m 50cm가 넘는 어린이는 차를 탈 때 정가 표를 구매해야 한다.

身高 shēngāo 명 키 **儿童** értóng 명 어린이, 아동
乘车 chéng chē 차를 타다 **购买** gòumǎi 동 구매하다
全价 quánjià 명 정가

시험에 이렇게 나온다!

짝꿍 표현 票를 활용한 다양한 짝꿍 표현을 알아 둔다.
车票 chēpiào 차표
门票 ménpiào 입장권
售票处 shòupiào chù 매표소
(飞)机票 (fēi) jīpiào 비행기 티켓

08 **近**
jìn

② 형 **가깝다**

出租车站离机场很近，走五分钟就到。
Chūzūchē zhàn lí jīchǎng hěn jìn, zǒu wǔ fēnzhōng jiù dào.
택시 정거장은 공항에서 가까워서, 5분만 걸으면 도착한다.

站 zhàn 명 정거장 **机场** jīchǎng 명 공항

09 **从**
cóng

② 개 **~에서(부터)**

从北京到西安的高铁都取消了。
Cóng Běijīng dào Xī'ān de gāotiě dōu qǔxiāo le.
베이징에서부터 시안으로 가는 고속 열차가 모두 취소되었다.

北京 Běijīng 고유 베이징, 북경 **西安** Xī'ān 고유 시안, 서안
取消 qǔxiāo 동 취소하다

시험에 이렇게 나온다!

짝꿍 표현 从을 활용한 다양한 짝꿍 표현들을 함께 외워 둔다.
从……到…… cóng……dào…… ~에서(부터) ~까지
从……开始 cóng……kāishǐ ~에서(부터) 시작하다

10 方便 ★★★
fāngbiàn

③ 형 편리하다 동 편리하게 하다

现在交通很方便，坐高铁去上海大概4个小时就能到。

Xiànzài jiāotōng hěn fāngbiàn, zuò gāotiě qù Shànghǎi dàgài sì ge xiǎoshí jiù néng dào.

현재 교통이 편리해서, 고속 열차를 타고 상하이에 가면 대략 4시간 만에 도착할 수 있다.

公共交通方便了人们的出行。

Gōnggòng jiāotōng fāngbiànle rénmen de chūxíng.

대중교통은 사람들의 외출을 편리하게 했다.

交通 jiāotōng 명 교통 **上海** Shànghǎi 고유 상하이, 상해
公共交通 gōnggòng jiāotōng 명 대중교통 **出行** chūxíng 동 외출하다

시험에 이렇게 나온다!

짝꿍표현 **方便**을 활용한 다양한 짝꿍 표현을 함께 알아 둔다.

使用方便 shǐyòng fāngbiàn 사용이 편리하다
交通方便 jiāotōng fāngbiàn 교통이 편리하다
变得更方便 biàn de gèng fāngbiàn 편리하게 변하다

11 自行车
zìxíngchē

③ 명 자전거

骑公共自行车可以减少环境污染，同时也能减轻交通压力。

Qí gōnggòng zìxíngchē kěyǐ jiǎnshǎo huánjìng wūrǎn, tóngshí yě néng jiǎnqīng jiāotōng yālì.

공공 자전거를 타는 것은 환경 오염을 줄일 수 있고, 동시에 교통 체증도 줄일 수 있다.

骑 qí 동 타다 **公共** gōnggòng 형 공공의, 공용의
减少 jiǎnshǎo 동 줄이다, 감소하다 **环境** huánjìng 명 환경
污染 wūrǎn 동 오염시키다 **同时** tóngshí 부 동시에
减轻 jiǎnqīng 동 줄이다, 경감하다 **交通压力** jiāotōng yālì 교통 체증

12 **骑**

qí

급수

❸ 동 (동물이나 자전거 등에) 타다

술어

爸爸最近骑马减肥，马竟然瘦了五公斤。

Bàba zuìjìn qí mǎ jiǎnféi, mǎ jìngrán shòule wǔ gōngjīn.

아빠는 최근에 말을 타면서 다이어트를 했는데, 뜻밖에도 말이 5kg이 빠졌다.

最近 zuìjìn 명 최근 **马** mǎ 명 말 **减肥** jiǎnféi 동 다이어트하다
竟然 jìngrán 부 뜻밖에도 **瘦** shòu 형 (살이) 빠지다, 여위다
公斤 gōngjīn 양 킬로그램

시험에 이렇게 나온다!

짝꿍 표현 **骑**를 활용한 다양한 짝꿍 표현을 알아 둔다. 참고로, 말이나 자전거를 타는 것을 나타낼 때에는 **坐**(zuò, 타다)가 아닌 **骑**를 쓴다.

骑马 qí mǎ 말을 타다
骑车 qí chē 자전거를 타다
骑自行车 qí zìxíngchē 자전거를 타다

13 **辆**

liàng

❸ 양 대, 량 [차량·자전거 등 탈 것을 세는 단위]

因为高律师喝了很多酒，他叫了一辆出租车。

Yīnwèi Gāo lǜshī hēle hěn duō jiǔ, tā jiàole yí liàng chūzūchē.

까오 변호사는 술을 많이 먹어서, 그는 택시를 불렀다.

律师 lǜshī 명 변호사

14 **船**

chuán

❸ 명 배, 선박

现在坐船去对面只要半个小时就可以了。

Xiànzài zuò chuán qù duìmiàn zhǐyào bàn ge xiǎoshí jiù kěyǐ le.

지금은 배를 타고 맞은편으로 가는데 30분이면 된다.

对面 duìmiàn 명 맞은편

15 **地铁** ★★

dìtiě

급수

❸ 명 **지하철**

술어

这是今天的最后一趟地铁，我们差点儿回不了家。

Zhè shì jīntiān de zuìhòu yí tàng dìtiě, wǒmen chàdiǎnr huí bu liǎo jiā.

이건 오늘 마지막 지하철이야. 우리 하마터면 집에 못 갈 뻔했어.

趟 tàng 양 번, 차례 **差点儿** chàdiǎnr 부 하마터면

16 **站** ★★

zhàn

❸ 명 **정거장, 역** 동 **서다, 멈추다**

我还有两站就到了，所以你不用给我让座位。

Wǒ hái yǒu liǎng zhàn jiù dào le, suǒyǐ nǐ búyòng gěi wǒ ràng zuòwèi.

저는 두 정거장이면 도착해요. 그러니 저에게 자리를 양보해주실 필요 없어요.

地铁马上就要进站了，请大家站在黄线外等车。

Dìtiě mǎshàng jiù yào jìn zhàn le, qǐng dàjiā zhàn zài huáng xiàn wài děng chē.

지하철이 곧 역으로 들어옵니다. 모두 노란 선 밖에 서서 차를 기다리세요.

让 ràng 동 양보하다 **座位** zuòwèi 명 자리 **线** xiàn 명 선

시험에 이렇게 나온다!

짝꿍 표현 **站**를 활용한 다양한 짝꿍 표현을 알아 둔다.

车站 chēzhàn 정류장
地铁站 dìtiě zhàn 지하철 역
休息站 xiūxi zhàn 휴게소
加油站 jiāyóu zhàn 주유소
网站 wǎngzhàn 웹 사이트

17 **刚才**
gāngcái

③ 명 **방금, 지금, 막**

급수

술어

我刚才上网查了一下发现我的航班推迟了一个小时。
Wǒ gāngcái shàngwǎng chále yíxià fāxiàn wǒ de hángbān tuīchíle yí ge xiǎoshí.
나는 방금 인터넷으로 찾아보았는데, 나의 항공편이 한 시간 연기된 것을 발견했다.

上网 shàngwǎng 동 인터넷을 하다 **查** chá 동 찾다, 조사하다
发现 fāxiàn 동 발견하다 **航班** hángbān 명 항공편
推迟 tuīchí 동 연기하다, 미루다

18 **中间**
zhōngjiān

③ 명 **중간, 사이**

我喜欢坐在窗户旁边看外边的景色，而不喜欢坐在中间。
Wǒ xǐhuan zuò zài chuānghu pángbiān kàn wàibian de jǐngsè, ér bù xǐhuan zuò zài zhōngjiān.
나는 창문 옆에 앉아서 바깥 풍경을 보는 것을 좋아하며, 중간에 앉는 것은 좋아하지 않는다.

景色 jǐngsè 명 풍경

19 **办法**
bànfǎ

③ 명 **방법, 수단**

那个停车场已经满了，现在没办法停车。
Nà ge tíngchēchǎng yǐjīng mǎn le, xiànzài méi bànfǎ tíngchē.
저 주차장이 이미 가득 차서, 지금 차를 세울 방법이 없다.

停车场 tíngchēchǎng 명 주차장 **满** mǎn 형 가득 차다
停车 tíngchē 동 차를 세우다

시험에 이렇게 나온다!

짝꿍 표현 办法를 활용한 다양한 짝꿍 표현을 알아 둔다.

没办法 méi bànfǎ 방법이 없다
有办法 yǒu bànfǎ 방법이 있다
想办法 xiǎng bànfǎ 방법을 생각하다

20 交通 ★★★
jiāotōng

4 명 교통

급수

술어

乘坐顺风车是一种能减轻交通压力的方法。

Chéngzuò shùnfēngchē shì yì zhǒng néng jiǎnqīng jiāotōng yālì de fāngfǎ.

카풀은 교통 체증을 감소시킬 수 있는 방법이다.

顺风车 shùnfēngchē 카풀[한 대의 승용차에 함께 동승하여 통행하는 일]
方法 fāngfǎ 명 방법

시험에 이렇게 나온다!

짝꿍 표현 **交通**을 활용한 다양한 짝꿍 표현을 알아 둔다.

减轻交通压力 jiǎnqīng jiāotōng yālì 교통 체증을 감소시키다
交通不方便 jiāotōng bù fāngbiàn 교통이 편리하지 않다
交通广播 jiāotōng guǎngbō 교통 방송
公共交通 gōnggòng jiāotōng 대중교통

21 情况 ★★★
qíngkuàng

4 명 상황, 정황

欢迎您收听今天的交通广播，我来介绍一下本市的交通情况。

Huānyíng nín shōutīng jīntiān de jiāotōng guǎngbō, wǒ lái jièshào yíxià běn shì de jiāotōng qíngkuàng.

오늘의 교통 라디오를 청취하시는 분들을 환영합니다. 제가 이 도시의 교통 상황을 소개하겠습니다.

收听 shōutīng 동 청취하다 **广播** guǎngbō 명 라디오(방송)
介绍 jièshào 동 소개하다

22 **发展** ★★★

fāzhǎn

급수

4 [동] **발전하다, 발전시키다**

술어

交通对经济发展有十分重要的作用。

Jiāotōng duì jīngjì fāzhǎn yǒu shífēn zhòngyào de zuòyòng.

교통은 경제 발전에 아주 중요한 영향이 있다.

经济 jīngjì [명] 경제 **十分** shífēn [부] 아주 **重要** zhòngyào [형] 중요하다
作用 zuòyòng [명] 영향, 작용

시험에 이렇게 나온다!

[짝꿍 표현] **发展**을 활용한 다양한 짝꿍 표현을 알아 둔다. 참고로, **发展**은 동사이지만 명사로도 많이 쓰인다.

社会发展 shèhuì fāzhǎn 사회 발전
职业发展 zhíyè fāzhǎn 직업 발전
经济发展 jīngjì fāzhǎn 경제 발전
科学技术发展 kēxué jìshù fāzhǎn 과학 기술 발전

23 **与** ★★★

yǔ

4 [접] **~와(과), ~와(과) 함께**

交通与安全问题可千万不能马虎。

Jiāotōng yǔ ānquán wèntí kě qiānwàn bù néng mǎhu.

교통과 안전 문제는 절대로 소홀해서는 안 된다.

安全 ānquán [형] 안전하다 **可** kě [부] [강조를 나타냄]
千万 qiānwàn [부] 절대로 **马虎** mǎhu [형] 소홀하다

24 **平时** ★★★

píngshí

4 [명] **평소, 평상시**

下个星期就过年了，所以机票价格比平时高了很多。

Xià ge xīngqī jiù guònián le, suǒyǐ jīpiào jiàgé bǐ píngshí gāole hěn duō.

다음 주에 곧 설을 지내는데, 그래서 비행기 표 가격이 평소보다 많이 높아졌다.

过年 guònián [동] 설을 지내다, 새해를 맞다 **机票** jīpiào [명] 비행기 표
价格 jiàgé [명] 가격

25 **入口** ★★★

rùkǒu

❹ 명 **입구**

급수

火车站的入口暂时禁止车辆进出。

술어

Huǒchēzhàn de rùkǒu zànshí jìnzhǐ chēliàng jìnchū.

기차역 입구는 잠시 차량 출입이 금지된다.

暂时 zànshí 형 잠시 **禁止** jìnzhǐ 동 금지하다 **车辆** chēliàng 명 차량
进出 jìnchū 동 출입하다, 드나들다

시험에 이렇게 나온다!

유의어 **入口**와 비슷한 의미의 **门口**(ménkǒu, 입구, 현관)와, **入口** 뒤에 **处**(chù)를 붙인 **入口处**(입구, 출입구)도 자주 출제된다.

26 **空** ★★★

kōng / kòng

❹ 형 **[kōng] 비다, 내용이 없다** 명 **[kòng] 틈, 짬**

这辆公共汽车上没有空座位了。

Zhè liàng gōnggòng qìchē shang méiyǒu kōng zuòwèi le.

이 버스에는 빈 자리가 없다.

这件事等我有空了再讨论讨论吧。

Zhè jiàn shì děng wǒ yǒu kòng le zài tǎolùntǎolùn ba.

이 일은 내가 틈이 나면 다시 토론해보자.

讨论 tǎolùn 동 토론하다

27 **堵车** ★★★

dǔchē

❹ 동 **차가 막히다, 교통이 체증되다**

高速公路的入口处堵车十分严重。

Gāosùgōnglù de rùkǒuchù dǔchē shífēn yánzhòng.

고속도로 입구에서 차가 매우 심각하게 막힌다.

高速公路 gāosùgōnglù 명 고속도로 **入口处** rùkǒuchù 명 입구
严重 yánzhòng 형 심각하다

시험에 이렇게 나온다!

짝꿍표현 **堵车**를 활용한 다양한 짝꿍 표현을 알아 둔다.

堵车十分严重 dǔchē shífēn yánzhòng 차가 매우 심각하게 막히다
堵得很厉害 dǔ de hěn lìhai 심각하게 막히다
路上太堵了 lùshang tài dǔ le 길이 매우 막히다

28 **肯定** ★★
kěndìng

급수
4 [부] **확실히** [동] **확신하다, 인정하다**

现在路上堵得厉害，小丽肯定来不及。 → 술어
Xiànzài lùshang dǔ de lìhai, Xiǎo Lì kěndìng láibují.
지금 길이 심하게 막혀서, 샤오리는 확실히 늦을 것이다.

感谢大家对我的肯定，我会继续努力的。
Gǎnxiè dàjiā duì wǒ de kěndìng, wǒ huì jìxù nǔlì de.
모두들 저에 대한 확신에 감사 드립니다. 저는 계속 노력할 것입니다.

厉害 lìhai [형] 심하다 **来不及** láibují [동] 늦다, 미처 ~하지 못하다
感谢 gǎnxiè [동] 감사하다 **继续** jìxù [동] 계속하다 **努力** nǔlì [동] 노력하다

시험에 이렇게 나온다!

[어법] **肯定**이 **的** 뒤에 쓰일 경우 명사처럼 해석한다.
对我的肯定 duì wǒ de kěndìng 나에 대한 확신
别人的肯定 biéren de kěndìng 다른 사람의 인정

29 **剩** ★★
shèng

4 [동] **남다**

去西安的火车票没剩下几张了。
Qù Xī'ān de huǒchē piào méi shèngxià jǐ zhāng le.
시안으로 가는 기차표는 몇 장 남지 않았다.

张 zhāng [양] 장

30 **使** ★★
shǐ

4 [동] **(~에게) ~하게 하다**

使用公共交通使人们的生活变得更方便。
Shǐyòng gōnggòng jiāotōng shǐ rénmen de shēnghuó biàn de gèng fāngbiàn.
대중교통을 이용하는 것은 사람들의 생활을 더 편리하게 하였다.

使用 shǐyòng [동] 이용하다, 사용하다 **生活** shēnghuó [명] 생활

시험에 이렇게 나온다!

[어법] **使**은 **让**(ràng, ~하게 하다)과 같은 사역동사로, '주어1 + **使**(술어1) + 목적어1 + 술어2(주어1은 목적어1에게 술어2하게 하다)' 형태의 겸어문에서 사용된다.
她的小说使我很感动。 Tā de xiǎoshuō shǐ wǒ hěn gǎndòng.
그녀의 소설은 나를 감동하게 했다.

31 **出发**
chūfā

4 (급수) 동 **출발하다, 떠나다**

下雪天容易堵车，我们早点儿出发吧。 (술어)
Xià xuě tiān róngyì dǔchē, wǒmen zǎodiǎnr chūfā ba.
눈이 내리는 날에는 차가 막히기 쉬우니, 우리 좀 일찍 출발하자.

容易 róngyì 형 ~하기 쉽다

32 **尽管**
jǐnguǎn

4 접 **비록 ~이라 하더라도** 부 **얼마든지**

乘坐地铁尽管不太方便，但是能减少环境污染。
Chéngzuò dìtiě jǐnguǎn bú tài fāngbiàn, dànshì néng jiǎnshǎo huánjìng wūrǎn.
지하철을 타는 것은 비록 그다지 편리하지 않더라도, 환경 오염을 줄일 수 있다.

有什么问题你就尽管提出来吧。
Yǒu shénme wèntí nǐ jiù jǐnguǎn tí chūlai ba.
무슨 문제가 있으면 얼마든지 의견을 내세요.

提 tí 동 의견을 내다, 제기하다

33 **桥**
qiáo

4 명 **교량, 다리**

南京长江大桥的下层是铁路桥，上层是公路桥。
Nánjīng Chángjiāng dàqiáo de xià céng shì tiělù qiáo, shàng céng shì gōnglù qiáo.
난징 창장대교의 아랫층은 철길로 된 다리이고, 윗층은 도로로 된 다리이다.

南京 Nánjīng 고유 난징, 남경 **长江** Chángjiāng 고유 창장, 장강
层 céng 양 층 **铁路** tiělù 명 철길 **公路** gōnglù 명 도로, 국도

34 **加油站**
jiāyóuzhàn

4 명 **주유소**

我们20分钟后到加油站，到时候咱们休息十五分钟。
Wǒmen èrshí fēnzhōng hòu dào jiāyóuzhàn, dào shíhou zánmen xiūxi shíwǔ fēnzhōng.
우리는 20분 후에 주유소에 도착하며, 그때 되면 15분 동안 쉬겠습니다.

到时候 dào shíhou 그때 되면

급수

35 **通知** tōngzhī

④ 동 **통지하다** 명 **통지서**

술어

刚才广播通知我们乘坐的火车到4点才能开。
Gāngcái guǎngbō tōngzhī wǒmen chéngzuò de huǒchē dào sì diǎn cái néng kāi.
방금 방송에서 우리가 탄 기차가 4시가 되어서야 출발할 수 있다고 통지하였다.

刚才 gāngcái 명 방금

36 **由于** ★★ yóuyú

④ 접 **~때문에, ~으로 인하여** 개 **~때문에**

由于今天天气不好，我坐出租车上班了。
Yóuyú jīntiān tiānqì bù hǎo, wǒ zuò chūzūchē shàngbān le.
오늘은 날씨가 좋지 않기 때문에, 나는 택시를 타고 출근했다.

天气 tiānqì 명 날씨

37 **危险** wēixiǎn

④ 형 **위험하다** 명 **위험**

请注意安全，下雨天开车比较危险。
Qǐng zhùyì ānquán, xiàyǔ tiān kāichē bǐjiào wēixiǎn.
안전에 주의하세요. 비가 내리는 날에 운전하는 것은 비교적 위험합니다.

注意 zhùyì 동 주의하다

38 **速度** ★★★ sùdù

④ 명 **속도**

你坐火车去那儿不但速度快，而且肯定能准时到。
Nǐ zuò huǒchē qù nàr búdàn sùdù kuài, érqiě kěndìng néng zhǔnshí dào.
네가 그곳에 기차를 타고 가면 속도가 빠를 뿐만 아니라, 반드시 제때에 도착할 수 있을 거야.

不但……而且…… búdàn……érqiě…… ~뿐만 아니라, (게다가)
准时 zhǔnshí 형 제때에

급수

39 **正好** ★★★

zhènghǎo

❹ 부 **마침**

술어

现在正好是上班时间，一定会堵车的。

Xiànzài zhènghǎo shì shàngbān shíjiān, yídìng huì dǔchē de.

지금 마침 출근 시간이라서, 반드시 차가 막힐 거야.

上班 shàngbān 동 출근하다

40 **允许** ★★

yǔnxǔ

❹ 동 **허가하다, 허락하다**

由于这个入口在施工，暂时不允许进车。

Yóuyú zhè ge rùkǒu zài shīgōng, zànshí bù yǔnxǔ jìn chē.

이 입구는 공사 중이기 때문에, 잠시 차가 들어가는 것을 허가하지 않는다.

施工 shīgōng 동 공사하다, 시공하다

시험에 이렇게 나온다!

짝꿍 표현 允许는 '不 + 允许 + 동사(~하는 것을 금지하다)' 형태로 자주 출제된다.

不允许抽烟 bù yǔnxǔ chōuyān 담배 피우는 것을 금지하다

不允许用火 bù yǔnxǔ yòng huǒ 불 사용을 금지하다

不允许养狗 bù yǔnxǔ yǎng gǒu 개 기르는 것을 금지하다

연습문제 **체크체크!**

단어의 뜻을 오른쪽 보기에서 찾아 연결하세요.

01 出租车	ⓐ 속도
02 票	ⓑ 배, 선박
03 发展	ⓒ 표, 티켓
04 速度	ⓓ 발전하다, 발전시키다
05 站	ⓔ 정거장, 역, 서다, 멈추다
	ⓕ 택시

문장을 읽고 빈칸에 들어 갈 단어를 찾아 적어보세요.

ⓐ 平时　ⓑ 情况　ⓒ 地铁　ⓓ 堵车　ⓔ 方便

06 下班时间这条街________很厉害。

07 我正在听广播里介绍的交通________。

08 因为马上要过年了, 机票价格比________贵很多。

09 坐高铁去上海只需要四个小时, 真________。

10 我没有赶上最后一趟________。

정답 : 01 ⓕ 02 ⓒ 03 ⓓ 04 ⓐ 05 ⓔ 06 ⓓ 07 ⓑ 08 ⓐ 09 ⓔ 10 ⓒ

* 06~10번 문제 해석과 추가 <Day별 단어 퀴즈 PDF>를 해커스중국어(china.Hackers.com)에서 다운로드 받으세요.

품사별로 헤쳐 모여!

앞에서 외운 단어들을 품사별로 다시 한 번 확인합니다.

☑ 잘 외워지지 않은 단어는 □에 체크해 두고 다음에 반복 암기합니다.

명사

□□□	出租车 1급	chūzūchē	명 택시
□□□	公共汽车 2급	gōnggòng qìchē	명 버스
□□□	火车站 2급	huǒchēzhàn	명 기차역
□□□	票 2급	piào	명 표, 티켓
□□□	自行车 3급	zìxíngchē	명 자전거
□□□	船 3급	chuán	명 배, 선박
□□□	地铁 3급	dìtiě	명 지하철
□□□	站 3급	zhàn	명 정거장, 역 동 서다, 멈추다
□□□	刚才 3급	gāngcái	명 방금, 지금, 막
□□□	中间 3급	zhōngjiān	명 중간, 사이
□□□	办法 3급	bànfǎ	명 방법, 수단
□□□	交通 4급	jiāotōng	명 교통
□□□	情况 4급	qíngkuàng	명 상황, 정황
□□□	平时 4급	píngshí	명 평소, 평상시
□□□	入口 4급	rùkǒu	명 입구
□□□	桥 4급	qiáo	명 교량, 다리
□□□	加油站 4급	jiāyóuzhàn	명 주유소
□□□	速度 4급	sùdù	명 속도

동사

□□□	来 1급	lái	동 오다
□□□	开 1급	kāi	동 운전하다, 열다, 켜다
□□□	坐 1급	zuò	동 타다, 앉다
□□□	骑 3급	qí	동 (동물이나 자전거 등에) 타다

□□□	发展 4급	fāzhǎn	[동] 발전하다, 발전시키다
□□□	堵车 4급	dǔchē	[동] 차가 막히다, 교통이 체증되다
□□□	剩 4급	shèng	[동] 남다
□□□	使 4급	shǐ	[동] (~에게) ~하게 하다
□□□	出发 4급	chūfā	[동] 출발하다, 떠나다
□□□	通知 4급	tōngzhī	[동] 통지하다 [명] 통지서
□□□	允许 4급	yǔnxǔ	[동] 허가하다, 허락하다

형용사

□□□	近 2급	jìn	[형] 가깝다
□□□	方便 3급	fāngbiàn	[형] 편리하다 [동] 편리하게 하다
□□□	空 4급	kōng / kòng	[형] [kōng] 비다, 내용이 없다 [명] [kòng] 틈, 짬
□□□	危险 4급	wēixiǎn	[형] 위험하다 [명] 위험

부사

□□□	肯定 4급	kěndìng	[부] 확실히 [동] 확신하다, 인정하다
□□□	正好 4급	zhènghǎo	[부] 마침

양사

□□□	辆 3급	liàng	[양] 대, 량 [차량·자전거 등 탈 것을 세는 단위]

개사

□□□	从 2급	cóng	[개] ~에서(부터)

접속사

□□□	与 4급	yǔ	[접] ~와(과), ~와(과) 함께
□□□	尽管 4급	jǐnguǎn	[접] 비록 ~이라 하더라도 [부] 얼마든지
□□□	由于 4급	yóuyú	[접] ~때문에, ~으로 인하여 [개] ~때문에

DAY

20

해커스 HSK1-4급 단어장

인간 내비게이션

길 찾기

주제를 알면 HSK가 보인다!

HSK 4급에서는 길 묻고 안내하기, 특정 장소 위치 설명하기 등과 관련된 문제가 자주 출제돼요. 따라서 '잘 알다', '거리', '킬로미터', '길을 잃다', '맞은편'처럼 길 찾기와 관련된 단어를 익혀두면 이러한 문제를 쉽게 풀 수 있어요.

단어, 예문 MP3

(※ 경고) 경로를 이탈하셨습니다

할머니 댁이 어디로 가는 거였지?
이 길이 熟悉하긴 한데...
고장
누나,내가 핸드폰 네비게이션 잘 보고 있어.
걱정 마, 距离가 3公里정도 남았으니 금방 가겠네!
30분후-
우리 到底
어디로 가는 거야?!
迷路한 것 같은데?
잘 보고 있는 거 맞아?
부우우웅—
아니야! 여기가 맞아!
对面에 병원이 있잖아!
여기서 오른쪽으로 돌면....
우회전~
경로를 이탈하셨습니다
야!! 장태양!
똑바로 안 볼래?!
이상하네...

25 **熟悉** shúxi 동 잘 알다, 익숙하다

24 **公里** gōnglǐ 양 킬로미터(km)

32 **迷路** mílù 동 길을 잃다

30 **距离** jùlí 명 거리, 간격

34 **到底** dàodǐ 부 도대체

31 **对面** duìmiàn 명 맞은편, 건너편

01 **去** ★★★
qù

급수
❶ 동 가다

술어
医院离这儿有点儿远，我建议你坐车去那儿。
Yīyuàn lí zhèr yǒudiǎnr yuǎn, wǒ jiànyì nǐ zuò chē qù nàr.
병원은 여기에서 조금 멀어요. 저는 당신이 차를 타고 그곳에 가는 것을 제안합니다.

建议 jiànyì 동 제안하다

02 **前面**
qiánmian

❶ 명 앞쪽, 앞, 전면

前面的那个车站旁边就是书店。
Qiánmian de nà ge chēzhàn pángbiān jiù shì shūdiàn.
앞쪽의 저 정거장 옆이 바로 서점이다.

车站 chēzhàn 명 정거장 **书店** shūdiàn 명 서점

03 **后面**
hòumian

❶ 명 다음, 뒤, 뒤쪽

这不是去机场的公共汽车，我们还是在后面一站下车吧。
Zhè bú shì qù jīchǎng de gōnggòng qìchē, wǒmen háishi zài hòumian yí zhàn xià chē ba.
이것은 공항 가는 버스가 아니에요. 우리는 다음 정거장에서 내리는 것이 낫겠어요.

下车 xià chē (차에서) 내리다, 하차하다

04 **走**
zǒu

❷ 동 가다, 걷다

走！我带你去那家店吧。
Zǒu! Wǒ dài nǐ qù nà jiā diàn ba.
갑시다! 제가 당신을 그 가게에 데려다 줄게요.

带 dài 동 데리다, 이끌다

05 **到**

dào

급수

❷ 동 **도착하다, 도달하다**

술어

我认为你现在出发的话，一个小时内肯定能到。

Wǒ rènwéi nǐ xiànzài chūfā dehuà, yí ge xiǎoshí nèi kěndìng néng dào.

저는 당신이 지금 출발한다면, 한 시간 내로 분명히 도착할 수 있다고 생각해요.

出发 chūfā 동 출발하다 **内** nèi 명 내, 안
肯定 kěndìng 부 분명히, 틀림없이

06 **找**

zhǎo

❷ 동 **찾다, 구하다**

我女儿太小了，她没找到回家的路。

Wǒ nǚ'ér tài xiǎo le, tā méi zhǎo dào huí jiā de lù.

내 딸은 너무 어려서, 집으로 돌아오는 길을 찾지 못했다.

回家 huí jiā 집으로 돌아가다 **路** lù 명 길

07 **错**

cuò

❷ 형 **틀리다, 맞지 않다** 명 **잘못, 착오**

我们越走离目的地越远，好像走错了。

Wǒmen yuè zǒu lí mùdìdì yuè yuǎn, hǎoxiàng zǒu cuò le.

우리 가면 갈수록 목적지에서 멀어지는데, 아마 잘못 간 것 같아요.

目的地 mùdìdì 명 목적지 **好像** hǎoxiàng 부 아마, 마치

시험에 이렇게 나온다!

짝꿍표현 **错**(틀리다)는 동사 뒤에서 '동사 + **错**(잘못 ~하다, 틀리게 ~하다) 형태로 자주 사용된다. 참고로, '동사 + **错**'에서 **错**는 결과보어이다.

走错 zǒu cuò 잘못 가다
说错 shuō cuò 잘못 말하다
填错 tián cuò 잘못 기입하다
翻译错 fānyì cuò 틀리게 번역(통역)하다
记错 jì cuò 틀리게 기억하다

급수

08 **路**
lù

2 명 **길, 도로**

술어

只要有手机，出去旅行也不怕找不到路。
Zhǐyào yǒu shǒujī, chūqu lǚxíng yě bú pà zhǎo bu dào lù.
휴대폰이 있기만 하면, 여행을 가도 길을 못 찾을 걱정이 없다.

只要 zhǐyào 접 ~하기만 하면 **旅行** lǚxíng 동 여행하다
怕 pà 동 걱정하다, 무서워하다

09 **离**
lí

2 개 **~으로부터, ~에서**

我们离下一个服务区有多远呢?
Wǒmen lí xià yí ge fúwùqū yǒu duō yuǎn ne?
우리 다음 휴게소로부터 얼마나 먼가요?

服务区 fúwùqū 명 (고속도로) 휴게소

시험에 이렇게 나온다!

짝꿍표현 **离**를 활용한 다양한 짝꿍 표현을 함께 알아 둔다.
A + 离 + B + 远/近 A는 B에서 멀다/가깝다
A + 离 + B + 有 + …… 公里 A에서 B까지는 ~km이다

10 **向** ★★
xiàng

3 개 **~으로, ~을 향해, ~에게**

手机地图说向前走就到了。
Shǒujī dìtú shuō xiàng qián zǒu jiù dào le.
휴대폰 지도에서 앞으로 가면 바로 도착한다고 한다.

地图 dìtú 명 지도

11 **往**
wǎng

2 개 **~쪽으로, ~을 향해**

咱们快到了，再往前走三分钟就行了。
Zánmen kuài dào le, zài wǎng qián zǒu sān fēnzhōng jiù xíng le.
우리 곧 도착해, 앞쪽으로 3분만 더 가면 돼.

咱们 zánmen 대 우리 **行** xíng 동 [어떤 일의 가능이나 능력을 나타냄]

급수

12 左边
zuǒbian

2 명 **왼쪽, 왼편**

不要走危险的路，左边的路更安全。 술어
Bú yào zǒu wēixiǎn de lù, zuǒbian de lù gèng ānquán.
위험한 길로 걷지 마세요. 왼쪽 길이 더 안전해요.

危险 wēixiǎn 형 위험하다 **安全** ānquán 형 안전하다

13 右边
yòubian

2 명 **오른쪽**

前面有个学校，它右边就是海洋馆。
Qiánmian yǒu ge xuéxiào, tā yòubian jiù shì hǎiyángguǎn.
앞에 학교가 하나 있는데, 그 오른쪽이 바로 수족관이에요.

海洋馆 hǎiyángguǎn 명 수족관

14 过 ★★★
guò

3 동 **지나다, (시간을) 보내다, 건너다**

她不太会看地图，只好坐出租车过来了。
Tā bú tài huì kàn dìtú, zhǐhǎo zuò chūzūchē guòlai le.
그녀는 지도를 잘 볼 줄 몰라서 택시를 타고 지나 올 수 밖에 없었다.

只好 zhǐhǎo 부 ~할 수 밖에 없다

明天女儿要过生日了，该送什么礼物比较好呢？
Míngtiān nǚ'ér yào guò shēngrì le, gāi sòng shénme lǐwù bǐjiào hǎo ne?
내일 딸이 생일을 보내려고 하는데, 어떤 선물을 줘야 비교적 좋을까?

该 gāi 조동 ~해야 한다 **礼物** lǐwù 명 선물

시험에 이렇게 나온다!

짝꿍 표현 过를 활용한 다양한 짝꿍 표현을 알아 둔다.
过来 guòlai (지나) 오다
过去 guòqu (지나) 가다
过马路 guòmǎlù (길을) 건너다

15 **地方** ★★★

dìfang

급수

③ 명 **곳, 장소**

술어

抱歉，那个地方我也不太熟悉，你去问别人吧。

Bàoqiàn, nà ge dìfang wǒ yě bú tài shúxi, nǐ qù wèn biérén ba.

죄송하지만 그 곳은 저도 잘 몰라서, 다른 사람에게 가서 물어보세요.

抱歉 bàoqiàn 동 죄송합니다 **熟悉** shúxi 동 잘 알다

16 **东** ★★

dōng

③ 명 **동쪽**

我以为入口在东边，结果走错了。

Wǒ yǐwéi rùkǒu zài dōng bian, jiéguǒ zǒucuò le.

나는 입구가 동쪽에 있다고 생각했는데, 결국 잘못 갔다.

入口 rùkǒu 명 입구 **结果** jiéguǒ 접 결국

17 **西** ★★

xī

③ 명 **서쪽**

如果想要去邮局，就得一直往西走。

Rúguǒ xiǎng yào qù yóujú, jiù děi yìzhí wǎng xī zǒu.

만약 우체국에 가려고 한다면, 계속 서쪽으로 가야 한다.

邮局 yóujú 명 우체국 **得** děi 조동 ~해야 한다

18 **南** ★★★

nán

③ 명 **남쪽**

火车站有南北两个入口，从哪个入口进去？

Huǒchēzhàn yǒu nánběi liǎng ge rùkǒu, cóng nǎ ge rùkǒu jìnqu?

기차역에는 남쪽과 북쪽 두 개의 입구가 있는데, 어느 입구로 들어가나요?

시험에 이렇게 나온다!

짝꿍 표현 **南**과 **北**(běi, 북쪽)가 함께 **南北**(nánběi, 남쪽과 북쪽, 남북)이라는 표현으로 출제되기도 한다. **东北**(dōngběi, 동쪽과 북쪽, 동북), **西北**(xīběi, 서쪽과 북쪽, 서북)라는 표현도 함께 알아 둔다.

★★★ = 출제율 최상 ★★ = 출제율 상

급수

19 **地图** ★★

dìtú

❸ 명 지도

술어

手机地图会提醒我们怎么走，你放心吧。

Shǒujī dìtú huì tíxǐng wǒmen zěnme zǒu, nǐ fàngxīn ba.

휴대폰 지도가 우리에게 어떻게 가는지 일깨워 줄 테니 안심하세요.

提醒 tíxǐng 동 일깨우다 **放心** fàngxīn 동 안심하다

20 **层**

céng

❸ 양 층

你坐电梯到一层，走出写字楼大门就是超市了。

Nǐ zuò diàntī dào yī céng, zǒuchū xiězìlóu dàmén jiù shì chāoshì le.

엘리베이터를 타고 1층으로 가서, 건물 정문을 나가시면 바로 슈퍼입니다.

电梯 diàntī 명 엘리베이터 **写字楼** xiězìlóu 명 건물
大门 dàmén 명 정문, 대문 **超市** chāoshì 명 슈퍼

시험에 이렇게 나온다!

짝꿍 표현 层을 활용한 다양한 짝꿍 표현을 알아 둔다.

- **楼层** lóucéng 층수
- **云层** yúncéng 구름 층
- **双层** shuāng céng 두 겹, 이중
- **上下两层** shàngxià liǎng céng 위 아래 두 층

잠깐 层과 같이 건물의 층을 셀 수 있는 楼(lóu, 층)도 함께 알아두세요!

21 **小心**

xiǎoxīn

❸ 동 조심하다, 주의하다 형 신중하다

他不小心把地图弄丢了，所以我们不知道怎么去长城了。

Tā bù xiǎoxīn bǎ dìtú nòng diū le, suǒyǐ wǒmen bù zhīdào zěnme qù Chángchéng le.

그가 조심하지 않아서 지도를 잃어버렸다. 그래서 우리는 만리장성에 어떻게 가는지 모르게 되었다.

弄丢 nòng diū 잃어버리다 **长城** Chángchéng 고유 만리장성

22 **经过**
jīngguò

급수 ❸ 동 (장소, 시간 등을) 지나다, 경과하다, 경험하다

我昨天经过超市的时候，顺便进去买了几瓶啤酒。(술어)
Wǒ zuótiān jīngguò chāoshì de shíhou, shùnbiàn jìnqu mǎile jǐ píng píjiǔ.
나는 어제 슈퍼를 지날 때, 겸사겸사 들어가서 맥주 몇 병을 샀다.

超市 chāoshì 명 슈퍼 顺便 shùnbiàn 부 겸사겸사, ~하는 김에
瓶 píng 양 병 啤酒 píjiǔ 명 맥주

23 **街道**
jiēdào

❸ 명 길거리, 거리

街道的两旁有很多商店，不知道哪一家是我们要去的。
Jiēdào de liǎngpáng yǒu hěn duō shāngdiàn, bù zhīdào nǎ yì jiā shì wǒmen yào qù de.
길거리 양 옆에는 많은 상점이 있어서, 어느 상점이 우리가 가야 하는 곳인지 모르겠다.

两旁 liǎngpáng 명 양 옆

24 **公里** ★★★
gōnglǐ

❹ 양 킬로미터(km)

在这儿得开慢点儿，速度不能超过每小时30公里。
Zài zhèr děi kāi màn diǎnr, sùdù bù néng chāoguò měi xiǎoshí sānshí gōnglǐ.
이곳에서는 천천히 운전해야 하며, 속도는 시속 30km를 넘어서는 안 된다.

速度 sùdù 명 속도 超过 chāoguò 동 넘다

25 **熟悉** ★★★
shúxi

❹ 동 잘 알다, 익숙하다

我对这条街特别熟悉，让我来带路吧。
Wǒ duì zhè tiáo jiē tèbié shúxi, ràng wǒ lái dàilù ba.
제가 이 거리에 대해 매우 잘 알아서, 제가 길을 안내할게요.

条 tiáo 양 [가늘고 긴 것을 세는 단위] 街 jiē 명 거리
带路 dàilù 동 길을 안내하다

26 **停** ★★★

tíng

정지
STOP

급수

❹ 동 **세우다, 서다, 정지하다, 멈추다**

술어

这附近没有停车的地方，咱们再找找吧。

Zhè fùjìn méiyǒu tíng chē de dìfang, zánmen zài zhǎozhao ba.

이 근처에는 차를 세울 곳이 없어요. 우리 좀 더 찾아봐요.

附近 fùjìn 명 근처

시험에 이렇게 나온다!

짝꿍 표현 停을 활용한 다양한 짝꿍 표현을 알아 둔다.

停车 tíng chē 차를 세우다(= 주차하다)

停车场 tíngchēchǎng 주차장

停电 tíng diàn 전기가 멈추다(= 정전되다)

27 **按照** ★★★

ànzhào

❹ 개 **~대로, ~에 따라, ~에 의해**

您按照方向牌指的方向走，就能看到公交车站了。

Nín ànzhào fāngxiàngpái zhǐ de fāngxiàng zǒu, jiù néng kàndào gōngjiāochē zhàn le.

표지판이 가리키는 방향대로 가시면, 버스 정류장을 보실 수 있습니다.

方向牌 fāngxiàngpái 명 표지판 **指** zhǐ 동 가리키다

方向 fāngxiàng 명 방향 **公交车** gōngjiāochē 명 버스

28 **严重** ★★

yánzhòng

❹ 형 **심각하다, 위급하다, 중대하다**

不要走这条路，医院附近堵车现象很严重。

Bú yào zǒu zhè tiáo lù, yīyuàn fùjìn dǔchē xiànxiàng hěn yánzhòng.

이 길로 가지 마세요. 병원 근처에 차가 막히는 현상이 심각해요.

堵车 dǔchē 동 차가 막히다 **现象** xiànxiàng 명 현상

29 **高速公路** ★★

gāosù gōnglù

4 (급수)

명 **고속도로**

车辆在进入**高速公路**时，速度要在60公里以下。 (在: 술어)

Chēliàng zài jìnrù gāosù gōnglù shí, sùdù yào zài liùshí gōnglǐ yǐxià.

차량이 고속도로에 진입할 때, 속도는 60km 이하여야 한다.

车辆 chēliàng 명 차량 **进入** jìnrù 동 진입하다 **速度** sùdù 명 속도
以下 yǐxià 명 이하

30 **距离** ★★

jùlí

4

동 **~로부터** 명 **거리, 간격**

我们**距离**餐厅还有五公里，用手机查一下怎么走**距离**最近。

Wǒmen jùlí cāntīng hái yǒu wǔ gōnglǐ, yòng shǒujī chá yíxià zěnme zǒu jùlí zuì jìn.

식당으로부터 아직 5km 남았는데, 어떻게 가야 거리가 가장 가까운지 휴대폰으로 좀 찾아보세요.

查 chá 동 찾다, 조사하다

시험에 이렇게 나온다!

어법 동사 **距离**는 개사 **离**(lí, ~로부터)와 비슷한 의미로 사용된다.

A + 距离 + B + 远/近 A는 B에서 멀다/가깝다

距离上次会议至少有两年了。

Jùlí shàngcì huìyì zhìshǎo yǒu liǎng nián le.

지난번 회의로부터 적어도 2년이 지났다.

31 **对面** ★★

duìmiàn

4

명 **맞은편, 건너편**

我要到北京大学**对面**那家公司办点儿事情。

Wǒ yào dào Běijīng dàxué duìmiàn nà jiā gōngsī bàn diǎnr shìqing.

나는 베이징 대학교 맞은편의 그 회사에 가서 일을 좀 처리하려고 한다.

办 bàn 동 (일을) 처리하다, 하다

급수

32 **迷路** ★★
mílù

4 동 **길을 잃다**

只要她不迷路，她肯定能准时到。 술어
Zhǐyào tā bù mílù, tā kěndìng néng zhǔnshí dào.
그녀가 길을 잃지만 않으면, 분명히 제시간에 도착할 수 있을 거야.

准时 zhǔnshí 형 제시간에, 제때에

33 **师傅** ★★
shīfu

4 명 **기사, 스승, 사부**

师傅，怎么不走平时去火车站的那条路？
Shīfu, zěnme bù zǒu píngshí qù huǒchēzhàn de nà tiáo lù?
기사님, 왜 평소에 기차역으로 가는 그 길로 안 가세요?

平时 píngshí 명 평소

34 **到底** ★★
dàodǐ

4 부 **도대체** 동 **끝까지 가다**

我一直在找国家图书馆，到底在哪儿呢？
Wǒ yìzhí zài zhǎo guójiā túshūguǎn, dàodǐ zài nǎr ne?
나는 줄곧 국가 도서관을 찾고 있는데, 도대체 어디에 있는 거지?

既然你决定那么做了，那就坚持到底。
Jìrán nǐ juédìng nàme zuò le, nà jiù jiānchí dàodǐ.
당신이 그렇게 하기로 결정한 이상, 끝까지 고수하세요.

国家 guójiā 명 국가, 나라 **既然** jìrán 접 ~인 이상, ~된 바에야
决定 juédìng 동 결정하다 **坚持** jiānchí 동 고수하다, 유지하다

35 **方向** ★★
fāngxiàng

4 명 **방향**

我查看了地图，我们好像走错方向了。
Wǒ chákànle dìtú, wǒmen hǎoxiàng zǒucuò fāngxiàng le.
내가 지도를 찾아 봤는데, 우리 아마도 방향을 잘못 가고 있는 것 같아.

查看 chákàn 동 찾다, 살펴보다 **好像** hǎoxiàng 부 아마, 마치

시험에 이렇게 나온다!

짝꿍 표현 **方向**을 활용한 다양한 짝꿍 표현을 알아 둔다.
- **开错方向** kāicuò fāngxiàng (운전하는데) 방향이 틀렸다
- **走错方向** zǒucuò fāngxiàng (걷는데) 방향이 틀렸다
- **方向感差** fāngxiànggǎn chà 방향감이 부족하다, 길눈이 어둡다
- **方向牌** fāngxiàngpái 방향 표지판

36 **指**
zhǐ

❹ 동 (손으로) 가리키다 명 손가락

급수 / 술어

我知道大使馆怎么走，我给你指路吧。
Wǒ zhīdào dàshǐguǎn zěnme zǒu, wǒ gěi nǐ zhǐ lù ba.
저는 대사관에 어떻게 가는지 알아요. 제가 당신에게 길을 손으로 가리켜 줄게요.

大使馆 dàshǐguǎn 명 대사관

37 **目的**
mùdì

❹ 명 목적

车快没油了，距离目的地还有几十公里呢。
Chē kuài méi yóu le, jùlí mùdìdì hái yǒu jǐ shí gōnglǐ ne.
차 기름이 다 떨어져가는데, 목적지까지는 아직 몇 십 킬로미터 남았는걸.

油 yóu 명 기름

시험에 이렇게 나온다!

듣기 독해 **目的**는 **地**(dì, 곳, 자리)와 함께 **目的地**(목적지)라는 표현으로도 출제된다.

38 **厕所**
cèsuǒ

❹ 명 화장실, 변소

我想去趟厕所，一楼有没有厕所？
Wǒ xiǎng qù tàng cèsuǒ, yī lóu yǒu méi yǒu cèsuǒ?
제가 화장실에 한 번 다녀오고 싶은데 1층에 화장실 있나요?

趟 tàng 양 번, 차례 **楼** lóu 명 층

39 **卫生间**
wèishēngjiān

❹ 명 화장실

卫生间是不是在公园入口处？
Wèishēngjiān shì bu shì zài gōngyuán rùkǒuchù?
화장실이 공원 입구에 있나요?

公园 gōngyuán 명 공원 **入口处** rùkǒuchù 명 입구

잠깐 회화에서는 卫生间 대신 洗手间(xǐshǒujiān, 화장실)으로 표현할 수 있어요!

40 **转**

zhuǎn / zhuàn

급수

4 **동 [zhuǎn] (방향을) 돌리다, 바꾸다**
동 [zhuàn] 거닐다, 돌아다니다

술어

你从这里一直往前走，然后右转就到了。

Nǐ cóng zhèli yìzhí wǎng qián zǒu, ránhòu yòu zhuǎn jiù dào le.

여기서부터 출발해서 줄곧 앞으로 가다가, 그런 후에 오른쪽으로 돌면 바로 도착해요.

天气凉快了，咱们去公园转转。

Tiānqì liángkuai le, zánmen qù gōngyuán zhuànzhuan.

날씨가 시원해졌어요, 우리 공원 가서 좀 거닐어요.

凉快 liángkuai 형 시원하다

연습문제 **체크체크!**

단어의 뜻을 오른쪽 보기에서 찾아 연결하세요.

01 前面

02 找

03 错

04 地方

05 公里

ⓐ 찾다, 구하다

ⓑ 틀리다, 맞지 않다, 잘못, 착오

ⓒ 길, 도로

ⓓ 앞쪽, 앞, 전면

ⓔ 곳, 장소

ⓕ 킬로미터(km)

문장을 읽고 빈칸에 들어 갈 단어를 찾아 적어보세요.

ⓐ 地图　ⓑ 按照　ⓒ 停　ⓓ 熟悉　ⓔ 东

06 我对这条街并不______，你能帮我带路吗？

07 手机______会提醒我们怎么走的。

08 这里没有______车的地方，只能再找找了。

09 我本来以为入口在______边，结果走错方向了。

10 您______方向牌走，就能看到地铁站了。

정답 : 01 ⓓ 02 ⓐ 03 ⓑ 04 ⓔ 05 ⓕ 06 ⓓ 07 ⓐ 08 ⓒ 09 ⓔ 10 ⓑ

* 06~10번 문제 해석과 추가 <Day별 단어 퀴즈 PDF>를 해커스중국어(china.Hackers.com)에서 다운로드 받으세요.

품사별로 헤쳐 모여!

앞에서 외운 단어들을 품사별로 다시 한 번 확인합니다.

☑ 잘 외워지지 않은 단어는 □에 체크해 두고 다음에 반복 암기합니다.

명사

□□□	前面 1급	qiánmian	명 앞쪽, 앞, 전면
□□□	后面 1급	hòumian	명 다음, 뒤, 뒤쪽
□□□	路 2급	lù	명 길, 도로
□□□	左边 2급	zuǒbian	명 왼쪽, 왼편
□□□	右边 2급	yòubian	명 오른쪽
□□□	地方 3급	dìfang	명 곳, 장소
□□□	东 3급	dōng	명 동쪽
□□□	西 3급	xī	명 서쪽
□□□	南 3급	nán	명 남쪽
□□□	地图 3급	dìtú	명 지도
□□□	街道 3급	jiēdào	명 길거리, 거리
□□□	高速公路 4급	gāosù gōnglù	명 고속도로
□□□	对面 4급	duìmiàn	명 맞은편, 건너편
□□□	师傅 4급	shīfu	명 기사, 스승, 사부
□□□	方向 4급	fāngxiàng	명 방향
□□□	目的 4급	mùdì	명 목적
□□□	厕所 4급	cèsuǒ	명 화장실, 변소
□□□	卫生间 4급	wèishēngjiān	명 화장실

동사

□□□	去 1급	qù	동 가다
□□□	走 2급	zǒu	동 가다, 걷다
□□□	到 2급	dào	동 도착하다, 도달하다
□□□	找 2급	zhǎo	동 찾다, 구하다

□□□	过 3급	guò	동 지나다, (시간을) 보내다, 건너다
□□□	小心 3급	xiǎoxīn	동 조심하다, 주의하다 형 신중하다
□□□	经过 3급	jīngguò	동 (장소, 시간 등을) 지나다, 경과하다, 경험하다
□□□	熟悉 4급	shúxi	동 잘 알다, 익숙하다
□□□	停 4급	tíng	동 세우다, 서다, 정지하다, 멈추다
□□□	距离 4급	jùlí	동 ~로부터 명 거리, 간격
□□□	迷路 4급	mílù	동 길을 잃다
□□□	指 4급	zhǐ	동 (손으로) 가리키다 명 손가락
□□□	转 4급	zhuǎn / zhuàn	동 [zhuǎn] (방향을) 돌리다, 바꾸다 [zhuàn] 거닐다, 돌아다니다

형용사

□□□	错 2급	cuò	형 틀리다, 맞지 않다 명 잘못, 착오
□□□	严重 4급	yánzhòng	형 심각하다, 위급하다, 중대하다

부사

□□□	到底 4급	dàodǐ	부 도대체 동 끝까지 가다

양사

□□□	层 3급	céng	양 층
□□□	公里 4급	gōnglǐ	양 킬로미터(km)

개사

□□□	离 2급	lí	개 ~으로부터, ~에서
□□□	往 2급	wǎng	개 ~쪽으로, ~을 향해
□□□	向 3급	xiàng	개 ~으로, ~을 향해, ~에게
□□□	按照 4급	ànzhào	개 ~대로, ~에 따라, ~에 의해

HSK 4급 미니 실전모의고사 2

듣기, 독해 MP3

[듣기] HSK 4급 미니실전모의고사2_1번~6번.mp3

1-2. 음성을 듣고 제시된 문장이 지문 내용과 일치하면 √, 일치하지 않으면 X를 체크하세요.

1. ★ 长江是中国最长的河。 (　　)

2. ★ 用生日做密码比较好。 (　　)

3-6. 대화와 단문 및 질문을 듣고 알맞은 보기를 선택하세요.

3. A 很紧张　B 很辛苦　C 很难受　D 很轻松

4. A 看电视　B 踢足球　C 玩游戏　D 看电影

5. A 常说"谢谢"　B 总是很害羞　C 总是很骄傲　D 礼貌地拒绝

6. A 自信　B 礼貌　C 开心　D 紧张

[독해]

7-9. 빈칸에 알맞은 단어를 선택하세요.

A 禁止　B 性格　C 轻松

7. 一般来说，(　　)幽默的人喜欢和别人聊天。

8. 这座不符合安全标准的大桥已经被(　　)使用。

9. A: 好久不见，你最近过得怎么样？

B: 挺好的，最近没什么压力，过得很(　　)。

10-11. ABC를 순서에 맞게 배열하세요.

10. A 我也是其中之一

B 很多人不喜欢早晨锻炼身体

C 我觉得早上不应该起太早 ________________

11. A 一有消息，我们会马上通知你的

B 还有你的联系电话写在这张表上

C 请把你的姓名和护照号码 ________________

12-13. 지문을 읽고 질문에 알맞은 보기를 선택하세요.

12. 他之前是一位有名的记者，为了照顾病重的母亲，他只好放弃原来的工作，专门留在家里。虽然有点可惜，但他不后悔。

★ 关于他，可以知道：

A 已经后悔了　B 喜欢留在家里　C 不得不放弃工作　D 不喜欢以前的工作

13. 中国功夫是中国文化的重要部分。要正确地理解功夫，就要先了解中国人对生命和世界的看法。他们认为学习功夫并不是用来和人竞争，而是通过锻炼来提高自己，并用它来帮助有需要的人。

★ 中国人认为学习功夫可以：

A 赢得成功　B 帮助别人　C 学习中国文化　D 了解生命和世界

[쓰기]

14-15. 제시된 어휘로 어순에 맞는 문장을 완성하세요.

14. 进行了　今天的　小时　比赛　差不多三个

15. 停着　几辆　加油站里　汽车

16. 제시된 어휘와 사진을 보고 연관된 한 문장을 만들어보세요.

16.  禁止

정답 및 해석·해설 p.522

DAY

21

해커스 HSK1-4급 단어장

반짝반짝 우리집

집안일

주제를 알면 HSK가 보인다!

HSK 4급에서는 방 정리, 청소, 설거지, 음식 만들기 등 집안일과 관련된 문제가 자주 출제돼요. 따라서 '어지럽다', '치우다', '창문', '더럽다', '닦다', '버리다' 등 집안일과 관련된 단어를 익혀두면 이러한 문제를 쉽게 풀 수 있어요.

단어, 예문 MP3

미세먼지야 가라

오늘 날씨가 좋으니까 乱해진 방을 좀 收拾 해야겠다.
끄응~
요즘 미세먼지 때문에 窗户를 안 열었더니 먼지가 많이 쌓였네.
脏한 책상도 擦하고~
쓰레기도 扔하고~
슉
청소 끝~

21 乱 luàn 형 어지럽다

30 窗户 chuānghu 명 창문, 창

22 擦 cā 동 (천·수건 등으로) 닦다, 비비다

20 收拾 shōushi 동 치우다, 정리하다, 청소하다

34 脏 zāng 형 더럽다, 지저분하다

25 扔 rēng 동 버리다

01 **桌子**
zhuōzi

급수
❶ 명 **탁자, 책상, 테이블**

술어
菜马上就做好了，你先去收拾一下桌子。
Cài mǎshàng jiù zuòhǎo le, nǐ xiān qù shōushi yíxià zhuōzi.
요리가 금방 다 될 거야, 네가 먼저 가서 탁자 좀 정리해.

马上 mǎshàng 부 금방, 곧 **收拾** shōushi 동 정리하다

02 **椅子**
yǐzi

❶ 명 **의자**

你一个人搬得动椅子吗？
Nǐ yí ge rén bān de dòng yǐzi ma?
당신 혼자서 의자를 옮길 수 있나요?

搬 bān 동 옮기다, 이사하다

03 **杯子**
bēizi

❶ 명 **컵, 잔**

谁把那个杯子打破了？
Shéi bǎ nà ge bēizi dǎpò le?
누가 저 컵을 깨트렸어요?

打破 dǎpò 동 깨트리다

04 **电视**
diànshì

❶ 명 **텔레비전**

不要总躺着看电视，帮我洗洗碗吧。
Bú yào zǒng tǎngzhe kàn diànshì, bāng wǒ xǐxi wǎn ba.
줄곧 누워서 텔레비전만 보지 말고, 저를 도와 그릇 좀 씻어 주세요.

总 zǒng 부 줄곧, 늘 **躺** tǎng 동 눕다 **碗** wǎn 명 그릇

시험에 이렇게 나온다!

짝꿍 표현 **电视**을 활용한 다양한 짝꿍 표현을 알아 둔다.
电视节目 diànshì jiémù 텔레비전 프로그램
电视广告 diànshì guǎnggào 텔레비전 광고
电视台 diànshìtái 방송국
电视剧 diànshìjù 드라마

급수

05 一下
yíxià

2 [수량] 좀 ~해보다

술어

洗手间的镜子有点儿脏，你用毛巾擦一下吧。
Xǐshǒujiān de jìngzi yǒudiǎnr zāng, nǐ yòng máojīn cā yíxià ba.
화장실의 거울이 약간 더러우니, 당신이 수건으로 좀 닦아보세요.

洗手间 xǐshǒujiān [명] 화장실 **镜子** jìngzi [명] 거울 **脏** zāng [형] 더럽다
毛巾 máojīn [명] 수건 **擦** cā [동] 닦다

시험에 이렇게 나온다!

[짝꿍표현] **一下**는 항상 '동사 + **一下**' 형태로 출제된다. 자주 쓰이는 '동사 + **一下**' 표현들을 알아 둔다.

尝一下 cháng yíxià 맛 보세요
存一下 cún yíxià 보관해 주세요
用一下 yòng yíxià 사용해 보세요
等一下 děng yíxià 기다려 주세요
查一下 chá yíxià 찾아 보세요
了解一下 liǎojiě yíxià 알아 보세요
说明一下 shuōmíng yíxià 설명해 보세요
参观一下 cānguān yíxià 참관해 보세요

06 正在
zhèngzài

2 [부] 지금 ~하고 있다

我正在洗西红柿，一会儿要做个汤。
Wǒ zhèngzài xǐ xīhóngshì, yíhuìr yào zuò ge tāng.
나는 지금 토마토를 씻고 있는데, 곧 국을 만들려고 해.

西红柿 xīhóngshì [명] 토마토 **一会儿** yíhuìr [수량] 곧 **汤** tāng [명] 국, 탕

07 房间
fángjiān

2 [명] 방

小妹妹把房间弄乱了，妈妈让我收拾房间。
Xiǎo mèimei bǎ fángjiān nòng luàn le, māma ràng wǒ shōushi fángjiān.
어린 여동생이 방을 어지럽혀서, 엄마가 나에게 방을 청소하라고 했다.

乱 luàn [형] 어지럽다

08 **洗手间**
xǐshǒujiān

③ 명 **화장실** (급수)

早上我把手机忘在洗手间了。 (술어: 忘)
Zǎoshang wǒ bǎ shǒujī wàng zài xǐshǒujiān le.
아침에 나는 휴대폰을 화장실에 잊고 두고 왔다.

忘 wàng 동 잊다

시험에 이렇게 나온다!

듣기 독해 '화장실'을 나타내는 다른 표현인 **卫生间**(wèishēngjiān, 화장실), **厕所**(cèsuǒ, 화장실)도 출제되므로 함께 알아 둔다.

09 **换** ★★★
huàn

③ 동 **바꾸다, 교환하다**

你开窗户吧，我想换一下新鲜的空气。
Nǐ kāi chuānghu ba, wǒ xiǎng huàn yíxià xīnxiān de kōngqì.
창문을 열어주세요. 저는 신선한 공기로 좀 환기하고 싶어요.

窗户 chuānghu 명 창문 **空气** kōngqì 명 공기

시험에 이렇게 나온다!

짝꿍 표현 **换**을 활용한 다양한 짝꿍 표현을 알아 둔다.
换空气 huàn kōngqì 환기시키다, 공기를 바꾸다
换电脑 huàn diànnǎo 컴퓨터를 바꾸다
换个沙发 huàn ge shāfā 소파를 바꾸다

10 **选择**
xuǎnzé

③ 동 **선택하다, 고르다**

周末的时候，我一般会选择打扫房间。
Zhōumò de shíhou, wǒ yìbān huì xuǎnzé dǎsǎo fángjiān.
주말에 나는 보통 방 청소하는 것을 선택한다.

一般 yìbān 형 보통이다 **打扫** dǎsǎo 동 청소하다

시험에 이렇게 나온다!

짝꿍 표현 **选择**는 동사이지만 '……**的** + **选择**(~의 선택)'와 같이 명사로도 자주 쓰인다.
自己的选择 zìjǐ de xuǎnzé 자신의 선택

11 帮忙
bāngmáng

급수

❸ 동 (일을) 돕다, 도움을 주다

술어

这么重的东西你一个人抬不动，我来帮忙吧。

Zhème zhòng de dōngxi nǐ yí ge rén tái bu dòng, wǒ lái bāngmáng ba.

이렇게 무거운 물건은 당신 혼자서 들어 올릴 수 없으니, 제가 도와줄게요.

重 zhòng 형 무겁다 **抬** tái 동 들다

시험에 이렇게 나온다!

유의어 **帮忙**과 비슷한 의미의 **帮助**(bāngzhù, 돕다)라는 단어도 알아 둔다. **帮忙**은 이합동사로 뒤에 목적어가 올 수 없지만 **帮助**는 목적어와 함께 쓸 수 있다.

帮忙 + 他 그를 돕다 (X)

帮助 + 别人 다른 사람을 도와주다 (O)

12 冰箱
bīngxiāng

❸ 명 냉장고

昨天吃剩的东西还在冰箱里，今天不用去超市买菜了。

Zuótiān chīshèng de dōngxi hái zài bīngxiāngli, jīntiān búyòng qù chāoshì mǎi cài le.

어제 먹고 남은 것이 냉장고에 아직 있어서, 오늘은 슈퍼마켓에 가서 채소를 살 필요가 없다.

剩 shèng 동 남다, 남기다 **不用** búyòng 부 ~할 필요가 없다
超市 chāoshì 명 슈퍼마켓

13 打扫
dǎsǎo

❸ 동 청소하다

对我来说，打扫是减轻压力的一种方法。

Duì wǒ láishuō, dǎsǎo shì jiǎnqīng yālì de yì zhǒng fāngfǎ.

나에게 있어서, 청소하는 것은 스트레스를 줄이는 한 가지 방법이다.

减轻 jiǎnqīng 동 줄이다, 덜다 **压力** yālì 명 스트레스
方法 fāngfǎ 명 방법, 방식

시험에 이렇게 나온다!

듣기 독해 **打扫卫生**(dǎsǎo wèishēng, 청소를 하다)이라는 표현도 출제되므로 함께 알아둔다.

14 **干净**
gānjìng

③ 형 **깨끗하다, 청결하다**

→ 급수

我把洗手间打扫得非常干净。

→ 술어

Wǒ bǎ xǐshǒujiān dǎsǎo de fēicháng gānjìng.

나는 화장실을 매우 깨끗하게 청소했다.

시험에 이렇게 나온다!

짝꿍표현 **干净**은 '동사 + **干净**', '동사 + **得** + **干净**' 형태와 같이 보어로 매우 자주 쓰인다.

洗干净 xǐ gānjìng 깨끗하게 빨다
擦干净 cā gānjìng 깨끗하게 닦다
忘得干净 wàng de gānjìng 깨끗하게 잊다
收拾得很干净 shōushi de hěn gānjìng 깨끗하게 청소하다

15 **空调**
kōngtiáo

③ 명 **에어컨**

这台空调又旧又脏，我想买一台新空调。

Zhè tái kōngtiáo yòu jiù yòu zāng, wǒ xiǎng mǎi yì tái xīn kōngtiáo.

이 에어컨은 낡고 더러워서, 나는 새 에어컨을 사려고 한다.

又……又…… yòu……yòu…… ~하고 ~하다 **旧** jiù 형 낡다

16 **瓶子**
píngzi

③ 명 **병**

瓶子被我扔进垃圾桶了。

Píngzi bèi wǒ rēngjìn lājītǒng le.

병은 나에 의해 쓰레기통에 버려졌다.

被 bèi 개 ~에 의해 ~해지다 **扔** rēng 동 버리다
垃圾桶 lājītǒng 명 쓰레기통

17 **盘子**
pánzi

③ 명 **접시, 쟁반**

请你把盘子洗干净。

Qǐng nǐ bǎ pánzi xǐ gānjìng.

접시를 깨끗이 씻어 주세요.

请 qǐng 동 ~해주세요

18 灯
dēng

❸ 명 **불, 등, 램프**

房间里一直亮着灯，你是不是离开房间时又忘记关灯了？

Fángjiān li yìzhí liàngzhe dēng, nǐ shì bu shì líkāi fángjiān shí yòu wàngjì guān dēng le?

방 안의 불이 계속 켜져 있는데, 방을 떠날 때 불 끄는 것을 또 잊었나요?

亮 liàng 형 밝다, 빛나다 **离开** líkāi 동 떠나다, 벗어나다
忘记 wàngjì 동 잊다 **关** guān 동 끄다, 닫다

시험에 이렇게 나온다!

짝꿍 표현 灯을 활용한 다양한 짝꿍 표현을 알아 둔다.

开灯 kāi dēng 불을 켜다
关灯 guān dēng 불을 끄다
亮着灯 liàngzhe dēng 불이 켜져 있다

19 整理 ★★★
zhěnglǐ

❹ 동 **정리하다, 정돈하다**

房间这么乱，一天之内怎么可能全部整理完啊？

Fángjiān zhème luàn, yì tiān zhī nèi zěnme kěnéng quánbù zhěnglǐ wán a?

방이 이렇게 어지러운데, 하루안에 전부 다 정리하는게 어떻게 가능해요?

全部 quánbù 명 전부

시험에 이렇게 나온다!

짝꿍 표현 整理를 활용한 다양한 짝꿍 표현을 알아 둔다.

整理表格 zhěnglǐ biǎogé 표를 정리하다
整理材料 zhěnglǐ cáiliào 자료를 정리하다
整理行李 zhěnglǐ xíngli 짐을 정리하다
整理照片 zhěnglǐ zhàopiàn 사진을 정리하다
整理头发 zhěnglǐ tóufa 머리를 정리하다

급수

20 收拾 ★★★
shōushi

4 [동] 치우다, 정리하다, 청소하다

술어

我知道要及时收拾房间，但哪有时间可以收拾啊?
Wǒ zhīdào yào jíshí shōushi fángjiān, dàn nǎ yǒu shíjiān kěyǐ shōushi a?
저도 방을 제때에 치워야 한다는 것은 알지만, 치울 시간이 어디 있겠어요?

及时 jíshí [부] 제때에, 곧바로

시험에 이렇게 나온다!

[유의어] **收拾房间**(방을 치우다)과 비슷한 의미의 **打扫房间**(dǎsǎo fángjiān, 방을 청소하다), **整理房间**(zhěnglǐ fángjiān, 방을 정리하다)이라는 표현도 함께 알아 둔다.

21 乱 ★★★
luàn

4 [형] 어지럽다, 혼란하다 [부] 함부로, 제멋대로

我还没整理好房间，有点儿乱。
Wǒ hái méi zhěnglǐ hǎo fángjiān, yǒudiǎnr luàn.
내가 아직 방을 다 정리하지 않아서 조금 어지러워요.

你不要乱扔塑料袋。
Nǐ bú yào luàn rēng sùliàodài.
당신 함부로 비닐봉지를 버리지 마세요.

塑料袋 sùliàodài [명] 비닐봉지

22 擦 ★★
cā

4 [동] (천·수건 등으로) 닦다, 비비다

你把桌子擦干净吧，一会儿客人要来呢。
Nǐ bǎ zhuōzi cā gānjìng ba, yíhuìr kèrén yào lái ne.
당신이 탁자를 깨끗이 닦으세요. 곧 손님이 올 거예요.

客人 kèrén [명] 손님

시험에 이렇게 나온다!

[작문 노하우] 쓰기 제2부분에서는 제시어 **擦**와 함께 한 사람이 어떤 대상을 닦고 있는 사진이 자주 출제된다. 이 때 **她(他)正在用毛巾擦** + A。(그녀(그)는 수건으로 A를 닦고 있다.)라는 문장으로 쉽게 작문할 수 있다.

他(她)正在用毛巾擦 + 桌子/窗户/脸/黑板。
그(그녀)는 수건으로 책상/창문/얼굴/칠판을 닦고 있다.

★★★ = 출제율 최상 ★★ = 출제율 상

23 **挂** ★★
guà

❹ 동 **걸다, 걸리다**

我估计快要下雨了，你去把挂在外面的衣服拿进来吧。
Wǒ gūjì kuàiyào xiàyǔ le, nǐ qù bǎ guà zài wàimian de yīfu ná jìnlai ba.
제가 추측하건대 곧 비가 올 것 같아요. 당신이 가서 밖에 걸어 놓은 옷을 가지고 들어와주세요.

估计 gūjì 동 추측하다 **拿** ná 동 가지다, 쥐다

시험에 이렇게 나온다!

짝꿍 표현 **挂**를 활용한 다양한 '**挂** + 명사' 짝꿍 표현을 알아 둔다.
挂镜子 guà jìngzi 거울을 걸다
挂毛巾 guà máojīn 수건을 걸다
挂图 guà tú 그림을 걸다
挂地图 guà dìtú 지도를 걸다

24 **客厅** ★★
kètīng

❹ 명 **거실, 응접실**

我出门的时候客厅里的灯没有关，能帮我去关一下吗？
Wǒ chūmén de shíhou kètīng li de dēng méiyǒu guān, néng bāng wǒ qù guān yíxià ma?
제가 외출할 때 거실 불을 끄지 않았는데, 가서 꺼 주실 수 있어요?

出门 chūmén 동 외출하다

시험에 이렇게 나온다!

짝꿍 표현 **客厅**(거실)은 '**客厅** + **里**'의 형태로 자주 출제된다.
搬进客厅里 bānjin kètīng li 거실로 옮겨오다
挂在客厅里 guà zài kètīng li 거실에 걸다
放在客厅里 fàng zài kètīng li 거실에 두다

급수

25 扔 ★★
rēng

4 [동] **버리다, 던지다**

这些衣服你都能穿，扔掉多可惜！
Zhèxiē yīfu nǐ dōu néng chuān, rēngdiào duō kěxī!
이 옷들은 모두 네가 입을 수 있는 것인데, 버리면 얼마나 아깝니!

술어

可惜 kěxī [형] 아깝다, 아쉽다

26 倒 ★★
dào

4 [동] **쏟다, 따르다, 붓다**

我出门倒垃圾时忘记拿钥匙了。
Wǒ chūmén dào lājī shí wàngjì ná yàoshi le.
내가 쓰레기를 쏟으러 밖에 나갈 때, 열쇠를 가져가는 것을 잊어버렸다.

垃圾 lājī [명] 쓰레기　**钥匙** yàoshi [명] 열쇠

시험에 이렇게 나온다!

[짝꿍 표현] 倒를 활용한 다양한 짝꿍 표현을 알아 둔다.
倒垃圾 dào lājī 쓰레기를 쏟다(비우다)
倒水 dào shuǐ 물을 따르다
倒满水 dàomǎn shuǐ 물을 가득 따르다

27 垃圾桶
lājītǒng

4 [명] **쓰레기통**

你怎么把这些信扔到垃圾桶里？
Nǐ zěnme bǎ zhèxiē xìn rēngdào lājītǒng li?
당신은 왜 이 편지들을 쓰레기통에 버리나요?

信 xìn [명] 편지

시험에 이렇게 나온다!

[짝꿍 표현] **垃圾桶**은 **垃圾**(쓰레기)와 **桶**(통)이 합쳐진 단어로, **垃圾**만 '쓰레기'라는 의미로 쓰이기도 한다. **垃圾**와 자주 쓰이는 짝꿍 표현을 함께 알아 둔다.
扔垃圾 rēng lājī 쓰레기를 버리다
塑料垃圾 sùliào lājī 플라스틱 쓰레기

28 顺便
shùnbiàn

4 [부] **겸사겸사, ~하는 김에**

你出去的时候顺便把垃圾也带走吧。
Nǐ chūqu de shíhou shùnbiàn bǎ lājī yě dài zǒu ba.
나갈 때 겸사겸사 쓰레기도 가지고 나가세요.

带 dài [동] 가지다, 지니다

29 **抬** ★★★

tái

④ [동] **들다, 들어 올리다**

咱们把电视抬到客厅中间吧。

Zánmen bǎ diànshì táidào kètīng zhōngjiān ba.

우리 텔레비전을 거실 한가운데까지 들고 가자.

시험에 이렇게 나온다!

[작문 노하우] 쓰기 제2부분에서는 제시어 **抬**와 함께 두 사람이 어떤 대상을 들어 올리는 사진이 자주 출제된다. 이때 **他们正在一起抬 + A。**(그들은 함께 A를 들어올리고 있다.)라는 문장으로 쉽게 작문할 수 있다.

他们正在一起抬 + 沙发/冰箱。

그들은 함께 소파/냉장고를 들어 올리고 있다.

30 **窗户** ★★

chuānghu

④ [명] **창문, 창**

打扫房子时，爸爸总是先打开窗户。

Dǎsǎo fángzi shí, bàba zǒngshì xiān dǎkāi chuānghu.

집을 청소할 때, 아빠는 늘 먼저 창문을 여신다.

房子 fángzi [명] 집 **总是** zǒngshì [부] 늘, 언제나 **先** xiān [부] 먼저

31 **沙发** ★★★

shāfā

④ [명] **소파(sofa)**

上个周末买了新的沙发，顺便把客厅也打扫了一遍。

Shàng ge zhōumò mǎile xīn de shāfā, shùnbiàn bǎ kètīng yě dǎsǎole yí biàn.

지난 주 주말에 새 소파를 샀는데, 그런 김에 거실도 한 번 청소했다.

遍 biàn [양] 번, 회

32 **修理** ★★

xiūlǐ

④ [동] **수리하다, 고치다**

妈妈以为冰箱坏了，但师傅说冰箱不需要修理。

Māma yǐwéi bīngxiāng huàile, dàn shīfu shuō bīngxiāng bù xūyào xiūlǐ.

엄마는 냉장고가 고장 난 줄 알았는데, 기사님은 냉장고를 수리할 필요가 없다고 했다.

以为 yǐwéi [동] ~인줄 알다 **坏** huài [동] 고장 나다 **师傅** shīfu [명] 기사

33 **懒**
lǎn

❹ 형 **게으르다, 나태하다**

我妹妹实在太懒了，连自己的房间都不打扫。
Wǒ mèimei shízài tài lǎn le, lián zìjǐ de fángjiān dōu bù dǎsǎo.
내 여동생은 정말 너무 게을러서, 자신의 방조차도 치우지 않는다.

实在 shízài 부 정말 **连** lián 개 ~조차도

시험에 이렇게 나온다!

짝꿍 표현 **懒**을 활용한 다양한 짝꿍 표현을 알아 둔다.

睡懒觉 shuì lǎnjiào 늦잠을 자다
懒得 + 동사 lǎnde…… ~하기 귀찮다

34 **脏** ★★
zāng

❹ 형 **더럽다, 지저분하다**

你快点儿把脏衣服脱下来。
Nǐ kuài diǎnr bǎ zāng yīfu tuō xiàlai.
당신 얼른 더러운 옷을 벗으세요.

脱 tuō 동 벗다

시험에 이렇게 나온다!

작문 노하우 쓰기 제2부분에서는 제시어 **脏**과 함께 옷, 손, 얼굴 등이 더러운 사진이 자주 출제된다. 이때 **她(他)的 + A有点儿脏。**(그녀(그)의 A는 조금 더럽다.)이라는 문장으로 쉽게 작문할 수 있다.

她(他)的 + 衣服/手/脸有点儿脏。
그녀(그)의 옷/손/얼굴은 조금 더럽다.

35 **厨房**
chúfáng

❹ 명 **주방, 부엌**

厨房里到处都是水，你用毛巾擦一擦吧。
Chúfáng li dàochù dōu shì shuǐ, nǐ yòng máojīn cā yi cā ba.
주방 곳곳이 다 물이니, 네가 수건으로 좀 닦으렴.

到处 dàochù 부 곳곳에

36 **塑料袋**
sùliàodài

❹ 명 **비닐봉지**

这么多垃圾，一个塑料袋里肯定放不下。
Zhème duō lājī, yí ge sùliàodài li kěndìng fàng bu xià.
이렇게 많은 쓰레기는 틀림없이 비닐봉지 하나에 다 넣지 못할 것이다.

肯定 kěndìng 부 틀림없이, 반드시

★★★ = 출제율 최상 ★★ = 출제율 상

급수

37 毛巾

máojīn

4 명 **수건, 타월**

술어

你去买牙膏和牙刷的时候，顺便也买几条毛巾吧。

Nǐ qù mǎi yágāo hé yáshuā de shíhou, shùnbiàn yě mǎi jǐ tiáo máojīn ba.

당신이 치약과 칫솔을 사러 갈 때, 겸사겸사 수건도 몇 장 사세요.

牙膏 yágāo 명 치약 **牙刷** yáshuā 명 칫솔

38 打扰

dǎrǎo

4 동 **방해하다, 귀찮게 하다**

哥哥昨天打扫了一整天，你最好别打扰他休息。

Gēge zuótiān dǎsǎole yì zhěngtiān, nǐ zuìhǎo bié dǎrǎo tā xiūxi.

형은 어제 하루 종일 청소를 했으니, 그가 휴식하는 것을 방해하지 않는 것이 좋을 거야.

一整天 yì zhěngtiān 하루 종일 **最好** zuìhǎo 부 ~하는 것이 (가장) 좋다

시험에 이렇게 나온다!

듣기 독해 **打扰**는 수량사 **一下**(yíxià, 좀 ~하다)와 함께 **打扰一下**(실례 좀 하겠습니다)라는 인사말로도 자주 출제된다.

39 勺子

sháozi

4 명 **숟가락, 국자, 주걱**

女儿把勺子掉地上了，我去厨房拿个干净的。

Nǚ'ér bǎ sháozi diào dì shang le, wǒ qù chúfáng ná ge gānjìng de.

딸아이가 숟가락을 바닥에 떨어뜨렸네. 내가 주방에 가서 깨끗한 걸로 가져올게.

掉 diào 동 떨어뜨리다, 떨어지다

40 刀

dāo

4 명 **칼**

为了安全，你不要把刀放在桌子上。

Wèile ānquán, nǐ bú yào bǎ dāo fàng zài zhuōzi shang.

안전을 위해, 칼을 탁자 위에 두지 마세요.

为了 wèile 개 ~을 위해 **安全** ānquán 형 안전하다

연습문제 **체크체크!**

단어의 뜻을 오른쪽 보기에서 찾아 연결하세요.

01 房间

02 收拾

03 桌子

04 换

05 懒

ⓐ 치우다, 정리하다, 청소하다

ⓑ 방

ⓒ 거실, 응접실

ⓓ 탁자, 책상, 테이블

ⓔ 게으르다, 나태하다

ⓕ 바꾸다, 교환하다

문장을 읽고 빈칸에 들어 갈 단어를 찾아 적어보세요.

ⓐ 擦　ⓑ 抬　ⓒ 挂　ⓓ 修理　ⓔ 乱

06 你的房间怎么这么______，快去整理一下。

07 墙上______着一张好看的山水画。

08 窗户这么脏，你把窗户______干净。

09 咱们把桌子______到房间里吧。

10 家里的冰箱坏了，需要马上______。

정답 : 01 ⓑ 02 ⓐ 03 ⓓ 04 ⓕ 05 ⓔ 06 ⓔ 07 ⓒ 08 ⓐ 09 ⓑ 10 ⓓ

* 06~10번 문제 해석과 추가 <Day별 단어 퀴즈 PDF>를 해커스중국어(china.Hackers.com)에서 다운로드 받으세요.

품사별로 헤쳐 모여!

앞에서 외운 단어들을 품사별로 다시 한 번 확인합니다.

☑ 잘 외워지지 않은 단어는 ☐에 체크해 두고 다음에 반복 암기합니다.

명사

☐☐☐	桌子 1급	zhuōzi	명 탁자, 책상, 테이블
☐☐☐	椅子 1급	yǐzi	명 의자
☐☐☐	杯子 1급	bēizi	명 컵, 잔
☐☐☐	电视 1급	diànshì	명 텔레비전
☐☐☐	房间 2급	fángjiān	명 방
☐☐☐	洗手间 3급	xǐshǒujiān	명 화장실
☐☐☐	冰箱 3급	bīngxiāng	명 냉장고
☐☐☐	空调 3급	kōngtiáo	명 에어컨
☐☐☐	瓶子 3급	píngzi	명 병
☐☐☐	盘子 3급	pánzi	명 접시, 쟁반
☐☐☐	灯 3급	dēng	명 불, 등, 램프
☐☐☐	客厅 4급	kètīng	명 거실, 응접실
☐☐☐	垃圾桶 4급	lājītǒng	명 쓰레기통
☐☐☐	窗户 4급	chuānghu	명 창문, 창
☐☐☐	沙发 4급	shāfā	명 소파(sofa)
☐☐☐	厨房 4급	chúfáng	명 주방, 부엌
☐☐☐	塑料袋 4급	sùliàodài	명 비닐봉지
☐☐☐	毛巾 4급	máojīn	명 수건, 타월
☐☐☐	勺子 4급	sháozi	명 숟가락, 국자, 주걱
☐☐☐	刀 4급	dāo	명 칼

동사

□□□	换 3급	huàn	동 바꾸다, 교환하다
□□□	选择 3급	xuǎnzé	동 선택하다, 고르다
□□□	帮忙 3급	bāngmáng	동 (일을) 돕다, 도움을 주다
□□□	打扫 3급	dǎsǎo	동 청소하다
□□□	整理 4급	zhěnglǐ	동 정리하다, 정돈하다
□□□	收拾 4급	shōushi	동 치우다, 정리하다, 청소하다
□□□	擦 4급	cā	동 (천·수건 등으로) 닦다, 비비다
□□□	挂 4급	guà	동 걸다, 걸리다
□□□	扔 4급	rēng	동 버리다, 던지다
□□□	倒 4급	dào	동 쏟다, 따르다, 붓다
□□□	抬 4급	tái	동 들다, 들어 올리다
□□□	修理 4급	xiūlǐ	동 수리하다, 고치다
□□□	打扰 4급	dǎrǎo	동 방해하다, 귀찮게 하다

형용사

□□□	干净 3급	gānjìng	형 깨끗하다, 청결하다
□□□	乱 4급	luàn	형 어지럽다, 혼란하다 부 함부로, 제멋대로
□□□	懒 4급	lǎn	형 게으르다, 나태하다
□□□	脏 4급	zāng	형 더럽다, 지저분하다

부사

□□□	正在 2급	zhèngzài	부 지금 ~하고 있다
□□□	顺便 4급	shùnbiàn	부 겸사겸사, ~하는 김에

수량사

□□□	一下 2급	yíxià	수량 좀 ~해보다

DAY 22

해커스 HSK1-4급 단어장

5학년 1학기?!

학교 · 학업

주제를 알면 HSK가 보인다!

HSK 4급에서는 학교 생활, 학습 방법, 학습 상황, 공부 계획 등과 관련된 문제가 자주 출제돼요. 따라서 '교육', '학기', '교수', '전공'처럼 학교·학업과 관련된 단어를 익혀두면 이러한 문제를 쉽게 풀 수 있어요.

단어, 예문 MP3

회화 시험은 자신 있어

중국어 教育학 수업도 오늘 종강이네.
그러네.
나 이번이 4학년 마지막 学期라서 취업 준비하느라 수업을 거의 못 들었어... 教授님께 잘 말씀 드려봐야지.
그러면 专业 시험 공부도 거의 못했겠네?
응, 근데 오늘 시험 보는 중국어 회화 만큼은 流利하게 할 수 있지!
중국어 회화 시험은 어제였는데?
쿠 쿵!
뭐???????!!!!

29 **教育** jiàoyù 명 교육

25 **教授** jiàoshòu 명 교수

28 **流利** liúlì 형 (말·문장이) 유창하다

30 **学期** xuéqī 명 학기

26 **专业** zhuānyè 명 전공 형 전문적이다

01 **学习**
xuéxí

급수
❶ 동 **공부하다, 학습하다**

술어
老师鼓励学生们养成好的学习习惯。
Lǎoshī gǔlì xuéshengmen yǎngchéng hǎo de xuéxí xíguàn.
선생님은 학생들이 좋은 공부 습관을 기르도록 격려한다.

鼓励 gǔlì 동 격려하다 **养成** yǎngchéng 동 기르다 **习惯** xíguàn 명 습관

시험에 이렇게 나온다!

짝꿍표현 **学习**는 동사이지만 '**学习** + 명사(공부 ~, 학습 ~)'와 같이 명사로도 자주 쓰인다.

学习习惯 xuéxí xíguàn 공부 습관
学习方法 xuéxí fāngfǎ 공부 방법
学习经历 xuéxí jīnglì 학습 경력(학력)
学习情况 xuéxí qíngkuàng 학습 상황

学习뿐만 아니라 동사 **学**(배우다)도 자주 쓰이며, **学**는 항상 목적어를 취한다.

学汉语 xué Hànyǔ 중국어를 배우다
学钢琴 xué gāngqín 피아노를 배우다
学骑马 xué qí mǎ 승마를 배우다
学开车/学车 xué kāichē/xuéchē 운전하는 것을 배우다

02 **学校**
xuéxiào

❶ 명 **학교**

刚才学校通知我获得了这学期的奖学金。
Gāngcái xuéxiào tōngzhī wǒ huòdéle zhè xuéqī de jiǎngxuéjīn.
방금 학교에서 내가 이번 학기의 장학금을 받았다고 통지했다.

刚才 gāngcái 명 방금, 막 **通知** tōngzhī 동 통지하다
获得 huòdé 동 받다, 얻다 **奖学金** jiǎngxuéjīn 명 장학금

시험에 이렇게 나온다!

독해 **校园**(xiàoyuán, 캠퍼스)이라는 표현도 출제되므로 함께 알아둔다.

03 **字**
zì

❶ 명 **글씨, 글자**

今天上课时老师让我们练字。
Jīntiān shàngkè shí lǎoshī ràng wǒmen liàn zì.
오늘 수업을 할 때 선생님께서 우리에게 글씨 연습을 하게 하셨다.

上课 shàngkè 동 수업을 하다 **练** liàn 동 연습하다

급수

04 课
kè

❷ 명 **수업, 강의**

술어

许老师的课非常有趣，受学生们的欢迎。

Xǔ lǎoshī de kè fēicháng yǒuqù, shòu xuéshengmen de huānyíng.

쉬 선생님의 수업은 매우 재미있어서, 학생들에게 인기가 많다.

有趣 yǒuqù 형 재미있다 **受……欢迎** shòu……huānyíng 인기가 많다

시험에 이렇게 나온다!

짝꿍표현 **课**를 활용한 다양한 짝꿍 표현을 알아 둔다.

上课 shàngkè 수업을 하다, 수업을 듣다
下课 xiàkè 수업이 끝나다
课表 kèbiǎo 수업 시간표

05 题
tí

❷ 명 **문제**

这道题我本来选对了，检查的时候被我改成错的了。

Zhè dào tí wǒ běnlái xuǎn duì le, jiǎnchá de shíhou bèi wǒ gǎichéng cuò de le.

이 문제는 제가 원래 맞게 선택했었는데, 검사할 때 틀린 것으로 고쳤어요.

道 dào 양 [문제 등을 세는 단위] **本来** běnlái 부 원래 **选** xuǎn 동 선택하다
检查 jiǎnchá 동 검사하다 **改** gǎi 동 고치다, 수정하다

06 问题
wèntí

❷ 명 **질문, 문제**

课后会给大家留出时间，希望大家积极问问题。

Kè hòu huì gěi dàjiā liú chū shíjiān, xīwàng dàjiā jījí wèn wèntí.

수업 후에 여러분에게 시간을 남겨줄 것이니, 모두 적극적으로 질문하시길 바랍니다.

留 liú 동 남기다 **积极** jījí 형 적극적이다

시험에 이렇게 나온다!

짝꿍표현 **问题**를 활용한 다양한 짝꿍 표현을 알아 둔다.

问问题 wèn wèntí 질문하다
有问题 yǒu wèntí 문제가 있다
没(有)问题 méi (yǒu) wèntí 문제 없다, 괜찮다
出问题 chū wèntí 문제가 생기다
解决问题 jiějué wèntí 문제를 해결하다

07 **考试**

kǎoshì

급수

② 동 **시험을 보다(치다)** 명 **시험**

술어

这个学期马上就要结束了，我们有五门课需要考试。

Zhè ge xuéqī mǎshàng jiù yào jiéshù le, wǒmen yǒu wǔ mén kè xūyào kǎoshì.

이번 학기가 곧 끝이 나는데, 우리가 시험을 봐야 하는 수업은 다섯 과목이 있다.

马上 mǎshàng 부 곧 **结束** jiéshù 동 끝나다 **门** mén 양 과목

시험에 이렇게 나온다!

짝꿍 표현 考试을 활용한 다양한 짝꿍 표현을 알아 둔다.

期中考试 qīzhōng kǎoshì 중간고사
期末考试 qīmò kǎoshì 기말고사
入学考试 rùxué kǎoshì 입학 시험

08 **教室**

jiàoshì

② 명 **교실**

请问，今天的普通话考试在哪个教室进行？

Qǐngwèn, jīntiān de pǔtōnghuà kǎoshì zài nǎ ge jiàoshì jìnxíng?

실례지만 오늘 표준어 시험은 어느 교실에서 진행하나요?

普通话 pǔtōnghuà 명 (현대 중국) 표준어 **进行** jìnxíng 동 진행하다

시험에 이렇게 나온다!

듣기 듣기 대화에서 대화자들이 있는 장소를 추론해야 하는 문제가 출제된다. 이때 시험을 보거나 공부하는 상황에서의 대화가 나오면 **教室**을 정답으로 선택한다.

09 **铅笔**

qiānbǐ

② 명 **연필**

考试的时候一定要用铅笔，而且准考证不能忘带。

Kǎoshì de shíhou yídìng yào yòng qiānbǐ, érqiě zhǔnkǎozhèng bù néng wàng dài.

시험을 볼 때는 반드시 연필을 사용해야 하고, 또한 수험표 가져오는 것을 잊으면 안 됩니다.

一定 yídìng 부 반드시 **准考证** zhǔnkǎozhèng 명 수험표

급수

10 **难** ★★★

nán

❸ 형 **어렵다, 힘들다**

술어

小东连这么难的题都做对了。

Xiǎo Dōng lián zhème nán de tí dōu zuò duì le.

샤오둥은 이렇게나 어려운 문제조차도 다 맞췄다.

连……都 lián……dōu ~조차도

시험에 이렇게 나온다!

짝꿍 표현 **难**은 동사 앞에서 '~하기 어렵다'라는 뜻으로도 쓰인다. **难**을 활용한 다양한 짝꿍 표현을 알아 둔다.

难吃 nán chī 먹기 어렵다, 맛없다

难看 nánkàn 보기 싫다, 못생기다

很难说明白 hěn nán shuō míngbai 정확하게 말하기 어렵다

很难看出来 hěn nán kàn chūlai 알아채기 어렵다

11 **努力** ★★★

nǔlì

❸ 동 **노력하다, 힘쓰다**

你平时那么努力，这次考试肯定没问题。

Nǐ píngshí nàme nǔlì, zhè cì kǎoshì kěndìng méi wèntí.

당신이 평소에 그렇게 노력했는데, 이번 시험은 분명 문제 없을 거예요.

平时 píngshí 명 평소 **肯定** kěndìng 부 분명, 확실히

시험에 이렇게 나온다!

짝꿍 표현 **努力**는 동사이지만 '동사 + **努力**(노력을 ~하다)'와 같이 명사로도 쓰인다.

作出努力 zuòchū nǔlì 노력을 기울이다

付出努力 fùchū nǔlì 노력을 들이다

술어 앞에서 '열심히'라는 뜻의 부사어로도 쓰인다.

努力学习 nǔlì xuéxí 열심히 노력하다

努力完成 nǔlì wánchéng 열심히 완성하다

12 **影响** ★★★

yǐngxiǎng

❸ 명 **영향** 동 **영향을 주다**

张雪选择学医是受到了她爸爸的影响。

Zhāng Xuě xuǎnzé xué yī shì shòudàole tā bàba de yǐngxiǎng.

장쉐가 의학을 공부하는 것을 선택한 것은 아버지의 영향을 받았다.

选择 xuǎnzé 동 선택하다 **学医** xué yī 의학을 공부하다

13 **班** ★★

bān

급수

3 명 **반, 그룹**

술어

我们班一共有六个同学报名参加了校园文化节。

Wǒmen bān yígòng yǒu liù ge tóngxué bàomíng cānjiāle xiàoyuán wénhuà jié.

우리 반에는 총 6명의 학생들이 캠퍼스 문화제에 신청해서 참가했다.

一共 yígòng 부 총, 모두 **报名** bàomíng 동 신청하다 **参加** cānjiā 동 참가하다
文化节 wénhuà jié 문화제

시험에 이렇게 나온다!

짝꿍표현 **班**은 명사나 동사 뒤에 붙어 그것을 배우는 학원, 그룹 등을 나타낸다. **班**을 활용한 다양한 짝꿍 표현을 알아 둔다.

学习班 xuéxí bān 학원 **游泳班** yóuyǒng bān 수영반

14 **留学** ★★

liúxué

3 동 **유학하다**

我朋友文文在考虑出国留学。

Wǒ péngyou Wén Wén zài kǎolǜ chūguó liúxué.

내 친구 원원은 외국에 가서 유학하는 것을 고려하고 있다.

考虑 kǎolǜ 동 고려하다 **出国** chūguó 동 외국에 가다, 출국하다

시험에 이렇게 나온다!

유의어 **留学**와 비슷한 의미의 **出国学习**(chūguó xuéxí, 외국에 가서 공부하다), **在国外读书**(zài guówài dú shū, 외국에서 공부하다)와 같은 표현도 함께 알아 둔다.

15 **成绩** ★★

chéngjì

3 명 **성적, 결과**

上个星期举行的大学生汉语大赛中，小明同学获得了第一名的好成绩。

Shàng ge xīngqī jǔxíng de dàxuéshēng Hànyǔ dàsài zhōng, Xiǎo Míng tóngxué huòdéle dìyī míng de hǎo chéngjì.

지난 주에 열렸던 대학생 중국어 대회에서, 샤오밍 학생이 1등이라는 좋은 성적을 거두었다.

举行 jǔxíng 동 열다, 거행하다 **大赛** dàsài 명 대회

시험에 이렇게 나온다!

짝꿍표현 **成绩**를 활용한 다양한 짝꿍 표현을 알아 둔다.

成绩好/差 chéngjì hǎo/chà 성적이 좋다/나쁘다

获得/取得成绩 huòdé/qǔdé chéngjì 성적을 얻다

成绩单 chéngjì dān 성적표

16 **教** ★★

jiāo

③ 동 **가르치다** (급수)

老师教孩子时需要有很大的耐心。 (需要: 술어)

Lǎoshī jiāo háizi shí xūyào yǒu hěn dà de nàixīn.

선생님이 아이를 가르칠 때는 큰 인내심이 필요하다.

耐心 nàixīn 명 인내심

시험에 이렇게 나온다!

어법 **教**는 목적어를 2개 가질 수 있는 동사로, '**教** + A + B(A에게 B를 가르치다)'의 형태로 쓰일 수 있다는 것을 알아 둔다.

老师教我汉语。 Lǎoshī jiāo wǒ Hànyǔ.
선생님은 나에게 중국어를 가르친다.

17 **数学**

shùxué

③ 명 **수학**

女儿数学成绩非常差，我打算给她找一位数学老师。

Nǚ'ér shùxué chéngjì fēicháng chà, wǒ dǎsuan gěi tā zhǎo yí wèi shùxué lǎoshī.

딸아이의 수학 성적이 매우 나빠서, 나는 그녀에게 수학 선생님 한 분을 찾아 주려고 한다.

差 chà 형 나쁘다, 좋지 않다 **位** wèi 양 분, 명

18 **提高**

tígāo

③ 동 **향상시키다, 높이다**

每天早上读20分钟的书，阅读理解能力会提高很多。

Měi tiān zǎoshang dú èrshí fēnzhōng de shū, yuèdú lǐjiě nénglì huì tígāo hěn duō.

매일 아침 20분 동안 책을 읽으면, 읽고 이해하는 능력이 많이 향상될 것이다.

阅读 yuèdú 동 읽다, 보다 **理解** lǐjiě 동 이해하다 **能力** nénglì 명 능력

시험에 이렇게 나온다!

짝꿍 표현 **提高**를 활용한 다양한 짝꿍 표현을 알아 둔다.

提高能力 tígāo nénglì 능력을 향상시키다
提高水平 tígāo shuǐpíng 수준을 향상시키다
提高速度 tígāo sùdù 속도를 높이다

19 **水平**
shuǐpíng

❸ 명 **수준, 능력**

급수

술어

听中文广播既能提高汉语听力水平，还能了解中国文化。
Tīng Zhōngwén guǎngbō jì néng tígāo Hànyǔ tīnglì shuǐpíng, hái néng liǎojiě Zhōngguó wénhuà.
중국어 라디오 방송을 듣는 것은 중국어 듣기 수준을 향상시킬 수 있을 뿐만 아니라, 또한 중국 문화를 이해할 수 있게 한다.

广播 guǎngbō 명 라디오 방송 **既** jì 접 ~할 뿐만 아니라
了解 liǎojiě 동 이해하다 **文化** wénhuà 명 문화

20 **语法**
yǔfǎ

❹ 명 **어법**

那两个词在语法上有一定的区别。
Nà liǎng ge cí zài yǔfǎ shang yǒu yídìng de qūbié.
그 두 단어는 어법상 어느 정도의 차이가 있다.

词 cí 명 단어 **一定** yídìng 형 어느 정도의 **区别** qūbié 명 차이, 구별

21 **作业**
zuòyè

❸ 명 **숙제, 과제**

放学回家首先应该做作业，不能连作业都没写好就睡觉。
Fàngxué huí jiā shǒuxiān yīnggāi zuò zuòyè, bù néng lián zuòyè dōu méi xiěhǎo jiù shuìjiào.
수업이 끝나고 집에 돌아와서 먼저 숙제를 해야 하며, 숙제조차도 다 하지 않고 자면 안 된다.

放学 fàngxué 동 수업이 끝나다 **首先** shǒuxiān 부 먼저

22 **词典**
cídiǎn

❸ 명 **사전**

遇到不认识的字最好自己查词典。
Yùdào bú rènshi de zì zuìhǎo zìjǐ chá cídiǎn.
모르는 글자를 맞닥뜨리면 스스로 사전을 찾아보는 것이 가장 좋다.

遇到 yùdào 동 맞닥뜨리다, 마주치다 **最好** zuìhǎo 부 ~하는 것이 가장 좋다
自己 zìjǐ 대 스스로, 자신 **查** chá 동 찾아보다, 조사하다

급수

23 黑板 hēibǎn

❸ 명 **칠판**

술어

老师提醒小周下课后别忘记擦黑板。

Lǎoshī tíxǐng Xiǎo Zhōu xiàkè hòu bié wàngjì cā hēibǎn.

선생님은 샤오저우에게 수업이 끝난 후 칠판을 닦는 것을 잊지 말라고 일깨워주셨다.

提醒 tíxǐng 동 일깨우다 **忘记** wàngjì 동 잊다 **擦** cā 동 닦다

24 年级 niánjí

❸ 명 **학년**

张东是二年级的学生，他的学习成绩非常好。

Zhāng Dōng shì èr niánjí de xuésheng, tā de xuéxí chéngjì fēicháng hǎo.

장둥은 2학년 학생인데, 그의 학업 성적은 매우 좋다.

非常 fēicháng 부 매우

25 教授 ★★★ jiàoshòu

❹ 명 **교수**

孙教授平时比较严格，但他对学生很有耐心。

Sūn jiàoshòu píngshí bǐjiào yángé, dàn tā duì xuésheng hěn yǒu nàixīn.

쑨 교수는 평소에 비교적 엄격하지만, 학생들에게 매우 인내심이 있다.

比较 bǐjiào 부 비교적 **严格** yángé 형 엄격하다

시험에 이렇게 나온다!

유의어 **教授**와 비슷한 의미의 **教师**(jiàoshī, 교수, 교사)이라는 표현도 함께 알아둔다. 참고로 **教师**은 '교수, 교사'라는 의미를 모두 나타내지만 **教授**는 '교수'라는 의미만 나타낸다.

26 **专业** ★★★

zhuānyè

급수

4 명 **전공** 형 **전문적이다**

술어

我们选择专业时，应该考虑自己的兴趣。

Wǒmen xuǎnzé zhuānyè shí, yīnggāi kǎolǜ zìjǐ de xìngqù.

우리는 전공을 선택할 때, 자신의 흥미를 고려해야 한다.

毛教授比律师还专业。

Máo jiàoshòu bǐ lǜshī hái zhuānyè.

마오 교수는 변호사보다 더 전문적이다.

兴趣 xìngqù 명 흥미, 재미

시험에 이렇게 나온다!

듣기 독해 **专业** 뒤에 명사 **书**(shū, 책)가 붙은 **专业书**(전공 서적)라는 표현도 자주 출제된다.

27 **节** ★★★

jié

4 양 **[수업의 수를 세는 단위]** 명 **명절**

这节课请高老师为大家介绍中国文化。

Zhè jié kè qǐng Gāo lǎoshī wèi dàjiā jièshào Zhōngguó wénhuà.

이번 수업은 까오 선생님을 모시고 여러분에게 중국 문화를 소개하겠습니다.

国庆节前到处都很热闹。

Guóqìngjié qián dàochù dōu hěn rènao.

국경절 전에는 곳곳이 다 시끌벅적하다.

为 wèi 개 ~에게 **介绍** jièshào 동 소개하다 **国庆节** guóqìngjié 명 국경절
到处 dàochù 부 곳곳에 **热闹** rènao 형 시끌벅적하다

시험에 이렇게 나온다!

짝꿍 표현 '……节(~절)'와 같이 중국의 명절을 나타내는 표현을 함께 알아 둔다.

春节 Chūnjié 춘절(음력 1월 1일)
中秋节 Zhōngqiūjié 중추절(음력 8월 15일)
国庆节 guóqìngjié 국경절(10월 1일)
母亲节 mǔqīnjié 어머니날(5월 둘째 주 일요일)
父亲节 fùqīnjié 아버지날(6월 셋째 주 일요일)
儿童节 értóngjié 어린이날(6월 1일)
教师节 jiàoshījié 스승의날(9월 10일)

28 **流利** ★★★

liúlì

4 급수

형 (말·문장이) 유창하다

经过这两年的学习，她可以流利地讲四国语言了。 (술어)

Jīngguò zhè liǎng nián de xuéxí, tā kěyǐ liúlì de jiǎng sì guó yǔyán le.

2년간의 공부를 거쳐, 그녀는 4개 국어를 유창하게 말할 수 있게 되었다.

经过 jīngguò 동 거치다, 지나다 **讲** jiǎng 동 말하다 **语言** yǔyán 명 언어

29 **教育** ★★

jiàoyù

4 명 **교육** 동 **교육하다**

艺术教育是值得研究的问题。

Yìshù jiàoyù shì zhídé yánjiū de wèntí.

예술 교육은 연구할 가치가 있는 문제이다.

艺术 yìshù 명 예술 **值得** zhídé 동 ~할 가치가 있다
研究 yánjiū 동 연구하다

30 **学期** ★★

xuéqī

4 명 **학기**

下学期的课安排得很满。

Xià xuéqī de kè ānpái de hěn mǎn.

다음 학기 수업이 꽉 차게 배정되어 있다.

安排 ānpái 동 배정하다, 안배하다 **满** mǎn 형 꽉 차다

시험에 이렇게 나온다!

짝꿍표현 **学期**는 항상 '**这/上/下/一(+ 个) + 学期**' 형태로 출제된다.

这(个)学期 zhè (ge) xuéqī 이번 학기
上(个)学期 shàng (ge) xuéqī 지난 학기
下(个)学期 xià (ge) xuéqī 다음 학기
一(个)学期 yì (ge) xuéqī 한 학기

31 **答案** ★★

dá'àn

ANSWER

4 명 **답, 답안, 해답**

我实在猜不出答案，谁知道这个问题的答案？

Wǒ shízài cāi bu chū dá'àn, shéi zhīdào zhè ge wèntí de dá'àn?

나는 정말 답을 알아맞히지 못하겠는데, 누가 이 문제의 답을 아시나요?

实在 shízài 부 정말, 확실히 **猜** cāi 동 알아맞히다, 추측하다

급수

32 **能力** ★★
néngli

❹ 명 **능력**

술어

多做练习题对数学能力有很大的帮助。
Duō zuò liànxí tí duì shùxué nénglì yǒu hěn dà de bāngzhù.
연습 문제를 많이 풀어보는 것은 수학 능력에 큰 도움이 된다.

练习题 liànxí tí 연습 문제

33 **复习**
fùxí

❸ 동 **복습하다**

我一定要认真地复习重点内容。
Wǒ yídìng yào rènzhēn de fùxí zhòngdiǎn nèiróng.
나는 반드시 중점 내용을 열심히 복습할 것이다.

认真 rènzhēn 형 열심이다 **重点** zhòngdiǎn 명 중점, 요점
内容 nèiróng 명 내용

34 **预习** ★★
yùxí

❹ 동 **예습하다**

老师说明天上课内容有点儿难，需要预习。
Lǎoshī shuō míngtiān shàngkè nèiróng yǒudiǎnr nán, xūyào yùxí.
선생님은 내일 수업 내용이 조금 어려우니, 예습하는 것이 필요하다고 했다.

有点儿 yǒudiǎnr 부 조금, 약간

35 **基础**
jīchǔ

❹ 명 **기초, 토대**

如果你想提高成绩，打好基础是最重要的。
Rúguǒ nǐ xiǎng tígāo chéngjì, dǎhǎo jīchǔ shì zuì zhòngyào de.
만약 당신이 성적을 향상시키고 싶다면, 기초를 잘 닦는 것이 가장 중요하다.

打基础 dǎ jīchǔ 기초를 닦다 **重要** zhòngyào 형 중요하다

시험에 이렇게 나온다!

짝꿍 표현 **基础**를 활용한 다양한 짝꿍 표현을 알아 둔다.
基础知识 jīchǔ zhīshi 기초 지식
基础语法 jīchǔ yǔfǎ 기초 어법
基础动作 jīchǔ dòngzuò 기초 동작
法律基础 fǎlǜ jīchǔ 법률 기초

급수

36 放暑假
fàng shǔjià

4 **여름 방학을 하다**

술어

放暑假的时候小张把下个学期的课都预习了一遍。
Fàng shǔjià de shíhou Xiǎo Zhāng bǎ xià ge xuéqī de kè dōu yùxíle yí biàn.
여름 방학 때 샤오장은 다음 학기 수업을 한 번 예습했다.

遍 biàn 양 번

시험에 이렇게 나온다!

듣기 독해 **放暑假**에서 **暑**(여름)를 뺀 **放假**(방학하다)라는 표현도 자주 출제된다.

37 寒假
hánjià

4 명 **겨울 방학**

小海打算今天把寒假作业做完。
Xiǎo Hǎi dǎsuan jīntiān bǎ hánjià zuòyè zuòwán.
샤오하이는 오늘 겨울 방학 숙제를 끝내려고 한다.

38 优秀
yōuxiù

4 형 **(성적·품행 등이) 우수하다, 뛰어나다**

祝贺你取得了这么优秀的成绩。
Zhùhè nǐ qǔdéle zhème yōuxiù de chéngjì.
이렇게나 우수한 성적을 받은 것을 축하해.

祝贺 zhùhè 동 축하하다

39 橡皮
xiàngpí

4 명 **지우개**

明天考试请同学们准备好铅笔和橡皮。
Míngtiān kǎoshì qǐng tóngxuémen zhǔnbèi hǎo qiānbǐ hé xiàngpí.
학생 여러분, 내일 시험에 연필과 지우개를 준비하세요.

准备 zhǔnbèi 동 준비하다

40 填空
tiánkòng

4 동 **빈칸을 채우다, 괄호를 채우다**

大家都觉得今天考的填空题太容易了。
Dàjiā dōu juéde jīntiān kǎo de tiánkòng tí tài róngyì le.
다들 오늘 시험 본 빈칸 채우기 문제가 너무 쉬웠다고 생각한다.

시험에 이렇게 나온다!

독해 **填空**과 **题**(tí, 문제)가 합쳐진 **填空题**(빈칸 채우기 문제)라는 표현도 함께 알아 둔다.

연습문제 **체크체크!**

단어의 뜻을 오른쪽 보기에서 찾아 연결하세요.

01 学习	ⓐ 향상시키다, 높이다
02 问题	ⓑ 공부하다, 학습하다
03 教育	ⓒ 영향, 영향을 주다
04 影响	ⓓ 질문, 문제
05 专业	ⓔ 교육, 교육하다
	ⓕ 전공, 전문적이다

문장을 읽고 빈칸에 들어 갈 단어를 찾아 적어보세요.

ⓐ 难　ⓑ 成绩　ⓒ 流利　ⓓ 努力　ⓔ 教授

06 我终于取得了第一名的好＿＿＿＿。

07 你好棒，连这么＿＿＿＿的题都能做对。

08 你平时那么＿＿＿＿，这次肯定能通过考试。

09 她可以＿＿＿＿地讲四国语言。

10 ＿＿＿＿对我们的要求比较严格，但是也很有耐心。

정답 : 01 ⓑ 02 ⓓ 03 ⓔ 04 ⓒ 05 ⓕ 06 ⓑ 07 ⓐ 08 ⓓ 09 ⓒ 10 ⓔ

* 06~10번 문제 해석과 추가 <Day별 단어 퀴즈 PDF>를 해커스중국어(china.Hackers.com)에서 다운로드 받으세요.

품사별로 헤쳐 모여!

앞에서 외운 단어들을 품사별로 다시 한 번 확인합니다.

☑ 잘 외워지지 않은 단어는 □에 체크해 두고 다음에 반복 암기합니다.

명사

□□□	学校 1급	xuéxiào	명 학교
□□□	字 1급	zì	명 글씨, 글자
□□□	课 2급	kè	명 수업, 강의
□□□	题 2급	tí	명 문제
□□□	问题 2급	wèntí	명 질문, 문제
□□□	教室 2급	jiàoshì	명 교실
□□□	铅笔 2급	qiānbǐ	명 연필
□□□	影响 3급	yǐngxiǎng	명 영향 동 영향을 주다
□□□	班 3급	bān	명 반, 그룹
□□□	成绩 3급	chéngjì	명 성적, 결과
□□□	数学 3급	shùxué	명 수학
□□□	水平 3급	shuǐpíng	명 수준, 능력
□□□	作业 3급	zuòyè	명 숙제, 과제
□□□	词典 3급	cídiǎn	명 사전
□□□	黑板 3급	hēibǎn	명 칠판
□□□	年级 3급	niánjí	명 학년
□□□	语法 4급	yǔfǎ	명 어법
□□□	教授 4급	jiàoshòu	명 교수
□□□	专业 4급	zhuānyè	명 전공 형 전문적이다
□□□	教育 4급	jiàoyù	명 교육 동 교육하다
□□□	学期 4급	xuéqī	명 학기
□□□	答案 4급	dá'àn	명 답, 답안, 해답
□□□	能力 4급	nénglì	명 능력

□□□	基础 4급	jīchǔ	명 기초, 토대
□□□	寒假 4급	hánjià	명 겨울 방학
□□□	橡皮 4급	xiàngpí	명 지우개

동사

□□□	学习 1급	xuéxí	동 공부하다, 학습하다
□□□	考试 2급	kǎoshì	동 시험을 보다(치다) 명 시험
□□□	努力 3급	nǔlì	동 노력하다, 힘쓰다
□□□	留学 3급	liúxué	동 유학하다
□□□	教 3급	jiāo	동 가르치다
□□□	提高 3급	tígāo	동 향상시키다, 높이다
□□□	复习 3급	fùxí	동 복습하다
□□□	预习 4급	yùxí	동 예습하다
□□□	填空 4급	tiánkòng	동 빈칸을 채우다, 괄호를 채우다

형용사

□□□	难 3급	nán	형 어렵다, 힘들다
□□□	流利 4급	liúlì	형 (말·문장이) 유창하다
□□□	优秀 4급	yōuxiù	형 (성적·품행 등이) 우수하다, 뛰어나다

양사

□□□	节 4급	jié	양 [수업의 수를 세는 단위] 명 명절

기타

□□□	放暑假 4급	fàng shǔjià	여름 방학을 하다

DAY

23

해커스 HSK1-4급 단어장

즐거운 나의 집

일상생활

주제를 알면 HSK가 보인다!

HSK 4급에서는 집, 학교, 회사 등에서 일어나는 다양한 일상생활과 관련된 문제가 자주 출제돼요. 따라서 '생활', '토론하다', '국제'처럼 일상생활과 관련된 다양한 단어를 익혀 두면 이러한 문제를 쉽게 풀 수 있어요.

단어, 예문 MP3

저는 중문과입니다만

와 멋지다~ 한국 남자 배우가 저렇게 큰 国际 회의에서 讨论하다니! 심지어 전세계로 广播 되고 있어!
와우!
2019
亚洲에서는 최초로 토론에 참석한 거라던데.
....
저 분은 国籍이 한국이 아닌 것 같아... 영어를 어떻게 저렇게 잘하지? 대단하네.
뭐가 대단해~ 딱 들어보니까 生活 영어야! 저런 건 나도 하겠다.
태양아, 그럼 저 사람이 영어로 지금 무슨 말 하는 거야?
저는 중문과입니다만,

23 **国际** guójì 명 국제

30 **广播** guǎngbō 동 방송하다

38 **国籍** guójí 명 국적

22 **讨论** tǎolùn 동 토론하다

35 **亚洲** Yàzhōu 고유 아시아

19 **生活** shēnghuó 명 생활 동 생활하다

01 **打电话** dǎ diànhuà

급수
❶ **전화를 걸다, 전화하다**

술어
他很想爸爸妈妈，所以经常往家里打电话。
Tā hěn xiǎng bàba māma, suǒyǐ jīngcháng wǎng jiāli dǎ diànhuà.
그는 아빠 엄마를 매우 그리워해서, 자주 집으로 전화를 건다.

经常 jīngcháng 부 자주, 늘 **往** wǎng 개 ~으로, ~을 향해

02 **水果** shuǐguǒ

❶ 명 **과일**

饭后不要马上吃水果，其实这样对身体不好。
Fàn hòu bú yào mǎshàng chī shuǐguǒ, qíshí zhèyàng duì shēntǐ bù hǎo.
식후에 바로 과일을 먹지 마세요. 사실 이렇게 하는 게 몸에 좋지 않거든요.

马上 mǎshàng 부 바로, 곧 **其实** qíshí 부 사실

03 **睡觉** shuìjiào

❶ 동 **잠을 자다**

晚上睡觉前最好别喝咖啡和茶。
Wǎnshang shuìjiào qián zuìhǎo bié hē kāfēi hé chá.
밤에 잠을 자기 전에는 커피와 차를 마시지 않는 것이 가장 좋다.

最好 zuìhǎo 부 ~하는 것이 가장 좋다

04 **手机** shǒujī

❷ 명 **휴대폰**

我的手机送去修理了，能用一下你的吗？
Wǒ de shǒujī sòngqu xiūlǐ le, néng yòng yíxià nǐ de ma?
내 휴대폰을 수리 보냈는데, 네 것을 좀 써도 될까?

修理 xiūlǐ 동 수리하다

급수

05 **希望** xīwàng

❷ 동 **바라다, 희망하다** 명 **희망, 가능성**

술어

我希望你能参加我的婚礼!

Wǒ xīwàng nǐ néng cānjiā wǒ de hūnlǐ!

나는 네가 내 결혼식에 참석할 수 있기를 바라!

婚礼 hūnlǐ 명 결혼식

시험에 이렇게 나온다!

어법 **希望**은 주술구 또는 술목구를 목적어로 취하는 동사이다.

[希望 + 주술구] **我希望你来。** Wǒ xīwàng nǐ lái.
나는 당신이 오기를 바란다.

[希望 + 술목구] **我希望获得你的原谅。**
Wǒ xīwàng huòdé nǐ de yuánliàng.
나는 너의 용서를 얻기를 바란다.

06 **休息** xiūxi

❷ 동 **쉬다, 휴식하다**

如果晚上没有休息好，白天就会没有精神。

Rúguǒ wǎnshang méiyǒu xiūxi hǎo, báitiān jiù huì méiyǒu jīngshen.

만약 밤에 잘 쉬지 못한다면, 낮에 기운이 없을 것이다.

如果 rúguǒ 접 만약 **白天** báitiān 명 낮 **精神** jīngshen 명 기운, 활력

07 **起床** qǐchuáng

❷ 동 **일어나다, 기상하다**

我不想起床，让我再躺一会儿。

Wǒ bù xiǎng qǐchuáng, ràng wǒ zài tǎng yíhuìr.

저는 일어나기 싫어요. 잠시만 더 누워있게 해 주세요.

躺 tǎng 동 눕다 **一会儿** yíhuìr 수량 잠시

08 **拿** ★★★ ná

❸ 동 **가지다, 잡다, 쥐다**

小东，你能帮我拿瓶矿泉水吗?

Xiǎo Dōng, nǐ néng bāng wǒ ná píng kuàngquánshuǐ ma?

샤오둥, 나에게 생수 한 병 가져다 줄 수 있어?

瓶 píng 양 병 **矿泉水** kuàngquánshuǐ 명 생수

09 **包** ★★★

bāo

급수

③ 명 **가방** 동 **빚다, (종이나 천 따위로) 싸다**

양 **봉지, 다발**

술어

我好像把我的包忘在出租车上了。

Wǒ hǎoxiàng bǎ wǒ de bāo wàng zài chūzūchē shang le.

제가 아마 제 가방을 택시에 잊고 두고 온 것 같아요.

大家一起包饺子吧!

Dàjiā yìqǐ bāo jiǎozi ba!

모두 함께 만두를 빚자!

这包饼干都被我吃掉了。

Zhè bāo bǐnggān dōu bèi wǒ chīdiào le.

이 과자 한 봉지를 내가 다 먹어버렸다.

饺子 jiǎozi 명 만두 **饼干** bǐnggān 명 과자, 비스킷 **掉** diào 동 ~해 버리다

10 **以前** ★★★

yǐqián

③ 명 **예전, 이전**

小关以前喜欢打乒乓球，但现在喜欢打网球。

Xiǎo Guān yǐqián xǐhuan dǎ pīngpāngqiú, dàn xiànzài xǐhuan dǎ wǎngqiú.

샤오관은 예전에 탁구 치는 것을 좋아했지만, 지금은 테니스 치는 것을 좋아한다.

乒乓球 pīngpāngqiú 명 탁구 **网球** wǎngqiú 명 테니스

11 **礼物** ★★

lǐwù

③ 명 **선물**

爸爸快要过生日了，我们要不要准备生日礼物?

Bàba kuàiyào guò shēngrì le, wǒmen yào bu yào zhǔnbèi shēngrì lǐwù?

곧 아빠 생신인데, 우리 생일 선물을 준비해야 하지 않을까?

시험에 이렇게 나온다!

짝꿍표현 **礼物**를 세는 양사로는 **份**(fèn), **个**(ge)가 있다.

一份小礼物 yí fèn xiǎo lǐwù 작은 선물 하나

一个生日礼物 yí ge shēngrì lǐwù 생일 선물 하나

★★★ = 출제율 최상 ★★ = 출제율 상

12 **总是** ★★
zǒngshì

❸ 부 **항상, 늘, 언제나**

급수

술어

我姐姐总是想着工作，结果把我的生日给忘了。
Wǒ jiějie zǒngshì xiǎngzhe gōngzuò, jiéguǒ bǎ wǒ de shēngrì gěi wàng le.
우리 언니는 항상 일을 생각하고 있어서, 결국 내 생일을 잊었다.

结果 jiéguǒ 접 결국　**给** gěi 조 [把자문의 어기를 강조함]　**忘** wàng 동 잊다

13 **啤酒**
píjiǔ

❸ 명 **맥주**

我和妻子经常来这条街喝喝啤酒聊聊天儿。
Wǒ hé qīzi jīngcháng lái zhè tiáo jiē hēhe píjiǔ liáoliáotiānr.
나와 부인은 자주 이 거리에 와서 맥주를 좀 마시며 이야기를 한다.

街 jiē 명 거리　**聊天儿** liáotiānr 동 이야기하다

14 **上网**
shàngwǎng

❸ 동 **인터넷을 하다**

爷爷奶奶还不会上网，我打算明天去教他们。
Yéye nǎinai hái bú huì shàngwǎng, wǒ dǎsuan míngtiān qù jiāo tāmen.
할아버지 할머니께서는 아직 인터넷을 할 줄 모르셔서, 내가 내일 가서 가르쳐드리려고 한다.

教 jiāo 동 가르치다

15 **新闻**
xīnwén

❸ 명 **뉴스**

我每天起床先用手机看会儿新闻，然后喝一杯咖啡。
Wǒ měitiān qǐchuáng xiān yòng shǒujī kàn huìr xīnwén, ránhòu hē yì bēi kāfēi.
나는 매일 일어나서 먼저 휴대폰으로 뉴스를 잠시 보고, 그 다음 커피를 한 잔 마신다.

잠깐 한자를 우리말로 읽으면 '신문'이라 헷갈리기 쉽지만, 중국어로 신문은 报纸(bàozhǐ)이라고 한다는 것을 알아두세요~

16 **照顾** zhàogù

③ [동] **돌보다, 보살피다** (급수)

明天我去上海出差，你能帮我照顾一下我的小猫吗? (술어)

Míngtiān wǒ qù Shànghǎi chūchāi, nǐ néng bāng wǒ zhàogù yíxià wǒ de xiǎomāo ma?

내일 제가 상하이로 출장을 가는데, 제 고양이를 좀 돌봐주실 수 있나요?

出差 chūchāi [동] 출장을 가다

17 **干** gàn

④ [동] **(일을) 하다, 담당하다**

男的让女的干什么?

Nánde ràng nǚde gàn shénme?

남자는 여자에게 무엇을 하라고 하는가?

시험에 이렇게 나온다!

[듣기 독해] 干은 주로 듣기나 독해에서 대화자의 행동을 묻는 질문에 활용된다.

女的在干什么? Nǚde zài gàn shénme? 여자는 무엇을 하고 있는가?

男的接下来会干什么? Nánde jiē xiàlai huì gàn shénme? 남자는 이어서 무엇을 하려고 하는가?

잠깐 회화에서 "너 뭐해?"라고 물을 때 你在做什么?보다는 你在干什么?를 자주 씁니다.

18 **态度** ★★★ tàidu

④ [명] **태도**

她们俩对这件事情的态度完全相反。

Tāmen liǎ duì zhè jiàn shìqing de tàidu wánquán xiāngfǎn.

이 일에 대한 그들 두 사람의 태도는 완전히 상반된다.

俩 liǎ [수] 두 사람 **完全** wánquán [부] 완전히 **相反** xiāngfǎn [형] 상반되다

19 **生活** ★★★ shēnghuó

④ [명] **생활** [동] **생활하다**

小张已经完全适应了在中国的生活。

Xiǎo Zhāng yǐjīng wánquán shìyìngle zài Zhōngguó de shēnghuó.

샤오장은 중국에서의 생활에 이미 완전히 적응했다.

适应 shìyìng [동] 적응하다

20 **弄** ★★★
nòng

급수
④ 동 **하다, 다루다**

술어
妹妹不小心把她的钱包弄丢了。
Mèimei bù xiǎoxīn bǎ tā de qiánbāo nòng diū le.
여동생은 조심하지 않아서 그녀의 지갑을 잃어버렸다.

钱包 qiánbāo 명 지갑

시험에 이렇게 나온다!

짝꿍표현 **弄**은 항상 '**弄** + 동사/형용사' 형태로 쓰인다. 참고로 **弄** 뒤의 동사/형용사는 결과를 나타내는 결과보어이다.

弄丢了 nòng diū le 잃어버리다
弄坏了 nòng huài le 망가뜨리다
弄脏了 nòng zāng le 더럽히다
弄乱了 nòng luàn le 어지럽히다

21 **引起** ★★★
yǐnqǐ

④ 동 **(주의를) 끌다, 일으키다, 야기하다**

沙发上的期末考试成绩单引起了妈妈的注意。
Shāfā shang de qīmò kǎoshì chéngjì dān yǐnqǐle māma de zhùyì.
소파 위에 있는 기말고사 성적표는 엄마의 주의를 끌었다.

沙发 shāfā 명 소파 **期末考试** qīmò kǎoshì 명 기말고사
成绩单 chéngjì dān 명 성적표 **注意** zhùyì 동 주의하다

시험에 이렇게 나온다!

짝꿍표현 **引起**를 활용한 다양한 짝꿍 표현을 알아 둔다.

引起注意 yǐnqǐ zhùyì 주의를 끌다
引起重视 yǐnqǐ zhòngshì 중시를 일으키다
由……引起 yóu……yǐnqǐ ~에 의해 야기되다

22 **讨论** ★★
tǎolùn

④ 동 **토론하다**

我们好好讨论一下这两个方法中哪种更好。
Wǒmen hǎohāo tǎolùn yíxià zhè liǎng ge fāngfǎ zhōng nǎ zhǒng gèng hǎo.
우리 이 두 개의 방법 중 어떤 것이 더 좋은지 잘 토론해봅시다.

方法 fāngfǎ 명 방법 **更** gèng 부 더, 더욱

23 国际 ★★

guójì

급수

4 명 국제 형 국제의, 국제적이다

술어

这个城市打算举办一场国际交流会。

Zhè ge chéngshì dǎsuan jǔbàn yì chǎng guójì jiāoliúhuì.

이 도시에서 국제 교류회를 한 차례 열려고 한다.

城市 chéngshì 명 도시 **举办** jǔbàn 동 열다, 거행하다
场 chǎng 명 차례, 번 **交流会** jiāoliúhuì 교류회

시험에 이렇게 나온다!

짝꿍 표현 国际를 활용한 다양한 짝꿍 표현을 알아 둔다.

国际法 guójìfǎ 국제법
国际会议 guójì huìyì 국제 회의
国际比赛 guójì bǐsài 국제 경기

24 日记 ★★

rìjì

4 명 일기

我建议你写日记，你可以把每天发生的事记下来。

Wǒ jiànyì nǐ xiě rìjì, nǐ kěyǐ bǎ měitiān fāshēng de shì jì xiàlai.

나는 너에게 일기 쓰는 것을 제안해. 매일 일어난 일을 적으면 돼.

建议 jiànyì 동 제안하다 **发生** fāshēng 동 일어나다, 발생하다
记 jì 동 적다, 기록하다

25 经济 ★★★

jīngjì

4 명 경제

他们正在讨论与中国有关的经济问题。

Tāmen zhèngzài tǎolùn yǔ Zhōngguó yǒuguān de jīngjì wèntí.

그들은 지금 중국과 관련된 경제 문제를 토론하고 있다.

与 yǔ 개 ~와 **有关** yǒuguān 동 관련되다, 관계되다

시험에 이렇게 나온다!

짝꿍 표현 经济를 활용한 다양한 짝꿍 표현을 알아 둔다.

经济发展 jīngjì fāzhǎn 경제 발전
经济条件 jīngjì tiáojiàn 경제 여건
经济能力 jīngjì nénglì 경제 능력
经济压力 jīngjì yālì 경제적 압박

★★★ = 출제율 최상 ★★ = 출제율 상

급수

26 **条件** ★★

tiáojiàn

4 명 조건

술어

年轻人花钱时要先考虑自己的经济条件。

Niánqīngrén huā qián shí yào xiān kǎolǜ zìjǐ de jīngjì tiáojiàn.

젊은 사람은 돈을 쓸 때 먼저 자신의 경제 조건을 고려해야 한다.

年轻人 niánqīngrén 명 젊은 사람, 젊은이
花 huā 동 (돈, 시간 등을) 쓰다, 소비하다 **考虑** kǎolǜ 동 고려하다

시험에 이렇게 나온다!

짝꿍표현 **条件**을 활용한 다양한 짝꿍 표현을 알아 둔다.

经济条件 jīngjì tiáojiàn 경제 조건
气候条件 qìhòu tiáojiàn 기후 조건
交通条件 jiāotōng tiáojiàn 교통 조건
身体条件 shēntǐ tiáojiàn 신체 조건

27 **小吃** ★★

xiǎochī

4 명 먹거리, 간식

我的老家有很多好吃的小吃，大部分都很甜。

Wǒ de lǎojiā yǒu hěn duō hǎochī de xiǎochī, dàbùfen dōu hěn tián.

나의 고향에는 맛있는 먹거리가 많이 있는데, 대부분 다 달다.

老家 lǎojiā 명 고향 **大部分** dàbùfen 명 대부분 **甜** tián 형 달다

시험에 이렇게 나온다!

듣기독해 **小吃**은 명사 **街**(jiē, 거리)와 함께 **小吃街**(먹자 골목)라는 표현으로도 자주 출제된다.

28 **醒** ★★

xǐng

4 동 깨다, 깨어나다

早上叔叔被手机的响声弄醒了。

Zǎoshang shūshu bèi shǒujī de xiǎngshēng nòng xǐng le.

삼촌은 아침에 휴대폰 소리에 의해 깼다.

叔叔 shūshu 명 삼촌, 숙부 **响声** xiǎngshēng 명 소리

시험에 이렇게 나온다!

짝꿍표현 **醒**을 활용한 다양한 짝꿍 표현을 알아 둔다.

弄醒 nòng xǐng 깨어나게 하다, 깨우다
醒过来 xǐng guò lai (잠에서) 깨다
还没醒 hái méi xǐng 아직 깨지 않다

29 **各** ★★

gè

급수

4 [대] **여러, 각, 갖가지**

为了保证各位的安全，晚上12点以后不要一个人出门。

술어

Wèile bǎozhèng gè wèi de ānquán, wǎnshang shí'èr diǎn yǐhòu bú yào yí ge rén chūmén.

여러분의 안전을 보장하기 위해, 밤 12시 이후에는 혼자서 외출하지 마세요.

为了 wèile [개] ~을 위해 **保证** bǎozhèng [동] 보장하다
安全 ānquán [형] 안전하다 **出门** chūmén [동] 외출하다

시험에 이렇게 나온다!

[짝꿍 표현] 各는 항상 '**各** + 양사(+ 명사)' 또는 '**各** + 명사' 형태로 출제된다.

各个方面 gè ge fāngmiàn 여러 방면
各位听众 gè wèi tīngzhòng 청중 여러분
各种职业 gè zhǒng zhíyè 여러 종류의 직업
各地 gè dì 각지

30 **广播** ★★

guǎngbō

4 [명] **(라디오 혹은 텔레비전) 방송** [동] **방송하다**

听众朋友们早上好，欢迎收听今天的交通广播。

Tīngzhòng péngyoumen zǎoshang hǎo, huānyíng shōutīng jīntiān de jiāotōng guǎngbō.

청중 여러분 좋은 아침입니다. 오늘의 교통 라디오 방송을 청취하시는 것을 환영합니다.

听众 tīngzhòng [명] 청중 **欢迎** huānyíng [동] 환영하다
收听 shōutīng [동] 청취하다

시험에 이렇게 나온다!

[짝꿍 표현] **广播**를 활용한 다양한 짝꿍 표현을 알아 둔다.

收听广播 shōutīng guǎngbō 라디오 방송을 청취하다
交通广播 jiāotōng guǎngbō 교통 방송
中文广播 Zhōngwén guǎngbō 중국어 방송
商场广播 shāngchǎng guǎngbō 백화점 방송

잠깐 라디오를 청취하는 것은 **收听广播**라고 한답니다.

31 社会
shèhuì

급수

4 명 **사회**

술어

她十分关心社会问题，尤其是儿童的教育问题。
Tā shífēn guānxīn shèhuì wèntí, yóuqí shì értóng de jiàoyù wèntí.
그녀는 사회 문제에 매우 관심이 있는데, 특히 아동 교육 문제에 관심이 있다.

关心 guānxīn 동 관심이 있다 **尤其** yóuqí 부 특히 **儿童** értóng 명 아동
教育 jiàoyù 명 교육

32 等
děng

4 조 **등, 따위**

人们以做事的习惯、态度等来判断一个人的性格。
Rénmen yǐ zuò shì de xíguàn, tàidu děng lái pànduàn yí ge rén de xìnggé.
사람들은 일하는 습관, 태도 등으로 한 사람의 성격을 판단한다.

以 yǐ 개 ~으로(써), ~을 가지고 **习惯** xíguàn 명 습관
判断 pànduàn 동 판단하다 **性格** xìnggé 명 성격

33 推
tuī

4 동 **미루다, 밀다**

今天该做的事今天做好，别往后推。
Jīntiān gāi zuò de shì jīntiān zuòhǎo, bié wǎng hòu tuī.
오늘 해야 하는 일은 오늘 다 하고, 뒤로 미루지 말아라.

该 gāi 조동 ~해야 한다 **后** hòu 형 뒤의, 후의

시험에 이렇게 나온다!

짝꿍 표현 **推**를 활용한 다양한 짝꿍 표현을 함께 알아 둔다.
往后推 wǎng hòu tuī 뒤로 미루다
推出 tuīchū + 상품 ~를 출시하다
推到 tuīdào + 시점 ~로 미루다

34 **响**
xiǎng

❹ 동 **울리다, (소리가) 나다**

→ 급수

你的手机响了，是张阿姨打来的。

→ 술어

Nǐ de shǒujī xiǎng le, shì Zhāng āyí dǎlai de.

당신 휴대폰이 울려요. 장 아주머니한테서 걸려 온 것이네요.

阿姨 āyí 명 아주머니

시험에 이렇게 나온다!

짝꿍 표현 **响** 뒤에 **声**(shēng, 소리)이 붙은 **响声**(xiǎngshēng, 소리)이라는 표현도 자주 출제된다.

35 **亚洲** ★★
Yàzhōu

❹ 고유 **아시아**

亚洲虎的数量一年比一年少，所以我们应该保护亚洲虎。

Yàzhōu hǔ de shùliàng yì nián bǐ yì nián shǎo, suǒyǐ wǒmen yīnggāi bǎohù Yàzhōu hǔ.

아시아 호랑이의 수가 해마다 줄어들어서, 우리는 아시아 호랑이를 보호해야 한다.

虎 hǔ 명 호랑이 **数量** shùliàng 명 수, 수량 **保护** bǎohù 동 보호하다

36 **抱**
bào

❹ 동 **안다, 껴안다**

她抱着西瓜敲了几下，就说这个西瓜一定很甜。

Tā bàozhe xīguā qiāole jǐ xià, jiù shuō zhè ge xīguā yídìng hěn tián.

그녀는 수박을 안고 몇 번 두드리더니, 이 수박은 분명 달 것이라고 말했다.

敲 qiāo 동 두드리다 **一定** yídìng 부 분명, 반드시 **甜** tián 형 달다

급수

37 尝
cháng

4 동 **맛보다, 시험 삼아 해 보다**

술어

这道菜是我自己做的，大家尝尝味道怎么样。

Zhè dào cài shì wǒ zìjǐ zuò de, dàjiā chángchang wèidao zěnmeyàng.

이 음식은 제가 직접 만든 것인데, 여러분이 맛이 어떤지 맛 좀 보세요.

道 dào 양 [음식, 제목 등을 세는 단위] **味道** wèidao 명 맛

시험에 이렇게 나온다!

듣기 독해 **尝**은 주로 시도의 의미를 나타내는 **尝(一)尝**(cháng (yi) cháng, 좀 맛 보다), **尝一下**(cháng yixià, 좀 맛 보다)와 같은 형태로 출제된다.

38 国籍 ★★
guójí

4 명 **국적**

有的国家允许人们有两个国籍。

Yǒu de guójiā yǔnxǔ rénmen yǒu liǎng ge guójí.

어떤 국가는 사람들이 두 개의 국적을 갖는 것을 허락한다.

允许 yǔnxǔ 동 허락하다

39 词语
cíyǔ

4 명 **단어, 어휘**

随着社会的发展，词语发生了很多变化。

Suízhe shèhuì de fāzhǎn, cíyǔ fāshēngle hěn duō biànhuà.

사회 발전에 따라, 단어에 많은 변화가 생겼다.

随着 suízhe 개 ~에 따라 **发展** fāzhǎn 동 발전하다 **变化** biànhuà 명 변화

40 普遍
pǔbiàn

4 형 **보편적이다**

手机付款越来越普遍了。

Shǒujī fùkuǎn yuèláiyuè pǔbiàn le.

휴대폰 결제가 점점 보편화되고 있다.

手机付款 shǒujī fùkuǎn 휴대폰 결제

연습문제 **체크체크!**

단어의 뜻을 오른쪽 보기에서 찾아 연결하세요.

01 打电话	ⓐ 토론하다
02 希望	ⓑ 사회
03 礼物	ⓒ 바라다, 희망하다, 희망, 가능성
04 社会	ⓓ 깨다, 깨어나다
05 醒	ⓔ 전화를 걸다, 전화하다
	ⓕ 선물

문장을 읽고 빈칸에 들어 갈 단어를 찾아 적어보세요.

ⓐ 生活　ⓑ 总是　ⓒ 弄　ⓓ 讨论　ⓔ 引起

06 人们正在______经济问题。

07 姐姐______忙着工作，忙得把我的生日也忘了。

08 我已经完全适应了在这里的______。

09 我不小心把钱包______丢了。

10 我的考试成绩单______了妈妈的注意。

정답 : 01 ⓔ 02 ⓒ 03 ⓕ 04 ⓑ 05 ⓓ 06 ⓓ 07 ⓑ 08 ⓐ 09 ⓒ 10 ⓔ

* 06~10번 문제 해석과 추가 <Day별 단어 퀴즈 PDF>를 해커스중국어(china.Hackers.com)에서 다운로드 받으세요.

품사별로 헤쳐 모여!

앞에서 외운 단어들을 품사별로 다시 한 번 확인합니다.

☑ 잘 외워지지 않은 단어는 □에 체크해 두고 다음에 반복 암기합니다.

명사

□□□	水果 1급	shuǐguǒ	명 과일
□□□	手机 2급	shǒujī	명 휴대폰
□□□	包 3급	bāo	명 가방 동 빚다, (종이나 천 따위로) 싸다 양 봉지, 다발
□□□	以前 3급	yǐqián	명 예전, 이전
□□□	礼物 3급	lǐwù	명 선물
□□□	啤酒 3급	píjiǔ	명 맥주
□□□	新闻 3급	xīnwén	명 뉴스
□□□	态度 4급	tàidu	명 태도
□□□	生活 4급	shēnghuó	명 생활 동 생활하다
□□□	国际 4급	guójì	명 국제 형 국제의, 국제적이다
□□□	日记 4급	rìjì	명 일기
□□□	经济 4급	jīngjì	명 경제
□□□	条件 4급	tiáojiàn	명 조건
□□□	小吃 4급	xiǎochī	명 먹거리, 간식
□□□	广播 4급	guǎngbō	명 (라디오 혹은 텔레비전) 방송 동 방송하다
□□□	社会 4급	shèhuì	명 사회
□□□	国籍 4급	guójí	명 국적
□□□	词语 4급	cíyǔ	명 단어, 어휘

고유어

□□□	亚洲 4급	Yàzhōu	고유 아시아

동사

□□□	睡觉 1급	shuìjiào	동 잠을 자다

□□□	希望 2급	xīwàng	동 바라다, 희망하다 명 희망, 가능성
□□□	休息 2급	xiūxi	동 쉬다, 휴식하다
□□□	起床 2급	qǐchuáng	동 일어나다, 기상하다
□□□	拿 3급	ná	동 가지다, 잡다, 쥐다
□□□	上网 3급	shàngwǎng	동 인터넷을 하다
□□□	照顾 3급	zhàogù	동 돌보다, 보살피다
□□□	干 4급	gàn	동 (일을) 하다, 담당하다
□□□	弄 4급	nòng	동 하다, 다루다
□□□	引起 4급	yǐnqǐ	동 (주의를) 끌다, 일으키다, 야기하다
□□□	讨论 4급	tǎolùn	동 토론하다
□□□	醒 4급	xǐng	동 깨다, 깨어나다
□□□	推 4급	tuī	동 미루다, 밀다
□□□	响 4급	xiǎng	동 울리다, (소리가) 나다
□□□	抱 4급	bào	동 안다, 껴안다
□□□	尝 4급	cháng	동 맛보다, 시험 삼아 해 보다

형용사

□□□	普遍 4급	pǔbiàn	형 보편적이다

부사

□□□	总是 3급	zǒngshì	부 항상, 늘, 언제나

대사

□□□	各 4급	gè	대 여러, 각, 갖가지

조사

□□□	等 4급	děng	조 등, 따위

기타

□□□	打电话 1급	dǎ diànhuà	전화를 걸다, 전화하다

DAY 24

해커스 HSK1-4급 단어장

인생 연극

영화 · 공연 · 대중문화

주제를 알면 HSK가 보인다!

HSK 4급에서는 영화나 공연 소개와 감상, 또는 대중 문화와 관련된 문제가 자주 출제돼요. 따라서 '공연하다', '언어', '배우', '끌어들이다'처럼 영화·공연·대중문화와 관련된 단어를 익혀두면 이러한 표현이 사용된 대화나 지문을 정확히 이해할 수 있어요.

단어, 예문 MP3

뜻밖의 인생 연극

OO아트홀
지금 表演하는 것 중에서 가장 유행하는 멜로 연극이에요. 语言이 재미있고 아름다워서 상도 여러 개 获得했대요.
아 그래요?
그리고 세계적으로 유명한 演员도 나와요!
오호~
사실 멜로 연극보다는 액션 연극이 저를 吸引하죠. 그래도 기왕 어기까지 왔으니 보러 갑시다!
네 가요-
흐어엉엉엉 이 연극 너무 낭만적이에요!! 흐엉엉~~~~~!!!!
저.. 저기
거 조용히 좀 봅시다!!!! 아으..!

14 **表演** biǎoyǎn [동] 공연하다

17 **获得** huòdé [동] (추상적인 것을) 받다, 얻다

19 **吸引** xīyǐn [동] 끌어들이다, 매료시키다, 사로잡다

25 **语言** yǔyán [명] 언어

16 **演员** yǎnyuán [명] 배우, 연기자

급수

01 电影
diànyǐng

❶ 명 **영화**

술어

这部电影真让人感动，我已经看了好几遍了。
Zhè bù diànyǐng zhēn ràng rén gǎndòng, wǒ yǐjīng kànle hǎo jǐ biàn le.
이 영화는 정말 사람을 감동하게 해서 나는 이미 여러 번 봤다.

部 bù 양 편[영화 등을 세는 단위] **感动** gǎndòng 동 감동하다, 감동시키다
遍 biàn 양 번

시험에 이렇게 나온다!

짝꿍표현 **电影**을 활용한 다양한 짝꿍 표현을 알아 둔다.
电影院 diànyǐngyuàn 영화관
电影节 diànyǐngjié 영화제

02 听
tīng

❶ 동 **듣다**

这首歌真好听，我想重新听一遍。
Zhè shǒu gē zhēn hǎotīng, wǒ xiǎng chóngxīn tīng yí biàn.
이 노래가 너무 듣기 좋아서, 나는 다시 한 번 듣고 싶다.

首 shǒu 양 [노래, 시 등을 세는 단위] **重新** chóngxīn 부 다시

03 开始
kāishǐ

❷ 동 **시작하다**

她从四岁开始学习弹钢琴。
Tā cóng sì suì kāishǐ xuéxí tán gāngqín.
그녀는 네 살부터 피아노 치는 것을 배우기 시작했다.

弹钢琴 tán gāngqín 피아노를 치다

시험에 이렇게 나온다!

어법 **开始**은 동사 또는 술목구를 목적어로 취할 수 있다.
开始运动 kāishǐ yùndòng 운동하는 것을 시작하다
开始打折 kāishǐ dǎzhé 할인하는 것을 시작하다
开始做生意 kāishǐ zuò shēngyi 장사하는 것을 시작하다
开始戴眼镜 kāishǐ dài yǎnjìng 안경을 쓰기 시작하다

짝꿍표현 **开始**을 활용한 다양한 짝꿍 표현을 알아 둔다.
从……开始 cóng……kāishǐ ~에서 시작하다, ~부터 시작하다
一开始……，后来/最后/现在……
yì kāishǐ……, hòulái/zuìhòu/xiànzài……
처음에는 ~했고, 나중에/결국에/지금은 ~

04 玩
wán

급수 ❷ 동 놀다

술어

商场里有很多好玩儿的和好吃的。
Shāngchǎng li yǒu hěn duō hǎowánr de hé hǎochī de.
쇼핑몰에는 놀기 좋은 것과 맛있는 것이 많이 있다.

商场 shāngchǎng 명 쇼핑몰, 백화점

잠깐 玩 뒤에는 儿이 습관처럼 붙어요!

05 跳舞
tiàowǔ

❷ 동 춤을 추다

这次迎新晚会我们班打算跳舞。
Zhè cì yíngxīn wǎnhuì wǒmen bān dǎsuan tiàowǔ.
이번 신입생 환영회에서 우리 반은 춤을 추려고 한다.

迎新晚会 yíngxīn wǎnhuì 신입생 환영회

잠깐 중국의 대학에는 학과 내에 班(반)이 있어요!

06 故事 ★★★
gùshi

❸ 명 이야기

观众们都被那个美丽的故事感动了。
Guānzhòngmen dōu bèi nà ge měilì de gùshi gǎndòng le.
관중들은 그 아름다운 이야기에 모두 감동했다.

观众 guānzhòng 명 관중　**美丽** měilì 형 아름답다

07 啊 ★★★
a

❸ 조 ~하다니[문장 끝에 쓰여 긍정·감탄·찬탄을 나타냄]

排队的人这么多啊！我们看下一场电影吧。
Páiduì de rén zhème duō a! wǒmen kàn xià yì chǎng diànyǐng ba.
줄을 서는 사람이 이렇게나 많다니! 우리 다음 번 영화를 보자.

排队 páiduì 동 줄을 서다　**场** chǎng 양 번, 차례

08 结束 ★★
jiéshù

END

❸ 동 끝나다, 마치다

昨天的晚会挺精彩的，就是结束得太晚了。
Zuótiān de wǎnhuì tǐng jīngcǎi de, jiù shì jiéshù de tài wǎn le.
어제 이브닝쇼는 꽤 훌륭했는데, 너무 늦게 끝났다.

晚会 wǎnhuì 명 이브닝쇼　**精彩** jīngcǎi 형 훌륭하다

09 **音乐** ★★

yīnyuè

급수 ③ [명] **음악**

今天音乐会的票卖光了，下周二才会有票。(술어: 有)

Jīntiān yīnyuèhuì de piào màiguāng le, xià zhōu'èr cái huì yǒu piào.

오늘 음악회 표는 남김없이 다 팔렸으며, 다음 주 화요일은 되어야 표가 있을 거예요.

光 guāng [형] 남김없이 다 ~하다

시험에 이렇게 나온다!

[짝꿍 표현] 音乐를 활용한 다양한 짝꿍 표현을 알아 둔다.

音乐会 yīnyuèhuì 음악회
音乐厅 yīnyuètīng 음악홀, 콘서트홀
音乐课 yīnyuè kè 음악 수업
音乐家 yīnyuèjiā 음악가

10 **练习**

liànxí

③ [동] **연습하다, 익히다**

按照老师教的方法练习，跳舞时就不会跳错了。

Ànzhào lǎoshī jiāo de fāngfǎ liànxí, tiàowǔ shí jiù bú huì tiàocuò le.

선생님이 가르쳐준 방법에 따라 연습하면, 춤을 출 때 틀리게 추지 않을 거예요.

按照 ànzhào [개] ~에 따라 **教** jiāo [동] 가르치다 **方法** fāngfǎ [명] 방법

11 **热情**

rèqíng

③ [명] **열정** [형] **열정적이다, 친절하다**

因为她对音乐有着很高的热情，所以每天认真练习。

Yīnwèi tā duì yīnyuè yǒuzhe hěn gāo de rèqíng, suǒyǐ měitiān rènzhēn liànxí.

그녀는 음악에 큰 열정이 있기 때문에, 그래서 매일 열심히 연습한다.

认真 rènzhēn [형] 열심이다, 진지하다

시험에 이렇게 나온다!

[짝꿍 표현] 热情이 '친절하다'라는 뜻으로 사용될 때의 다양한 짝꿍 표현을 알아 둔다.

服务很热情 fúwù hěn rèqíng 서비스가 친절하다
态度很热情 tàidu hěn rèqíng 태도가 친절하다

12 **节目** jiémù

급수 ❸ [명] **프로그램, 항목**

公司计划在这个月底举办年会，到时会有很多节目。 (술어: 有)

Gōngsī jìhuà zài zhè ge yuè dǐ jǔbàn niánhuì, dàoshí huì yǒu hěn duō jiémù.

회사에서 이번 달 말에 송년회를 개최할 계획인데, 그때 많은 프로그램이 있을 것이다.

计划 jìhuà [조동] ~할 계획이다 **底** dǐ [명] 말, 끝 **举办** jǔbàn [동] 개최하다
年会 niánhuì [명] 송년회 **到时** dàoshí 그때가 되다

시험에 이렇게 나온다!

[짝꿍 표현] **节目**를 활용한 다양한 짝꿍 표현을 알아 둔다.

节目顺序 jiémù shùnxù 프로그램 순서
节目单 jiémù dān 프로그램 (목차)

13 **世界** ★★ shìjiè

❸ [명] **세계, 세상**

欢迎大家来到海洋馆，我们一起观看海底世界吧！

Huānyíng dàjiā láidào hǎiyángguǎn, wǒmen yìqǐ guānkàn hǎidǐ shìjiè ba!

아쿠아리움에 오신 여러분 환영합니다. 우리 함께 해저 세계를 관람해요!

欢迎 huānyíng [동] 환영하다 **海洋馆** hǎiyángguǎn [명] 아쿠아리움
观看 guānkàn [동] 관람하다, 보다 **海底** hǎidǐ [명] 해저

14 **表演** ★★★ biǎoyǎn

❹ [동] **공연하다**

按照节目单上的顺序，下一个该由张明表演了。

Ànzhào jiémùdān shang de shùnxù, xià yí ge gāi yóu Zhāng Míng biǎoyǎn le.

프로그램 순서에 따라서, 다음은 짱밍이 공연해야 한다.

节目单 jiémùdān [명] 프로그램 **顺序** shùnxù [명] 순서
由 yóu [개] ~이/가[동작의 주체를 이끌어 냄]

시험에 이렇게 나온다!

[짝꿍 표현] **表演**은 동사이지만 '……**的 + 表演**(~한 공연, ~의 공연)'와 같이 명사로도 쓰인다.

精彩的表演 jīngcǎi de biǎoyǎn 훌륭한 공연
这些演员的表演 zhèxiē yǎnyuán de biǎoyǎn 이 배우들의 공연

급수

15 **演出** ★★

yǎnchū

4 동 **공연하다, 상연하다**

抱歉，正式演出将在明天晚上8点开始。 술어

Bàoqiàn, zhèngshì yǎnchū jiāng zài míngtiān wǎnshang bā diǎn kāishǐ.

죄송하지만, 정식 공연은 내일 밤 8시에 시작합니다.

抱歉 bàoqiàn 동 죄송하다, 미안해하다 **正式** zhèngshì 형 정식의

시험에 이렇게 나온다!

짝꿍표현 **演出**는 동사이지만 '**演出** + 동사 + **了**(공연이 ~했다)', '대사/수사 + **场** + **演出**(~ 차례의 공연)'와 같이 명사로도 쓰인다.

演出失败了 yǎnchū shībài le 공연이 실패했다
演出结束了 yǎnchū jiéshù le 공연이 끝났다
演出开始了 yǎnchū kāishǐ le 공연이 시작했다
几场演出 jǐ chǎng yǎnchū 몇 차례의 공연

16 **演员** ★★★

yǎnyuán

4 명 **배우, 연기자**

对于演员们来说，能参加电影节是一件高兴的事。

Duìyú yǎnyuánmen láishuō, néng cānjiā diànyǐngjié shì yí jiàn gāoxìng de shì.

배우에게 있어, 영화제에 참가할 수 있다는 것은 기쁜 일이다.

电影节 diànyǐngjié 영화제

17 **获得** ★★★

huòdé

자격증

4 동 **(추상적인 것을) 받다, 얻다, 취득하다**

祝贺您获得了国际比赛大奖，您的演技真棒！

Zhùhè nín huòdéle guójì bǐsài dàjiǎng, nín de yǎnjì zhēn bàng!

국제 대회 대상을 받은 것을 축하합니다. 당신 연기는 정말 대단해요!

祝贺 zhùhè 동 축하하다 **国际** guójì 명 국제 **奖** jiǎng 명 상
演技 yǎnjì 명 연기 **棒** bàng 형 대단하다, 좋다

시험에 이렇게 나온다!

유의어 **获得** 이외에 **取得**(qǔdé, 얻다, 취득하다)라는 표현도 함께 알아 둔다. 참고로 **取得**는 스스로 쟁취하여 얻는 것을 나타내며, 주로 **成绩**(chéngjì, 성적), **成功**(chénggōng, 성공)과 같은 단어를 목적어로 취한다. **获得**는 자신이 노력하는 것 외에도 다른 사람 또는 단체로부터 주어져 얻는 것도 나타내며, **机会**(jīhuì, 기회), **奖学金**(jiǎngxuéjīn, 장학금), **原谅**(yuánliàng, 용서) 등의 단어를 주로 목적어로 취한다.

18 **精彩** ★★★
jīngcǎi

4 [형] **훌륭하다, 뛰어나다**

3年级学生们表演的中国功夫真精彩。
Sān niánjí xuéshengmen biǎoyǎn de Zhōngguó gōngfu zhēn jīngcǎi.
3학년 학생들이 공연하는 중국 쿵후는 매우 훌륭하다.

年级 niánjí [명] 학년 **功夫** gōngfu [명] 쿵후

19 **吸引** ★★★
xīyǐn

4 [동] **끌어들이다, 매료시키다, 사로잡다**

这场表演吸引了很多人观看。
Zhè chǎng biǎoyǎn xīyǐnle hěn duō rén guānkàn.
이번 공연은 많은 사람들을 관람하도록 끌어들였다.

观看 guānkàn [동] 관람하다

20 **观众**
guānzhòng

4 [명] **관중, 시청자**

这个音乐厅能坐得下多少观众?
Zhè ge yīnyuètīng néng zuò de xia duōshao guānzhòng?
이 음악홀은 몇 명의 관중이 앉을 수 있습니까?

……**得下** de xia [동사 뒤에 쓰여 수용할 수 있음을 나타냄]

시험에 이렇게 나온다!

[듣기] 듣기 문제에서 **观众朋友们**(guānzhòng péngyoumen, 관중 여러분)으로 음성이 시작하면 공연 안내/소개 멘트가 나오는 실용문 문제임을 알 수 있다.

21 **满** ★★★
mǎn

4 [형] **가득 차다, 가득하다**

小海看到下面坐满了观众,紧张得连话都说不出来了。
Xiǎo Hǎi kàndào xiàmian zuòmǎnle guānzhòng, jǐnzhāng de lián huà dōu shuō bu chūlai le.
샤오하이는 아래에 가득 찬 관중을 보자, 말조차도 하지 못할 정도로 긴장했다.

紧张 jǐnzhāng [형] 긴장하다 **连……都……** lián……dōu…… ~조차도 ~하다

시험에 이렇게 나온다!

[어법] **满**은 동사 뒤에서 '동사 + **满**' 형태로 자주 사용된다. 여기서 **满**은 동사 뒤에서 동작의 결과 가득 찼음을 나타내는 결과보어이다.

坐满 zuòmǎn 가득 차게 앉다 **住满** zhùmǎn (방, 집 등이) 다 찼다
倒满 dàomǎn 가득 붓다

22 **消息** ★★★

xiāoxi

새소식

급수

④ 명 **소식, 뉴스**

술어

听到获奖消息，他兴奋得晚上都没有睡着。

Tīngdào huò jiǎng xiāoxi, tā xīngfèn de wǎnshang dōu méiyǒu shuìzháo.

상을 탔다는 소식을 듣고, 그는 저녁에 잠도 못 잘 정도로 흥분했다.

获奖 huò jiǎng 상을 타다 **兴奋** xīngfèn 형 흥분하다

시험에 이렇게 나온다!

짝꿍 표현 **消息**를 활용한 다양한 짝꿍 표현을 알아 둔다.

好消息 hǎo xiāoxi 좋은 소식

假消息 jiǎ xiāoxi 가짜 소식

23 **座位** ★★★

zuòwèi

④ 명 **좌석, 자리**

电影院里的座位都坐满了。

Diànyǐngyuàn li de zuòwèi dōu zuòmǎn le.

영화관 안의 좌석은 모두 다 찼다.

시험에 이렇게 나온다!

짝꿍 표현 **座位**를 활용한 다양한 짝꿍 표현을 알아 둔다.

找座位 zhǎo zuòwèi 자리를 찾다

有座位 yǒu zuòwèi 자리가 있다

空座位 kōng zuòwèi 빈 자리

24 **提前** ★★★

tíqián

④ 동 **(예정된 시간·위치를) 앞당기다**

明天的文化节提前到下午3点了。

Míngtiān de wénhuàjié tíqián dào xiàwǔ sān diǎn le.

내일 문화제는 오후 세 시로 앞당겨졌다.

文化节 wénhuàjié 명 문화제

25 语言 ★★★
yǔyán

(급수) 4 명 언어

在国际文化节，你可以看(술어)到来自世界各地的人们用各种语言交流。

Zài guójì wénhuàjié, nǐ kěyǐ kàndào láizì shìjiè gèdì de rénmen yòng gè zhǒng yǔyán jiāoliú.

국제 문화제에서, 당신은 세계 각지에서 온 사람들이 각종 언어로 서로 소통하는 것을 볼 수 있다.

来自 láizì 동 ~에서 오다 **交流** jiāoliú 동 서로 소통하다

시험에 이렇게 나온다!

짝꿍 표현 **语言**과 함께 쓰이는 양사로는 **种, 门**이 있다.

一种语言 yì zhǒng yǔyán 한 언어

一门语言 yì mén yǔyán 한 언어

26 内容 ★★
nèiróng

4 명 내용

这个电影故事内容还行，但演员演得不好。

Zhè ge diànyǐng gùshi nèiróng hái xíng, dàn yǎnyuán yǎn de bù hǎo.

이 영화 이야기의 내용은 그런대로 괜찮은데, 배우가 연기를 못 했다.

演 yǎn 동 연기하다

27 取 ★★
qǔ

4 동 찾다, 받다, 취하다

我帮你取好票了，在影院入口等你吧。

Wǒ bāng nǐ qǔhǎo piào le, zài yǐngyuàn rùkǒu děng nǐ ba.

나 표 다 찾았어. 영화관 입구에서 너를 기다릴게.

影院 yǐngyuàn 명 영화관 **入口** rùkǒu 명 입구

시험에 이렇게 나온다!

짝꿍 표현 자주 쓰이는 '**取** + 명사(~을 찾다)' 짝꿍 표현을 알아 둔다.

取票 qǔ piào 표를 찾다

取款 qǔkuǎn 돈을 찾다

取钱 qǔ qián 돈을 찾다

取药 qǔ yào 약을 찾다

급수

28 **尤其** ★★★
yóuqí

4 [부] **특히, 더욱**

昨晚的表演特别精彩，尤其是那个京剧表演很好看。

술어

Zuó wǎn de biǎoyǎn tèbié jīngcǎi, yóuqí shì nà ge jīngjù biǎoyǎn hěn hǎokàn.

어젯밤의 공연은 매우 훌륭했는데, 특히 그 경극 공연이 아름다웠다.

京剧 jīngjù [명] 경극

29 **流行** ★★
liúxíng

4 [동] **유행하다**

当时那位歌唱家的歌很流行，到处都能听到她的歌。

Dāngshí nà wèi gēchàngjiā de gē hěn liúxíng, dàochù dōu néng tīngdào tā de gē.

당시 그 성악가의 노래가 매우 유행해서, 곳곳에서 그녀의 노래를 들을 수 있었다.

当时 dāngshí [명] 당시 **歌唱家** gēchàngjiā [명] 성악가, 가수
到处 dàochù [부] 곳곳에

30 **台** ★★
tái

4 [명] **무대** [양] **대 [기계·설비 등을 세는 단위]**

中国有句话叫"台上一分钟，台下十年功"。

Zhōngguó yǒu jù huà jiào 'tái shàng yì fēnzhōng, tái xià shí nián gōng'.

중국에서 '무대 위에서의 1분은 무대 아래에서의 10년의 노력이다'라는 말이 있다.

我以为这台笔记本坏了。

Wǒ yǐwéi zhè tái bǐjìběn huài le.

나는 이 노트북이 고장 난 줄 알았다.

以为 yǐwéi [동] 알다, 여기다 **笔记本** bǐjìběn [명] 노트북
坏 huài [동] 고장 나다

★★★ = 출제율 최상 ★★ = 출제율 상

31 艺术 ★★
yìshù

급수

4 명 **예술**

술어

李先生的艺术表演水平极高，受到了很多观众的欢迎。

Lǐ xiānsheng de yìshù biǎoyǎn shuǐpíng jí gāo, shòudàole hěn duō guānzhòng de huānyíng.

이 선생님의 예술 연기는 수준이 아주 높아서, 많은 관중의 환영을 받았다.

水平 shuǐpíng 명 수준 **极** jí 부 아주, 극히 **受到** shòudào 동 받다

시험에 이렇게 나온다!

짝꿍 표현 **艺术**를 활용한 다양한 짝꿍 표현을 알아 둔다.

艺术节 yìshùjié 예술제

艺术馆 yìshùguǎn 예술관

32 举行
jǔxíng

4 동 **개최하다, 열다**

这场音乐会举行得很顺利，大家都特别高兴。

Zhè chǎng yīnyuèhuì jǔxíng de hěn shùnlì, dàjiā dōu tèbié gāoxìng.

이번 음악회는 순조롭게 개최되어서, 모두 매우 기뻐했다.

顺利 shùnlì 형 순조롭다

시험에 이렇게 나온다!

짝꿍 표현 **举行**을 활용한 다양한 '**举行** + 명사' 짝꿍 표현을 알아 둔다.

举行音乐会 jǔxíng yīnyuèhuì 음악회를 개최하다

举行活动 jǔxíng huódòng 행사를 개최하다

举行比赛 jǔxíng bǐsài 시합을 열다

举行运动会 jǔxíng yùndònghuì 운동회를 열다

33 弹钢琴
tán gāngqín

4 **피아노를 치다**

我非常羡慕会弹钢琴的人。

Wǒ fēicháng xiànmù huì tán gāngqín de rén.

나는 피아노를 칠 줄 아는 사람을 매우 부러워한다.

羡慕 xiànmù 동 부러워하다

시험에 이렇게 나온다!

어법 **弹钢琴**은 동사 **弹**(tán, 치다, 연주하다)과 명사 **钢琴**(피아노)이 합쳐진 단어로, **钢琴**만 단독으로 출제되기도 한다.

34 **无聊**
wúliáo

급수

❹ 형 **지루하다, 심심하다**

술어

这本小说看起来很无聊，但是读起来非常有趣。
Zhè běn xiǎoshuō kànqǐlai hěn wúliáo, dànshì dúqǐlai fēicháng yǒuqù.
이 소설은 지루해 보여도, 읽으면 정말 재미있다.

有趣 yǒuqù 형 재미있다

35 **猜**
cāi

❹ 동 **알아맞히다, 추측하다**

我实在猜不出这个故事会怎么结束。
Wǒ shízài cāi bu chū zhè ge gùshi huì zěnme jiéshù.
나는 이 이야기가 어떻게 끝날지 정말로 알아맞히지 못하겠다.

实在 shízài 부 정말로, 확실히 **结束** jiéshù 동 끝나다

36 **吃惊** ★★★
chījīng

❹ 동 **놀라다**

故事的内容让听众感到很吃惊。
Gùshi de nèiróng ràng tīngzhòng gǎndào hěn chījīng.
이야기의 내용은 청중들을 놀라게 했다.

听众 tīngzhòng 명 청중

37 **考虑**
kǎolǜ

❹ 동 **고려하다, 생각하다**

穿衣打扮不能只考虑是否流行，更重要的是是否适合自己。
Chuānyī dǎban bù néng zhǐ kǎolǜ shìfǒu liúxíng, gèng zhòngyào de shì shìfǒu shìhé zìjǐ.
옷을 입고 꾸미는 것은 단지 유행하는지 아닌지만을 고려해서는 안 되며, 더욱 중요한 것은 자신에게 적합한지 아닌지이다.

打扮 dǎban 동 꾸미다, 치장하다 **是否** shìfǒu 부 ~인지 아닌지
适合 shìhé 동 적합하다 **自己** zìjǐ 명 자신

38 **爱情**
àiqíng

급수
4 명 **사랑, 애정**

술어
这本小说讲的是真正的爱情不分国籍和年龄。
Zhè běn xiǎoshuō jiǎng de shì zhēnzhèng de àiqíng bù fēn guójí hé niánlíng.
이 소설이 논하는 것은 진정한 사랑은 국적과 나이를 구분하지 않는다는 것이다.

讲 jiǎng 동 논하다, 말하다 **真正** zhēnzhèng 형 진정한
分 fēn 동 구분하다, 나누다 **国籍** guójí 명 국적 **年龄** niánlíng 명 나이

시험에 이렇게 나온다!

짝꿍표현 **爱情**을 활용한 다양한 짝꿍 표현을 알아 둔다.
爱情故事 àiqíng gùshi 러브 스토리
爱情小说 àiqíng xiǎoshuō 멜로 소설
爱情电影 àiqíng diànyǐng 멜로 영화

39 **浪漫**
làngmàn

4 형 **낭만적이다**

我爸爸爱看浪漫的爱情电影。
Wǒ bàba ài kàn làngmàn de àiqíng diànyǐng.
우리 아빠는 낭만적인 멜로 영화를 보는 것을 좋아한다.

爱情电影 àiqíng diànyǐng 멜로 영화

40 **拉**
lā

4 동 **끌어당기다, 끌다, 당기다**

这次举办的文化节拉近了两国之间的距离。
Zhè cì jǔbàn de wénhuàjié lājìnle liǎng guó zhījiān de jùlí.
이번에 개최한 문화제는 두 나라 간의 거리를 가까이 끌어당겼다.

距离 jùlí 명 거리

시험에 이렇게 나온다!

어법 **拉**는 형용사 **近**(jìn, 가깝다)과 함께 **拉近**(가까이 끌어당기다)이라는 '동사 + 결과보어' 형태로 자주 출제된다. 참고로, **拉近** 뒤에는 주로 **距离**가 목적어로 온다.
拉近距离 lājìn jùlí 거리를 가까이 끌어 당기다, 거리를 좁히다

연습문제 **체크체크!**

단어의 뜻을 오른쪽 보기에서 찾아 연결하세요.

01 电影

02 跳舞

03 故事

04 获得

05 吃惊

ⓐ 고려하다, 생각하다

ⓑ (추상적인 것을) 받다, 얻다, 취득하다

ⓒ 이야기

ⓓ 춤을 추다

ⓔ 영화

ⓕ 놀라다

문장을 읽고 빈칸에 들어 갈 단어를 찾아 적어보세요.

ⓐ **精彩** ⓑ **提前** ⓒ **满** ⓓ **演员** ⓔ **结束**

06 他是一个很有名的京剧______。

07 昨天的晚会______得有点晚了。

08 这些学生的表演真的很______。

09 听说今天的演出______到晚上7点了。

10 电影院里的座位都坐______了。

정답 : 01 ⓔ 02 ⓓ 03 ⓒ 04 ⓑ 05 ⓕ 06 ⓓ 07 ⓔ 08 ⓐ 09 ⓑ 10 ⓒ

* 06~10번 문제 해석과 추가 <Day별 단어 퀴즈 PDF>를 해커스중국어(china.Hackers.com)에서 다운로드 받으세요.

품사별로 헤쳐 모여!

앞에서 외운 단어들을 품사별로 다시 한 번 확인합니다.

☑ 잘 외워지지 않은 단어는 □에 체크해 두고 다음에 반복 암기합니다.

명사

□□□	电影 1급	diànyǐng	명 영화
□□□	故事 3급	gùshi	명 이야기
□□□	音乐 3급	yīnyuè	명 음악
□□□	热情 3급	rèqíng	명 열정 형 열정적이다, 친절하다
□□□	节目 3급	jiémù	명 프로그램, 항목
□□□	世界 3급	shìjiè	명 세계, 세상
□□□	演员 4급	yǎnyuán	명 배우, 연기자
□□□	观众 4급	guānzhòng	명 관중, 시청자
□□□	消息 4급	xiāoxi	명 소식, 뉴스
□□□	座位 4급	zuòwèi	명 좌석, 자리
□□□	语言 4급	yǔyán	명 언어
□□□	内容 4급	nèiróng	명 내용
□□□	台 4급	tái	명 무대 양 대 [기계·설비 등을 세는 단위]
□□□	艺术 4급	yìshù	명 예술
□□□	爱情 4급	àiqíng	명 사랑, 애정

동사

□□□	听 1급	tīng	동 듣다
□□□	开始 2급	kāishǐ	동 시작하다
□□□	玩 2급	wán	동 놀다
□□□	跳舞 2급	tiàowǔ	동 춤을 추다
□□□	结束 3급	jiéshù	동 끝나다, 마치다
□□□	练习 3급	liànxí	동 연습하다, 익히다

□□□	表演 4급	biǎoyǎn	동 공연하다
□□□	演出 4급	yǎnchū	동 공연하다, 상연하다
□□□	获得 4급	huòdé	동 (추상적인 것을) 받다, 얻다, 취득하다
□□□	吸引 4급	xīyǐn	동 끌어들이다, 매료시키다, 사로잡다
□□□	提前 4급	tíqián	동 (예정된 시간·위치를) 앞당기다
□□□	取 4급	qǔ	동 찾다, 받다, 취하다
□□□	流行 4급	liúxíng	동 유행하다
□□□	举行 4급	jǔxíng	동 개최하다, 열다
□□□	猜 4급	cāi	동 알아맞히다, 추측하다
□□□	吃惊 4급	chījīng	동 놀라다
□□□	考虑 4급	kǎolǜ	동 고려하다, 생각하다
□□□	拉 4급	lā	동 끌어당기다, 끌다, 당기다

형용사

□□□	精彩 4급	jīngcǎi	형 훌륭하다, 뛰어나다
□□□	满 4급	mǎn	형 가득 차다, 가득하다
□□□	无聊 4급	wúliáo	형 지루하다, 심심하다
□□□	浪漫 4급	làngmàn	형 낭만적이다

부사

□□□	尤其 4급	yóuqí	부 특히, 더욱

조사

□□□	啊 3급	a	조 ~하다니 [문장 끝에 쓰여 긍정·감탄·찬탄을 나타냄]

기타

□□□	弹钢琴 4급	tán gāngqín	피아노를 치다

DAY

25

해커스 HSK1-4급 단어장

미래의 집주인

집 · 부동산

주제를 알면 HSK가 보인다!

HSK 4급에서는 집 구매·임대 또는 이사, 집 주변 환경 등과 관련된 문제가 자주 출제돼요. 따라서 '집주인', '주위', '적응하다', '세내다', '열쇠'처럼 집·부동산과 관련된 단어를 익혀두면 이러한 문제를 쉽게 풀 수 있어요.

단어, 예문 MP3

집보다 더 관심 가는 건

저 상담 받고 싶은데요.
거상 모델 하우스 상담 환영
아 네- 미래의 房东님, 이쪽으로 앉으세요!
슥
빼꼼...
이 집은 周围환경이 좋아서 适应도 잘 되고, 租하시기에도 좋을 거예요.
네...
그리고 집 전체가 钥匙이 필요 없는 스마트 도어 시스템인데 가격도 비교적 저렴해서 제가 정말 보증하는 집이랍니다!
좋네요.. 음.
자 그럼 이제 이 사은품은 어디서 받으면 되죠?
당신을 초대합니다!
상담만 해도 사은품 증정

22 **房东** fángdōng 명 집주인

26 **周围** zhōuwéi 명 주위, 주변

24 **适应** shìyìng 동 적응하다

27 **租** zū 동 세내다, 빌려 쓰다

25 **钥匙** yàoshi 명 열쇠

01 **家** ★★★
jiā

❶ 명 **집, 가정** 양 **[집·가게를 세는 단위]**

我家离地铁站很近。 (술어)
Wǒ jiā lí dìtiě zhàn hěn jìn.
우리 집은 지하철 역에서 가깝다.

那家包子店每晚从七点到九点有个打折活动。
Nà jiā bāozi diàn měi wǎn cóng qī diǎn dào jiǔ diǎn yǒu ge dǎzhé huódòng.
그 만두 가게는 매일 저녁 7시부터 9시까지 할인 행사가 있다.

地铁站 dìtiě zhàn 지하철 역 **包子** bāozi 명 만두, 찐빵
打折 dǎzhé 동 할인하다 **活动** huódòng 명 행사

02 **一点儿**
yìdiǎnr

❶ 수량 **조금, 약간 (불확정적인 수량을 나타냄)**

这个房子交通不方便，一点儿也不好。
Zhè ge fángzi jiāotōng bù fāngbiàn, yìdiǎnr yě bù hǎo.
이 집은 교통이 편리하지 않아서, 조금도 좋지 않다.

房子 fángzi 명 집 **交通** jiāotōng 명 교통 **方便** fāngbiàn 형 편리하다

시험에 이렇게 나온다!

짝꿍 표현 **一点儿**을 활용한 다양한 짝꿍 표현을 함께 알아 둔다.
형용사 + **一点儿** 좀 ~하다
동사 + **一点儿**(+ 명사) ~를 좀 ~하다
一点儿(+ 명사) + **也/都** + **不/没** 조금(의 ~)도 ~않다
一点儿一点儿 + 동사 조금씩 조금씩 ~하다

유의어 **一点儿**과 비슷한 의미의 부사 **有点儿**(yǒudiǎnr, 조금)도 함께 알아 둔다. 단, **有点儿**은 정도부사로 항상 '**有点儿** + 형용사(약간 ~하다)' 형태로 쓰인다.

03 **没有**
méiyǒu

❶ 동 **없다** 부 **~않다, 없다**

我昨天搬了一天的家，所以一点儿精神都没有。
Wǒ zuótiān bānle yìtiān de jiā, suǒyǐ yìdiǎnr jīngshen dōu méiyǒu.
나는 어제 하루 종일 이사를 해서, 조금의 기운도 없다.

搬家 bānjiā 동 이사하다 **精神** jīngshen 명 기운, 활력

급수

04 可以
kěyǐ

❷ 조동 ~할 수 있다, ~해도 좋다

술어

关于他的房子，可以知道什么？
Guānyú tā de fángzi, kěyǐ zhīdào shénme?
그의 집에 관하여, 알 수 있는 것은 무엇인가?

关于 guānyú 개 ~에 관하여

05 觉得
juéde

❷ 동 생각하다, ~이라고 여기다

我觉得这个沙发的颜色适合我家的家具。
Wǒ juéde zhè ge shāfā de yánsè shìhé wǒ jiā de jiājù.
나는 이 소파의 색깔이 우리 집 가구와 어울린다고 생각한다.

沙发 shāfā 명 소파 **适合** shìhé 동 어울리다, 적합하다 **家具** jiājù 명 가구

시험에 이렇게 나온다!

어법 **觉得**는 형용사 또는 주술구를 목적어로 가질 수 있는 동사이다.
[觉得 + 형용사] **我觉得不错** Wǒ juéde búcuò 나는 괜찮다고 생각한다
[觉得 + 주술구] **我觉得他很聪明** Wǒ juéde tā hěn cōngming
나는 그가 똑똑하다고 생각한다

06 门
mén

❷ 명 문, 현관 양 과목, 가지

因为我家门坏了，今天要修理。
Yīnwèi wǒ jiā mén huài le, jīntiān yào xiūlǐ.
우리 집 문이 고장 났기 때문에, 오늘 고치려고 한다.

下学期可能会减少两门课。
Xià xuéqī kěnéng huì jiǎnshǎo liǎng mén kè.
다음 학기엔 아마 수업 두 과목이 줄어들 것이다.

坏 huài 동 고장 나다 **修理** xiūlǐ 동 고치다, 수리하다
可能 kěnéng 부 아마, 어쩌면 **减少** jiǎnshǎo 동 줄다, 감소하다

시험에 이렇게 나온다!

짝꿍표현 자주 쓰이는 '동사 + 门(문을 ~하다)' 표현을 알아 둔다.
出门 chūmén 문을 나가다, 외출하다
关门 guānmén 문을 닫다
开门 kāimén 문을 열다
敲门 qiāo mén 문을 두드리다

급수

07 旁边
pángbiān

2 [명] **옆, 근처, 부근**

술어

很多家长希望自己的孩子上学方便，所以想住在学校旁边。

Hěn duō jiāzhǎng xīwàng zìjǐ de háizi shàngxué fāngbiàn, suǒyǐ xiǎng zhù zài xuéxiào pángbiān.

많은 학부모는 자신의 아이가 편하게 학교를 다니길 바라서, 학교 옆에 거주하고 싶어한다.

家长 jiāzhǎng [명] 학부모, 가장 **孩子** háizi [명] 아이

08 一起
yìqǐ

2 [부] **같이, 함께**

小关现在和家人住在一起。

Xiǎo Guān xiànzài hé jiārén zhù zài yìqǐ.

샤오관은 현재 가족과 같이 산다.

家人 jiārén [명] 가족

시험에 이렇게 나온다!

[듣기] 중국에서는 '**我们在一起吧!**'라는 표현을 자주 쓴다. 직역하면 '우리 함께 있자!'라는 뜻이지만, '우리 사귀자!'라는 의미로 더 많이 쓰인다.

09 远
yuǎn

2 [형] **멀다**

小西的家离公司非常远，但是周围环境很好。

Xiǎo Xī de jiā lí gōngsī fēicháng yuǎn, dànshì zhōuwéi huánjìng hěn hǎo.

샤오시의 집은 회사에서 아주 멀지만, 주위 환경은 좋다.

周围 zhōuwéi [명] 주위 **环境** huánjìng [명] 환경

10 附近 ★★★
fùjìn

3 [명] **근처, 부근** [형] **가까운**

小张家附近没有停车的地方。

Xiǎo Zhāng jiā fùjìn méiyǒu tíngchē de dìfang.

샤오장 집 근처에는 주차할 곳이 없다.

停车 tíngchē [동] 주차하다 **地方** dìfang [명] 곳, 장소

시험에 이렇게 나온다!

[유의어] **附近**(가깝다) 또는 **附近有**(~ 부근에 있다)와 바꿔 쓸 수 있는 표현들을 알아 둔다.

离……很近 lí……hěn jìn ~에서 가깝다

离……不远 lí……bù yuǎn ~에서 멀지 않다

11 搬 ★★

bān

급수

3 [동] 옮기다, 운반하다

술어

我一个人搬不了这么多东西，需要请搬家公司来帮忙。

Wǒ yí ge rén bān bu liǎo zhème duō dōngxi, xūyào qǐng bānjiā gōngsī lái bāngmáng.

나 혼자서는 이렇게 많은 물건을 옮길 수 없어서, 이사 센터를 불러 도움을 받는 것이 필요하다.

帮忙 bāngmáng [동] 돕다, 도와주다

시험에 이렇게 나온다!

[듣기 독해] 搬은 명사 家(jiā, 집)와 함께 搬家(이사하다)라는 표현으로 자주 출제된다.

12 楼 ★★★

lóu

3 [명] 층, 건물, 빌딩

过去那家花店生意不错，但楼上的人搬家后生意不像原来那么好。

Guòqù nà jiā huā diàn shēngyi búcuò, dàn lóushang de rén bānjiā hòu shēngyi bú xiàng yuánlái nàme hǎo.

예전에 그 꽃집은 장사가 잘 되었지만, 위층의 사람들이 이사를 간 후에는 원래만큼 그렇게 잘 되지 않는다.

过去 guòqù [명] 예전, 과거 生意 shēngyi [명] 장사, 사업
原来 yuánlái [명] 원래, 본래

시험에 이렇게 나온다!

[짝꿍 표현] 楼를 활용한 다양한 짝꿍 표현을 알아 둔다.

楼下 lóu xià 건물 아래, 아래층
楼层 lóucéng 층
一楼 yī lóu 1층
下楼 xià lóu 아래 층으로 내려가다
楼梯 lóutī 계단
大楼 dàlóu 큰 건물

13 **关** ★★
guān

3 동 **닫다, 끄다**

(급수)

你每次关门都用这么大力气，门才被你弄坏的。 (술어)
Nǐ měi cì guān mén dōu yòng zhème dà lìqi, mén cái bèi nǐ nòng huài de.
네가 매번 문을 닫을 때마다 이렇게 힘을 크게 쓰니까 문이 너 때문에 망가지잖아.

力气 lìqi 명 힘 **弄坏** nòng huài 망가지다, 고장 내다

시험에 이렇게 나온다!

짝꿍 표현 자주 쓰이는 '关 + 명사' 표현을 알아 둔다.
- **关门** guānmén 문을 닫다
- **关窗户** guān chuānghu 창문을 닫다
- **关灯** guān dēng 불을 끄다
- **关机** guānjī 휴대폰을 끄다
- **关上手机** guānshang shǒujī 휴대폰을 끄다

14 **口** ★★
kǒu

3 명 **입구, 입** 양 **마디, 식구**

我家门口的333路公交车直接到机场。
Wǒ jiā ménkǒu de sān sān sān lù gōngjiāochē zhíjiē dào jīchǎng.
우리 집 입구의 333번 버스는 공항으로 바로 간다.

他能说一口流利的英语。
Tā néng shuō yì kǒu liúlì de Yīngyǔ.
그는 유창한 영어를 말할 수 있다.

我家有四口人。
Wǒ jiā yǒu sì kǒu rén.
우리 집은 네 식구이다.

门口 ménkǒu 명 입구 **路** lù 명 노선 **公交车** gōngjiāochē 명 버스
直接 zhíjiē 형 바로, 직접적이다 **流利** liúlì 형 유창하다

15 **安静** ★★
ānjìng

3 형 **조용하다, 고요하다**

住在郊区最大的好处是环境比较安静。
Zhù zài jiāoqū zuì dà de hǎochù shì huánjìng bǐjiào ānjìng.
교외에 사는 것의 가장 큰 장점은 환경이 비교적 조용하다는 것이다.

郊区 jiāoqū 명 교외 **好处** hǎochù 명 장점 **比较** bǐjiào 부 비교적

21 22 23 24 DAY 25 26 27 28 29 30
해커스 HSK 1-4급 단어장

16 **电梯** ★★

diàntī

③ 명 **엘리베이터, 에스컬레이터**

급수

这个房子有电梯，价格也在我的计划内。 술어

Zhè ge fángzi yǒu diàntī, jiàgé yě zài wǒ de jìhuà nèi.

이 집은 엘리베이터가 있고, 가격 또한 내가 계획한 범위 안에 있다.

价格 jiàgé 명 가격 **计划** jìhuà 명 계획

在……内 zài……nèi ~(범위) 안에 있다

17 **结婚**

jiéhūn

③ 동 **결혼하다**

这套房子是三年前小海刚结婚时买的。

Zhè tào fángzi shì sān nián qián Xiǎo Hǎi gāng jiéhūn shí mǎi de.

이 집은 삼 년 전 샤오하이가 막 결혼했을 때 산 것이다.

套 tào 양 [집 등을 세는 단위]

18 **邻居**

línjū

③ 명 **이웃, 이웃 사람**

小丽和我是邻居，我们从小一起长大的。

Xiǎo Lì hé wǒ shì línjū, wǒmen cóngxiǎo yìqǐ zhǎng dà de.

샤오리와 나는 이웃이며, 어릴 때부터 함께 자랐다.

从小 cóngxiǎo 부 어릴 때부터 **长大** zhǎng dà 자라다, 성장하다

19 **其实**

qíshí

③ 부 **사실, 실은**

其实我对房子没有什么要求，只要交通方便就行了。

Qíshí wǒ duì fángzi méiyǒu shénme yāoqiú, zhǐyào jiāotōng fāngbiàn jiù xíng le.

사실 나는 집에 관해 어떤 요구도 없으며, 교통만 편리하면 된다.

要求 yāoqiú 명 요구 **只要** zhǐyào 접 ~하기만 하면 **行** xíng 동 되다, 좋다

20 **以** ★★★

yǐ

④ 개 **~(으)로(써), ~을 가지고**

以我的经验来看，买房子的时候千万不能粗心。

Yǐ wǒ de jīngyàn láikàn, mǎi fángzi de shíhou qiānwàn bù néng cūxīn.

나의 경험으로 보면, 집을 살 때는 절대로 부주의하면 안 된다.

经验 jīngyàn 명 경험 **千万** qiānwàn 부 절대로 **粗心** cūxīn 형 부주의하다

21 **以为** yǐwéi

④ 동 **(~라고) 알다, 생각하다, 여기다** (→ 급수)

我本来以为你住在公司附近！ (→ 술어)

Wǒ běnlái yǐwéi nǐ zhù zài gōngsī fùjìn!

나는 원래 네가 회사 근처에 사는 줄 알았어!

시험에 이렇게 나온다!

어법 **以为**는 '~라고 생각했는데 (아니었다)'라는 부정적인 뉘앙스를 나타내는 말로, 주로 오해나 착각했던 사실이 **以为** 뒤에 오는 경우가 많다.

22 **房东** ★★★ fángdōng

④ 명 **집주인**

你放心吧，关于房子的问题可以问房东。

Nǐ fàngxīn ba, guānyú fángzi de wèntí kěyǐ wèn fángdōng.

안심하세요. 집 문제에 관한 것은 집주인에게 물어보면 됩니다.

放心 fàngxīn 동 안심하다

시험에 이렇게 나온다!

듣기 독해 **房东**과 함께 **租客**(zū kè, 세입자)라는 표현도 자주 출제되므로 함께 알아 둔다.

23 **破** ★★★ pò

④ 동 **깨지다, 해지다, 찢어지다**

窗户不小心被我弟弟打破了。

Chuānghu bù xiǎoxīn bèi wǒ dìdi dǎpò le.

내 남동생이 주의하지 않아서 창문이 깨졌다.

窗户 chuānghu 명 창문 **小心** xiǎoxīn 동 주의하다, 조심하다

시험에 이렇게 나온다!

작문 노하우 쓰기 제2부분에서는 제시어 **破**와 함께 달걀이 깨졌거나, 양말이 해졌거나, 비닐봉지가 찢어진 사진이 출제된다. 이때 'A + **为什么突然破了呢?**(A가 왜 갑자기 깨졌지?)'라는 문장으로 쉽게 작문할 수 있다.

鸡蛋为什么突然破了呢? 달걀이 왜 갑자기 깨졌지?

袜子为什么突然破了呢? 양말이 왜 갑자기 구멍이 났지?

塑料袋为什么突然破了呢? 비닐봉지가 왜 갑자기 찢어졌지?

24 适应 ★★★
shìyìng

❹ 동 **적응하다**

小张搬到新的环境以后还没适应。
Xiǎo Zhāng bāndào xīn de huánjìng yǐhòu hái méi shìyìng.
샤오장은 새로운 환경으로 이사온 이후 아직 적응하지 못했다.

시험에 이렇게 나온다!

짝꿍표현 자주 쓰이는 '**适应** + 명사(~에 적응하다)' 표현을 알아 둔다.
适应环境 shìyìng huánjìng 환경에 적응하다
适应生活 shìyìng shēnghuó 생활에 적응하다
适应天气 shìyìng tiānqì 날씨에 적응하다

25 钥匙 ★★★
yàoshi

❹ 명 **열쇠**

我把房东给我的钥匙弄丢了。
Wǒ bǎ fángdōng gěi wǒ de yàoshi nòng diū le.
나는 집주인이 나에게 준 열쇠를 잃어버렸다.

弄丢 nòng diū 잃어버리다

시험에 이렇게 나온다!

듣기 **钥匙**은 화자가 주로 열쇠를 잃어버렸거나, 잊고 두고 왔다는 내용으로 자주 언급된다. **忘**(wàng, 잊다), **丢**(diū, 잃다), **没带**(méi dài, 안 가져 왔다) 등의 어휘와 자주 함께 쓰인다는 것을 알아두자.
忘拿钥匙 wàng ná yàoshi 열쇠 챙기는 것을 잊어버리다
把钥匙忘在家里 bǎ yàoshi wàng zài jiāli 열쇠를 집에 잊고 두고 왔다
把钥匙弄丢了 bǎ yàoshi nòng diū le 열쇠를 잃어버렸다
没带钥匙 méi dài yàoshi 열쇠를 가져오지 않았다

26 周围 ★★★
zhōuwéi

❹ 명 **주위, 주변**

刚搬进来的时候我对周围的环境不太熟悉。
Gāng bān jìnlai de shíhou wǒ duì zhōuwéi de huánjìng bú tài shúxi.
막 이사 왔을 때 나는 주위 환경에 그다지 익숙하지 않았다.

熟悉 shúxi 형 익숙하다

급수

27 租 ★★

zū

4 동 세내다, 빌려 쓰다 명 임대료

술어

这个房子客厅特别小，你还要租吗？

Zhè ge fángzi kètīng tèbié xiǎo, nǐ hái yào zū ma?

이 집은 거실이 특히 작은데, 당신 그래도 세 내실 건가요?

我觉得房租有点儿贵，能便宜点儿吗？

Wǒ juéde fángzū yǒudiǎnr guì, néng piányi diǎnr ma?

제가 생각하기에 집세가 조금 비싼데, 좀 싸게 해주실 수 있나요?

客厅 kètīng 명 거실 **特别** tèbié 부 특히 **房租** fángzū 명 집세

시험에 이렇게 나온다!

짝꿍 표현 租를 활용한 다양한 짝꿍 표현을 알아 둔다.

房租 fángzū 방세
租车 zūchē 렌트카
租客 zū kè 세입자
租金 zūjīn 임대료, 집세

28 家具 ★★

jiājù

4 명 가구

这些家具先别搬进房间来。

Zhèxiē jiājù xiān bié bānjìn fángjiān lai.

이 가구들은 우선 방 안으로는 옮기지 마세요.

先 xiān 부 우선 **房间** fángjiān 명 방

시험에 이렇게 나온다!

짝꿍 표현 家具를 활용한 다양한 짝꿍 표현을 알아 둔다.

家具店 jiājù diàn 가구점
旧家具 jiù jiājù 오래된 가구
家具城 jiājù chéng 가구 단지

29 **直接** ★★★

zhíjiē

급수

④ 형 **바로, 직접적이다**

因为卖房子的人一直给我打电话，所以我直接把手机号码换了。
술어

Yīnwèi mài fángzi de rén yìzhí gěi wǒ dǎ diànhuà, suǒyǐ wǒ zhíjiē bǎ shǒujī hàomǎ huàn le.

집을 파는 사람이 계속 나에게 전화를 했기 때문에, 나는 바로 휴대폰 번호를 바꾸었다.

一直 yìzhí 부 계속, 줄곧 **号码** hàomǎ 명 번호 **换** huàn 동 바꾸다

시험에 이렇게 나온다!

어법 **直接**는 형용사이지만 동사 앞에 쓰여 '바로 ~하다, 직접 ~하다'라는 의미를 부사어로 주로 쓰인다.

直接说 zhíjiē shuō 바로 말하다
直接进去 zhíjiē jìnqu 바로 들어가다
直接看 zhíjiē kàn 직접 보다

30 **热闹** ★★

rènao

④ 형 **시끌벅적하다, 떠들썩하다**

老李家附近有一个街道，这条街到处都很热闹。

Lǎo Lǐ jiā fùjìn yǒu yí ge jiēdào, zhè tiáo jiē dàochù dōu hěn rènao.

라오리 집 근처에 거리가 하나 있는데, 이 거리는 곳곳이 모두 시끌벅적하다.

街道 jiēdào 명 거리 **到处** dàochù 부 곳곳에, 도처에

31 **样子**

yàngzi

④ 명 **모습, 모양**

小周对这儿很熟悉，看样子在这附近住了好多年了。

Xiǎo Zhōu duì zhèr hěn shúxi, kànyàngzi zài zhè fùjìn zhùle hǎo duō nián le.

샤오저우는 이곳에 아주 익숙한데, 모습을 보니 이 근처에서 아주 오래 산 것 같다.

这儿 zhèr 대 이곳

급수

32 **地点** ★
dìdiǎn

4 명 **장소, 지점**

술어

我家离工作地点太远了，我想搬家。
Wǒ jiā lí gōngzuò dìdiǎn tài yuǎn le, wǒ xiǎng bānjiā.
우리 집은 일하는 장소에서 너무 멀어서, 나는 이사를 하려고 한다.

工作 gōngzuò 동 일하다

33 **地址**
dìzhǐ

4 명 **주소**

我把老李的地址发到你手机上了。
Wǒ bǎ Lǎo Lǐ de dìzhǐ fādào nǐ shǒujī shang le.
내가 라오리 주소를 네 휴대폰에 보냈어.

发 fā 동 보내다

34 **表格** ★★
biǎogé

4 명 **표, 서식**

填完表格以后需要仔细检查。
Tiánwán biǎogé yǐhòu xūyào zǐxì jiǎnchá.
표를 다 기입한 후 자세히 점검해야 한다.

填 tián 동 기입하다, 써넣다 **仔细** zǐxì 형 자세하다
检查 jiǎnchá 동 점검하다, 검사하다

35 **敲** ★★★
qiāo

4 동 **두드리다, 치다**

有人在敲门，是不是你的邻居？
Yǒu rén zài qiāo mén, shì bu shì nǐ de línjū?
누가 문을 두드리고 있는데 당신의 이웃 아닌가요?

시험에 이렇게 나온다!

작문 노하우 쓰기 제2부분에서는 제시어 **敲**와 함께, 누군가 문을 두드리고 있는 사진이 자주 출제된다. 이때 '**外面有人在敲门，可能是** + A + **来了。**(밖에 누군가 문을 두드리고 있어, 아마 A가 온 것 같아.)'라는 문장으로 쉽게 작문할 수 있다.

外面有人在敲门，可能是 + 邻居/阿姨/叔叔来了。
밖에 누군가 문을 두드리고 있어, 아마 이웃/이모/삼촌이 온 것 같아.

급수

36 **保证**
bǎozhèng

4 [동] **보증하다, 담보하다**

술어

我保证以后再也不在家里抽烟了。
Wǒ bǎozhèng yǐhòu zài yě bú zài jiāli chōuyān le.
내가 앞으로 다시는 집에서 담배를 피우지 않겠다는 것을 보증할게.

抽烟 chōuyān [동] 담배를 피우다

37 **实际**
shíjì

4 [명] **실제** [형] **실제적이다**

你别看这个房间小，里面看上去比实际大得多。
Nǐ bié kàn zhè ge fángjiān xiǎo, lǐmian kànshàngqu bǐ shíjì dà de duō.
이 방이 작은 것 같지만, 안은 실제보다 훨씬 더 커 보인다.

别看 bié kàn ~지만 **看上去** kànshàngqu ~해 보이다

시험에 이렇게 나온다!

[독해] **实际**는 **上**(shàng, 상)과 함께 **实际上**(shíjìshang, 사실상, 실제적으로)이라는 부사로도 자주 출제된다.

38 **骗**
piàn

4 [동] **속이다, 기만하다**

你以后买房子的时候，千万别被坏人骗了。
Nǐ yǐhòu mǎi fángzi de shíhou, qiānwàn bié bèi huàirén piàn le.
당신 나중에 집을 살 때, 부디 나쁜 사람에게 속지 마세요.

千万 qiānwàn [부] 부디, 절대로 **坏人** huàirén [명] 나쁜 사람, 악당

39 **接着**
jiēzhe

4 [부] **이어서, 연이어** [동] **(말을) 이어서**

关于房租的问题，一会儿再接着说吧。
Guānyú fángzū de wèntí, yíhuìr zài jiēzhe shuō ba.
집세 문제에 관해서는 잠시 후 다시 이어서 이야기해요.

一会儿 yíhuìr [수량] 잠시

40 **举**
jǔ

4 [동] **들다, 들어올리다**

我今天搬家累着了，现在胳膊疼得都举不起来了。
Wǒ jīntiān bānjiā lèizhe le, xiànzài gēbo téng de dōu jǔ bu qǐlai le.
나는 오늘 이사해서 지쳤는데, 지금 팔을 들지도 못 할 정도로 아프다.

胳膊 gēbo [명] 팔 **疼** téng [형] 아프다

연습문제 **체크체크!**

단어의 뜻을 오른쪽 보기에서 찾아 연결하세요.

01 家
02 远
03 搬
04 破
05 关

ⓐ 깨지다, 해지다, 찢어지다
ⓑ 이웃, 이웃 사람
ⓒ 집, 가정 [집·가게를 세는 단위]
ⓓ 닫다, 끄다
ⓔ 멀다
ⓕ 옮기다, 운반하다

문장을 읽고 빈칸에 들어 갈 단어를 찾아 적어보세요.

ⓐ 热闹　ⓑ 适应　ⓒ 钥匙　ⓓ 附近　ⓔ 租

06 我实在________不了这里的环境。
07 我家________没有停车的地方，所以很不方便。
08 老李家门前的街道每天都很________。
09 你还想________这个房子吗？
10 我找不到房东给我的________了。

정답 : 01 ⓒ 02 ⓔ 03 ⓕ 04 ⓐ 05 ⓓ 06 ⓑ 07 ⓓ 08 ⓐ 09 ⓔ 10 ⓒ

* 06~10번 문제 해석과 추가 <Day별 단어 퀴즈 PDF>를 해커스중국어(china.Hackers.com)에서 다운로드 받으세요.

품사별로 헤쳐 모여!

앞에서 외운 단어들을 품사별로 다시 한 번 확인합니다.

☑ 잘 외워지지 않은 단어는 □에 체크해 두고 다음에 반복 암기합니다.

명사

□□□	家 1급	jiā	명 집, 가정 양 [집·가게를 세는 단위]
□□□	门 2급	mén	명 문, 현관 양 과목, 가지
□□□	旁边 2급	pángbiān	명 옆, 근처, 부근
□□□	附近 3급	fùjìn	명 근처, 부근 형 가까운
□□□	楼 3급	lóu	명 층, 건물, 빌딩
□□□	口 3급	kǒu	명 입구, 입 양 마디, 식구
□□□	电梯 3급	diàntī	명 엘리베이터, 에스컬레이터
□□□	邻居 3급	línjū	명 이웃, 이웃 사람
□□□	房东 4급	fángdōng	명 집주인
□□□	钥匙 4급	yàoshi	명 열쇠
□□□	周围 4급	zhōuwéi	명 주위, 주변
□□□	家具 4급	jiājù	명 가구
□□□	样子 4급	yàngzi	명 모습, 모양
□□□	地点 4급	dìdiǎn	명 장소, 지점
□□□	地址 4급	dìzhǐ	명 주소
□□□	表格 4급	biǎogé	명 표, 서식
□□□	实际 4급	shíjì	명 실제 형 실제적이다

동사

□□□	没有 1급	méiyǒu	동 없다 부 ~않다, 없다
□□□	觉得 2급	juéde	동 생각하다, ~이라고 여기다
□□□	搬 3급	bān	동 옮기다, 운반하다
□□□	关 3급	guān	동 닫다, 끄다

□□□	结婚 3급	jiéhūn	동 결혼하다
□□□	以为 4급	yǐwéi	동 (~라고) 알다, 생각하다, 여기다
□□□	破 4급	pò	동 깨지다, 해지다, 찢어지다
□□□	适应 4급	shìyìng	동 적응하다
□□□	租 4급	zū	동 세내다, 빌려 쓰다 명 임대료
□□□	敲 4급	qiāo	동 두드리다, 치다
□□□	保证 4급	bǎozhèng	동 보증하다, 담보하다
□□□	骗 4급	piàn	동 속이다, 기만하다
□□□	举 4급	jǔ	동 들다, 들어올리다

형용사

□□□	远 2급	yuǎn	형 멀다
□□□	安静 3급	ānjìng	형 조용하다, 고요하다
□□□	直接 4급	zhíjiē	형 바로, 직접적이다
□□□	热闹 4급	rènao	형 시끌벅적하다, 떠들썩하다

부사

□□□	一起 2급	yìqǐ	부 같이, 함께
□□□	其实 3급	qíshí	부 사실, 실은
□□□	接着 4급	jiēzhe	부 이어서, 연이어 동 (말을) 이어서

개사

□□□	以 4급	yǐ	개 ~(으)로(써), ~을 가지고

조동사

□□□	可以 2급	kěyǐ	조동 ~할 수 있다, ~해도 좋다

수량사

□□□	一点儿 1급	yìdiǎnr	수량 조금, 약간 (불확정적인 수량을 나타냄)

DAY
26

해커스 HSK1-4급 단어장
지구의 날
자연 · 환경

주제를 알면 HSK가 보인다!
HSK 4급에서는 특정 장소의 자연 환경 소개, 환경 보호 등과 관련된 문제가 자주 출제돼요. 따라서 '숲', '식물', '공기', '경치', '보호하다'처럼 자연·환경과 관련된 단어를 익혀두면 이러한 문제를 쉽게 풀 수 있어요.

단어, 예문 MP3

지구를 지키자

지구의 날? 그걸 왜 검색해?
응 지구와 환경에 대해서 리포트 쓰는 중이야. 이 날에는 주로 뭐하지?
음.. 森林을 지키기 위해 植物를 심기도 하고, 空气 오염을 막기 위한 여러 가지 행사도 하고..
후릅-
지구의 아름다운 景色를 오래도록 볼 수 있도록 모두들 환경을 保护하는 노력을 하는 거지!
그리고 한 시간 동안 불을 꺼서 전기를 절약하는 불 끄기 행사도 있고..
팟
응??
그거 좋은 생각이네! 나도 바로 실천해야지!
....

21 **森林** sēnlín 명 숲, 삼림
18 **景色** jǐngsè 명 경치, 풍경
17 **植物** zhíwù 명 식물
16 **保护** bǎohù 동 보호하다
24 **空气** kōngqì 명 공기

01 看见
kànjiàn

❶ 동 보다, 보이다

급수 / 술어

秋天的山上到处都可以看见红色。
Qiūtiān de shānshang dàochù dōu kěyǐ kànjiàn hóngsè.
가을 산 곳곳에서 붉은 빛을 볼 수 있다.

到处 dàochù 부 곳곳에

02 真
zhēn

❷ 부 **정말, 진짜로, 확실히** 형 **진실이다**

昨天空气那么差，今天这场雨下得真及时。
Zuótiān kōngqì nàme chà, jīntiān zhè chǎng yǔ xià de zhēn jíshí.
어제 공기가 그렇게 나빴는데, 오늘 이 비가 정말 때맞춰 오는군.

空气 kōngqì 명 공기 **差** chà 형 나쁘다 **场** chǎng 양 차례, 번
及时 jíshí 형 때맞다

03 白
bái

❷ 형 **희다, 하얗다, 밝다** 부 **헛되이, 쓸데없이**

白云高高在上，明天可能是个好天气。
Báiyún gāogāo zài shàng, míngtiān kěnéng shì ge hǎo tiānqì.
흰 구름이 높이 떠 있어서, 내일은 아마 좋은 날씨일 것이다.

她今天白跑了一趟。
Tā jīntiān bái pǎole yí tàng.
그녀는 오늘 한 차례 헛되이 걸음하였다.

시험에 이렇게 나온다!

짝꿍 표현 白를 활용한 다양한 짝꿍 표현을 알아 둔다.
白云 báiyún 흰 구름
白天 báitiān 낮, 대낮
白色 báisè 흰색
白跑 bái pǎo 헛걸음하다

급수

04 **环境** ★★★

huánjìng

3 명 **환경**

술어

有些动物通过改变皮肤颜色来适应周围环境。

Yǒuxiē dòngwù tōngguò gǎibiàn pífū yánsè lái shìyìng zhōuwéi huánjìng.

어떤 동물들은 피부 색깔을 변화시키는 것을 통해 주위 환경에 적응한다.

动物 dòngwù 명 동물 **通过** tōngguò 개 ~을 통해
改变 gǎibiàn 동 변화시키다, 변하다 **皮肤** pífū 명 피부
适应 shìyìng 동 적응하다 **周围** zhōuwéi 명 주위

05 **坏** ★★★

huài

3 형 **나쁘다** 동 **고장나다, 상하다**

坏天气使人们想起难过的事情，这时可以到景色美丽的地方逛逛。

Huài tiānqì shǐ rénmen xiǎngqǐ nánguò de shìqing, zhè shí kěyǐ dào jǐngsè měilì de dìfang guàngguang.

나쁜 날씨는 사람들로 하여금 슬픈 일을 떠올리도록 하는데, 이때 경치가 아름다운 곳으로 가서 돌아다니는 것도 좋다.

我们的打印机坏了，明天叫师傅过来修理一下。

Wǒmen de dǎyìnjī huài le, míngtiān jiào shīfu guòlai xiūlǐ yíxià.

우리 프린터가 고장 났으니, 내일 기사님를 불러 수리해야겠어요.

难过 nánguò 형 슬프다 **景色** jǐngsè 명 경치, 풍경
美丽 měilì 형 아름답다 **逛** guàng 동 돌아다니다, 거닐다
打印机 dǎyìnjī 명 프린터 **师傅** shīfu 명 기사 **修理** xiūlǐ 동 수리하다

시험에 이렇게 나온다!

듣기 독해 **坏** 뒤에 **处**(chù, 점, 부분)를 붙인 '**坏处**(huàichù, 나쁜 점)'라는 표현도 자주 출제되니 함께 알아 둔다.

06 **城市** ★★★

chéngshì

3 명 **도시**

随着城市的发展，郊区的生活条件变得越来越好了。

Suízhe chéngshì de fāzhǎn, jiāoqū de shēnghuó tiáojiàn biàn de yuèláiyuè hǎo le.

도시의 발전에 따라, 교외의 생활 조건이 점점 좋게 변하고 있다.

郊区 jiāoqū 명 교외 **条件** tiáojiàn 명 조건

급수

07 公园 ★★★
gōngyuán

3 [명] **공원**

술어

我和朋友骑车去森林公园。

Wǒ hé péngyou qíchē qù sēnlín gōngyuán.

나와 친구는 자전거를 타고 삼림공원에 간다.

骑车 qíchē (동) 자전거를 타다 **森林** sēnlín (명) 삼림, 숲

08 花 ★★
huā

3 [명] **꽃**

这里经常下雨，所以这里的气候不适合养花。

Zhèli jīngcháng xiàyǔ, suǒyǐ zhèli de qìhòu bú shìhé yǎng huā.

이곳은 자주 비가 와서, 이곳의 기후는 꽃을 기르기에 적합하지 않다.

经常 jīngcháng (부) 자주 **气候** qìhòu (명) 기후 **适合** shìhé (동) 적합하다
养 yǎng (동) 기르다

09 树 ★★
shù

3 [명] **나무, 수목**

人应该向树学习，因为它无论在什么环境下都能长大。

Rén yīnggāi xiàng shù xuéxí, yīnwèi tā wúlùn zài shénme huánjìng xià dōu néng zhǎng dà.

사람은 나무에게 배워야 하는데, 그것은 어떤 환경에서든지 자랄 수 있기 때문이다.

向 xiàng (개) ~에게 **无论** wúlùn (접) ~든지, ~을 막론하고
长大 zhǎng dà 자라다

10 新鲜
xīnxiān

3 [형] **신선하다**

这种花现在比较少见，它只能活在有新鲜空气的地方。

Zhè zhǒng huā xiànzài bǐjiào shǎo jiàn, tā zhǐ néng huó zài yǒu xīnxiān kōngqì de dìfang.

이런 꽃들이 현재 비교적 적게 보이는데, 이것은 신선한 공기가 있는 곳에서만 살 수 있다.

种 zhǒng (양) 종류, 종 **活** huó (동) 살다 **地方** dìfang (명) 곳

급수

11 **变化** biànhuà

③ 명 변화 동 변화하다, 달라지다

술어

自然环境一直在发生变化。

Zìrán huánjìng yìzhí zài fāshēng biànhuà.

자연 환경에 줄곧 변화가 생기고 있다.

自然 zìrán 명 자연 **一直** yìzhí 부 줄곧, 계속 **发生** fāshēng 동 생기다

시험에 이렇게 나온다!

짝꿍 표현 **变化**를 활용한 다양한 짝꿍 표현을 알아 둔다.

发生变化 fāshēng biànhuà 변화가 생기다

赶不上变化 gǎn bu shàng biànhuà 변화를 따라가지 못하다

12 **有名** yǒumíng

③ 형 유명하다

重庆是中国有名的山水城市。

Chóngqìng shì Zhōngguó yǒumíng de shānshuǐ chéngshì.

충칭은 중국의 유명한 산과 물의 도시이다.

重庆 Chóngqìng 고유 충칭, 중경 **山水** shānshuǐ 명 산과 물, 산수

13 **草** cǎo

③ 명 풀

爸爸喜欢用这种草来做汤，这种汤对身体很好。

Bàba xǐhuan yòng zhè zhǒng cǎo lái zuò tāng, zhè zhǒng tāng duì shēntǐ hěn hǎo.

아버지께서는 이런 종류의 풀로 국을 만드는 것을 좋아하시는데, 이와 같은 국은 몸에 좋다.

汤 tāng 명 국, 탕

14 **突然** ★★ tūrán

③ 형 갑작스럽다, 의외다

这几年地球的气候变化太突然了。

Zhè jǐ nián dìqiú de qìhòu biànhuà tài tūrán le.

이 몇 년 새 지구의 기후 변화가 너무 갑작스럽다.

地球 dìqiú 명 지구 **气候** qìhòu 명 기후

시험에 이렇게 나온다!

어법 **突然**은 형용사이지만 술어 앞에서 '갑자기'라는 뜻의 부사어로도 매우 자주 쓰인다.

她突然吃惊地看着我。 Tā tūrán chījīng de kànzhe wǒ.

그녀는 갑자기 놀라며 날 쳐다봤다.

15 **绿** lǜ

❸ 형 **녹색의, 푸르다**

급수

술어

绿地对城市的环境很重要，所以市里决定建一个公园。

Lǜdì duì chéngshì de huánjìng hěn zhòngyào, suǒyǐ shìli juédìng jiàn yí ge gōngyuán.

녹지는 도시 환경에 있어 아주 중요해서, 시에서는 공원을 짓기로 결정했다.

重要 zhòngyào 형 중요하다 **决定** juédìng 동 결정하다
建 jiàn 동 짓다, 건설하다

16 **保护** ★★★ bǎohù

❹ 동 **보호하다**

这次大会的目的是引起人们对环境保护的重视。

Zhè cì dàhuì de mùdì shì yǐnqǐ rénmen duì huánjìng bǎohù de zhòngshì.

이번 대회의 목적은 사람들의 환경 보호에 대한 중시를 불러일으키는 것이다.

大会 dàhuì 명 대회, 총회 **目的** mùdì 명 목적
引起 yǐnqǐ 동 불러일으키다, 야기하다 **重视** zhòngshì 동 중시하다

시험에 이렇게 나온다!

짝꿍 표현 **保护**는 동사이지만 명사로도 자주 쓰인다. **保护**를 활용한 다양한 짝꿍 표현을 알아 둔다.

环境保护 huánjìng bǎohù 환경 보호
保护环境 bǎohù huánjìng 환경을 보호하다
保护皮肤 bǎohù pífū 피부를 보호하다
保护眼睛 bǎohù yǎnjing 눈을 보호하다
保护信息 bǎohù xìnxī 정보를 보호하다

17 **植物** ★★★ zhíwù

❹ 명 **식물**

死海的盐度很高，大多数动物和植物无法活下去。

Sǐhǎi de yándù hěn gāo, dàduōshù dòngwù hé zhíwù wúfǎ huó xiàqu.

사해의 염도가 높아서, 대다수의 동물과 식물이 살 수 없다.

死海 Sǐhǎi 명 사해 **盐度** yándù 염도 **大多数** dàduōshù 명 대다수
动物 dòngwù 명 동물 **无法** wúfǎ 동 ~할 수 없다

급수

18 **景色** ★★★
jǐngsè

❹ 명 **경치, 풍경**

술어

妈妈被这里的景色吸引了，看起来很开心。
Māma bèi zhèli de jǐngsè xīyǐn le, kànqǐlai hěn kāixīn.
엄마는 이곳 경치에 매료되어서, 즐거워 보인다.

吸引 xīyǐn 동 매료시키다, 끌어당기다 **开心** kāixīn 형 즐겁다

19 **叶子** ★★
yèzi

❹ 명 **잎**

那个苹果树的叶子变黄了。
Nà ge píngguǒ shù de yèzi biàn huáng le.
저 사과 나무의 잎이 노랗게 변했다.

变 biàn 동 변하다

시험에 이렇게 나온다!

유의어 **叶子** 이외에 '나뭇잎'이라는 의미의 **树叶**(shù yè)도 출제되므로 함께 알아 둔다.

20 **掉** ★★
diào

❹ 동 **떨어지다, 떨어뜨리다**

孩子发现树上的叶子开始掉落了。
Háizi fāxiàn shù shang de yèzi kāishǐ diào luò le.
아이는 나무의 잎이 떨어지기 시작한 것을 발견했다.

孩子 háizi 명 아이 **发现** fāxiàn 동 발견하다 **树** shù 명 나무
落 luò 동 떨어지다

21 **森林** ★★
sēnlín

❹ 명 **숲, 삼림**

最近森林里塑料垃圾太多了，爬山时别乱扔垃圾。
Zuìjìn sēnlín li sùliào lājī tài duō le, páshān shí bié luàn rēng lājī.
최근 숲에 플라스틱 쓰레기가 너무 많으니, 등산할 때 쓰레기를 함부로 버리지 마세요.

塑料 sùliào 명 플라스틱 **垃圾** lājī 명 쓰레기 **别** bié 부 ~하지 마라
乱 luàn 부 함부로 **扔** rēng 동 버리다

시험에 이렇게 나온다!

듣기 **森林公园**(sēnlín gōngyuán, 삼림공원)이라는 표현이 듣기 문제 보기로 자주 출제되는데, **森林公园**이 정답이면 음성에 대개 그대로 언급된다.

22 **深** ★★

shēn

④ 형 **깊다**

(급수)

那条河的水很深，你千万不要去游泳。 (술어)

Nà tiáo hé de shuǐ hěn shēn, nǐ qiānwàn bú yào qù yóuyǒng.

저 강의 물이 깊으니, 절대로 가서 수영하지 마세요.

河 hé 명 강 **千万** qiānwàn 부 절대로, 부디 **游泳** yóuyǒng 동 수영하다

23 **座** ★★

zuò

④ 양 **[(도시, 건축물, 산 등) 비교적 크거나 고정된 물체를 세는 단위]**

这座城市气候适合人们生活，景色也很漂亮。

Zhè zuò chéngshì qìhòu shìhé rénmen shēnghuó, jǐngsè yě hěn piàoliang.

이 도시의 기후는 사람들이 생활하기에 적합하고, 경치도 아름답다.

시험에 이렇게 나온다!

짝꿍표현 **座**와 자주 함께 쓰이는 명사를 알아 둔다.

一座城市 yí zuò chéngshì 도시 하나
一座楼 yí zuò lóu 건물 한 채
一座图书馆 yí zuò túshūguǎn 도서관 한 채
一座桥 yí zuò qiáo 다리 한 개
一座山 yí zuò shān 산 하나

24 **空气** ★★

kōngqì

④ 명 **공기**

我小时候住在海边，那儿的空气中一直带着海水的味道。

Wǒ xiǎoshíhou zhù zài hǎibiān, nàr de kōngqì zhōng yìzhí dàizhe hǎishuǐ de wèidao.

나는 어렸을 때 바닷가에서 살았는데, 그곳의 공기는 줄곧 바닷물 냄새를 띠고 있었다.

小时候 xiǎoshíhou 명 어렸을 때 **海边** hǎibiān 명 바닷가, 해변
味道 wèidao 명 냄새, 맛

★★★ = 출제율 최상 ★★ = 출제율 상

급수

25 **棵** ★★
kē

4 양 **그루, 포기**

这棵树右边的叶子比左边多。 술어
Zhè kē shù yòubian de yèzi bǐ zuǒbian duō.
이 나무 한 그루의 오른쪽 나뭇잎이 왼쪽보다 많다.

右边 yòubian 명 오른쪽　**左边** zuǒbian 명 왼쪽

26 **光** ★★
guāng

4 형 **조금도 남지 않다, 아무것도 없다**　부 **오로지, 단지**
명 **빛**

天气冷了，这棵树的叶子快要掉光了。
Tiānqì lěng le, zhè kē shù de yèzi kuài yào diào guāng le.
날씨가 추워져서 이 나무의 잎은 다 떨어지려고 한다.

你怎么光吃米饭不喝汤呢？
Nǐ zěnme guāng chī mǐfàn bù hē tāng ne?
너는 왜 오로지 밥만 먹고 국을 먹지 않니?

这种动物在海底会发光。
Zhè zhǒng dòngwù zài hǎidǐ huì fāguāng.
이와 같은 동물은 해저에서 빛이 난다.

海底 hǎidǐ 명 해저, 바다의 밑바닥

시험에 이렇게 나온다!

어법 **光**은 '동사 + **光**(다 ~하다)' 형태로 자주 사용된다. 참고로 여기서 **光**은 동작의 결과를 나타내는 결과보어이다.

卖光 màiguāng 다 팔(리)다
喝光 hēguāng 다 마시다
用光 yòngguāng 다 쓰다

27 **火**
huǒ

4 명 **불**

这幅画提醒我们在森林里禁止用火。
Zhè fú huà tíxǐng wǒmen zài sēnlín li jìnzhǐ yòng huǒ.
이 그림은 우리에게 숲에서는 불 사용을 금지한다는 것을 알려준다.

幅 fú 양 폭[그림 등을 세는 단위]　**画** huà 명 그림
提醒 tíxǐng 동 알려주다, 일깨우다　**禁止** jìnzhǐ 동 금지하다

28 **美丽**
měilì

❹ 급수

[형] **아름답다, 예쁘다**

王丽来自一个美丽的海边城市。 (来自 → 술어)
Wáng Lì láizì yí ge měilì de hǎibiān chéngshì.
왕리는 아름다운 해변 도시에서 왔다.

来自 láizì [동] ~에서 오다

시험에 이렇게 나온다!

[짝꿍 표현] **美丽**는 주로 풍경이나 도시가 아름다운 것을 묘사하는 단어로 출제된다.
- **城市美丽** chéngshì měilì 도시가 아름답다
- **景色美丽** jǐngsè měilì 풍경이 아름답다
- **雪景美丽** xuějǐng měilì 설경이 아름답다

29 **省**
shěng

❹

[명] **성(중국의 최상급 지방 행정 단위)** [동] **절약하다, 아끼다**

木香花是中国云南省常见的花，一般4月开花。
Mùxiānghuā shì Zhōngguó Yúnnán Shěng chángjiàn de huā, yìbān sì yuè kāihuā.
덩굴장미는 중국 윈난성에서 자주 보이는 꽃이며, 보통 4월에 핀다.

我的妹妹有省钱的好习惯。
wǒ de mèimei yǒu shěng qián de hǎo xíguàn.
내 여동생은 돈을 절약하는 좋은 습관이 있다.

木香花 mùxiānghuā [명] 덩굴장미 **云南** Yúnnán [고유] 윈난, 운남
常见 chángjiàn [형] 자주 보이는, 흔한 **一般** yìbān [형] 보통이다
习惯 xíguàn [명] 습관

시험에 이렇게 나온다!

[짝꿍 표현] **省**은 우리나라의 시(**市**), 도(**道**)와 같은 지방 행정 단위이다. '서울시', '경기도'와 같이 항상 '중국 지역 + **省**(~성)'의 형태로 출제된다.
- **云南省** Yúnnán Shěng 윈난 성
- **四川省** Sìchuān Shěng 쓰촨 성
- **贵州省** Guìzhōu Shěng 구이저우 성
- **河北省** Héběi Shěng 허베이 성

30 污染
wūrǎn

급수

4 동 **오염되다, 오염시키다**

술어

这儿的空气污染得很严重。

Zhèr de kōngqì wūrǎn de hěn yánzhòng.

이곳의 공기는 심각하게 오염되었다.

严重 yánzhòng 형 심각하다

시험에 이렇게 나온다!

독해 **污染**은 환경 오염 주제를 다루는 논설문에서 자주 등장하는 단어이다. **空气污染**(kōngqì wūrǎn, 공기 오염), **环境污染**(huánjìng wūrǎn, 환경 오염), **海洋污染**(hǎiyáng wūrǎn, 해양 오염) 등과 같은 주제들이 나온다.

31 到处
dàochù

4 부 **곳곳에, 도처에**

奶奶家到处都是花花草草，景色特别美。

Nǎinai jiā dàochù dōu shì huāhuā cǎocǎo, jǐngsè tèbié měi.

할머니 댁 곳곳이 모두 꽃과 풀이라서, 풍경이 매우 아름답다.

32 主意
zhǔyi

4 명 **아이디어, 생각, 의견**

你出的关于环境保护的主意很棒！

Nǐ chū de guānyú huánjìng bǎohù de zhǔyi hěn bàng!

당신이 생각해낸 환경 보호에 관한 아이디어는 매우 훌륭하네요!

关于 guānyú 개 ~에 관한 **棒** bàng 형 훌륭하다, 좋다

시험에 이렇게 나온다!

짝꿍 표현 **主意**를 활용한 다양한 짝꿍 표현을 알아 둔다.

出主意 chū zhǔyi 아이디어를 내다

好主意! hǎo zhǔyi 좋은 생각인데!

잠깐 회화에서는 주로 zhúyi라고 읽는 경우가 많아요.

33 阳光
yángguāng

4 명 **햇빛**

养植物时室温不能太低，也不能缺少阳光。

Yǎng zhíwù shí shìwēn bù néng tài dī, yě bù néng quēshǎo yángguāng.

식물을 키울 때 실내 온도가 너무 낮으면 안 되고, 햇빛이 부족해서도 안 된다.

室温 shìwēn 명 실내 온도 **低** dī 형 낮다 **缺少** quēshǎo 동 부족하다

급수

34 实在
shízài

4 [부] 확실히, 정말

술어

深海中动植物的数量实在太少了，是因为阳光照不到深海。
Shēnhǎi zhōng dòngzhíwù de shùliàng shízài tài shǎole, shì yīnwèi yángguāng zhào bu dào shēnhǎi.
심해에는 동식물의 수가 확실히 매우 적은데, 햇빛이 심해까지 비추지 못하기 때문이다.

深海 shēnhǎi [명] 심해 **数量** shùliàng [명] 수, 수량 **照** zhào [동] 비추다

35 自然
zìrán

4 [명] 자연 [부] 자연히, 당연히 [형] 자연스럽다

保护大自然是我们每个人的责任。
Bǎohù dàzìrán shì wǒmen měi ge rén de zérèn.
대자연을 보호하는 것은 우리 모두의 책임이다.

时间久了，自然就明白了。
Shíjiān jiǔ le, zìrán jiù míngbai le.
시간이 지나면, 자연히 이해하게 된다.

自然的打扮会给人留下好印象。
Zìrán de dǎban huì gěi rén liú xià hǎo yìnxiàng.
자연스러운 차림은 다른 사람에게 좋은 인상을 남길 수 있다.

责任 zérèn [명] 책임 **久** jiǔ [형] 시간이 길다, 오래다
明白 míngbai [동] 이해하다, 알다 **打扮** dǎban [명] 차림, 단장
留 liú [동] 남기다 **印象** yìnxiàng [명] 인상

36 永远
yǒngyuǎn

4 [부] 영원히, 항상

我希望自己能永远留在这个美丽的城市。
Wǒ xīwàng zìjǐ néng yǒngyuǎn liú zài zhè ge měilì de chéngshì.
나는 내가 영원히 이 아름다운 도시에 머물 수 있기를 바란다.

留 liú [동] 머물다, 남다

37 浪费
làngfèi

급수

4 동 낭비하다, 헛되이 쓰다

술어

为了保护环境，我们不能浪费水和电。

Wèile bǎohù huánjìng, wǒmen bù néng làngfèi shuǐ hé diàn.

환경을 보호하기 위해, 우리는 물과 전기를 낭비하면 안 된다.

为了 wèile 개 ~을 위해

시험에 이렇게 나온다!

짝꿍 표현 浪费를 활용한 다양한 짝꿍 표현을 알아 둔다.

浪费时间 làngfèi shíjiān 시간을 낭비하다

浪费严重 làngfèi yánzhòng 낭비가 심하다

38 同时
tóngshí

4 명 동시

在发展经济的同时，我们也要重视保护环境。

Zài fāzhǎn jīngjì de tóngshí, wǒmen yě yào zhòngshì bǎohù huánjìng.

경제를 발전시키는 동시에, 우리는 환경을 보호하는 것을 중시해야 한다.

发展 fāzhǎn 동 발전하다 经济 jīngjì 명 경제

39 并且
bìngqiě

4 접 또한, 게다가, 그리고

人们要保护动物，并且要尊重这些生命。

Rénmen yào bǎohù dòngwù, bìngqiě yào zūnzhòng zhèxiē shēngmìng.

사람들은 동물을 보호해야 하며, 또한 이러한 생명들을 존중해야 한다.

尊重 zūnzhòng 동 존중하다 生命 shēngmìng 명 생명

40 地球
dìqiú

4 명 지구

地球一直在变化，这座山以前可能是海洋。

Dìqiú yìzhí zài biànhuà, zhè zuò shān yǐqián kěnéng shì hǎiyáng.

지구는 계속 변화하고 있는데, 이 산은 예전에 바다였을 것이다.

以前 yǐqián 명 예전 海洋 hǎiyáng 명 바다, 해양

연습문제 **체크체크!**

단어의 뜻을 오른쪽 보기에서 찾아 연결하세요.

01 白	ⓐ 오염되다, 오염시키다
02 坏	ⓑ 변화, 변화하다, 달라지다
03 污染	ⓒ 경치, 풍경
04 变化	ⓓ 나쁘다, 고장나다, 상하다
05 景色	ⓔ 숲, 삼림
	ⓕ 희다, 하얗다, 밝다, 헛되이, 쓸데없이

문장을 읽고 빈칸에 들어 갈 단어를 찾아 적어보세요.

ⓐ 棵　ⓑ 美丽　ⓒ 保护　ⓓ 实在　ⓔ 新鲜

06 院子里种着好几______树。

07 ______环境是我们每个人的责任。

08 这种花只能活在空气______的地方。

09 这里植物______太少了，是因为阳光照不到。

10 他的家乡是个______的海边城市。

정답 : 01 ⓕ 02 ⓓ 03 ⓐ 04 ⓑ 05 ⓒ 06 ⓐ 07 ⓒ 08 ⓔ 09 ⓓ 10 ⓑ

* 06~10번 문제 해석과 추가 <Day별 단어 퀴즈 PDF>를 해커스중국어(china.Hackers.com)에서 다운로드 받으세요.

품사별로 헤쳐 모여!

앞에서 외운 단어들을 품사별로 다시 한 번 확인합니다.

☑ 잘 외워지지 않은 단어는 □에 체크해 두고 다음에 반복 암기합니다.

명사

□□□	环境 3급	huánjìng	명 환경
□□□	城市 3급	chéngshì	명 도시
□□□	公园 3급	gōngyuán	명 공원
□□□	花 3급	huā	명 꽃
□□□	树 3급	shù	명 나무, 수목
□□□	变化 3급	biànhuà	명 변화 동 변화하다, 달라지다
□□□	草 3급	cǎo	명 풀
□□□	植物 4급	zhíwù	명 식물
□□□	景色 4급	jǐngsè	명 경치, 풍경
□□□	叶子 4급	yèzi	명 잎
□□□	森林 4급	sēnlín	명 숲, 삼림
□□□	空气 4급	kōngqì	명 공기
□□□	火 4급	huǒ	명 불
□□□	省 4급	shěng	명 성(중국의 최상급 지방 행정 단위) 동 절약하다, 아끼다
□□□	主意 4급	zhǔyi	명 아이디어, 생각, 의견
□□□	阳光 4급	yángguāng	명 햇빛
□□□	自然 4급	zìrán	명 자연 부 자연히, 당연히 형 자연스럽다
□□□	同时 4급	tóngshí	명 동시
□□□	地球 4급	dìqiú	명 지구

동사

□□□	看见 1급	kànjiàn	동 보다, 보이다
□□□	保护 4급	bǎohù	동 보호하다

□□□	掉 4급	diào	동 떨어지다, 떨어뜨리다
□□□	污染 4급	wūrǎn	동 오염되다, 오염시키다
□□□	浪费 4급	làngfèi	동 낭비하다, 헛되이 쓰다

형용사

□□□	白 2급	bái	형 희다, 하얗다, 밝다 부 헛되이, 쓸데없이
□□□	坏 3급	huài	형 나쁘다 동 고장나다, 상하다
□□□	新鲜 3급	xīnxiān	형 신선하다
□□□	有名 3급	yǒumíng	형 유명하다
□□□	突然 3급	tūrán	형 갑작스럽다, 의외다
□□□	绿 3급	lǜ	형 녹색의, 푸르다
□□□	深 4급	shēn	형 깊다
□□□	光 4급	guāng	형 조금도 남지 않다, 아무것도 없다 부 오로지, 단지 명 빛
□□□	美丽 4급	měilì	형 아름답다, 예쁘다

부사

□□□	真 2급	zhēn	부 정말, 진짜로, 확실히 형 진실이다
□□□	到处 4급	dàochù	부 곳곳에, 도처에
□□□	实在 4급	shízài	부 확실히, 정말
□□□	永远 4급	yǒngyuǎn	부 영원히, 항상

양사

□□□	座 4급	zuò	양 [(도시, 건축물, 산 등) 비교적 크거나 고정된 물체를 세는 단위]
□□□	棵 4급	kē	양 그루, 포기

접속사

□□□	并且 4급	bìngqiě	접 또한, 게다가, 그리고

DAY

27

해커스 HSK1-4급 단어장

5G 시대

과학 · 기술

주제를 알면 HSK가 보인다!

HSK 4급에서는 최신 과학 기술 소개나 연구 결과 등과 관련된 문제가 자주 출제돼요. 따라서 '인터넷', '정보', '특징', '사용하다'처럼 과학·기술과 관련된 단어를 익혀두면 이러한 문제를 쉽게 풀 수 있어요.

단어, 예문 MP3

남들보다 빠르게

5시50분
여러분, 互联网기술이 빠르게 발전하여 드디어 5G 시대가 도래하였습니다.
5시52분
이런 최신 信息가 우리와 아주 밀접하다는 말씀!
도대체 말씀 언제 끝내시는 거야... 나 오늘 약속 있는데...
5시55분
5G 기술의 좋은 特点들을 우리 업무에 어떻게 使用할 수 있는가는.....
5시 59분
그런 의미에서 最好 다 같이 회식을 하는 것이....
6시.
슈웅
5G 시대에 맞게 빨리 퇴근하도록 하겠습니다!!!

19 **互联网** hùliánwǎng [명] 인터넷

20 **信息** xìnxī [명] 정보, 소식

26 **特点** tèdiǎn [명] 특징, 특색

25 **使用** shǐyòng [동] 사용하다

17 **最好** zuìhǎo [부] ~하는 게 제일 좋다

01 **新**
xīn

급수
❷ 형 **새롭다** 부 **새로**

술어
很多老年大学教老年人怎么用新的电脑。
Hěn duō lǎonián dàxué jiāo lǎoniánrén zěnme yòng xīn de diànnǎo.
많은 노인 대학에서 노인들에게 어떻게 새로운 컴퓨터를 사용하는지 가르친다.

上周新来的同事工作态度非常认真。
Shàng zhōu xīn lái de tóngshì gōngzuò tàidu fēicháng rènzhēn.
지난 주에 새로 온 동료는 업무 태도가 매우 성실하다.

老年 lǎonián 명 노인, 노년 **教** jiāo 동 가르치다 **同事** tóngshì 명 동료
态度 tàidu 명 태도 **认真** rènzhēn 형 성실하다, 진지하다

02 **些**
xiē

❶ 양 **몇, 약간, 조금 [적은 수량을 나타냄]**

买票、购物这些事情都可以在网上完成。
Mǎi piào, gòuwù zhèxiē shìqing dōu kěyǐ zài wǎngshàng wánchéng.
표를 사고, 쇼핑하는 이런 몇몇 일은 모두 인터넷에서 끝낼 수 있다.

购物 gòuwù 동 쇼핑하다 **网上** wǎngshàng 명 인터넷
完成 wánchéng 동 끝내다, 완성하다

03 **呢**
ne

❶ 조 **[문장의 끝에 쓰여 동작이나 상태가 계속되고 있음을 나타내거나 의문의 어기를 나타냄]**

我在看手机地图呢，应该很快就能到。
Wǒ zài kàn shǒujī dìtú ne, yīnggāi hěn kuài jiù néng dào.
내가 지금 휴대폰 지도를 보고 있으니, 곧 도착할 수 있을 거야.

孩子怎样才能养成早睡早起的习惯呢？
Háizi zěnyàng cái néng yǎngchéng zǎo shuì zǎo qǐ de xíguàn ne?
아이가 어떻게 해야만 일찍 자고 일찍 일어나는 습관을 기를 수 있을까?

在 zài 부 ~하고 있다 **地图** dìtú 명 지도 **养成** yǎngchéng 동 기르다

04 **种** ★★★
zhǒng

3 [양] **종류, 부류, 가지**

这种牙膏很适合儿童使用，医生建议每天用三次。
Zhè zhǒng yágāo hěn shìhé értóng shǐyòng, yīshēng jiànyì měitiān yòng sān cì.
이런 종류의 치약은 아이가 쓰기에 매우 적합해서, 의사는 매일 세 번 쓰는 것을 제안한다.

牙膏 yágāo [명] 치약 **儿童** értóng [명] 아이, 아동
使用 shǐyòng [동] 쓰다, 사용하다 **建议** jiànyì [동] 제안하다

05 **关于** ★★★
guānyú

3 [개] **~에 관해, ~에 관한**

关于这个问题，教授们决定明天继续讨论。
Guānyú zhè ge wèntí, jiàoshòumen juédìng míngtiān jìxù tǎolùn.
이 문제에 관해서, 교수들은 내일 계속 토론하기로 결정했다.

教授 jiàoshòu [명] 교수 **决定** juédìng [동] 결정하다 **继续** jìxù [동] 계속하다
讨论 tǎolùn [동] 토론하다

시험에 이렇게 나온다!

[듣기 독해] 듣기 또는 독해에서 **关于**를 활용한 질문이 자주 출제된다.
关于男的，可以知道什么？ Guānyú nánde, kěyǐ zhīdào shénme?
남자에 관해서 알 수 있는 것은 무엇인가?
关于她，下列哪项正确？ Guānyú tā, xiàliè nǎ xiàng zhèngquè?
그녀에 관해, 다음 중 옳은 것은?

06 **根据** ★★★
gēnjù

3 [개] **~에 따라, ~에 의거하여** [명] **근거**

根据研究，家长鼓励孩子时要说得详细一些。
Gēnjù yánjiū, jiāzhǎng gǔlì háizi shí yào shuō de xiángxì yìxiē.
연구에 따르면, 부모가 자식을 격려할 때에는 자세히 얘기해주어야 한다.

研究 yánjiū [동] 연구하다 **家长** jiāzhǎng [명] 부모, 학부모
鼓励 gǔlì [동] 격려하다 **详细** xiángxì [형] 자세하다

시험에 이렇게 나온다!

[듣기 독해] 듣기 또는 독해에서 **根据**를 활용한 질문이 자주 출제된다.
根据对话，可以知道什么？ Gēnjù duìhuà, kěyǐ zhīdào shénme?
대화에 근거하여, 무엇을 알 수 있는가?
根据这段话，家长: Gēnjù zhè duàn huà, jiāzhǎng:
지문에 근거하여, 부모는:

07 **越** ★★★

yuè

급수

❸ 부 **점점 ~하다**

술어

越来越多的人使用网上银行。

Yuèláiyuè duō de rén shǐyòng wǎngshàng yínháng.

점점 더 많은 사람들이 인터넷뱅킹을 사용한다.

시험에 이렇게 나온다!

짝꿍 표현 **越**는 항상 '**越来越**(점점 ~하다), **越**……**越**……(~할수록 ~하다)'의 형태로 출제된다.

越来越多 yuèláiyuè duō 갈수록 많다

越来越远了 yuèláiyuè yuǎn le 갈수록 멀어지다

越快越好 yuè kuài yuè hǎo 빠를수록 좋다

时间越久，误会就越深 shíjiān yuè jiǔ, wùhuì jiù yuè shēn
시간이 길어질수록, 오해도 깊어진다

08 **了解** ★★

liǎojiě

❸ 동 **이해하다, 조사하다, 분명히 알다**

最近大部分的学生通过上网来了解世界。

Zuìjìn dàbùfen de xuésheng tōngguò shàngwǎng lái liǎojiě shìjiè.

최근 대부분의 학생들이 인터넷 하는 것을 통해 세상을 이해한다.

为了了解学生的学习情况，老师每周开一次读书会。

Wèile liǎojiě xuésheng de xuéxí qíngkuàng, lǎoshī měi zhōu kāi yí cì dúshūhuì.

학생들의 학습 상황을 조사하기 위해, 선생님은 매주 한 번 독서회를 연다.

大部分 dàbùfen 명 대부분 **通过** tōngguò 개 ~을 통해
世界 shìjiè 명 세상 **为了** wèile 개 ~을 위해 **情况** qíngkuàng 명 상황
读书会 dúshūhuì 독서회

급수

09 **过去**

guòqù

❸ 명 과거 동 가다, 지나가다, 지나다

술어

新材料的质量与过去的材料相同，但价格更低。

Xīn cáiliào de zhìliàng yǔ guòqù de cáiliào xiāngtóng, dàn jiàgé gèng dī.

새로운 재료의 품질은 과거의 재료의 품질과 같지만 가격은 더욱 낮다.

今天的会议我赶不过去了。

Jīntiān de huìyì wǒ gǎn bu guòqu le.

나는 오늘 회의에 시간 맞춰 갈 수 없다.

材料 cáiliào 명 재료 **质量** zhìliàng 명 품질 **相同** xiāngtóng 형 같다
价格 jiàgé 명 가격 **更** gèng 부 더욱 **低** dī 형 낮다 **会议** huìyì 명 회의
赶 gǎn 동 (시간에 늦지 않도록) 대다, 서두르다

10 **奇怪**

qíguài

❸ 형 이상하다, 기괴하다

我的电脑怎么样都打不开，真奇怪。

Wǒ de diànnǎo zěnmeyàng dōu dǎ bu kāi, zhēn qíguài.

내 컴퓨터가 어떻게 해도 켜지지를 않아, 정말 이상해.

打开 dǎkāi 동 켜다, 열다

11 **离开**

líkāi

❸ 동 떠나다, 벗어나다

研究发现，如果妈妈离开小孩儿的时间超过两分钟，小孩儿会变得很着急。

Yánjiū fāxiàn, rúguǒ māma líkāi xiǎoháir de shíjiān chāoguò liǎng fēnzhōng, xiǎoháir huì biàn de hěn zháojí.

연구에서 만약 엄마가 아이를 떠난 시간이 2분을 넘는다면, 아이는 초조해 한다는 것을 발견했다.

发现 fāxiàn 동 발견하다 **超过** chāoguò 동 넘다, 초과하다
着急 zháojí 형 초조하다

12 **极**
jí

급수
3 뷔 **아주, 극히**

술어
小张的这个想法好极了，我们马上去研究研究。
Xiǎo Zhāng de zhè ge xiǎngfǎ hǎo jí le, wǒmen mǎshàng qù yánjiūyánjiū.
샤오장의 이 아이디어가 아주 좋으니 우리 얼른 가서 연구 좀 해보자.

想法 xiǎngfǎ 명 아이디어, 생각

시험에 이렇게 나온다!

어법 **极**는 '형용사 + **极了**(아주 ~하다)'의 형식으로 형용사를 강조할 때 쓰인다.
跑得快极了。 Pǎo de kuài jí le. 아주 빨리 달린다.
天气好极了。 Tiānqì hǎo jí le. 날씨가 아주 좋다.
景色美极了。 Jǐngsè měi jí le. 풍경이 아주 아름답다.

13 **终于**
zhōngyú

3 부 **마침내, 결국**

经过多年的研究，他们终于获得了成功。
Jīngguò duō nián de yánjiū, tāmen zhōngyú huòdéle chénggōng.
수년간의 연구를 거쳐, 그들은 마침내 성공을 얻었다.

经过 jīngguò 동 거치다, 지나다 **获得** huòdé 동 얻다

14 **研究**
yánjiū

4 동 **연구하다, 검토하다**

她是研究电脑技术的研究人员。
Tā shì yánjiū diànnǎo jìshù de yánjiū rényuán.
그녀는 컴퓨터 기술을 연구하는 연구원이다.

技术 jìshù 명 기술

15 **科学**
kēxué

4 명 **과학**

科学研究证明，以后不正常的天气会越来越多。
Kēxué yánjiū zhèngmíng, yǐhòu bú zhèngcháng de tiānqì huì yuèláiyuè duō.
과학 연구는 앞으로 비정상적인 날씨가 점점 더 많아질 것임을 증명하였다.

证明 zhèngmíng 동 증명하다 **正常** zhèngcháng 형 정상적인

16 **技术**

jìshù

4 명 **기술**

她一直负责网站技术工作，后来自己开了一家技术公司。

Tā yìzhí fùzé wǎngzhàn jìshù gōngzuò, hòulái zìjǐ kāile yì jiā jìshù gōngsī.

그녀는 웹사이트의 기술 업무를 줄곧 책임지고 있었는데, 나중에는 기술 회사 하나를 직접 차렸다.

负责 fùzé 동 책임지다 **网站** wǎngzhàn 명 웹사이트

시험에 이렇게 나온다!

유의어 **科学**(과학)와 **技术**의 앞 글자를 딴 **科技**(kējì, 과학 기술)라는 표현도 자주 쓰인다.

17 **最好** ★★★

zuìhǎo

4 부 **~하는 게 제일 좋다**

最新研究发现，西红柿最好生着吃。

Zuìxīn yánjiū fāxiàn, xīhóngshì zuìhǎo shēngzhe chī.

최신 연구에서 토마토는 날것으로 먹는 것이 제일 좋다는 것을 발견했다.

西红柿 xīhóngshì 명 토마토 **生** shēng 형 날것이다, 설익다

18 **说明** ★★★

shuōmíng

4 동 **설명하다, 해설하다**

他对顾客详细地说明了这台手机的使用方法。

Tā duì gùkè xiángxì de shuōmíngle zhè tái shǒujī de shǐyòng fāngfǎ.

그는 고객에게 이 핸드폰의 사용 방법을 자세하게 설명했다.

顾客 gùkè 명 고객

19 **互联网** ★★

hùliánwǎng

4 명 **인터넷**

互联网拉近了人与人之间的距离，使交流变得更方便。

Hùliánwǎng lājìnle rén yǔ rén zhījiān de jùlí, shǐ jiāoliú biàn de gèng fāngbiàn.

인터넷은 사람과 사람 사이의 거리를 좁혔고, 교류하는 것을 더 편리하게 했다.

拉近 lājìn 좁히다, 가까이 끌어당기다 **距离** jùlí 명 거리
交流 jiāoliú 동 교류하다 **方便** fāngbiàn 형 편리하다

20 **信息** ★★★
xìnxī

4 급수

명 **정보, 소식**

今天广播里主要讨论互联网信息安全问题。 (술어)
Jīntiān guǎngbō li zhǔyào tǎolùn hùliánwǎng xìnxī ānquán wèntí.
오늘 방송에서는 인터넷 정보 안전 문제를 주로 토론할 것이다.

广播 guǎngbō 명 방송 **主要** zhǔyào 형 주로, 주요한
安全 ānquán 형 안전하다

21 **减少**
jiǎnshǎo

4

동 **줄이다, 감소하다**

这种方式有效减少空气中的污染物。
Zhè zhǒng fāngshì yǒuxiào jiǎnshǎo kōngqì zhōng de wūrǎn wù.
이런 방식은 공기 중 오염 물질을 줄이는 효과가 있다.

方式 fāngshì 명 방식, 방법 **有效** yǒuxiào 동 효과가 있다, 효과적이다
污染物 wūrǎn wù 오염 물질

시험에 이렇게 나온다!

짝꿍 표현 **减少**를 활용한 다양한 짝꿍 표현을 알아 둔다.
减少污染 jiǎnshǎo wūrǎn 오염을 줄이다
减少麻烦 jiǎnshǎo máfan 번거로움을 줄이다
减少运动量 jiǎnshǎo yùndòngliàng 운동량을 줄이다

22 **假** ★★★
jiǎ

4

형 **거짓이다, 가짜이다**

我们在互联网找信息时，判断信息真假尤其重要。
Wǒmen zài hùliánwǎng zhǎo xìnxī shí, pànduàn xìnxī zhēn jiǎ yóuqí zhòngyào.
우리가 인터넷에서 정보를 찾을 때, 정보가 진짜인지 거짓인지 판단하는 것이 특히 중요하다.

判断 pànduàn 동 판단하다 **尤其** yóuqí 부 특히

시험에 이렇게 나온다!

짝꿍 표현 **假**를 활용한 다양한 짝꿍 표현을 알아 둔다.
是假的 shì jiǎ de 거짓이다
假话 jiǎ huà 거짓말

급수

23 无 ★★★

wú

4 동 없다

无人超市里没有售货员，能用手机付款。 술어

Wú rén chāoshì li méiyǒu shòuhuòyuán, néng yòng shǒujī fùkuǎn.

무인 슈퍼에는 판매원이 없고, 휴대폰을 사용하여 결제할 수 있다.

售货员 shòuhuòyuán 명 판매원 **付款** fùkuǎn 동 결제하다, 돈을 지불하다

시험에 이렇게 나온다!

짝꿍표현 无를 활용한 다양한 짝꿍 표현을 알아 둔다.

无人超市 wú rén chāoshì 무인 슈퍼

无人餐厅 wú rén cāntīng 무인 식당

无关 wú guān 무관하다, 관계가 없다

无法 wú fǎ ~할 방법이 없다

24 随着

suízhe

4 개 ~에 따라서, ~에 따르다

随着科学技术的进步，现在的手机能做的事变多了。

Suízhe kēxué jìshù de jìnbù, xiànzài de shǒujī néng zuò de shì biànduō le.

과학 기술의 진보에 따라, 현재의 휴대폰이 할 수 있는 일이 많아졌다.

进步 jìnbù 동 진보하다

시험에 이렇게 나온다!

독해 '**随着**……'형태는 주로 앞 구절에 사용되므로, 문장의 순서를 배열하는 독해 2부분 문제에서 '**随着**……' 형태의 문장이 있으면 첫 순서가 될 가능성이 높다.

25 使用 ★★

shǐyòng

4 동 사용하다

请您在使用之前先仔细阅读这份说明书。

Qǐng nín zài shǐyòng zhī qián xiān zǐxì yuèdú zhè fèn shuōmíngshū.

사용하기 전에 먼저 이 설명서를 자세히 읽어주세요.

仔细 zǐxì 형 자세하다 **阅读** yuèdú 동 읽다

说明书 shuōmíngshū 명 설명서

26 **特点** ★★
tèdiǎn

④ 명 **특징, 특색**

现在人们普遍的生活特点是离不开网络。
Xiànzài rénmen pǔbiàn de shēnghuó tèdiǎn shì lí bu kāi wǎngluò.
현재 사람들의 일반적인 생활 특징은 인터넷과 떨어질 수 없다는 것이다.

普遍 pǔbiàn 형 일반적이다, 보편적이다 **生活** shēnghuó 명 생활
网络 wǎngluò 명 인터넷, 네트워크

27 **作用** ★★
zuòyòng

④ 명 **효과, 작용**

这种眼镜是用电脑时戴的，可以起到保护眼睛的作用。
Zhè zhǒng yǎnjìng shì yòng diànnǎo shí dài de, kěyǐ qǐdào bǎohù yǎnjing de zuòyòng.
이 안경은 컴퓨터를 사용할 때 착용하는 것으로, 눈을 보호하는 효과가 있습니다.

眼镜 yǎnjìng 명 안경 **戴** dài 동 착용하다, 쓰다 **眼睛** yǎnjing 명 눈

시험에 이렇게 나온다!

짝꿍 표현 **作用**을 활용한 다양한 짝꿍 표현을 알아 둔다.
起到作用 qǐdào zuòyòng 효과가 있다
积极的作用 jījí de zuòyòng 긍정적인 효과

28 **谈**
tán

④ 동 **토론하다, 말하다**

关于生命安全问题，他们差不多谈了4个小时。
Guānyú shēngmìng ānquán wèntí, tāmen chàbuduō tánle sì ge xiǎoshí.
생명 안전 문제에 관하여, 그들은 거의 4시간 동안 토론했다.

关于 guānyú 개 ~에 관하여 **生命** shēngmìng 명 생명
差不多 chàbuduō 부 거의

29 **网站**
wǎngzhàn

④ 명 **웹사이트**

虽然这个网站使用很方便，但是广告太多了。
Suīrán zhè ge wǎngzhàn shǐyòng hěn fāngbiàn, dànshì guǎnggào tài duō le.
비록 이 웹사이트가 사용하기에는 편리하지만, 광고가 너무 많다.

广告 guǎnggào 명 광고

★★★ = 출제율 최상 ★★ = 출제율 상

30 效果
xiàoguǒ

급수 4 명 효과

跑步至少要跑半个小时，才会有瘦身的效果。(술어: 有)
Pǎobù zhìshǎo yào pǎo bàn ge xiǎoshí, cái huì yǒu shòushēn de xiàoguǒ.
달리기는 적어도 30분은 달려야만, 살이 빠지는 효과가 있을 것이다.

至少 zhìshǎo 부 적어도, 최소한 **瘦身** shòushēn 동 살을 빼다

31 由
yóu

4 개 ~이, ~에서, ~으로부터

在我们公司，技术方面的研究都由张明负责。
Zài wǒmen gōngsī, jìshù fāngmiàn de yánjiū dōu yóu Zhāng Míng fùzé.
우리 회사에서 기술 분야의 연구는 모두 짱밍이 책임진다.

方面 fāngmiàn 명 분야

32 然而
rán'ér

4 접 그러나, 하지만

很多人爱喝饮料，然而这些饮料中的糖分会影响健康。
Hěn duō rén ài hē yǐnliào, rán'ér zhèxiē yǐnliào zhōng de tángfèn huì yǐngxiǎng jiànkāng.
많은 사람이 음료 마시는 것을 좋아한다. 그러나 이런 음료 안의 당분은 건강에 영향을 줄 수 있다.

饮料 yǐnliào 명 음료 **糖分** tángfèn 명 당분
影响 yǐngxiǎng 동 영향을 주다 **健康** jiànkāng 명 건강

33 要是
yàoshi

4 접 만약 ~라면

你要是没有时间上课，可以考虑参加“网上课堂”。
Nǐ yàoshi méiyǒu shíjiān shàngkè, kěyǐ kǎolǜ cānjiā ‘wǎngshàng kètáng’.
네가 만약 수업 들을 시간이 없다면, ‘인터넷 교실’에 참여하는 것을 고려해볼 수 있다.

课堂 kètáng 명 교실

급수

34 一切
yíqiè

4 대 **모든 것, 일체, 전부**

술어

如果一切顺利的话，下个月就可以完成这个研究。
Rúguǒ yíqiè shùnlì dehuà, xià ge yuè jiù kěyǐ wánchéng zhè ge yánjiū.
만약 모든 것이 순조롭다면, 다음 달에 이 연구를 끝낼 수 있다.

顺利 shùnlì 형 순조롭다

35 也许
yěxǔ

4 부 **어쩌면, 아마**

几十年后最多的垃圾也许是塑料垃圾。
Jǐ shí nián hòu zuì duō de lājī yěxǔ shì sùliào lājī.
몇십 년 후 가장 많은 쓰레기는 어쩌면 플라스틱 쓰레기일 것이다.

垃圾 lājī 명 쓰레기 **塑料** sùliào 명 플라스틱

시험에 이렇게 나온다!

어법 **也许**는 문장 맨 앞에서도 쓰일 수 있는 부사이다.
也许他误会了。 Yěxǔ tā wùhuì le. 아마 그가 오해했을 거야.

36 究竟
jiūjìng

4 부 **도대체**

你究竟是从哪儿得到的信息？
Nǐ jiūjìng shì cóng nǎr dédào de xìnxī?
너는 도대체 어디에서 정보를 얻은 거야?

得到 dédào 동 얻다 **信息** xìnxī 명 정보

37 是否
shìfǒu

4 부 **~인지 아닌지**

现在还不能肯定这种技术是否能够成功。
Xiànzài hái bù néng kěndìng zhè zhǒng jìshù shìfǒu nénggòu chénggōng.
지금 이 기술이 성공할 수 있을지 없을지는 아직 확신할 수 없다.

肯定 kěndìng 동 확신하다

급수

38 **确实**
quèshí

4 [부] **확실히, 틀림없이** [형] **확실하다**

술어

乘坐顺风车确实能起到保护环境的作用。
Chéngzuò shùnfēng chē quèshí néng qǐ dào bǎohù huánjìng de zuòyòng.
히치하이킹을 하는 것은 확실히 환경을 보호하는 효과가 있다.

乘坐顺风车 chéngzuò shùnfēng chē 히치하이킹을 하다
保护 bǎohù [동] 보호하다 **环境** huánjìng [명] 환경

39 **生命**
shēngmìng

4 [명] **생명**

周教授最近对生命科学有很大的兴趣。
Zhōu jiàoshòu zuìjìn duì shēngmìng kēxué yǒu hěn dà de xìngqù.
저우 교수는 최근 생명 과학에 큰 흥미가 있다.

兴趣 xìngqù [명] 흥미

40 **其次**
qícì

4 [대] **그 다음, 다음**

研究证明，午觉对身体有好处。首先，午觉可以放松身体，其次，下午工作时会有精神。
Yánjiū zhèngmíng, wǔjiào duì shēntǐ yǒu hǎochù. Shǒuxiān, wǔjiào kěyǐ fàngsōng shēntǐ, qícì, xiàwǔ gōngzuò shí huì yǒu jīngshen.
연구는 낮잠이 몸에 좋다는 것을 증명했다. 첫째, 낮잠은 몸의 긴장을 풀 수 있으며, 그 다음, 오후에 일을 할 때 활력을 줄 수 있다.

午觉 wǔjiào [명] 낮잠 **首先** shǒuxiān [접] 첫째, 먼저
精神 jīngshen [명] 활력, 기력

시험에 이렇게 나온다!

[독해] **其次**는 **首先**(shǒuxiān, 첫째)과 함께 '**首先**……**其次**……(첫째, ~, 그 다음, ~)' 형태로 주로 쓰이며, 논설문에서 근거를 들 때 자주 쓰이는 표현이다.

연습문제 **체크체크!**

단어의 뜻을 오른쪽 보기에서 찾아 연결하세요.

01 新　　　　ⓐ 모든 것, 일체, 전부

02 根据　　　ⓑ 거짓이다, 가짜이다

03 一切　　　ⓒ 특징, 특색

04 特点　　　ⓓ ~하는 게 제일 좋다

05 假　　　　ⓔ 새롭다, 새로

　　　　　　　ⓕ ~에 따라, ~에 의거하여, 근거

문장을 읽고 빈칸에 들어 갈 단어를 찾아 적어보세요.

ⓐ 了解　ⓑ 作用　ⓒ 使用　ⓓ 科学　ⓔ 信息

06 人们可以通过网络＿＿＿＿社会上发生的很多事。

07 请您在＿＿＿＿前仔细阅读说明书上的内容。

08 ＿＿＿＿研究证明，以后这种不正常现象会越来越多。

09 他们正在讨论互联网＿＿＿＿安全问题。

10 这种眼镜可以起到保护眼睛的＿＿＿＿。

정답 : 01 ⓔ 02 ⓕ 03 ⓐ 04 ⓒ 05 ⓑ 06 ⓐ 07 ⓒ 08 ⓓ 09 ⓔ 10 ⓑ

* 06~10번 문제 해석과 추가 <Day별 단어 퀴즈 PDF>를 해커스중국어(china.Hackers.com)에서 다운로드 받으세요.

품사별로 헤쳐 모여!

앞에서 외운 단어들을 품사별로 다시 한 번 확인합니다.

☑ 잘 외워지지 않은 단어는 □에 체크해 두고 다음에 반복 암기합니다.

명사

□□□	过去 3급	guòqù	명 과거 동 가다, 지나가다, 지나다
□□□	科学 4급	kēxué	명 과학
□□□	技术 4급	jìshù	명 기술
□□□	互联网 4급	hùliánwǎng	명 인터넷
□□□	信息 4급	xìnxī	명 정보, 소식
□□□	特点 4급	tèdiǎn	명 특징, 특색
□□□	作用 4급	zuòyòng	명 효과, 작용
□□□	网站 4급	wǎngzhàn	명 웹사이트
□□□	效果 4급	xiàoguǒ	명 효과
□□□	生命 4급	shēngmìng	명 생명

동사

□□□	了解 3급	liǎojiě	동 이해하다, 조사하다, 분명히 알다
□□□	离开 3급	líkāi	동 떠나다, 벗어나다
□□□	研究 4급	yánjiū	동 연구하다, 검토하다
□□□	说明 4급	shuōmíng	동 설명하다, 해설하다
□□□	减少 4급	jiǎnshǎo	동 줄이다, 감소하다
□□□	无 4급	wú	동 없다
□□□	使用 4급	shǐyòng	동 사용하다
□□□	谈 4급	tán	동 토론하다, 말하다

형용사

□□□	新 2급	xīn	형 새롭다 부 새로
□□□	奇怪 3급	qíguài	형 이상하다, 기괴하다

□□□	假 4급	jiǎ	형 거짓이다, 가짜이다

부사

□□□	越 3급	yuè	부 점점 ~하다
□□□	极 3급	jí	부 아주, 극히
□□□	终于 3급	zhōngyú	부 마침내, 결국
□□□	最好 4급	zuìhǎo	부 ~하는 게 제일 좋다
□□□	也许 4급	yěxǔ	부 어쩌면, 아마
□□□	究竟 4급	jiūjìng	부 도대체
□□□	是否 4급	shìfǒu	부 ~인지 아닌지
□□□	确实 4급	quèshí	부 확실히, 틀림없이 형 확실하다

양사

□□□	些 1급	xiē	양 몇, 약간, 조금 [적은 수량을 나타냄]
□□□	种 3급	zhǒng	양 종류, 부류, 가지

개사

□□□	关于 3급	guānyú	개 ~에 관해, ~에 관한
□□□	根据 3급	gēnjù	개 ~에 따라, ~에 의거하여 명 근거
□□□	随着 4급	suízhe	개 ~에 따라서, ~에 따르다
□□□	由 4급	yóu	개 ~이, ~에서, ~으로부터

접속사

□□□	然而 4급	rán'ér	접 그러나, 하지만
□□□	要是 4급	yàoshi	접 만약 ~라면

대사

□□□	一切 4급	yíqiè	대 모든 것, 일체, 전부
□□□	其次 4급	qícì	대 그 다음, 다음

조사

□□□	呢 1급	ne	조 [문장의 끝에 쓰여 동작이나 상태가 계속되고 있음을 나타내거나 의문의 어기를 나타냄]

DAY

28

해커스 HSK1-4급 단어장

취업 성공의 비결

취업 · 채용

주제를 알면 HSK가 보인다!

HSK 4급에서는 취업·면접 준비, 채용 조건 등과 관련된 문제가 자주 출제돼요. 따라서 '통과하다', '마음', '경험', '풍부하다', '모집하다', '부합하다', '경쟁하다'처럼 취업·채용과 관련된 단어를 익혀두면 이러한 문제를 쉽게 풀 수 있어요.

단어, 예문 MP3

프로 경쟁러

누나, 나 오늘 최종 면접 본 거 通过할 수 있을까? 하루 종일 心情이 안 좋아...
다른 면접자들 얘기 들어보니까 나보다 经验도 丰富하더라고... 입맛도 없어...
힘내- 너는 충분히 그 회사에서 招聘하는 조건에 符合할거야.
그리고 넌 이미 치열한 竞争을 뚫고 여기까지 왔는걸!
스윽-
쑥-
탁!!
음??
그런가...내가 또 경쟁하는 건 자신 있긴 하지..
아... 입맛 없어..
빠르네...

24 **通过** tōngguò 동 통과하다
26 **心情** xīnqíng 명 마음
19 **经验** jīngyàn 명 경험
27 **丰富** fēngfù 형 풍부하다
6 **招聘** zhāopìn 동 모집하다, 채용하다
28 **符合** fúhé 동 부합하다
33 **竞争** jìngzhēng 동 경쟁하다

01 **喂**
wéi

급수

❶ 감 **여보세요**

술어

喂，你好，我想问一下应聘条件。
Wéi, nǐ hǎo, wǒ xiǎng wèn yíxià yìngpìn tiáojiàn.
여보세요, 안녕하세요. 지원 조건을 좀 여쭤보고 싶습니다.

应聘 yìngpìn 동 지원하다 **条件** tiáojiàn 명 조건

02 **次**
cì

❷ 양 **번, 회, 차례**

我顺利通过了上次面试，下周一开始正式上班。
Wǒ shùnlì tōngguòle shàng cì miànshì, xià zhōuyī kāishǐ zhèngshì shàngbān.
나는 지난번 면접을 순조롭게 통과했고, 다음 주 월요일에 정식으로 출근하기 시작한다.

顺利 shùnlì 형 순조롭다 **通过** tōngguò 동 통과하다
面试 miànshì 동 면접을 보다 **正式** zhèngshì 형 정식의

시험에 이렇게 나온다!

짝꿍표현 **次**는 동작을 세는 양사이며, '동사 + 수사 + **次**' 형태로 쓰인다. 앞에 **上**(지난)이나 **下**(다음)를 붙이기도 한다.

上次 shàng cì 지난번
下次 xià cì 다음번

03 **过**
guo

❷ 조 **~한 적이 있다 [동작의 완료·경험을 나타냄]**

我已经去那家广告公司面试过了，正在等结果。
Wǒ yǐjīng qù nà jiā guǎnggào gōngsī miànshìguo le, zhèngzài děng jiéguǒ.
나는 이미 그 광고 회사에 가서 면접을 본 적이 있고, 지금은 결과를 기다리고 있다.

广告 guǎnggào 명 광고 **结果** jiéguǒ 명 결과

시험에 이렇게 나온다!

어법 **过**는 동사 뒤에서 '~한 적이 있다'라는 의미를 나타내는 동태조사로, 항상 '동사 + **过**' 형태로 사용된다.

看过 kànguo 본 적이 있다
去过 qùguo 간 적이 있다
吃过 chīguo 먹은 적이 있다

04 告诉

gàosu

급수

❷ 동 알리다, 말하다

술어

面试通过后，我很想第一时间把这个好消息告诉爸爸。

Miànshì tōngguò hòu, wǒ hěn xiǎng dìyī shíjiān bǎ zhè ge hǎo xiāoxi gàosu bàba.

면접을 통과한 후, 나는 가장 빨리 이 좋은 소식을 아빠에게 알려 주고 싶었다.

第一时间 dìyī shíjiān 가장 빨리 **消息** xiāoxi 명 소식

시험에 이렇게 나온다!

어법 **告诉**는 목적어를 두 개 취할 수 있는 동사로, '**告诉** + A + B(A에게 B를 알리다)' 형태로 사용된다.

목적어가 1개일 경우

我告诉她了。 Wǒ gàosu tā le. 나는 그녀에게 알렸다.

목적어가 2개일 경우

我告诉她那件事了。 wǒ gàosu tā nà jiàn shì le.
나는 그녀에게 그 일을 알렸다.

05 懂

dǒng

❷ 동 알다, 이해하다

很多大学生不太懂自己适合什么职业，找工作时考虑很久。

Hěn duō dàxuéshēng bú tài dǒng zìjǐ shìhé shénme zhíyè, zhǎo gōngzuò shí kǎolǜ hěn jiǔ.

많은 대학생은 자신이 어떤 직업에 적합한지 잘 알지 못 해서, 일자리를 찾을 때 오래 생각한다.

自己 zìjǐ 대 자신 **适合** shìhé 동 적합하다 **职业** zhíyè 명 직업
考虑 kǎolǜ 동 생각하다, 고려하다

06 **招聘** ★★★

zhāopìn

모 집

급수

❹ 동 **모집하다, 채용하다**

술어

我想去那个公司工作，但他们正在招聘数学专业的硕士。

Wǒ xiǎng qù nà ge gōngsī gōngzuò, dàn tāmen zhèngzài zhāopìn shùxué zhuānyè de shuòshì.

나는 그 회사에서 일하고 싶지만, 그들은 지금 수학 전공의 석사를 모집하고 있다.

专业 zhuānyè 명 전공 **硕士** shuòshì 명 석사

시험에 이렇게 나온다!

짝꿍 표현 **招聘**을 활용한 다양한 짝꿍 표현을 알아 둔다.

招聘会 zhāopìnhuì 채용 박람회

招聘信息 zhāopìn xìnxī 채용 소식

07 **应聘**

yìngpìn

❹ 동 **지원하다, 초빙에 응하다**

还没毕业的人也可以应聘这家公司吗?

Hái méi bìyè de rén yě kěyǐ yìngpìn zhè jiā gōngsī ma?

아직 졸업하지 않은 사람도 이 회사에 지원할 수 있나요?

毕业 bìyè 동 졸업하다

08 **参加** ★★★

cānjiā

❸ 동 **참석하다, 참가하다**

下星期五的招聘会提前到上午八点，请大家按时参加。

Xià xīngqīwǔ de zhāopìnhuì tíqián dào shàngwǔ bā diǎn, qǐng dàjiā ànshí cānjiā.

다음 주 금요일 채용 박람회는 오전 8시로 앞당겨졌으니, 모두 제때에 참석해주세요.

提前 tíqián 동 앞당기다 **按时** ànshí 부 제때에

급수

09 **比较** ★★★
bǐjiào

③ 부 **비교적, 상대적으로** 동 **비교하다**

술어

虽然前一段时间很辛苦，不过我找到一份比较满意的工作了。
Suīrán qián yí duàn shíjiān hěn xīnkǔ, búguò wǒ zhǎodào yí fèn bǐjiào mǎnyì de gōngzuò le.
비록 그동안 고생스러웠지만, 그러나 나는 비교적 만족스러운 일자리를 찾았다.

段 duàn 양 [시간이나 공간의 일정한 거리를 나타내는 단위]
辛苦 xīnkǔ 형 고생스럽다 **份** fèn 양 [직업 등을 세는 단위]
满意 mǎnyì 동 만족스럽다, 만족하다

10 **别人** ★★★
biérén

③ 대 **다른 사람, 타인**

如果面试时迟到，别人可能会认为你不重视这个机会。
Rúguǒ miànshì shí chídào, biérén kěnéng huì rènwéi nǐ bú zhòngshì zhè ge jīhuì.
만약 면접 시험을 볼 때 지각한다면, 다른 사람은 아마도 당신이 이 기회를 중요시하지 않는다고 생각할 것이다.

迟到 chídào 동 지각하다 **重视** zhòngshì 동 중요시하다 **机会** jīhuì 명 기회

11 **短** ★★★
duǎn

③ 형 **짧다**

你写的计划书太短了，重新写一遍吧。
Nǐ xiě de jìhuà shū tài duǎn le, chóngxīn xiě yí biàn ba.
당신이 쓴 계획서는 너무 짧으니, 다시 한번 써 보세요.

计划书 jìhuà shū 계획서 **重新** chóngxīn 부 다시 **遍** biàn 양 번, 차례

12 **要求** ★★★
yāoqiú

③ 명 **요구** 동 **요구하다**

不同职业有不同的要求，有的工作会要求留学经历。
Bù tóng zhíyè yǒu bùtóng de yāoqiú, yǒu de gōngzuò huì yāoqiú liúxué jīnglì.
서로 다른 직업에는 서로 다른 요구가 있는데, 어떤 일은 유학 경력을 요구할 수 있다.

留学 liúxué 동 유학하다 **经历** jīnglì 명 경력, 경험

13 **发现** ★★

fāxiàn

급수

③ 동 **발견하다, 알아차리다**

술어

小美在网上查了一遍，发现她想去的公司正在招聘。

Xiǎo Měi zài wǎngshàng chále yí biàn, fāxiàn tā xiǎng qù de gōngsī zhèngzài zhāopìn.

샤오메이는 인터넷에서 한 번 검색했는데, 그녀가 가고 싶었던 회사가 지금 모집하고 있는 것을 발견했다.

网上 wǎngshàng 명 인터넷 **查** chá 동 검색하다, 찾다

14 **不但……而且……**

búdàn…… érqiě……

③ 접 **~할 뿐만 아니라, 또한 ~하다**

他不但有礼貌，而且很热情，给面试官留下了很好的印象。

Tā búdàn yǒu lǐmào, érqiě hěn rèqíng, gěi miànshìguān liúxiàle hěn hǎo de yìnxiàng.

그는 예의 있을 뿐만 아니라, 또한 열정적이라서 면접관에게 좋은 인상을 남겼다.

礼貌 lǐmào 명 예의 **热情** rèqíng 형 열정적이다
面试官 miànshìguān 명 면접관 **留** liú 동 남기다, 남다
印象 yìnxiàng 명 인상

15 **同意**

tóngyì

③ 동 **동의하다, 찬성하다**

面试官比较同意应聘者的看法。

Miànshìguān bǐjiào tóngyì yìngpìnzhě de kànfǎ.

면접관은 응시자의 의견에 비교적 동의한다.

看法 kànfǎ 명 의견, 생각 **应聘者** yìngpìnzhě 명 응시자

시험에 이렇게 나온다!

짝꿍 표현 **同意**를 활용한 다양한 짝꿍 표현을 알아 둔다

同意……的看法 tóngyì……de kànfǎ ~의 의견에 동의하다

表示同意 biǎoshì tóngyì 동의를 표시하다

급수

16 **除了**

chúle

❸ 개 **~외에, ~을(를) 제외하고**

술어

这位应聘者除了不会说英语以外，没有别的缺点。

Zhè wèi yìngpìnzhě chúle bú huì shuō Yīngyǔ yǐwài, méiyǒu bié de quēdiǎn.

이 응시자는 영어를 못 하는 것 외에, 다른 단점은 없다.

缺点 quēdiǎn 명 단점

시험에 이렇게 나온다!

독해 **除了**는 '**除了……以外**(~외에)'의 형태로 자주 출제된다. '**除了……以外**'는 주로 앞 구절에 사용되므로, 문장의 순서를 배열하는 독해 제2부분 문제에서 '**除了……以外**' 형태의 문장이 있으면 첫 순서가 될 가능성이 높다.

17 **放心**

fàngxīn

❸ 동 **마음을 놓다, 안심하다**

面试肯定没问题的，你放心吧。

Miànshì kěndìng méi wèntí de, nǐ fàngxīn ba.

면접은 분명히 문제 없을 거예요. 마음 놓으세요.

肯定 kěndìng 부 분명히

18 **一边**

yìbiān

❸ 부 **~하면서 ~하다**

他在一边学习，一边看招聘材料。

Tā zài yìbiān xuéxí, yìbiān kàn zhāopìn cáiliào.

그는 공부하면서, 채용 자료를 보고 있다.

材料 cáiliào 명 자료

시험에 이렇게 나온다!

짝꿍표현 **一边**은 항상 '**一边……一边**(~하면서 ~하다, 한편으로는 ~하고 한편으로는 ~하다)'의 형식으로 출제된다.

一边写作业一边听音乐 yìbiān xiě zuòyè yìbiān tīng yīnyuè
숙제하면서 음악을 듣다

一边赚钱，一边旅行 yìbiān zhuànqián, yìbiān lǚxíng
한편으로는 돈을 벌면서, 한편으로는 여행한다

급수

19 经验 ★★★

jīngyàn

4 명 경험, 체험 동 경험하다, 겪다

술어

我们的招聘要求是大学学历，而且至少要有一年以上的工作经验。

Wǒmen de zhāopìn yāoqiú shì dàxué xuélì, érqiě zhìshǎo yào yǒu yì nián yǐshàng de gōngzuò jīngyàn.

우리의 채용 요구는 대학 학력과 적어도 1년 이상의 업무 경험이 있어야 하는 것입니다.

学历 xuélì 명 학력 **至少** zhìshǎo 부 적어도

시험에 이렇게 나온다!

짝꿍 표현 **经验**을 활용한 다양한 짝꿍 표현을 알아 둔다.

缺少经验 quēshǎo jīngyàn 경험이 부족하다

面试经验 miànshì jīngyàn 면접 경험

20 经历 ★★

jīnglì

4 명 경력, 경험 동 경험하다

请您在这份表格里填写学习经历。

Qǐng nín zài zhè fèn biǎogé li tiánxiě xuéxí jīnglì.

이 표에 학업 경력을 기입해 주세요.

表格 biǎogé 명 표 **填写** tiánxiě 동 기입하다, 써넣다

21 积累 ★★

jīlěi

4 동 쌓이다, 누적하다

我想提前熟悉一下工作环境，多积累工作经验。

Wǒ xiǎng tíqián shúxi yíxià gōngzuò huánjìng, duō jīlěi gōngzuò jīngyàn.

나는 미리 업무 환경을 좀 파악하고, 업무 경험을 많이 쌓고 싶다.

提前 tíqián 동 미리 ~하다, 앞당기다 **熟悉** shúxi 동 파악하다, 숙지하다
环境 huánjìng 명 환경

시험에 이렇게 나온다!

짝꿍 표현 **积累**를 활용한 다양한 짝꿍 표현을 알아 둔다.

积累经验 jīlěi jīngyàn 경험을 쌓다

积累知识 jīlěi zhīshi 지식을 쌓다

21 22 23 24 25 26 27 DAY 28 29 30

해커스 HSK 1-4급 단어장

★★★ = 출제율 최상 ★★ = 출제율 상

22 行 ★★★
xíng

4 형 된다, 좋다 동 걷다

想要成为我们公司的一员，没有认真的态度是不行的。

Xiǎng yào chéngwéi wǒmen gōngsī de yì yuán, méiyǒu rènzhēn de tàidu shì bù xíng de.

우리 회사의 일원이 되고자 한다면, 성실한 태도 없이는 안 됩니다.

乘坐电梯时，请小心慢行。

Chéngzuò diàntī shí, qǐng xiǎoxīn màn xíng.

에스컬레이터를 탈 때는, 조심하시고 천천히 걸으세요.

成为 chéngwéi 동 ~이 되다 **乘坐** chéngzuò 동 타다, 탑승하다
电梯 diàntī 명 에스컬레이터, 엘리베이터 **小心** xiǎoxīn 동 조심하다

시험에 이렇게 나온다!

짝꿍 표현 行을 활용한 다양한 짝꿍 표현을 알아 둔다

不行 bù xíng 안 되다
还行 hái xíng 그럭저럭 괜찮다

23 收 ★★★
shōu

4 동 받다, 거두어들이다

她收到了一家公司的合格通知。

Tā shōudàole yì jiā gōngsī de hégé tōngzhī.

그녀는 한 회사의 합격 통지를 받았다.

시험에 이렇게 나온다!

짝꿍 표현 **收**는 동사 **到**(dào)와 함께 **收到**(받다)라는 표현으로 주로 출제된다. 참고로 **收到**에서 **到**는 목적이 달성되었음을 나타내는 결과보어이다.

24 通过 ★★★
tōngguò

❹ 동 **통과하다, 지나가다** 개 **~를 통해**

您已经通过了我们公司的考试。
Nín yǐjīng tōngguòle wǒmen gōngsī de kǎoshì.
당신은 우리 회사의 시험을 이미 통과했습니다.

通过这部电影，我们能了解到很多与音乐有关的知识。
Tōngguò zhè bù diànyǐng, wǒmen néng liǎojiě dào hěnduō yǔ yīnyuè yǒuguān de zhīshi.
이 영화를 통해, 우리는 음악과 관련된 많은 지식을 이해할 수 있다.

了解 liǎojiě 동 이해하다 **有关** yǒuguān 동 관련되다, 관계가 있다
知识 zhīshi 명 지식

25 申请 ★★★
shēnqǐng

❹ 동 **신청하다, 요구하다**

您的申请没有通过，请您重新填写申请表。
Nín de shēnqǐng méiyǒu tōngguò, qǐng nín chóngxīn tiánxiě shēnqǐng biǎo.
당신의 신청은 통과되지 않았습니다. 다시 신청서를 기입해주세요.

시험에 이렇게 나온다!

짝꿍 표현 **申请**을 활용한 다양한 짝꿍 표현을 알아 둔다. 참고로, **申请**은 동사이지만 명사로도 자주 출제된다.

申请表 shēnqǐng biǎo 신청서, 신청표
申请书 shēnqǐng shū 신청서

★★★ = 출제율 최상 ★★ = 출제율 상

급수

26 心情 ★★★
xīnqíng

4 명 **마음, 기분, 감정**

今天是上班第一天，我心情十分激动。 술어

Jīntiān shì shàngbān dìyī tiān, wǒ xīnqíng shífēn jīdòng.

오늘은 첫 출근날이어서, 나는 마음이 매우 벅차올랐다.

十分 shífēn 부 매우 **激动** jīdòng 형 벅차오르다, 감격하다

시험에 이렇게 나온다!

짝꿍 표현 心情을 활용한 다양한 짝꿍 표현을 알아 둔다.

心情激动 xīnqíng jīdòng 마음이 벅차오르다
放松心情 fàngsōng xīnqíng 마음을 편히 하다
心情愉快 xīnqíng yúkuài 기분이 유쾌하다
好心情 hǎo xīnqíng 좋은 기분

27 丰富 ★★
fēngfù

4 형 **풍부하다, 많다**

小丽因为工作经验很丰富，应该不难找工作。

Xiǎo Lì yīnwèi gōngzuò jīngyàn hěn fēngfù, yīnggāi bù nán zhǎo gōngzuò.

샤오리는 업무 경험이 풍부하기 때문에, 일자리를 찾기 어렵지 않을 것이다.

시험에 이렇게 나온다!

짝꿍 표현 자주 쓰이는 '명사 + **丰富**' 표현을 알아 둔다.

经验丰富 jīngyàn fēngfù 경험이 풍부하다
经历丰富 jīnglì fēngfù 경력이 풍부하다
内容丰富 nèiróng fēngfù 내용이 풍부하다

28 符合 ★★
fúhé

4 동 **부합하다, 들어맞다**

他的专业不符合那家公司的应聘要求。

Tā de zhuānyè bù fúhé nà jiā gōngsī de yìngpìn yāoqiú.

그의 전공은 그 회사의 지원 요구에 부합하지 않는다.

시험에 이렇게 나온다!

짝꿍 표현 자주 쓰이는 '**符合** + 명사' 표현을 알아 둔다.

符合要求 fúhé yāoqiú 요구에 부합하다
符合实际 fúhé shíjì 실제에 부합하다
符合规定 fúhé guīdìng 규정에 부합하다

29 接受 ★★
jiēshòu

급수
4 동 **받아들이다, 받다**

술어
我接受了面试官的批评。
Wǒ jiēshòule miànshìguān de pīpíng.
나는 면접관의 지적을 받아들였다.

批评 pīpíng 동 지적하다, 비판하다

시험에 이렇게 나온다!

짝꿍 표현 **接受**를 활용한 다양한 짝꿍 표현을 알아 둔다.
接受批评 jiēshòu pīpíng 지적을 받아들이다
接受建议 jiēshòu jiànyì 제안을 받아들이다

30 困 ★★
kùn

4 형 **피곤하다, 졸리다**

虽然现在很困，但也要好好儿准备明天的笔试。
Suīrán xiànzài hěn kùn, dàn yě yào hǎohāor zhǔnbèi míngtiān de bǐshì.
비록 지금 피곤하지만, 그러나 내일 필기시험을 잘 준비해야 한다.

好好儿 hǎohāor 부 잘, 제대로 **笔试** bǐshì 동 필기시험을 보다

31 标准 ★★
biāozhǔn

4 형 **표준적이다, 표준의** 명 **표준, 기준**

我们公司要招聘一名普通话标准的汉语老师。
Wǒmen gōngsī yào zhāopìn yì míng pǔtōnghuà biāozhǔn de Hànyǔ lǎoshī.
우리 회사는 표준어가 표준적인 중국어 선생님을 한 명 채용하려고 합니다.

普通话 pǔtōnghuà 명 (현대 중국) 표준어

32 **另外** ★★★
lìngwài

급수
❹ [접] **이 외에** [대] **다른 것, 다른 사람**

술어
请你说说你的优点，另外，你将来有什么打算？
Qǐng nǐ shuōshuo nǐ de yōudiǎn, lìngwài, nǐ jiānglái yǒu shénme dǎsuan?
당신의 장점을 말씀해 주세요. 이 외에, 당신은 장래에 어떤 계획이 있나요?

这家餐厅排队太长了，咱们去另外一家吧。
Zhè jiā cāntīng páiduì tài cháng le, zánmen qù lìngwài yì jiā ba.
이 식당은 너무 길게 줄을 서네요. 우리 다른 가게로 가요.

将来 jiānglái [명] 장래 **排队** páiduì [동] 줄을 서다

33 **竞争** ★★
jìngzhēng

❹ [동] **경쟁하다**

几十个人竞争一个工作的情况比较普遍。
Jǐ shí ge rén jìngzhēng yí ge gōngzuò de qíngkuàng bǐjiào pǔbiàn.
하나의 일자리로 몇십 명이 경쟁하는 상황은 비교적 보편적이다.

普遍 pǔbiàn [형] 보편적이다

34 **关键**
guānjiàn

❹ [명] **관건, 열쇠** [형] **가장 중요한**

我认为良好的专业基础是应聘成功的关键。
Wǒ rènwéi liánghǎo de zhuānyè jīchǔ shì yìngpìn chénggōng de guānjiàn.
나는 훌륭한 전공 기초가 지원 성공의 관건이라고 생각한다.

良好 liánghǎo [형] 훌륭하다, 좋다 **基础** jīchǔ [명] 기초

시험에 이렇게 나온다!

[짝꿍 표현] **关键**은 주로 **是**자문에서 쓰인다.
A 是 B 的关键 A shì B de guānjiàn A는 B의 관건이다
关键是 A guānjiàn shì A 관건은 A이다
A 是关键的 A shì guānjiàn de A가 가장 중요한 것이다

35 **受到**
shòudào

급수

④ 동 **받다**

술어

一个人能力的高低，会受到多方面的影响。
Yí ge rén nénglì de gāodī, huì shòudào duō fāngmiàn de yǐngxiǎng.
한 사람의 능력의 높고 낮음은, 여러 방면의 영향을 받을 것이다.

能力 nénglì 명 능력 **高低** gāodī 명 높고 낮음 **影响** yǐngxiǎng 명 영향

시험에 이렇게 나온다!

짝꿍표현 **受到**를 활용한 다양한 짝꿍 표현을 알아 둔다.
受到影响 shòudào yǐngxiǎng 영향을 받다
受到表扬 shòudào biǎoyáng 칭찬을 받다
受到欢迎 shòudào huānyíng 환영을 받다

36 **合格**
hégé

④ 형 **표준에 부합되다, 합격하다**

你这么努力，将来肯定会成为合格的记者。
Nǐ zhème nǔlì, jiānglái kěndìng huì chéngwéi hégé de jìzhě.
당신이 이렇게 노력하니, 장래에 분명히 표준에 부합하는 기자가 될 거예요.

记者 jìzhě 명 기자

37 **连**
lián

④ 개 **~(조차)도, ~마저도** 동 **연결되다, 잇다**

周末我要参加面试，但连一件正式的衣服也没有。
Zhōumò wǒ yào cānjiā miànshì, dàn lián yí jiàn zhèngshì de yīfu yě méiyǒu.
주말에 나는 면접에 참가하려고 하는데, 격식을 차린 옷이 한 벌도 없다.

大楼的出口和地铁口是连着的。
Dàlóu de chūkǒu hé dìtiě kǒu shì liánzhe de.
빌딩 출구와 지하철 입구는 연결되어 있다.

大楼 dàlóu 명 빌딩 **出口** chūkǒu 명 출구 **地铁** dìtiě 명 지하철

시험에 이렇게 나온다!

독해 개사 **连**은 항상 부사 **都**(dōu, ~조차도) 또는 **也**(yě, ~도)와 함께 '**连**……**都/也**……(~조차도)' 형태로 쓰인다.

38 继续

jìxù

4 [동] 계속하다

谢谢面试官对我的肯定，我会继续努力的。(술어)

Xièxie miànshìguān duì wǒ de kěndìng, wǒ huì jìxù nǔlì de.

저에 대한 면접관분들의 확신에 감사 드리고, 저는 계속 노력할 것입니다.

肯定 kěndìng [동] 확신하다, 긍정하다

시험에 이렇게 나온다!

[어법] **继续**는 항상 동사나 동사구를 목적어로 취하여 '**继续** + 동사(계속 ~하다)' 형태로 쓰인다.

继续努力 jìxù nǔlì 계속 노력하다(= 노력하는 것을 계속하다)
继续读 jìxù dú 계속 공부하다(= 공부하는 것을 계속하다)
继续等 jìxù děng 계속 기다리다(= 기다리는 것을 계속하다)

39 赚

zhuàn

4 [동] (돈을) 벌다, 이윤을 얻다

虽然在工作上赚的钱不多，但我获得了许多经验。

Suīrán zài gōngzuò shang zhuàn de qián bù duō, dàn wǒ huòdéle xǔduō jīngyàn.

비록 일하면서 번 돈은 많지 않지만, 나는 매우 많은 경험을 얻었다.

获得 huòdé [동] 얻다 **许多** xǔduō [수] 매우 많다

40 估计

gūjì

4 [동] 짐작하다, 추측하다

结果还没正式出来，但我估计通过的希望很大。

Jiéguǒ hái méi zhèngshì chūlai, dàn wǒ gūjì tōngguò de xīwàng hěn dà.

결과가 아직 정식으로 나오지는 않았지만, 나는 통과할 가능성이 큰 것으로 짐작한다.

希望 xīwàng [명] 가능성, 희망

시험에 이렇게 나온다!

[어법] **估计**는 주술구 또는 술목구를 목적어로 가질 수 있는 동사이다.

估计他要参加 gūjì tā yào cānjiā 그가 참석할 것이라고 짐작하다
估计快要下雨了 gūjì kuàiyào xiàyǔ le 곧 비가 올 것이라 예상하다

연습문제 **체크체크!**

단어의 뜻을 오른쪽 보기에서 찾아 연결하세요.

01 告诉	ⓐ 안심하다, 마음을 놓다
02 参加	ⓑ 알리다, 말하다
03 丰富	ⓒ 참석하다, 참가하다
04 比较	ⓓ 풍부하다, 많다
05 积累	ⓔ 비교적, 상대적으로, 비교하다
	ⓕ 쌓이다, 누적하다

문장을 읽고 빈칸에 들어 갈 단어를 찾아 적어보세요.

ⓐ 符合　ⓑ 招聘　ⓒ 通过　ⓓ 要求　ⓔ 经验

06 有的工作会______留学经历。

07 那家公司正在______法律专业的硕士。

08 我已经顺利地______了面试，下个月开始上班了。

09 我们想要的是有一年以上工作______的人。

10 他的条件不______那家公司的应聘要求。

정답 : 01 ⓑ 02 ⓒ 03 ⓓ 04 ⓔ 05 ⓕ 06 ⓓ 07 ⓑ 08 ⓒ 09 ⓔ 10 ⓐ

* 06~10번 문제 해석과 추가 <Day별 단어 퀴즈 PDF>를 해커스중국어(china.Hackers.com)에서 다운로드 받으세요.

품사별로 헤쳐 모여!

앞에서 외운 단어들을 품사별로 다시 한 번 확인합니다.

☑ 잘 외워지지 않은 단어는 □에 체크해 두고 다음에 반복 암기합니다.

명사

□□□	要求 3급	yāoqiú	명 요구 동 요구하다
□□□	经验 4급	jīngyàn	명 경험, 체험 동 경험하다, 겪다
□□□	经历 4급	jīnglì	명 경력, 경험 동 경험하다
□□□	心情 4급	xīnqíng	명 마음, 기분, 감정
□□□	关键 4급	guānjiàn	명 관건, 열쇠 형 가장 중요한

동사

□□□	告诉 2급	gàosu	동 알리다, 말하다
□□□	懂 2급	dǒng	동 알다, 이해하다
□□□	参加 3급	cānjiā	동 참석하다, 참가하다
□□□	发现 3급	fāxiàn	동 발견하다, 알아차리다
□□□	同意 3급	tóngyì	동 동의하다, 찬성하다
□□□	放心 3급	fàngxīn	동 마음을 놓다, 안심하다
□□□	招聘 4급	zhāopìn	동 모집하다, 채용하다
□□□	应聘 4급	yìngpìn	동 지원하다, 초빙에 응하다
□□□	积累 4급	jīlěi	동 쌓이다, 누적하다
□□□	收 4급	shōu	동 받다, 거두어들이다
□□□	通过 4급	tōngguò	동 통과하다, 지나가다 개 ~를 통해
□□□	申请 4급	shēnqǐng	동 신청하다, 요구하다
□□□	符合 4급	fúhé	동 부합하다, 들어맞다
□□□	接受 4급	jiēshòu	동 받아들이다, 받다
□□□	竞争 4급	jìngzhēng	동 경쟁하다
□□□	受到 4급	shòudào	동 받다
□□□	继续 4급	jìxù	동 계속하다

□□□	赚 4급	zhuàn	동 (돈을) 벌다, 이윤을 얻다
□□□	估计 4급	gūjì	동 짐작하다, 추측하다

형용사

□□□	短 3급	duǎn	형 짧다
□□□	行 4급	xíng	형 된다, 좋다 동 걷다
□□□	丰富 4급	fēngfù	형 풍부하다, 많다
□□□	困 4급	kùn	형 피곤하다, 졸리다
□□□	标准 4급	biāozhǔn	형 표준적이다, 표준의 명 표준, 기준
□□□	合格 4급	hégé	형 표준에 부합되다, 합격하다

부사

□□□	比较 3급	bǐjiào	부 비교적, 상대적으로 동 비교하다
□□□	一边 3급	yìbiān	부 ~하면서 ~하다

양사

□□□	次 2급	cì	양 번, 회, 차례

개사

□□□	除了 3급	chúle	개 ~외에, ~을(를) 제외하고
□□□	连 4급	lián	개 ~(조차)도, ~마저도 동 연결되다, 잇다

접속사

□□□	不但…… 而且…… 3급	búdàn…… érqiě……	접 ~할 뿐만 아니라, 또한 ~하다
□□□	另外 4급	lìngwài	접 이 외에 대 다른 것, 다른 사람

대사

□□□	别人 3급	biérén	대 다른 사람, 타인

감탄사, 조사

□□□	喂 1급	wéi	감 여보세요
□□□	过 2급	guo	조 ~한 적이 있다 [동작의 완료·경험을 나타냄]

DAY

29

해커스 HSK1-4급 단어장

보너스는 나의 힘

회사 · 업무

주제를 알면 HSK가 보인다!

HSK 4급에서는 업무 준비, 진행, 계획, 요청 등과 관련된 문제가 자주 출제돼요. 따라서 '출장 가다', '임무', '조사하다', '자료', '결과', '보너스'처럼 회사·업무와 관련된 단어를 익혀두면 이러한 문제를 쉽게 풀 수 있어요.

단어, 예문 MP3

가장 큰 업무 동기 부여

좋은 아침~
사장님 좋은 아침입니다~
자 들어보세요-
이번 주 수요일에 상하이로 出差갈 사람이 필요한데 누가 이 任务를 맡을 수 있을까요??
헉
음..??
아..전.. 지난 주에 调查한 이 材料의 结果를 정리하는 업무를 해야 해서요..
음...이거 참 어쩐다..
奖金이 아주 두둑할 텐데.. 그럼 다른 부서에..
..그렇지만!!!
오늘 안에 다 끝낼 수 있는 양이에요-
한국말은 끝까지 들어보셔야...

[23] 出差 chūchāi 동 출장 가다
[17] 任务 rènwu 명 임무
[20] 调查 diàochá 동 조사하다
[22] 材料 cáiliào 명 자료, 재료
[19] 结果 jiéguǒ 명 결과, 결실
[28] 奖金 jiǎngjīn 명 보너스, 상금

급수

01 **工作**
gōngzuò

❶ 명 **일, 직업, 일자리** 동 **일하다**

술어

强强从来没有在工作上出过问题。
Qiángqiáng cónglái méiyǒu zài gōngzuò shang chūguo wèntí.
창창은 일에 있어서 여태껏 문제를 일으킨 적이 없다.

从来 cónglái 부 여태껏, 지금까지 **出** chū 동 일어나다, 발생하다

02 **写**
xiě

❶ 동 **쓰다, 적다**

这个材料写得太棒了，还有很多好主意。
Zhè ge cáiliào xiě de tài bàng le, hái yǒu hěn duō hǎo zhǔyi.
이 자료는 너무 훌륭하게 쓰였고, 좋은 아이디어가 많네요.

材料 cáiliào 명 자료 **棒** bàng 형 훌륭하다, 좋다
主意 zhǔyi 명 아이디어, 의견

03 **电脑**
diànnǎo

❶ 명 **컴퓨터**

会议快开始了，电脑还没修理好吗?
Huìyì kuài kāishǐ le, diànnǎo hái méi xiūlǐ hǎo ma?
회의가 곧 시작하려 하는데, 컴퓨터는 아직 수리가 덜 됐나요?

快……了 kuài……le 곧 ~하려 하다 **修理** xiūlǐ 동 수리하다

04 **公司**
gōngsī

❷ 명 **회사**

你的打扮不符合公司的规定。
Nǐ de dǎban bù fúhé gōngsī de guīdìng.
당신의 차림은 회사의 규정에 부합하지 않습니다.

打扮 dǎban 명 차림 **符合** fúhé 동 부합하다

05 **忙**
máng

❷ 형 **바쁘다, 분주하다**

我哥哥工作很忙，而且压力也很大。
Wǒ gēge gōngzuò hěn máng, érqiě yālì yě hěn dà.
우리 형은 일이 바쁘고, 게다가 스트레스도 크다.

压力 yālì 명 스트레스

★★★ = 출제율 최상 ★★ = 출제율 상

급수

06 **上班**
shàngbān

❷ 동 **출근하다**

술어

温老师每天走路上班，顺便买一杯咖啡。
Wēn lǎoshī měitiān zǒulù shàngbān, shùnbiàn mǎi yì bēi kāfēi.
원 선생님은 매일 걸어서 출근하면서, 겸사겸사 커피 한 잔도 산다.

顺便 shùnbiàn 부 겸사겸사, ~하는 김에

시험에 이렇게 나온다!

유의어 **上班** 이외에 **下班**(xiàbān, 퇴근하다)이라는 표현도 자주 출제되므로 함께 알아 둔다.

잠깐 班은 반이라는 뜻도 있지만 '근무, 근무시간'을 뜻하기도 해요.

07 **完成** ★★★
wánchéng

❸ 동 **완성하다**

这个工作我们可以按时完成。
Zhè ge gōngzuò wǒmen kěyǐ ànshí wánchéng.
이 일은 우리가 제 시간에 완성할 수 있다.

按时 ànshí 부 제 시간에, 제때에

08 **会议** ★★★
huìyì

❸ 명 **회의**

我们公司后天要举办一场国际会议，要安排三名翻译。
Wǒmen gōngsī hòutiān yào jǔbàn yì chǎng guójì huìyì, yào ānpái sān míng fānyì.
우리 회사는 모레 국제 회의를 개최하려고 해서 세 명의 통역사를 배정하려 한다.

举办 jǔbàn 동 개최하다 **安排** ānpái 동 배정하다, 안배하다 **名** míng 양 명
翻译 fānyì 명 통역사, 번역가

09 **经理** ★★★
jīnglǐ

❸ 명 **사장, 매니저**

今天经理表扬了我，说我工作很努力。
Jīntiān jīnglǐ biǎoyángle wǒ, shuō wǒ gōngzuò hěn nǔlì.
오늘 사장님이 나를 칭찬했는데, 내가 일을 열심히 한다고 하셨다.

表扬 biǎoyáng 동 칭찬하다 **努力** nǔlì 동 열심히 하다, 노력하다

10 **同事** ★★★
tóngshì

급수

③ 명 **동료**

술어

到了新公司要多和同事交流，这样可以更快地熟悉公司文化。
Dàole xīn gōngsī yào duō hé tóngshì jiāoliú, zhèyàng kěyǐ gèng kuài de shúxi gōngsī wénhuà.
새 회사에 가면 동료와 많이 교류를 해야 한다. 이렇게 하면 더 빨리 회사 문화에 익숙해질 수 있다.

交流 jiāoliú 동 교류하다 **熟悉** shúxi 동 익숙하다, 잘 알다

11 **决定** ★★
juédìng

③ 동 **결정하다** 명 **결정**

我哥哥考虑了很久，决定在那家大公司上班。
Wǒ gēge kǎolǜle hěnjiǔ, juédìng zài nà jiā dà gōngsī shàngbān.
우리 형은 오래 고민하여, 그 대기업에서 일하기로 결정했다.

考虑 kǎolǜ 동 고민하다, 고려하다

시험에 이렇게 나온다!

짝꿍표현 **决定**은 명사로 쓰일 때 동사 **做**와 함께 자주 짝꿍으로 쓰인다.
做决定 zuò juédìng 결정을 하다
做出决定 zuòchū juédìng 결정을 내렸다

12 **办公室** ★★
bàngōngshì

③ 명 **사무실**

我想借小李的笔记本电脑用用，他现在在办公室吗？
Wǒ xiǎng jiè Xiǎo Lǐ de bǐjìběn diànnǎo yòngyong, tā xiànzài zài bàngōngshì ma?
저는 샤오리의 노트북 컴퓨터를 좀 빌려 쓰고 싶은데, 그가 지금 사무실에 있나요?

借 jiè 동 빌리다

13 **认真** ★★

rènzhēn

급수

③ 형 **성실하다, 진지하다**

술어

她的这种认真负责的态度赢得了大家的尊重。

Tā de zhè zhǒng rènzhēn fùzé de tàidu yíngdéle dàjiā de zūnzhòng.

그녀의 이런 성실하고 책임감 강한 태도는 모두의 존중을 얻었다.

负责 fùzé 형 책임감이 강하다 **赢得** yíngdé 동 얻다
尊重 zūnzhòng 동 존중하다

시험에 이렇게 나온다!

어법 **认真**은 술어 앞에서 '열심히, 성실히'라는 뜻의 부사어로도 쓰인다.
认真地听 rènzhēn de tīng 열심히 듣는다.

14 **回答**

huídá

③ 동 **대답하다, 응답하다**

同事为顾客做了几份调查，一共有10个问题需要回答。

Tóngshì wèi gùkè zuòle jǐ fèn diàochá, yígòng yǒu shí ge wèntí xūyào huídá.

동료는 고객을 위해 조사 자료 몇 부를 만들었는데, 총 10개의 문제에 대답해야 한다.

顾客 gùkè 명 고객 **几份调查** jǐ fèn diàochá 조사 자료 몇 부
一共 yígòng 부 총, 모두

15 **电子邮件**

diànzǐ yóujiàn

③ 명 **이메일**

许多公司职员平时都用电子邮件联系。

Xǔduō gōngsī zhíyuán píngshí dōu yòng diànzǐ yóujiàn liánxì.

많은 회사원이 평소에 이메일을 사용해서 연락한다.

许多 xǔduō 수 (매우) 많다 **公司职员** gōngsī zhíyuán 회사원
平时 píngshí 명 평소 **联系** liánxì 동 연락하다

시험에 이렇게 나온다!

듣기 **电子邮件**은 동사 **发**(fā, 보내다)와 함께 **发电子邮件**(이메일을 보내다)라는 표현으로 자주 출제된다. 줄여서 **发邮件**이라고 하기도 한다.

16 请假
qǐngjià

급수 ❸ 동 휴가를 신청하다

술어

由于我明天要参加女儿的毕业演出，想请一天假。

Yóuyú wǒ míngtiān yào cānjiā nǚ'ér de bìyè yǎnchū, xiǎng qǐng yì tiān jià.

제가 내일 딸아이의 졸업 공연에 참가하려 하기 때문에 내일 휴가를 하루 신청하고 싶어요.

由于 yóuyú 접 ~때문에 **毕业** bìyè 동 졸업하다 **演出** yǎnchū 동 공연하다

시험에 이렇게 나온다!

어법 **请假**는 **请**(신청하다) + **假**(휴가)가 합쳐진 '동사 + 목적어' 형태의 이합동사이다. **请**과 **假** 사이에 기간을 넣어 표현할 수 있다.

请三天假 qǐng sān tiān jià 3일 휴가를 신청하다

17 任务 ★★★
rènwu

❹ 명 임무

在规定的时间内完成任务非常重要，不能总是往后推。

Zài guīdìng de shíjiān nèi wánchéng rènwu fēicháng zhòngyào, bù néng zǒngshì wǎng hòu tuī.

정해진 시간 안에 임무를 완성하는 것은 매우 중요하며, 늘 뒤로 미루면 안 된다.

规定 guīdìng 동 정하다, 규정하다 **总是** zǒngshì 부 늘, 언제나
推 tuī 동 미루다, 밀다

시험에 이렇게 나온다!

짝꿍표현 **任务**는 주로 동사 **完成**(wánchéng, 완성하다)과 함께 자주 출제된다.

按时完成任务 ànshí wánchéng rènwu 제때에 임무를 완성하다
完不成任务 wán buchéng rènwu 임무를 완성하지 못하다
任务没完成 rènwu méi wánchéng 임무가 완성되지 않았다
任务完成得很成功 rènwu wánchéng de hěn chénggōng 임무가 성공적으로 완성되었다

급수

18 **份** ★★★
fèn

4 [양] **개[추상적인 것을 세는 단위], 부[신문·잡지·문서 등을 세는 단위], 세트**

술어

今年夏天他终于找到了一份比较满意的工作。
Jīnnián xiàtiān tā zhōngyú zhǎodàole yí fèn bǐjiào mǎnyì de gōngzuò.
이번 해 여름 그는 드디어 비교적 만족스러운 직장을 찾았다.

终于 zhōngyú [부] 드디어, 마침내 **满意** mǎnyì [동] 만족하다

시험에 이렇게 나온다!

[짝꿍 표현] 양사 **份**과 자주 함께 쓰이는 명사를 알아 둔다.
一份工作 yí fèn gōngzuò 일 하나
一份礼物 yí fèn lǐwù 선물 하나
一份材料 yí fèn cáiliào 자료 하나
一份说明书 yí fèn shuōmíngshū 설명서 하나

19 **结果** ★★★
jiéguǒ

4급
합격

4 [접] **결국, 마침내** [명] **결과, 결실**

我们原计划在七月底完成这个工作，结果到八月也没完成。
Wǒmen yuán jìhuà zài qī yuè dǐ wánchéng zhè ge gōngzuò, jiéguǒ dào bā yuè yě méi wánchéng.
우리는 원래 7월 말에 이 일을 완성할 계획이었는데, 결국 8월까지도 다 완성하지 못했다.

过程比结果还重要。
Guòchéng bǐ jiéguǒ hái zhòngyào.
과정은 결과보다 더 중요하다.

原 yuán [형] 원래의 **计划** jìhuà [동] ~할 계획이다 **底** dǐ [명] 말, 밑
过程 guòchéng [명] 과정

20 **调查** ★★

diàochá

급수 **4** 동 **조사하다**

所有的同事对这个调查结果表示怀疑。 (술어)

Suǒyǒu de tóngshì duì zhè ge diàochá jiéguǒ biǎoshì huáiyí.

모든 동료가 이 조사 결과에 대해 의심을 나타냈다.

所有 suǒyǒu 형 모든 **表示** biǎoshì 동 나타내다 **怀疑** huáiyí 동 의심하다

시험에 이렇게 나온다!

짝꿍표현 **调查**를 활용한 다양한 짝꿍 표현을 알아 둔다. **调查**는 동사이지만 명사로도 쓰인다.

进行调查 jìnxíng diàochá 조사를 진행하다

调查结果 diàochá jiéguǒ 조사 결과

调查表 diàochá biǎo 조사표

21 **传真** ★★★

chuánzhēn

4 명 **팩스**

明天你必须给他发传真。

Míngtiān nǐ bìxū gěi tā fā chuánzhēn.

내일 당신은 반드시 그에게 팩스를 보내야 해요.

시험에 이렇게 나온다!

듣기 **传真机**(chuánzhēn jī, 팩스기)라는 표현도 함께 알아 둔다.

22 **材料** ★★★

cáiliào

4 명 **자료, 재료**

你把会议材料都整理好了吗?

Nǐ bǎ huìyì cáiliào dōu zhěnglǐ hǎole ma?

회의 자료는 다 정리했나요?

这家公司的家具材料很环保，您可以放心。

Zhè jiā gōngsī de jiājù cáiliào hěn huánbǎo, nín kěyǐ fàngxīn.

이 회사의 가구 재료는 친환경적이므로, 안심하셔도 됩니다.

整理 zhěnglǐ 동 정리하다 **家具** jiājù 명 가구

环保 huánbǎo 형 친환경적인

★★★ = 출제율 최상 ★★ = 출제율 상

급수

23 出差 ★★★
chūchāi

4 [동] **출장 가다**

술어

出差是工作的一部分，有时候比上班还要辛苦。
Chūchāi shì gōngzuò de yíbùfen, yǒu shíhou bǐ shàngbān hái yào xīnkǔ.
출장을 가는 것은 업무의 일부분이며, 때때로 출근하는 것보다 더욱 고생스럽다.

一部分 yíbùfen [명] 일부분

24 提 ★★
tí

4 [동] **1. (생각이나 의견 등을) 내다, 제기하다**
2. 언급하다, 꺼내다

你帮我提点儿建议吧。
Nǐ bāng wǒ tí diǎnr jiànyì ba.
저를 도와 제안을 좀 해 주세요.

50%的顾客在邮件中提到说明书不够详细。
Bǎifēnzhī wǔshí de gùkè zài yóujiàn zhōng tídào shuōmíngshū búgòu xiángxì.
50%의 고객이 메일에서 설명서가 그다지 상세하지 않다고 언급했다.

建议 jiànyì [명] 제안, 건의 **说明书** shuōmíngshū [명] 설명서
不够 búgòu [부] 그다지 **详细** xiángxì [형] 상세하다

시험에 이렇게 나온다!

[짝꿍 표현] **提**를 활용한 다양한 짝꿍 표현을 알아 둔다.

提建议 tí jiànyì 제안을 하다
提意见 tí yìjiàn 의견을 내다
别提了 bié tí le (회화에서) 말도 마
提到 tí dào 언급하다

급수

25 **意见** ★★
yìjiàn

4 명 **의견, 견해**

工作上我和小张经常意见不同。
술어
Gōngzuò shang wǒ hé Xiǎo Zhāng jīngcháng yìjiàn bùtóng.
업무에서 나와 샤오장의 의견이 자주 같지 않다.

经常 jīngcháng 부 자주, 늘

시험에 이렇게 나온다!

짝꿍표현 **意见**을 활용한 다양한 짝꿍 표현을 알아 둔다.
听意见 tīng yìjiàn 의견을 듣다
反对意见 fǎnduì yìjiàn 의견에 반대하다

26 **总结** ★★
zǒngjié

4 동 **총정리하다, 총결하다** 명 **총결산, 최종 결론**

总结一下上午的会议内容，记得下午给我。
Zǒngjié yíxià shàngwǔ de huìyì nèiróng, jìde xiàwǔ gěi wǒ.
오전 회의 내용은 총정리해서, 오후에 저에게 주는 거 잊지 마세요.

记得 jìde 동 잊지 않다, 기억하고 있다

시험에 이렇게 나온다!

짝꿍표현 **总结**를 활용한 다양한 짝꿍 표현을 알아 둔다.
做总结 zuò zǒngjié 총정리 하다
写一篇总结 xiě yì piān zǒngjié 총결산을 하나 쓰다

27 **工资**
gōngzī

4 명 **월급, 임금**

现在的工作虽然工资不高，但很符合我的专业。
Xiànzài de gōngzuò suīrán gōngzī bù gāo, dàn hěn fúhé wǒ de zhuānyè.
지금 직업은 비록 월급이 높지는 않지만, 나의 전공과 잘 맞는다.

专业 zhuānyè 명 전공

시험에 이렇게 나온다!

듣기 듣기 문제의 음성과 보기에서 **工资** 대신 **收入**(shōurù, 수입)로 바꿔 표현되기도 한다.

28 **奖金** ★★
jiǎngjīn

급수 4 명 **보너스, 상금**

公司发了两万块钱的奖金，今天我请你吃饭！ (술어)
Gōngsī fāle liǎng wàn kuài qián de jiǎngjīn, jīntiān wǒ qǐng nǐ chīfàn!
회사에서 2만 위안의 보너스를 받았으니, 오늘 내가 밥 살게!

시험에 이렇게 나온다!

짝꿍 표현 명사 **奖金**은 동사 **发**(fā, 나눠주다)와 함께 **发奖金**(fā jiǎngjīn, 보너스가 나오다, 보너스를 주다)이라는 표현으로 자주 출제된다.

29 **短信** ★★
duǎnxìn

4 명 **문자 메시지, 짧은 편지**

工资上周就发了，但我没有收到银行的短信提醒。
Gōngzī shàng zhōu jiù fāle, dàn wǒ méiyǒu shōudào yínháng de duǎnxìn tíxǐng.
월급은 지난주에 벌써 나왔다. 그런데 나는 은행의 문자 메시지 알림을 받지 못했다.

短信提醒 duǎnxìn tíxǐng 문자 메시지 알림

시험에 이렇게 나온다!

짝꿍 표현 **短信**을 활용한 다양한 짝꿍 표현을 알아 둔다.
- **发短信** fā duǎnxìn 문자 메시지를 보내다
- **收到短信** shōudào duǎnxìn 문자 메시지를 받다
- **没看到短信** méi kàndào duǎnxìn 문자 메시지를 못 보다

30 **负责** ★★
fùzé

4 동 **책임지다** 형 **책임감이 강하다**

小林负责过很多活动，每次都完成得非常好。
Xiǎo Lín fùzéguo hěn duō huódòng, měi cì dōu wánchéng de fēicháng hǎo.
샤오린이 많은 행사를 책임진 적이 있는데, 매번 아주 잘 완성했다.

她对自己的工作很负责。
Tā duì zìjǐ de gōngzuò hěn fùzé.
그녀는 자신의 일에 대해 책임감이 강하다.

31 **及时** ★★
jíshí

❹ 부 즉시, 곧바로 형 시기적절하다

급수

술어

会议结束后，请大家及时把会议总结发给我。
Huìyì jiéshù hòu, qǐng dàjiā jíshí bǎ huìyì zǒngjié fā gěi wǒ.
회의가 끝난 후, 모두들 저에게 즉시 회의 최종 결론을 보내주세요.

你来得真及时，我们正好谈到你了。
Nǐ láide zhēn jíshí, wǒmen zhènghǎo tándào nǐ le.
당신은 정말 시기적절하게 왔어요. 우리는 마침 당신 얘기를 하던 참이었어요.

结束 jiéshù 동 끝나다 正好 zhènghǎo 부 마침 谈 tán 동 이야기하다, 말하다

32 **生意** ★★
shēngyi

❹ 명 사업, 장사, 영업

明明大学毕业后就开始做生意了。
Míngmíng dàxué bìyè hòu jiù kāishǐ zuò shēngyi le.
밍밍은 대학 졸업 후 바로 사업을 하기 시작했다.

시험에 이렇게 나온다!

짝꿍 표현 生意를 활용한 다양한 짝꿍 표현을 알아 둔다.
做生意 zuò shēngyi 사업을 하다
谈生意 tán shēngyi 사업을 논하다
生意变差 shēngyi biàn chà 사업이 나빠지다
生意没有以前好 shēngyi méiyǒu yǐqián hǎo
사업이 예전만큼 좋지 않다

33 **占线**
zhànxiàn

❹ 동 통화 중이다

高律师的电话一直占线，我想直接去办公室找他。
Gāo lǜshī de diànhuà yìzhí zhànxiàn, wǒ xiǎng zhíjiē qù bàngōngshì zhǎo tā.
까오 변호사의 전화가 줄곧 통화 중이어서, 나는 그를 찾으러 사무실에 바로 가려고 한다.

直接 zhíjiē 형 바로, 직접적인

시험에 이렇게 나온다!

작문 노하우 쓰기 제2부분에서 제시어 **占线**과 함께 전화를 받는 사람 사진이 자주 출제된다. 이때 'A**的电话一直占线**(A의 전화는 줄곧 통화 중이다)'을 사용하여 쉽게 작문할 수 있다.

★★★ = 출제율 최상 ★★ = 출제율 상

34 **打印**
dǎyìn

급수

4 동 **인쇄하다, 프린트하다**

술어

打印机还没修理好，不能打印材料。
Dǎyìnjī hái méi xiūlǐ hǎo, bù néng dǎyìn cáiliào.
프린터 수리가 아직 덜 돼서, 자료를 인쇄할 수 없어요.

시험에 이렇게 나온다!

듣기 **打印机**(dǎyìnjī, 프린터), **复印机**(fùyìnjī, 복사기)라는 표현도 함께 알아 둔다.

35 **复印**
fùyìn

4 동 **복사하다**

请你把这份材料复印三份，然后送到我的办公室。
Qǐng nǐ bǎ zhè fèn cáiliào fùyìn sān fèn, ránhòu sòngdào wǒ de bàngōngshì.
이 자료를 세 부 복사하고, 그 다음에 내 사무실로 가져다 주세요.

시험에 이렇게 나온다!

짝꿍 표현 **复印**을 활용한 다양한 짝꿍 표현을 알아 둔다.
复印材料 fùyìn cáiliào 자료를 복사하다
复印调查表 fùyìn diàochá biǎo 조사표를 복사하다
复印文章 fùyìn wénzhāng 글을 복사하다

36 **加班**
jiābān

4 동 **야근하다, 초과 근무를 하다**

你最近好像没有按时下班过，怎么每天都加班？
Nǐ zuìjìn hǎoxiàng méiyǒu ànshí xiàbānguo, zěnme měitiān dōu jiābān?
당신은 최근에 제때 퇴근한 적이 없는 것 같은데, 왜 매일 야근하나요?

잠깐 加(더하다)와 班(근무)이 합쳐져서 지정된 시간외에 '초과 근무를 하다'를 나타내요. 야근, 주말 출근 등도 여기 포함됩니다.

37 耐心
nàixīn

❹ 급수

명 인내심 형 인내심이 있다, 참을성이 있다

这小伙子真没耐心，已经换了三、四份工作。(술어)

Zhè xiǎohuǒzi zhēn méi nàixīn, yǐjīng huànle sān, sì fèn gōngzuò.

이 젊은이는 정말 인내심이 없어서, 벌써 일자리를 세네 번 바꾸었다.

小伙子 xiǎohuǒzi 명 젊은이

시험에 이렇게 나온다!

짝꿍 표현 **耐心**을 활용한 다양한 짝꿍 표현을 알아 둔다.

有耐心 yǒu nàixīn 인내심이 있다

缺少耐心 quēshǎo nàixīn 인내심이 부족하다

38 难道
nándào

❹ 부 설마 ~하겠는가?

会议推迟到明天下午了，难道你没收到通知吗？

Huìyì tuīchí dào míngtiān xiàwǔle, nándào nǐ méi shōudào tōngzhī ma?

회의는 내일 오후로 연기되었는데, 설마 당신은 통지 받지 못 했나요?

推迟 tuīchí 동 연기하다, 뒤로 미루다

39 责任
zérèn

❹ 명 책임

这是公司的责任，我们应该及时向顾客道歉。

Zhè shì gōngsī de zérèn, wǒmen yīnggāi jíshí xiàng gùkè dàoqiàn.

이 일은 회사의 책임이니, 우리는 즉시 고객에게 사과해야 한다.

道歉 dàoqiàn 동 사과하다

시험에 이렇게 나온다!

짝꿍 표현 **责任**을 활용한 다양한 짝꿍 표현을 알아 둔다.

责任感 zérèngǎn 책임감

有责任心 yǒu zérènxīn 책임감이 있다

共同的责任 gòngtóng de zérèn 공통의 책임

40 重点

zhòngdiǎn

급수

4 명 **중점** 부 **중점적으로**

술어

今天我有事不能参加会议，你能帮我把会议重点记下来吗?

Jīntiān wǒ yǒu shì bù néng cānjiā huìyì, nǐ néng bāng wǒ bǎ huìyì zhòngdiǎn jì xiàlai ma?

오늘 제가 일이 있어서 회의 참석을 못 하는데, 저를 도와 회의 중점을 기록해 주실 수 있나요?

시험에 이렇게 나온다!

짝꿍 표현 **重点**을 활용한 다양한 짝꿍 표현을 알아 둔다.

复习重点 fùxí zhòngdiǎn 중점을 복습하다

没有重点 méiyǒu zhòngdiǎn 중점이 없다

연습문제 **체크체크!**

단어의 뜻을 오른쪽 보기에서 찾아 연결하세요.

01 公司 ⓐ 성실하다, 진지하다

02 工作 ⓑ 일, 직업, 일자리, 일하다

03 认真 ⓒ 조사하다

04 总结 ⓓ 회사

05 调查 ⓔ 총정리하다, 총결하다, 총결산, 최종 결론

ⓕ 월급, 임금

문장을 읽고 빈칸에 들어 갈 단어를 찾아 적어보세요.

ⓐ 提　ⓑ 负责　ⓒ 材料　ⓓ 结果　ⓔ 完成

06 他已经准备好了会议______。

07 这个任务就由小丽来______吧。

08 我相信我们可以按时______任务。

09 我认为过程比______更重要。

10 很多顾客给我们______了自己的意见。

정답 : 01 ⓓ 02 ⓑ 03 ⓐ 04 ⓔ 05 ⓒ 06 ⓒ 07 ⓑ 08 ⓔ 09 ⓓ 10 ⓐ

* 06~10번 문제 해석과 추가 <Day별 단어 퀴즈 PDF>를 해커스중국어(china.Hackers.com)에서 다운로드 받으세요.

품사별로 헤쳐 모여!

앞에서 외운 단어들을 품사별로 다시 한 번 확인합니다.

☑ 잘 외워지지 않은 단어는 □에 체크해 두고 다음에 반복 암기합니다.

명사

□□□	工作 1급	gōngzuò	명 일, 직업, 일자리 동 일하다
□□□	电脑 1급	diànnǎo	명 컴퓨터
□□□	公司 2급	gōngsī	명 회사
□□□	会议 3급	huìyì	명 회의
□□□	经理 3급	jīnglǐ	명 사장, 매니저
□□□	同事 3급	tóngshì	명 동료
□□□	办公室 3급	bàngōngshì	명 사무실
□□□	电子邮件 3급	diànzǐ yóujiàn	명 이메일
□□□	任务 4급	rènwu	명 임무
□□□	传真 4급	chuánzhēn	명 팩스
□□□	材料 4급	cáiliào	명 자료, 재료
□□□	意见 4급	yìjiàn	명 의견, 견해
□□□	工资 4급	gōngzī	명 월급, 임금
□□□	奖金 4급	jiǎngjīn	명 보너스, 상금
□□□	短信 4급	duǎnxìn	명 문자 메시지, 짧은 편지
□□□	生意 4급	shēngyi	명 사업, 장사, 영업
□□□	耐心 4급	nàixīn	명 인내심 형 인내심이 있다, 참을성이 있다
□□□	责任 4급	zérèn	명 책임
□□□	重点 4급	zhòngdiǎn	명 중점 부 중점적으로

동사

□□□	写 1급	xiě	동 쓰다, 적다
□□□	上班 2급	shàngbān	동 출근하다

□□□	完成 3급	wánchéng	동 완성하다
□□□	决定 3급	juédìng	동 결정하다 명 결정
□□□	回答 3급	huídá	동 대답하다, 응답하다
□□□	请假 3급	qǐngjià	동 휴가를 신청하다
□□□	调查 4급	diàochá	동 조사하다
□□□	出差 4급	chūchāi	동 출장 가다
□□□	提 4급	tí	동 1. (생각이나 의견 등을) 내다, 제기하다 2. 언급하다, 꺼내다
□□□	总结 4급	zǒngjié	동 총정리하다, 총결하다 명 총결산, 최종 결론
□□□	负责 4급	fùzé	동 책임지다 형 책임감이 강하다
□□□	占线 4급	zhànxiàn	동 통화 중이다
□□□	打印 4급	dǎyìn	동 인쇄하다, 프린트하다
□□□	复印 4급	fùyìn	동 복사하다
□□□	加班 4급	jiābān	동 야근하다, 초과 근무를 하다

형용사

□□□	忙 2급	máng	형 바쁘다, 분주하다
□□□	认真 3급	rènzhēn	형 성실하다, 진지하다

부사

□□□	及时 4급	jíshí	부 즉시, 곧바로 형 시기적절하다
□□□	难道 4급	nándào	부 설마 ~하겠는가?

양사

□□□	份 4급	fèn	양 개[추상적인 것을 세는 단위], 부[신문·잡지·문서 등을 세는 단위], 세트

접속사

□□□	结果 4급	jiéguǒ	접 결국, 마침내 명 결과, 결실

DAY

30

해커스 HSK1-4급 단어장

고진감래

성공

주제를 알면 HSK가 보인다!

HSK 4급에서는 성공의 조건이나 방법 등과 관련된 문제가 자주 출제돼요. 따라서 '과정', '어려움', '꾸준히 하다', '자신감', '절대로'처럼 성공과 관련된 단어를 익혀두면 이러한 문제를 쉽게 풀 수 있어요.

단어, 예문 MP3

고생 끝에 합격 온다

쿵!
엄마! 아빠! 누나! 저 회사 면접 합격했어요!!!
오올~~ 장태양~~
재 뭐래?? 합격??
역시 그 동안 준비하는 过程에서 困难이 있어도 포기 하지 않고 노력을 坚持 하더니~~
축하해~ 내가 信心만 있으면 뭐든 된다고 했지?
수고했어 태양아
태양!첫 월급 받으면 내 선물 千万 잊으면 안 돼~
당연하지!
내 생일 다음 주인 거 누나도 절대로 잊으면 안 돼~
으이그~
암튼 고생했다~ 오늘은 외식이다! 미소가 쏜다!
왜 나야 아빠!
하하하
END. 끝. 完.

33 **过程** guòchéng 명 과정

20 **困难** kùnnan 명 어려움, 빈곤

18 **坚持** jiānchí 동 꾸준히 하다, 견지하다

24 **信心** xìnxīn 명 자신(감), 확신

23 **千万** qiānwàn 부 절대로, 반드시, 부디

01 **能** néng

❶ 조동 ~할 수 있다

(급수)

只有努力才能让你走向成功。

(술어)

Zhǐyǒu nǔlì cáinéng ràng nǐ zǒuxiàng chénggōng.
노력하는 것만이 당신을 성공으로 향해 나아가게 할 수 있다.

只有 zhǐyǒu 접 ~해야만 (~하다) **努力** nǔlì 동 노력하다
走向 zǒuxiàng ~으로 향해 나아가다 **成功** chénggōng 동 성공하다

02 **要** yào

❷ 조동 ~해야 한다, ~할 것이다, ~하려고 하다

如果你有了理想，就要向着它努力。
Rúguǒ nǐ yǒule lǐxiǎng, jiù yào xiàngzhe tā nǔlì.
만약 당신이 꿈이 생겼다면, 그것을 향해 노력해야 한다.

如果 rúguǒ 접 만약 **理想** lǐxiǎng 명 꿈, 이상

시험에 이렇게 나온다!

어법 ‘**要** + 동사’ 사이에는 ‘개사 + 명사’ 형태인 개사구가 올 수 있다. **会**(할 줄 알다), **能**(~할 수 있다), **可以**(~해도 된다) 등과 같은 다른 조동사 또한 마찬가지이다.

你要给他打电话。 Nǐ yào gěi tā dǎ diànhuà. 너는 그에게 전화해야 해.
我要跟她一起去。 Wǒ yào gēn tā yìqǐ qù. 나는 그녀와 함께 갈 것이다.

03 **别** bié

❷ 부 ~하지 마라 형 다르다

即使遇到难题也别放弃。
Jíshǐ yùdào nántí yě bié fàngqì.
설령 어려운 문제에 부딪혔을지라도 포기하지 마세요.

他说的那句话里还有别的意思。
Tā shuō de nà jù huà li hái yǒu bié de yìsi.
그가 말한 그 말 속에는 또 다른 뜻이 있다.

即使 jíshǐ 접 설령 ~할지라도 **遇到** yùdào 동 부딪히다, 만나다
放弃 fàngqì 동 포기하다

시험에 이렇게 나온다!

유의어 **别**와 같이 금지를 나타내는 **不要**(bú yào, ~해서는 안 된다)라는 표현도 함께 알아 둔다.

짝꿍표현 형용사 **别**(다르다)는 항상 **的**, **人**과 같은 단어와 함께 **别的**(다른 것, 다른 ~) 또는 **别人**(다른 사람)이라는 표현으로 쓰인다.

别的 bié de 다른 것 **别的事情** bié de shìqing 다른 일
别人 biérén 다른 사람

04 **可能**

kěnéng

→ 급수

2 조동 **아마도 (~일 것이다)**

→ 술어

如果给自己定短期的目标，就可能找到人生中的快乐。

Rúguǒ gěi zìjǐ dìng duǎnqī de mùbiāo, jiù kěnéng zhǎodào rénshēng zhōng de kuàilè.

만약 스스로에게 단기 목표를 정해준다면, 아마도 인생에서의 즐거움을 찾을 수 있을 것이다.

定 dìng 동 정하다 **短期** duǎnqī 명 단기(간) **目标** mùbiāo 명 목표
人生 rénshēng 명 인생

시험에 이렇게 나온다!

어법 **可能**은 '가능성'이라는 의미의 명사, '가능하다'라는 의미의 형용사로도 쓰일 수 있다.

一切都有可能。 Yíqiè dōu yǒu kěnéng. 모든 것은 다 가능성이 있다.

那是不可能的。 Nà shì bù kěnéng de. 그건 불가능한 것이다.

05 **虽然……但是……**

suīrán…… dànshì……

2 접 **비록 ~일지라도, 그러나 ~하다**

我虽然失败了，但是没有放弃。

Wǒ suīrán shībài le, dànshì méiyǒu fàngqì.

나는 비록 실패했을지라도, 그러나 포기하지 않았다.

失败 shībài 동 실패하다

시험에 이렇게 나온다!

독해 독해 제2부분인 문장의 순서를 배열하는 문제에서, 두 개의 보기에 각각 **虽然**과 **但是**이 있으면 **虽然**이 있는 보기 → **但是**이 있는 보기 순으로 배열한다.

06 **自己** ★★★

zìjǐ

3 대 **자신, 자기, 스스로**

每个人完全有能力选择自己的将来。

Měi ge rén wánquán yǒu nénglì xuǎnzé zìjǐ de jiānglái.

모든 사람은 자신의 미래를 선택할 능력을 충분히 가지고 있다.

完全 wánquán 부 충분히, 완전히 **能力** nénglì 명 능력
选择 xuǎnzé 동 선택하다 **将来** jiānglái 명 미래, 장래

급수

07 解决 ★★★

jiějué

3 [동] 해결하다, 풀다

술어

有的人还在过去的失败当中，有的人却解决困难走向成功。

Yǒu de rén hái zài guòqù de shībài dāngzhōng, yǒu de rén què jiějué kùnnan zǒuxiàng chénggōng.

어떤 사람들은 여전히 과거의 실패 속에 있지만, 어떤 사람들은 오히려 어려움을 해결하고 성공으로 나아간다.

过去 guòqù [명] 과거 困难 kùnnan [명] 어려움

08 应该 ★★★

yīnggāi

3 [조동] ~해야 한다

我们应该找到自己的人生方向，而且也要了解自己的优点和缺点。

Wǒmen yīnggāi zhǎodào zìjǐ de rénshēng fāngxiàng, érqiě yě yào liǎojiě zìjǐ de yōudiǎn hé quēdiǎn.

우리는 자신의 인생의 방향을 찾아야 하고, 또한 자신의 장점과 단점도 분명히 알아야 한다.

方向 fāngxiàng [명] 방향 了解 liǎojiě [동] 분명히 알다
优点 yōudiǎn [명] 장점 缺点 quēdiǎn [명] 단점

09 只 ★★★

zhǐ

3 [부] 단지, 다만, 겨우

人应该有长远的打算，不能只看眼前。

Rén yīnggāi yǒu chángyuǎn de dǎsuan, bù néng zhǐ kàn yǎnqián.

사람은 장기적인 계획이 있어야 하며, 단지 눈앞만 보아서는 안 된다.

长远 chángyuǎn [형] 장기적이다, 길다 打算 dǎsuan [명] 계획
眼前 yǎnqián [명] 눈앞

★★★ = 출제율 최상 ★★ = 출제율 상

급수

10 **一定** ★★★

yídìng

❸ 부 **반드시, 필히** 형 **어느 정도의, 일정한**

술어

我们一定要制定符合实际的目标。

Wǒmen yídìng yào zhìdìng fúhé shíjì de mùbiāo.

우리는 반드시 실제에 부합하는 목표를 정해야 한다.

这两个相机看起来很像，但有一定的区别。

Zhè liǎng ge xiàngjī kànqǐlai hěn xiàng, dàn yǒu yídìng de qūbié.

이 두 카메라는 매우 비슷해 보이지만, 어느 정도의 차이가 있다.

制定 zhìdìng 동 정하다, 제정하다　**符合** fúhé 동 부합하다
实际 shíjì 명 실제　**相机** xiàngjī 명 카메라　**像** xiàng 동 비슷하다
区别 qūbié 명 차이

11 **主要** ★★★

zhǔyào

❸ 형 **주요하다**

她对自己的专业有着很高的热情，这是她取得成功的主要原因。

Tā duì zìjǐ de zhuānyè yǒuzhe hěn gāo de rèqíng, zhè shì tā qǔdé chénggōng de zhǔyào yuányīn.

그녀는 자신의 전공에 대해 높은 열정이 있는데, 이것은 그녀가 성공을 거둔 주요한 원인이다.

专业 zhuānyè 명 전공　**热情** rèqíng 명 열정　**取得** qǔdé 동 거두다, 얻다
原因 yuányīn 명 원인

시험에 이렇게 나온다!

어법 **主要**는 형용사이지만 술어 앞에서 '주로, 주요하게'라는 뜻의 부사어로도 쓰인다. 참고로, 듣기 또는 독해 문제에서 **主要**를 활용하여 중심 내용을 묻는 질문이 자주 출제된다.

这段话主要谈什么? Zhè duàn huà zhǔyào tán shénme?
이 지문이 주로 말하고자 하는 것은 무엇인가?

这段话主要告诉我们: Zhè duàn huà zhǔyào gàosu wǒmen:
이 지문이 주로 우리에게 말하는 것은:

12 **遇到** ★★★

yùdào

급수

❸ 동 **만나다, 마주치다, 부닥치다**

술어

小天不管遇到多难解决的事情，他总是非常冷静。

Xiǎo Tiān bùguǎn yùdào duō nán jiějué de shìqing, tā zǒngshì fēicháng lěngjìng.

샤오티엔은 얼마나 해결하기 어려운 일을 만나든지 간에, 그는 항상 매우 침착하다.

不管 bùguǎn 접 ~하든지 간에 **总是** zǒngshì 부 항상, 줄곧
冷静 lěngjìng 형 침착하다, 냉정하다

시험에 이렇게 나온다!

짝꿍표현 **遇到**를 활용한 다양한 짝꿍 표현을 알아 둔다.

遇到难题 yùdào nántí 난제를 만나다
遇到困难 yùdào kùnnan 어려움을 만나다
遇到危险 yùdào wēixiǎn 위험에 부닥치다

13 **注意** ★★

zhùyì

❸ 동 **주의하다, 조심하다**

跟好朋友说话时也要注意说话的方式。

Gēn hǎo péngyou shuōhuà shí yě yào zhùyì shuōhuà de fāngshì.

친한 친구와 이야기할 때도 말하는 방식을 주의해야 한다.

方式 fāngshì 명 방식

시험에 이렇게 나온다!

짝꿍표현 **注意**를 활용한 다양한 짝꿍 표현을 알아 둔다. 참고로, **注意**는 동사이지만 명사로도 자주 쓰인다.

注意安全 zhùyì ānquán 안전에 주의하다
注意言行 zhùyì yánxíng 언행을 주의하다
引起注意 yǐnqǐ zhùyì 주의를 끌다

14 **习惯** ★★

xíguàn

❸ 명 **습관** 동 **습관이 되다, 익숙해지다**

只要坚持下去，它就会成为你的习惯。

Zhǐyào jiānchí xiàqu, tā jiù huì chéngwéi nǐ de xíguàn.

꾸준히 해나가기만 하면, 그것은 당신의 습관이 될 것이다.

吃了那么多次，我还是不习惯吃中国菜。

Chīle nàme duō cì, wǒ háishi bù xíguàn chī Zhōngguó cài.

그렇게나 여러 번 먹었는데, 나는 여전히 중국 음식을 먹는 것에 습관이 되지 않았다.

只要 zhǐyào 접 ~하기만 하면 **坚持** jiānchí 동 꾸준히 하다, 견지하다
还是 háishi 부 여전히, 아직도

★★★ = 출제율 최상 ★★ = 출제율 상

급수

15 **长**
zhǎng

❸ 동 **자라다, 크다, 생기다**

술어

小时候我觉得爸爸太严格了，长大后才明白了他的意思。
Xiǎoshíhou wǒ juéde bàba tài yángé le, zhǎng dà hòu cái míngbaile tā de yìsi.
어릴 적에는 나는 아버지가 너무 엄격하다고 생각했는데, 다 자란 뒤에서야 그의 뜻을 이해했다.

小时候 xiǎoshíhou 명 어릴 적　**严格** yángé 형 엄격하다
明白 míngbai 동 이해하다

시험에 이렇게 나온다!

짝꿍 표현　长을 활용한 다양한 짝꿍 표현을 알아 둔다.
长大 zhǎng dà 자라다, 성장하다
长高 zhǎng gāo (키가) 자라다, 커지다
长得很像 zhǎng de hěn xiàng (생긴 것이) 닮다

16 **只有……才……**
zhǐyǒu…… cái……

❸ 접 **~해야만, ~한다**

只有走好每一步，才能获得最后的成功。
Zhǐyǒu zǒuhǎo měi yí bù, cáinéng huòdé zuìhòu de chénggōng.
한 걸음 한 걸음을 잘 걸어가야지만, 최후의 성공을 얻을 수 있다.

获得 huòdé 동 얻다, 취득하다　**最后** zuìhòu 명 최후, 마지막

17 **必须**
bìxū

❸ 부 **반드시 ~해야 한다, 꼭 ~해야 한다**

既然知道问题出在哪里，那我们必须想办法解决它。
Jìrán zhīdào wèntí chū zài nǎli, nà wǒmen bìxū xiǎng bànfǎ jiějué tā.
기왕 문제가 어디에서 생겼는지 안 이상, 우리는 반드시 방법을 생각해서 그것을 해결해야 한다.

既然 jìrán 접 기왕 그렇게 된 이상　**办法** bànfǎ 명 방법

18 **坚持** ★★★
jiānchí

급수
4 동 **꾸준히 하다, 견지하다**

술어
做好事不难，难的是坚持做好事。
Zuò hǎoshì bù nán, nán de shì jiānchí zuò hǎoshì.
좋은 일을 하는 것은 어렵지 않다. 어려운 것은 좋은 일을 꾸준히 하는 것이다.

好事 hǎoshì 명 좋은 일

시험에 이렇게 나온다!

짝꿍 표현 **坚持**을 활용한 다양한 짝꿍 표현을 알아 둔다.
坚持下去 jiānchí xiàqu 꾸준히 해 나아가다
坚持到底 jiānchí dàodǐ 끝까지 꾸준히 하다

19 **方法** ★★★
fāngfǎ

매뉴얼

4 명 **방법, 수단, 방식**

遇到困难不要紧张，而是要想解决方法。
Yùdào kùnnan bú yào jǐnzhāng, érshì yào xiǎng jiějué fāngfǎ.
어려움을 만나도 긴장하지 말고, 해결 방법을 생각해야 한다.

紧张 jǐnzhāng 형 긴장하다, 불안하다

시험에 이렇게 나온다!

짝꿍 표현 **方法**를 활용한 다양한 짝꿍 표현을 알아 둔다.
学习方法 xuéxí fāngfǎ 학습 방법
联系方法 liánxì fāngfǎ 연락 방법
正确方法 zhèngquè fāngfǎ 옳은 방법
使用方法 shǐyòng fāngfǎ 사용 방법
教学方法 jiàoxué fāngfǎ 교육 방법
减肥方法 jiǎnféi fāngfǎ 다이어트 방법

20 **困难** ★★★
kùnnan

4 명 **어려움, 빈곤** 형 **곤란하다, 어렵다**

有的路只能自己走，有的困难只能自己解决。
Yǒu de lù zhǐ néng zìjǐ zǒu, yǒu de kùnnan zhǐ néng zìjǐ jiějué.
어떤 길은 스스로 갈 수밖에 없고, 어떤 어려움은 스스로 해결할 수밖에 없다.

路 lù 명 길

21 **误会** ★★★
wùhuì

4 명 **오해** 동 **오해하다**

你快向他解释一下，时间越久，误会就越深。
Nǐ kuài xiàng tā jiěshì yíxià, shíjiān yuè jiǔ, wùhuì jiù yuè shēn.
당신이 빨리 그에게 해명하세요. 시간이 오래될수록, 오해도 깊어져요.

解释 jiěshì 동 해명하다 **久** jiǔ 형 (시간이) 오래다 **深** shēn 형 깊다

★★★ = 출제율 최상 ★★ = 출제율 상

22 **正确** ★★★
zhèngquè

급수
4 형 **올바르다, 정확하다**

一个人如果没有正确的工作态度，就不会有好成绩。
술어

Yí ge rén rúguǒ méiyǒu zhèngquè de gōngzuò tàidu, jiù bú huì yǒu hǎo chéngjì.

한 사람이 만약 올바른 업무 태도를 가지고 있지 않으면, 좋은 성적은 있을 수 없다.

态度 tàidu 명 태도 **成绩** chéngjì 명 성적

23 **千万** ★★★
qiānwàn

4 부 **절대로, 반드시, 부디**

千万不要小看时间的重要性，那是对他人的尊重。

Qiānwàn bú yào xiǎokàn shíjiān de zhòngyàoxìng, nà shì duì tārén de zūnzhòng.

시간의 중요성을 절대로 우습게 보면 안 되는데, 그것은 타인에 대한 존중이다.

小看 xiǎokàn 우습게 보다, 얕보다 **重要性** zhòngyàoxìng 중요성
他人 tārén 명 타인 **尊重** zūnzhòng 동 존중하다

24 **信心** ★★
xìnxīn

4 명 **자신(감), 확신**

在父母的鼓励下，我重新找回了信心。

Zài fùmǔ de gǔlì xià, wǒ chóngxīn zhǎohuíle xìnxīn.

부모님의 격려 아래 나는 다시 자신감을 되찾았다.

鼓励 gǔlì 동 격려하다 **重新** chóngxīn 부 다시

시험에 이렇게 나온다!

짝꿍표현 **信心**은 **对……有信心**(duì……yǒu xìnxīn, ~에 자신감이 있다)이라는 표현으로 자주 출제된다.

对自己有信心 duì zìjǐ yǒu xìnxīn 자기에게 자신이 있다

对公司的发展很有信心 duì gōngsī de fāzhǎn hěn yǒu xìnxīn
회사의 발전에 자신이 있다

25 **看法** ★★
kànfǎ

4 명 **견해, 의견, 생각**

和别人讨论时，我们要清楚地、有力地说出自己的看法。

Hé biérén tǎolùn shí, wǒmen yào qīngchu de, yǒulì de shuōchū zìjǐ de kànfǎ.

다른 사람과 토론할 때, 우리는 자신의 견해를 분명하고 힘있게 말해야 한다.

讨论 tǎolùn 동 토론하다 **清楚** qīngchu 형 분명하다 **有力** yǒulì 형 힘이 있다

26 **严格** ★★

yángé

급수

4 형 엄격하다, 엄하다

술어

如果你想要更优秀，你必须严格要求自己。

Rúguǒ nǐ xiǎng yào gèng yōuxiù, nǐ bìxū yángé yāoqiú zìjǐ.

만약 당신이 더 우수하고 싶다면, 반드시 스스로에게 엄격하게 요구해야 한다.

优秀 yōuxiù 형 우수하다 **必须** bìxū 부 반드시

27 **否则**

fǒuzé

4 접 만약 그렇지 않으면

如果你做错了事情，最好及时道个歉，否则别人不会原谅你。

Rúguǒ nǐ zuòcuòle shìqing, zuìhǎo jíshí dào ge qiàn, fǒuzé biérén bú huì yuánliàng nǐ.

만약 당신이 일을 잘못했다면, 즉시 사과하는 것이 가장 좋은데, 만약 그렇지 않으면 다른 사람이 당신을 용서하지 않을 수 있다.

最好 zuìhǎo 부 ~하는 것이 가장 좋다 **及时** jíshí 부 즉시, 신속히
道歉 dàoqiàn 동 사과하다 **原谅** yuánliàng 동 용서하다

28 **判断**

pànduàn

4 명 판단 동 판단하다

李明是很聪明的人，他对自己的判断很有信心。

Lǐ Míng shì hěn cōngming de rén, tā duì zìjǐ de pànduàn hěn yǒu xìnxīn.

리밍은 똑똑한 사람이며, 그는 자신의 판단에 매우 자신감 있다.

聪明 cōngming 형 똑똑하다

29 **勇敢**

yǒnggǎn

4 형 용감하다

遇到各种各样的困难以后，他们变得更加勇敢了。

Yùdào gèzhǒnggèyàng de kùnnan yǐhòu, tāmen biàn de gèngjiā yǒnggǎn le.

여러 가지의 어려움을 만난 후, 그들은 더욱 용감해졌다.

各种各样 gèzhǒnggèyàng 여러 가지, 각양각색

★★★ = 출제율 최상 ★★ = 출제율 상

30 怀疑
huáiyí

급수

4 동 의심하다

술어

即使失败了，也不要怀疑自己的能力。
Jíshǐ shībài le, yě bú yào huáiyí zìjǐ de nénglì.
설령 실패했더라도 자신의 능력을 의심하지 마세요.

即使 jíshǐ 접 설령 ~하더라도

31 真正
zhēnzhèng

4 형 진정한, 참된

如果今天比昨天更有进步，那就是真正的成功。
Rúguǒ jīntiān bǐ zuótiān gèng yǒu jìnbù, nà jiùshì zhēnzhèng de chénggōng.
만약 오늘이 어제보다 더 발전이 있다면, 그것이 바로 진정한 성공이다.

进步 jìnbù 동 발전하다, 진보하다

32 敢
gǎn

4 조동 자신 있게 ~하다, 과감하게 ~하다

我以前不敢和别人交流，但是现在跟以前不同。
Wǒ yǐqián bù gǎn hé biérén jiāoliú, dànshì xiànzài gēn yǐqián bùtóng.
나는 이전에 다른 사람과 자신있게 교류하지 못했지만, 지금은 이전과 다르다.

以前 yǐqián 명 이전 **交流** jiāoliú 동 교류하다

33 过程 **
guòchéng

4 명 과정

我在这过程中付出了最大的努力，所以没什么后悔的。
Wǒ zài zhè guòchéng zhōng fùchūle zuìdà de nǔlì, suǒyǐ méi shénme hòuhuǐ de.
나는 이 과정에서 최대의 노력을 들여서, 어떤 후회도 없다.

付出 fùchū 동 (돈이나 대가를) 들이다, 지급하다 **后悔** hòuhuǐ 동 후회하다

34 拒绝
jùjué

4 동 거절하다, 거부하다

不得不拒绝别人时，要注意说话方式和态度。
Bùdébù jùjué biérén shí, yào zhùyì shuōhuà fāngshì hé tàidu.
어쩔 수 없이 다른 사람을 거절할 때, 말하는 방식과 태도를 주의해야 한다.

不得不 bùdébù 부 어쩔 수 없이

35 **缺点**
quēdiǎn

급수 4 명 **단점, 결점**

술어

真正的朋友像一面镜子，能够帮你找出自己的缺点。

Zhēnzhèng de péngyou xiàng yí miàn jìngzi, nénggòu bāng nǐ zhǎochū zìjǐ de quēdiǎn.

진정한 친구는 거울 같아서, 당신을 도와 자신의 단점을 찾아 줄 수 있다.

面 miàn 양 [편평한 물건을 세는 단위] **镜子** jìngzi 명 거울

36 **重视**
zhòngshì

4 동 **중시하다**

你要重视自己走出的第一步，好的开始是成功的一半。

Nǐ yào zhòngshì zìjǐ zǒuchū de dìyī bù, hǎo de kāishǐ shì chénggōng de yíbàn.

자신이 내딛는 첫걸음을 중시해야 하며, 좋은 시작은 성공의 절반이다.

一半 yíbàn 수 절반

시험에 이렇게 나온다!

짝꿍표현 **重视**은 동사이지만 '동사 + **重视**(중시를 ~하다)'과 같이 명사로도 쓰인다.

引起重视 yǐnqǐ zhòngshì 중시를 일으키다
得到重视 dédào zhòngshì 중시를 얻다
受到重视 shòudào zhòngshì 중시를 받다

37 **批评**
pīpíng

4 동 **비판하다, 비평하다**

我们得接受别人的批评，不能总是觉得自己是对的。

Wǒmen děi jiēshòu biérén de pīpíng, bù néng zǒngshì juéde zìjǐ shì duì de.

우리는 다른 사람의 비판을 받아들여야 하며, 자신이 항상 맞는다고 생각하면 안 된다.

接受 jiēshòu 동 받아들이다

시험에 이렇게 나온다!

독해 **批评**은 동사 **接受**와 함께 **接受批评**(비판을 받아들이다)이라는 표현으로 자주 쓰인다. 특히 독해 논설문 지문에서 자주 활용되는 표현이다.

38 养成
yǎngchéng

4 동 **형성하다, 기르다, 키우다**

习惯的养成需要一段时间，不是一天两天能养成的。

Xíguàn de yǎngchéng xūyào yí duàn shíjiān, bú shì yì tiān liǎng tiān néng yǎngchéng de.

습관의 형성은 일정한 시간이 필요하며, 하루 이틀 만에 길러질 수 있는 것이 아니다.

段 duàn 양 [시간이나 공간의 일정한 거리를 나타냄]

39 于是
yúshì

4 접 **그래서, 이리하여**

他这么小就懂得照顾别人，于是爸爸表扬了他。

Tā zhème xiǎo jiù dǒngde zhàogù biérén, yúshì bàba biǎoyángle tā.

그는 이렇게 어린데도 다른 사람을 배려할 줄 안다. 그래서 아버지는 그를 칭찬했다.

懂得 dǒngde 동 알다, 이해하다 **照顾** zhàogù 동 배려하다, 고려하다
表扬 biǎoyáng 동 칭찬하다

40 无论
wúlùn

4 접 **~에 관계없이, ~을 막론하고**

无论是在学习还是工作中，我们都要坚持到底。

Wúlùn shì zài xuéxí háishi gōngzuò zhōng, wǒmen dōu yào jiānchí dàodǐ.

공부든 일이든 관계없이, 우리는 끝까지 꾸준히 해야 한다.

시험에 이렇게 나온다!

독해 **无论**은 '**无论……都/也**(wúlùn……dōu/yě)'의 형식으로 자주 출제된다. 특히 독해 논설문 지문에서 자주 활용되는 표현이다.

연습문제 **체크체크!**

단어의 뜻을 오른쪽 보기에서 찾아 연결하세요.

01 方法　　ⓐ 만나다, 마주치다, 부닥치다

02 可能　　ⓑ 방법, 수단, 방식

03 解决　　ⓒ 꾸준히 하다, 견지하다

04 坚持　　ⓓ 어려움, 빈곤, 곤란하다, 어렵다

05 遇到　　ⓔ 해결하다, 풀다

ⓕ 아마도 (~일 것이다)

문장을 읽고 빈칸에 들어 갈 단어를 찾아 적어보세요.

ⓐ **批评**　ⓑ **看法**　ⓒ **信心**　ⓓ **应该**　ⓔ **习惯**

06 每个人对成功人生的________都有些不同。

07 很多成功的人从小养成了好________。

08 人________有长远的计划，不能只看眼前。

09 做错事时我们要学会接受别人的________。

10 不要因为一次失败而放弃，你要对自己有________。

정답 : 01 ⓑ 02 ⓕ 03 ⓔ 04 ⓒ 05 ⓐ 06 ⓑ 07 ⓔ 08 ⓓ 09 ⓐ 10 ⓒ

* 06~10번 문제 해석과 추가 <Day별 단어 퀴즈 PDF>를 해커스중국어(china.Hackers.com)에서 다운로드 받으세요.

품사별로 헤쳐 모여!

앞에서 외운 단어들을 품사별로 다시 한 번 확인합니다.

☑ 잘 외워지지 않은 단어는 □에 체크해 두고 다음에 반복 암기합니다.

명사

□□□	习惯 3급	xíguàn	명 습관 동 습관이 되다, 익숙해지다
□□□	方法 4급	fāngfǎ	명 방법, 수단, 방식
□□□	困难 4급	kùnnan	명 어려움, 빈곤 형 곤란하다, 어렵다
□□□	误会 4급	wùhuì	명 오해 동 오해하다
□□□	信心 4급	xìnxīn	명 자신(감), 확신
□□□	看法 4급	kànfǎ	명 견해, 의견, 생각
□□□	判断 4급	pànduàn	명 판단 동 판단하다
□□□	过程 4급	guòchéng	명 과정
□□□	缺点 4급	quēdiǎn	명 단점, 결점

동사

□□□	解决 3급	jiějué	동 해결하다, 풀다
□□□	遇到 3급	yùdào	동 만나다, 마주치다, 부닥치다
□□□	注意 3급	zhùyì	동 주의하다, 조심하다
□□□	长 3급	zhǎng	동 자라다, 크다, 생기다
□□□	坚持 4급	jiānchí	동 꾸준히 하다, 견지하다
□□□	怀疑 4급	huáiyí	동 의심하다
□□□	拒绝 4급	jùjué	동 거절하다, 거부하다
□□□	重视 4급	zhòngshì	동 중시하다
□□□	批评 4급	pīpíng	동 비판하다, 비평하다
□□□	养成 4급	yǎngchéng	동 형성하다, 기르다, 키우다

형용사

□□□	主要 3급	zhǔyào	형 주요하다

□□□	正确 4급	zhèngquè	형 올바르다, 정확하다
□□□	严格 4급	yángé	형 엄격하다, 엄하다
□□□	勇敢 4급	yǒnggǎn	형 용감하다
□□□	真正 4급	zhēnzhèng	형 진정한, 참된

부사

□□□	别 2급	bié	부 ~하지 마라 형 다르다
□□□	只 3급	zhǐ	부 단지, 다만, 겨우
□□□	一定 3급	yídìng	부 반드시, 필히 형 어느 정도의, 일정한
□□□	必须 3급	bìxū	부 반드시 ~해야 한다, 꼭 ~해야 한다
□□□	千万 4급	qiānwàn	부 절대로, 반드시, 부디

접속사

□□□	虽然…… 但是…… 2급	suīrán…… dànshì……	접 비록 ~일지라도, 그러나 ~하다
□□□	只有…… 才…… 3급	zhǐyǒu…… cái……	접 ~해야만, ~한다
□□□	否则 4급	fǒuzé	접 만약 그렇지 않으면
□□□	于是 4급	yúshì	접 그래서, 이리하여
□□□	无论 4급	wúlùn	접 ~에 관계없이, ~을 막론하고

대사

□□□	自己 3급	zìjǐ	대 자신, 자기, 스스로

조동사

□□□	能 1급	néng	조동 ~할 수 있다
□□□	要 2급	yào	조동 ~해야 한다, ~할 것이다, ~하려고 하다
□□□	可能 2급	kěnéng	조동 아마도 (~일 것이다)
□□□	应该 3급	yīnggāi	조동 ~해야 한다
□□□	敢 4급	gǎn	조동 자신 있게 ~하다, 과감하게 ~하다

HSK 4급 **미니 실전모의고사 3**

듣기, 독해 MP3

[듣기] HSK 4급 미니실전모의고사3_1번~6번.mp3

1-2. 음성을 듣고 제시된 문장이 지문 내용과 일치하면 √, 일치하지 않으면 X를 체크하세요.

1. ★ 有人在失败当中看到成功的机会。 (   )

2. ★ 面试时常问对优点的看法。 (   )

3-6. 대화와 단문 및 질문을 듣고 알맞은 보기를 선택하세요.

3. A 应聘　B 招聘　C 报名　D 表演

4. A 听到好消息　B 买了专业书　C 拿到奖学金　D 报了英语班

5. A 公园　B 花店　C 酒店　D 植物园

6. A 饭菜很贵　B 水果很多　C 泉水很甜　D 景色很美

[독해]

7-9. 빈칸에 알맞은 단어를 선택하세요.

A 共同　B 永远　C 养成

7. 人的一生不可能(   )顺利，一定会遇到这样或那样的困难。

8. 经过科学研究，人们发现(   )一个好习惯只需要21天。

9. A：真羡慕他们，结婚三十年了，仍然有聊不完的话。

B：是啊，两个人生活在一起，有(   )语言非常重要。

10-11. ABC를 순서에 맞게 배열하세요.

10. A 生活中无论遇到什么困难，甚至很伤心的事

B 都应告诉好友或亲人

C 别只是放在自己心里不说 ____________________

11. A 这种绿色垃圾桶的样子很特别

B 而且质量也不错

C 不仅可以保护环境 ____________________

12-13. 지문을 읽고 질문에 알맞은 보기를 선택하세요.

12. 下周我们学校将有一场京剧表演，到时候会有许多演员来到学校参加演出。听说那场京剧在国内非常有名，还获得了一项重要的大奖。如果想去看，可以通过学校的网站买票。数量不多，剩下的时间不多了！

★ 根据这段话，下面哪个正确？

A 京剧很有名　　B 演员不专业　　C 票已经没了　　D 票数量很多

13. 生活就像旅行，你永远不知道会遇到什么。当我们失败的时候，不要失望，也不要放弃。相反，要继续用积极、阳光的态度生活。

★ 这段主要讲的是：

A 旅行的感觉　　B 生活的态度　　C 不应该放弃　　D 生活的基础

[쓰기]

14-15. 제시된 어휘로 어순에 맞는 문장을 완성하세요.

14. 这份材料　研究了　他把　一下

15. 对　有好处　读书　我认为　提高阅读能力

16. 제시된 어휘와 사진을 보고 연관된 한 문장을 만들어보세요.

16.  收拾

정답 및 해석·해설 p.530

해커스 HSK1-4급 단어장

미니 실전모의고사

정답

해석

해설

정답 및 해석·해설

HSK 4급 미니 실전모의고사1 p.174

1 X　2 ✓　3 D　4 B　5 B　6 A　7 B　8 C　9 A　10 BAC　11 ACB　12 B　13 C

14 这趟旅行十分顺利。　15 这家餐厅为顾客提供了舒服的座位。

16 [모범답안] 他们激动得把奖杯举了起来。

1

★ 说话人博士已经毕业了。　（　）	★ 화자는 이미 박사 과정을 졸업했다.　(X)
读完硕士后，我先在上海工作了两年，发现专业知识还是不够用，就决定再读个博士。	석사 과정을 마친 후, 나는 우선 상하이에서 2년 동안 일을 했는데, 전공 지식이 아직 충분하지 않은 것을 알아차려서, 박사 과정을 더 공부하기로 결정했다.

해설 문장에 완료를 나타내는 **已经……了**(이미 ~했다)라는 표현이 있으므로 **博士已经毕业了**(이미 박사 과정을 졸업했다)라는 사건이 완료된 내용으로 지문에서 언급되는지를 주의 깊게 듣는다. 지문에서 **就决定再读个博士**(박사 과정을 더 공부하기로 결정했다)이라고 문장과 상반되는 내용이 언급되었다. 따라서 문장과 지문의 내용은 일치하지 않는다.

어휘 **博士** bóshì 명 박사 (학위)　**毕业** bìyè 동 졸업하다　**硕士** shuòshì 명 석사 (학위)
发现 fāxiàn 동 알아차리다, 발견하다　**专业** zhuānyè 명 전공　**知识** zhīshi 명 지식
决定 juédìng 동 결정하다

2

★ 游泳馆的水温是二十七度。　（　）	★ 수영장의 수온은 27도이다.　(✓)
这里有一个儿童游泳馆，水深不超过1.2米，水的温度一般是二十七度，所以非常适合小孩子。	이곳에는 어린이 수영장이 있는데, 수심은 1.2M가 넘지 않으며, 일반적으로 물의 온도가 27도라서 어린 아이들에게 매우 적합하다.

해설 문장이 **游泳馆的水温是二十七度。**(수영장의 수온은 27도이다.)라는 내용이므로 지문에서 이 내용이 언급되는지를 주의 깊게 듣는다. 지문에서 **游泳馆……水的温度一般是二十七度**(수영장 …… 일반적으로 물의 온도가 27도라서)라고 했으므로, 수영장의 수온은 27도임을 알 수 있다. 따라서 문장과 지문의 내용은 일치한다.

어휘 **游泳馆** yóuyǒngguǎn 명 수영장　**水温** shuǐwēn 명 수온　**儿童** értóng 명 어린이
水深 shuǐshēn 명 수심, 물의 깊이　**超过** chāoguò 동 넘다　**米** mǐ 양 미터(m)
温度 wēndù 명 온도　**一般** yìbān 형 일반적이다　**适合** shìhé 동 적합하다

3

A 旅游	B 购物	A 여행하다	B 쇼핑하다
C 加班	**D 约会**	C 야근하다	**D 데이트하다**

男：今天晚上我们去公园散步怎么样？ 女：明天可以吗？因为我现在打算去理发，顺便逛逛商场，晚上还要去约会。	남: 우리 오늘 저녁에 공원에 가서 산책하는 건 어때요? 여: 내일 가도 될까요? 왜냐하면 제가 지금 머리를 자르러 갔다가 겸사겸사 백화점도 돌아다니고, 게다가 저녁에 데이트 하러 가요.
问：今天晚上女的有什么安排？	질문: 오늘 저녁에 여자는 어떤 계획이 있는가?

해설 제시된 보기가 모두 행동 표현이므로 대화를 들을 때 화자 또는 특정 인물이 하고 있거나 하려는 행동이 무엇인지를 주의 깊게 듣는다. 남자가 **今天晚上我们去公园散步怎么样？**(우리 오늘 저녁에 공원에 가서 산책하는 건 어때요?)이라고 묻자, 여자가 **晚上还要去约会**(게다가 저녁에 데이트 하러 가요)라고 답했다. 질문이 오늘 저녁에 여자는 어떤 계획이 있는지를 물었으므로 D **约会**(데이트하다)를 정답으로 선택한다.

어휘 **购物** gòuwù 동 쇼핑하다 **加班** jiābān 동 야근하다 **约会** yuēhuì 동 데이트하다, 만날 약속을 하다
公园 gōngyuán 명 공원 **散步** sànbù 동 산책하다 **打算** dǎsuan 동 ~하려고 하다
理发 lǐfà 동 머리를 자르다 **顺便** shùnbiàn 부 겸사겸사, ~하는 김에 **逛** guàng 동 돌아다니다
商场 shāngchǎng 명 백화점

4

A 鸭肉很香 **B 味道不好** C 比烤鸭新鲜 D 不是很有名	A 오리고기가 맛있다 **B 맛이 좋지 않다** C 카오야보다 신선하다 D 유명하지 않다
女：南京有很多有名的小吃，你知道有哪些吗？ 男：听说南京的盐水鸭很棒，我早就想尝尝了。 女：我不太喜欢盐水鸭，觉得不太新鲜，而且味道也没有烤鸭好。 男：我知道有一家饭店做的盐水鸭挺香的，你可以试试看。	여: 난징에 유명한 먹거리가 많이 있는데, 당신은 어떤 것들을 알고 있나요? 남: 듣자 하니 난징의 옌쇠이야가 훌륭하다던데, 저는 일찌감치 먹어 보고 싶었어요. 여: 저는 옌쇠이야를 그다지 좋아하지 않아요. 그다지 신선하지도 않은 것 같고, 게다가 맛도 카오야만큼 좋지 않다고 생각해요. 남: 제가 옌쇠이야를 꽤 맛있게 하는 식당을 알고 있는데, 시도해 보세요.
问：女的觉得盐水鸭怎么样？	질문: 여자는 옌쇠이야가 어떻다고 생각하는가?

해설 제시된 보기가 모두 특정 대상의 상태·상황을 나타내는 표현이므로 대화를 들을 때 언급되는 특정 대상이나 사물의 상태·상황과 관련된 내용을 주의 깊게 듣는다. 여자가 **我不太喜欢盐水鸭，觉得不太新鲜，而且味道也没有烤鸭好。**(저는 옌쇠이야를 그다지 좋아하지 않아요. 그다지 신선하지도 않은 것 같고, 게다가 맛도 카오야만큼 좋지 않다고 생각해요.)라고 했다. 질문이 여자는 옌쇠이야가 어떻다고 생각하는지를 물었으므로, B **味道不好**(맛이 좋지 않다)를 정답으로 선택한다.

어휘 **鸭肉** yāròu 명 오리고기 **香** xiāng 형 (음식이)맛있다 **味道** wèidao 명 맛
烤鸭 kǎoyā 명 카오야, 오리 구이 **新鲜** xīnxiān 형 신선하다 **有名** yǒumíng 형 유명하다
南京 Nánjīng 고유 난징, 남경 **小吃** xiǎochī 명 먹거리 **听说** 동 tīngshuō 듣자 하니(~라고 한다)
盐水鸭 yánshuǐyā 고유 옌쇠이야(소금에 절인 오리 요리) **棒** bàng 형 (수준이) 훌륭하다, 좋다
尝 cháng 동 (시험 삼아) 먹어 보다 **而且** érqiě 접 게다가 **挺** tǐng 부 꽤, 제법

정답 및 해석·해설

5-6

5. A 很安全　　**B 很便宜** C 选择更多　　D 质量更好	5. A 안전하다　　**B 저렴하다** C 선택이 더 많다　　D 품질이 더 좋다
6. A 省钱 B 不便 C 免费换新 D 花很多时间	6. A 돈을 아끼다 B 불편하다 C 무료로 새것으로 바꾸다 D 시간을 많이 쓰다
第5到6题是根据下面一段话： **网上购物越来越流行，喜欢网上购物的人也越来越多，**[5]**大家认为网购可以节约时间，而且**[5]**价格很便宜。比如：我们可以在任何时候购物，而且**[6]**同样的衣服，商店卖80元，网上只要50元，质量也和商店里的一样。难怪越来越多的人爱上了网上购物。**	5-6번 문제는 다음 내용에 근거한다. 인터넷 쇼핑은 점점 유행하고 있고, 인터넷 쇼핑을 좋아하는 사람도 점점 많아지고 있다. [5]사람들은 인터넷 쇼핑이 시간을 절약할 수 있고, 게다가 [5]가격이 저렴하다고 생각한다. 우리는 언제나 물건을 구매할 수 있으며, 게다가 [6]같은 옷을 상점에서는 80위안에 팔지만, 인터넷에서는 50위안이면 되고, 품질도 상점에 있는 것과 같은 것이 그 예다. 그러니 점점 많은 사람들이 인터넷 쇼핑을 좋아하게 되는 것이다.
5. 大家觉得网上的东西怎么样? **6. 以下哪一项是网上购物的优点?**	5. 사람들은 인터넷의 물건이 어떻다고 생각하는가? 6. 다음 중 인터넷 쇼핑의 장점은 무엇인가?

해설 **보기 읽기**

5번의 **安全**(안전하다), **便宜**(저렴하다), **质量更好**(품질이 더 좋다)와 6번의 **免费换新**(무료로 새것으로 바꾸다)을 읽고, 특정 대상 관련 설명문이 나올 것임을 예상할 수 있다. 설명문 단문에서는 단문의 세부 내용을 묻는 질문이 자주 출제되므로 특정 대상의 세부적인 특징에 대한 내용을 주의 깊게 듣는다.

단문 듣기

단문 초반의 **大家认为网购……价格很便宜**(사람들은 인터넷 쇼핑이 …… 가격이 저렴하다고 생각한다)를 듣고, B **很便宜**(저렴하다)를 체크해 둔다.

단문 중반의 **同样的衣服，商店卖80元，网上只要50元，质量也和商店里的一样**(같은 옷을 상점에서는 80위안에 팔지만, 인터넷에서는 50위안이면 되고, 품질도 상점에 있는 것과 같다)을 듣고, A **省钱**(돈을 아끼다)을 체크해 둔다.

질문 듣고 정답 선택하기

5. 질문이 사람들은 인터넷의 물건이 어떻다고 생각하는지를 물었으므로 B **很便宜**(저렴하다)를 정답으로 선택한다.
6. 질문이 인터넷 쇼핑의 장점이 무엇인지를 물었으므로 A **省钱**(돈을 아끼다)을 정답으로 선택한다.

어휘 **安全** ānquán 형 안전하다　**选择** xuǎnzé 동 선택하다　**质量** zhìliàng 명 품질　**省** shěng 동 아끼다
免费 miǎnfèi 동 무료로 하다　**换** huàn 동 바꾸다, 교환하다　**花** huā 동 (시간·돈을) 쓰다
网上 wǎngshàng 명 인터넷　**购物** gòuwù 동 쇼핑하다, 물건을 구매하다　**越来越** yuèláiyuè 점점
认为 rènwéi 동 생각하다　**节约** jiéyuē 동 절약하다　**价格** jiàgé 명 가격　**任何** rènhé 대 어떠한
同样 tóngyàng 형 (서로) 같다　**只要** zhǐyào 접 ~하기만 하면　**难怪** nánguài 부 그러니, 어쩐지
优点 yōudiǎn 명 장점

7-9

A 互相	B 表扬	C 祝贺	A 서로	B 칭찬하다	C 축하하다

어휘 **互相** hùxiāng 부 서로 **表扬** biǎoyáng 동 칭찬하다 **祝贺** zhùhè 동 축하하다

7 这是一家非常不错的餐厅，这里的菜获得过英国女王的(**B 表扬**)。

이곳은 매우 좋은 식당이며, 이곳의 요리는 영국 여왕의 (**B 칭찬**)을 받은 적이 있다.

해설 빈칸 앞에 구조조사 **的**(~의)가 있고, **获得过英国女王的(　　)**(영국 여왕의 ___을 받은 적이 있다)이라는 문맥에 어울리는 동사 B **表扬**(칭찬하다)이 정답이다. 참고로, **表扬**은 동사이지만 명사로도 자주 쓰인다.

어휘 **餐厅** cāntīng 명 식당 **获得** huòdé 동 받다, 얻다 **女王** nǚwáng 명 여왕

8 知道林老师结婚了，大家都很高兴，并向他表示(**C 祝贺**)。

린 선생님이 결혼하신 것을 알고, 모두들 기뻐했고, 게다가 그에게 (**C 축하**)를 표시했다.

해설 빈칸 앞에 감정을 나타내는 동사 또는 형용사를 목적어로 갖는 동사 **表示**(표시하다)이 있으므로, 감정을 나타내는 동사 C **祝贺**(축하하다)가 정답이다.

어휘 **结婚** jiéhūn 동 결혼하다 **向** xiàng 개 ~에게 **表示** biǎoshì 동 표시하다, 나타내다

9 A: 你和你室友的关系真好，你是怎么做到的呀?
B: 最重要的是(**A 互相**)尊重。

A: 너와 너의 룸메이트의 사이가 정말 좋은데, 네가 어떻게 한 거야?
B: 가장 중요한 것은 (**A 서로**) 존중하는 거야.

해설 빈칸 뒤에 동사 **尊重**(존중하다)이 있고, **最重要的是(　　)尊重**(가장 중요한 것은 ______ 존중하는 거야)이라는 문맥에 어울리는 부사 A **互相**(서로)이 정답이다. 참고로, **互相尊重**(서로 존중하다)은 자주 출제되는 표현이므로 한 덩어리로 외워두자.

어휘 **室友** shìyǒu 명 룸메이트 **关系** guānxi 명 사이, 관계 **重要** zhòngyào 형 중요하다
尊重 zūnzhòng 동 존중하다

정답 및 해석·해설

10

A 它的缺点只有一个	A 이것의 단점은 단지 하나이다
B 网上购物有许多好处	B 인터넷 쇼핑은 많은 장점이 있다
C 就是容易让人买得太多	C 사람들이 너무 많이 사기 쉽다

해설 **Step 1**

A에 인칭대사 它(그것)가 있고, B에 它가 가리키는 구체적 대상인 **网上购物**(인터넷 쇼핑)가 있으므로 A는 문장의 맨 앞에 올 수 없고, C **就是容易让人买得太多**(사람들이 너무 많이 사기 쉽다)에는 주어가 없으므로 문장의 맨 앞에 올 수 없다. 따라서 B **网上购物有许多好处**(인터넷 쇼핑은 많은 장점이 있다)를 첫 순서로 고른다. (B →)

Step 2

A의 它(그것)는 B의 **网上购物**(인터넷 쇼핑)를 가리키므로, A를 B 뒤에 배열한다. (B → A)
남은 C **就是容易让人买得太多**(사람들이 너무 많이 사기 쉽다)는 문맥상 A **它的缺点只有一个**(이것의 단점은 단지 하나이다)에서 언급한 단점이라는 것을 알 수 있다. 따라서 C를 A 뒤에 배열한다. (B → A → C)

완성된 문장

B 网上购物有许多好处，A 它的缺点只有一个，C 就是容易让人买得太多。
B 인터넷 쇼핑은 많은 장점이 있으며, A 이것의 단점은 단지 하나인데, C 사람들이 너무 많이 사기 쉽다는 것이다.

어휘 **缺点** quēdiǎn 명 단점 **网上** wǎngshàng 명 인터넷 **购物** gòuwù 동 쇼핑하다
许多 xǔduō 수 매우 많다 **好处** hǎochù 명 장점, 이로운 점 **容易** róngyì 형 쉽다

11

A 昨天晚上8点的羽毛球比赛太精彩了	A 어제 저녁 8시 배드민턴 경기는 너무 훌륭했다
B 甚至有的人都激动得哭了	B 심지어 어떤 사람은 울 정도로 감격했다
C 观众都很兴奋	C 관중들이 모두 흥분하다

해설 **Step 1**

B는 뒷구절에 자주 쓰이는 접속사 **甚至**(심지어)으로 시작하므로 문장의 맨 앞에 올 수 없다. 따라서 A와 C가 첫 순서의 후보이다.

Step 2

B의 **甚至**(심지어)이 C 뒤에서 C의 **观众都很兴奋**(관중들이 모두 흥분하다)과 B의 **有的人都激动得哭了**(어떤 사람은 울 정도로 감격했다)를 연결해주므로 B를 C 뒤에 배열한다. (C → B)
A **昨天晚上8点的羽毛球比赛太精彩了**(어제 저녁 8시 배드민턴 경기는 너무 훌륭했다)는 C → B의 원인이 되므로 맨 앞에 배열한다. (A → C → B)

완성된 문장

A 昨天晚上8点的羽毛球比赛太精彩了, C 观众都很兴奋, B 甚至有的人都激动得哭了。
A 어제 저녁 8시 배드민턴 경기가 너무 훌륭해서 C 관중들은 모두 흥분했고, B 심지어 어떤 사람은 울 정도로 감격했다.

어휘 **羽毛球** yǔmáoqiú 명 배드민턴 **比赛** bǐsài 명 경기 **精彩** jīngcǎi 형 훌륭하다 **甚至** shènzhì 접 심지어
激动 jīdòng 형 감격하다 **哭** kū 동 울다 **观众** guānzhòng 명 관중 **兴奋** xīngfèn 형 흥분하다

12	
有时候，售货员热情地为顾客介绍这、介绍那，也会让顾客觉得很烦、很不舒服。我在商店购物时，喜欢自己慢慢看、慢慢选，而不愿意总是被别人打扰。	종종 점원은 고객을 위해 친절하게 이것도 소개하고, 저것도 소개하는데, 고객이 귀찮고, 불편하다는 생각을 하게 할 수 있다. 나는 백화점에서 쇼핑할 때, 스스로 천천히 보고, 천천히 고르는 것을 좋아하며, 항상 다른 사람에게 방해받는 것을 원하지 않는다.
★ 他在逛商店时： A 喜欢有人介绍 **B 喜欢自己选择** C 买东西速度快 D 最先考虑价格	★ 그가 백화점을 돌아다닐 때: A 소개해주는 사람이 있는 것을 좋아한다 **B 스스로 고르는 것을 좋아한다** C 물건을 사는 속도가 빠르다 D 가격을 최우선으로 고려한다

해설 질문의 **在逛商店时**(백화점을 돌아다닐 때)과 관련된 부분을 지문에서 찾아 주의 깊게 읽는다. 지문에서 **我在商店购物时，喜欢自己慢慢看、慢慢选**(백화점에서 쇼핑할 때, 스스로 천천히 보고, 천천히 고르는 것을 좋아하며)라고 하였으므로, B **喜欢自己选择**(스스로 고르는 것을 좋아한다)를 정답으로 선택한다.

어휘 **售货员** shòuhuòyuán 명 점원, 판매원 **热情** rèqíng 형 친절하다 **顾客** gùkè 명 고객
介绍 jièshào 동 소개하다 **烦** fán 형 귀찮다 **不舒服** bù shūfu 형 불편하다
购物 gòuwù 동 쇼핑하다, 물품을 구입하다 **选** xuǎn 동 고르다, 선택하다
愿意 yuànyì 동 ~하기를 원하다 **总是** zǒngshì 부 항상, 늘 **别人** biérén 대 다른 사람, 타인
打扰 dǎrǎo 동 방해하다, 실례하다 **逛** guàng 동 돌아다니다 **选择** xuǎnzé 동 고르다
速度 sùdù 명 속도 **考虑** kǎolǜ 동 고려하다, 생각하다 **价格** jiàgé 명 가격

13	
乘客朋友们请注意，我们抱歉地通知您，本次航班由于天气原因推迟起飞，请您在座位上耐心等一会儿。谢谢您的理解和支持！	승객 여러분 주목해 주십시오. 이번 항공편은 날씨로 인해 이륙이 지연되고 있다는 것을 죄송스럽게 알려드립니다. 좌석에서 인내심 있게 잠시만 기다려주십시오. 이해와 지지에 감사 드립니다.
★ 航班推迟起飞时，乘客应该： A 马上离开 B 通知朋友 **C 耐心等一会儿** D 感到非常生气	★ 항공편 이륙이 지연되었을 때, 승객들은 어떠해야 하는가: A 즉시 떠난다 B 친구에게 알린다 **C 인내심 있게 기다린다** D 매우 화를 낸다

해설 질문의 **航班推迟起飞时，乘客**(항공편 이륙이 지연되었을 때, 승객들은)와 관련된 부분을 지문에서 찾아 주의 깊게 읽는다. 지문에서 **本次航班由于天气原因推迟起飞，请您在座位上耐心等一会儿**(이번 항공편은 날씨로 인해 이륙이 지연되고 있다 …… 좌석에서 인내심 있게 잠시만 기다려주십시오)이라고 하였으므로, C **耐心等一会儿**(인내심 있게 기다린다)을 정답으로 선택한다.

어휘 **乘客** chéngkè 명 승객 **注意** zhùyì 동 주목하다, 주의하다
抱歉 bàoqiàn 동 죄송합니다, 미안하게 생각하다 **通知** tōngzhī 동 알리다, 통지하다
本次 běn cì 이번 **航班** hángbān 명 항공편 **由于** yóuyú 개 ~로 인하여, ~때문에

原因 yuányīn 명 원인 **推迟** tuīchí 동 지연시키다 **起飞** qǐfēi 동 이륙하다 **座位** zuòwèi 명 좌석
耐心 nàixīn 형 인내심이 있다 **一会儿** yíhuìr 수량 잠시 **理解** lǐjiě 동 이해하다
支持 zhīchí 동 지지하다 **马上** mǎshàng 부 즉시 **离开** líkāi 동 떠나다 **生气** shēngqì 동 화내다

14

제시어	→	대사+양사	동사	부사	형용사
这趟 十分 旅行 顺利	→	这趟	旅行	十分	顺利。
		관형어	주어	부사어	술어

해석 이번 여행은 매우 순조롭다.

해설 **술어와 주어 배치하기**
제시된 어휘 중 동사 **旅行**(여행하다)과 형용사 **顺利**(순조롭다) 중, 문맥상 술어로 어울리는 형용사 **顺利**를 술어 자리에 배치하고, 주어로 어울리는 동사 **旅行**은 주어 자리에 배치한다. 참고로 **旅行**은 동사이지만 '여행'이라는 의미의 명사로도 자주 쓰인다는 것을 알아 둔다.

문장 완성하기
남은 어휘 중 '대사+양사' 형태의 **这趟**(이번)은 주어 **旅行**(여행) 앞에 관형어로 배치하고, 부사 **十分**(매우)은 술어 **顺利**(순조롭다) 앞에 부사어로 배치하여 문장을 완성한다. 따라서 **这趟旅行十分顺利。**(이번 여행은 매우 순조롭다.)가 정답이다.

어휘 **趟** tàng 양 번, 차례 **十分** shífēn 부 매우, 충분히 **旅行** lǚxíng 명 여행 동 여행하다
顺利 shùnlì 형 순조롭다

15

제시어	→	대사+양사+명사	개사+명사	동사+了	형용사+的	명사
为顾客 舒服的 这家餐厅 座位 提供了	→	这家餐厅	为顾客	提供了	舒服的	座位。
		관형어+주어	부사어	술어	관형어	목적어

해석 이 식당은 고객을 위해 편안한 좌석을 제공했다.

해설 **술어 배치하기**
제시된 어휘 중 '동사+了' 형태의 **提供了**(제공했다)를 술어 자리에 바로 배치한다.

주어와 목적어 배치하기
'대사+양사+명사' 형태의 **这家餐厅**(이 식당)과 명사 **座位**(좌석) 중 술어 **提供了**(제공했다)와 문맥상 목적어로 어울리는 **座位**를 목적어 자리에 배치하고, **这家餐厅**을 주어 자리에 배치한다. 참고로, **这家餐厅**에서 **这家**(이)는 관형어이다.

문장 완성하기
남은 어휘 중 '형용사+的' 형태의 **舒服的**(편안한)를 목적어 **座位**(좌석) 앞 관형어로 배치하고, '개사+명사' 형태의 **为顾客**(고객을 위해)는 술어 **提供了**(제공했다) 앞에 부사어로 배치하여 문장을 완성한다. 따라서 **这家餐厅为顾客提供了舒服的座位。**(이 식당은 고객을 위해 편안한 좌석을 제공했다.)가 정답이다.

어휘 **顾客** gùkè 명 고객 **舒服** shūfu 형 편안하다, 쾌적하다 **餐厅** cāntīng 명 식당
座位 zuòwèi 명 좌석, 자리 **提供** tígōng 동 제공하다

16

激动 jīdòng
㊎ 감격하다, 흥분하다

해설

step 1 문장 떠올리기

그들은 트로피를 들어 올릴 정도로 감격했다.

step 2 떠올린 문장 쓰기

他们激动得把奖杯举了起来。

+ 모범답안 ① 他们激动得把奖杯举了起来。
그들은 트로피를 들어 올릴 정도로 감격했다.

② 英国足球队得了第一名，大家都很激动。
영국 축구팀이 일등을 해서 모두들 감격했다.

③ 他们激动得举起了手。
그들은 손을 들어 올릴 정도로 감격했다.

어휘 **奖杯** jiǎngbēi ㊔ 트로피, 우승컵 **举** jǔ ㊍ 들다 **足球队** zúqiúduì 축구팀 **第一名** dìyī míng 일등

정답 및 해석·해설

HSK 4급 미니 실전모의고사2

p.344

1 ✓　2 X　3 D　4 A　5 D　6 B　7 B　8 A　9 C　10 BAC　11 CBA　12 C　13 B

14 今天的比赛进行了差不多3个小时。　15 加油站里停着几辆汽车。

16 [모범답안] 请大家注意，这里禁止拍照。

1

★ 长江是中国最长的河。 ( )	★ 창쟝은 중국에서 가장 긴 강이다. (✓)
我一直以为黄河是中国最长的河，最近才知道原来长江才是最长的。	나는 줄곧 황허가 중국에서 가장 긴 강인 줄 알았는데, 알고 보니 창쟝이 가장 길다는 것을 최근에서야 알게 되었다.

해설 문장이 **长江是中国最长的河。**(창쟝은 중국에서 가장 긴 강이다.)라는 내용이므로 지문에서 이 내용이 언급되는지를 주의 깊게 듣는다. 지문에서 **一直以为黄河是中国最长的河，最近才知道原来长江才是最长的**(줄곧 황허가 중국에서 가장 긴 강인 줄 알았는데, 알고 보니 창쟝이 가장 길다는 것을 최근에서야 알게 되었다)라고 했으므로, 창쟝이 중국에서 가장 긴 강이라는 것을 알 수 있다. 따라서 문장과 지문의 내용은 일치한다.

어휘 **长江** Chángjiāng 고유 창쟝 (강)　**一直** yìzhí 부 줄곧, 계속　**以为** yǐwéi 동 알다, 여기다
黄河 Huánghé 고유 황허 (강)　**最近** zuìjìn 명 최근　**原来** yuánlái 부 알고 보니, 원래

2

★ 用生日做密码比较好。 ( )	★ 생일로 비밀 번호를 만드는 것이 비교적 좋다. (X)
使用网上银行时，有些人直接用自己的生日做密码。其实，这样做很不安全。	인터넷 뱅킹을 사용할 때, 어떤 사람들은 자신의 생일을 직접적으로 사용하여 비밀번호를 만든다. 사실, 이렇게 하는 것은 안전하지 않다.

해설 문장이 **用生日做密码比较好。**(생일로 비밀 번호를 만드는 것이 비교적 좋다.)라는 내용이므로 지문에서 이 내용이 언급되는지를 주의 깊게 듣는다. 지문에서 **有些人直接用自己的生日做密码。其实，这样做很不安全**(어떤 사람들은 자신의 생일을 직접적으로 사용하여 비밀번호를 만든다. 사실, 이렇게 하는 것은 안전하지 않다)이라고 했으므로, 생일로 비밀 번호를 만드는 것은 좋지 않다는 것을 추론할 수 있다. 따라서 문장과 지문의 내용은 일치하지 않는다.

어휘 **密码** mìmǎ 명 비밀번호　**比较** bǐjiào 부 비교적　**使用** shǐyòng 동 사용하다
网上 wǎngshàng 명 인터넷, 온라인　**银行** yínháng 명 은행　**直接** zhíjiē 형 직접적이다
其实 qíshí 부 사실　**安全** ānquán 형 안전하다

3

A 很紧张	B 很辛苦	A 긴장하다	B 고생스럽다
C 很难受	**D 很轻松**	C 괴롭다	**D 편안하다**

男：我每天回家后都花两个小时看杂志，因为这样能让我放松。	남: 저는 매일 집에 가서 두 시간 동안 잡지를 봐요. 이렇게 하는 것은 제 마음을 편하게 하기 때문이에요.
女：没想到你那么忙，还能坚持阅读。	여: 당신이 이렇게 바쁜데도 꾸준히 볼 수 있다는 것을 생각지도 못했어요.
问：男的认为看杂志怎么样？	질문: 남자는 잡지를 보는 것이 어떻다고 생각하는가?

해설 제시된 보기가 모두 사람의 상태·상황을 나타내는 표현이므로 대화에서 언급되는 화자의 상태나 현재 처한 상황을 주의 깊게 듣는다. 남자가 **我每天回家后都花两个小时看杂志，因为这样能让我放松。**(저는 매일 집에 가서 두 시간 동안 잡지를 봐요. 이렇게 하는 것은 제 마음을 편하게 하기 때문이에요.)이라고 했다. 질문이 남자는 잡지를 보는 것이 어떻다고 생각하는지를 물었으므로 D **很轻松**(편안하다)을 정답으로 선택한다. 보기의 **轻松**(편안하다)이 대화에서 **放松**(마음을 편하게 하다)으로 바꿔 표현되었다.

어휘 **紧张** jǐnzhāng 형 긴장하다, 불안하다 **辛苦** xīnkǔ 형 고생스럽다
难受 nánshòu 형 괴롭다, 상심하다 **轻松** qīngsōng 형 편안하다 **花** huā 동 (시간·돈을) 쓰다
杂志 zázhì 명 잡지 **放松** fàngsōng 동 (마음을) 편하게 하다, 스트레스를 풀다
没想到 méixiǎngdào 생각지 못하다 **坚持** jiānchí 동 꾸준히 하다, 견지하다
阅读 yuèdú 동 (신문이나 책을) 보다

4

A 看电视	B 踢足球	A 텔레비전을 보다	B 축구를 하다
C 玩游戏	D 看电影	C 게임을 하다	D 영화를 보다

女：比赛只剩最后10分钟了，红队仍然少二十多分。蓝队快赢了！	여: 경기가 마지막 10분밖에 안 남았는데, 홍팀이 여전히 20점 넘게 부족해. 청팀이 곧 이기겠어!
男：不，结果正好相反，蓝队最后输了比赛。	남: 아니야. 결과는 딱 반대야. 청팀이 마지막에 경기에서 졌어.
女：真的吗？你怎么知道？	여: 정말? 네가 어떻게 알아?
男：这场比赛我昨天就看过了，是在首都体育馆举行的。	남: 이 경기는 내가 어제 이미 본 거야. 수도 체육관에서 열렸었어.
问：说话人现在最可能在干什么？	질문: 화자는 아마도 지금 무엇을 하고 있는가?

해설 제시된 보기가 모두 행동 표현이므로 대화를 들을 때 화자 또는 특정 인물이 하고 있거나 하려는 행동이 무엇인지를 주의 깊게 듣는다. 여자가 **比赛只剩最后10分钟了，红队仍然少二十多分。蓝队快赢了！**(경기가 마지막 10분밖에 안 남았는데, 홍팀이 여전히 20점 넘게 부족해. 청팀이 곧 이기겠어!)라고 하자, 남자가 **蓝队最后输了比赛 …… 这场比赛我昨天就看过了，是在首都体育馆举行的。**(청팀이 마지막에 경기에서 졌어 …… 이 경기는 내가 어제 이미 본 거야. 수도 체육관에서 열렸었어.)라고 했다. 질문이 화자는 아마도 지금 무엇을 하고 있는지를 물었으므로, 대화를 통해 유추할 수 있는 A **看电视**(텔레비전을 보다)을 정답으로 선택한다.

어휘 **游戏** yóuxì 명 게임 **比赛** bǐsài 명 경기, 시합 **剩** shèng 동 남다 **仍然** réngrán 부 여전히, 변함없이
蓝 lán 형 청색의, 푸른색의 **队** duì 명 팀 **赢** yíng 동 이기다 **结果** jiéguǒ 명 결과, 결론
正好 zhènghǎo 부 딱, 마침 **相反** xiāngfǎn 형 반대되다 **输** shū 동 지다, 패하다
首都 shǒudū 명 수도 **体育馆** tǐyùguǎn 명 체육관 **举行** jǔxíng 동 열다, 개최하다

정답 및 해석·해설

5-6

5. A 常说"谢谢" B 总是很害羞 C 总是很骄傲 **D 礼貌地拒绝**	5. A 자주 '감사합니다'라고 말한다 B 항상 부끄러워한다 C 항상 거만하다 **D 예의 바르게 거절한다**
6. A 自信 **B 礼貌** C 开心 D 紧张	6. A 자신감 있다 **B 예의 바르다** C 즐겁다 D 긴장하다
第5到6题是根据下面一段话： [5]在受到别人表扬时，中国人往往会首先选择礼貌地拒绝，而西方人常常说"谢谢"，好像很愿意接受表扬。其实，[6]西方人的"谢谢"也只是表示礼貌。所以，不管在中国还是西方，人们都不想让自己看起来很骄傲。	5-6번 문제는 다음 내용에 근거한다. [5]다른 사람에게 칭찬을 받을 때, 중국인은 종종 먼저 예의 바르게 거절하는 것을 선택한다. 반면에 서양 사람은 종종 '감사합니다'라고 말하는데, 마치 칭찬을 달갑게 받아들이는 것 같다. 사실, [6]서양 사람의 '감사합니다'도 단지 예의를 표시하는 것뿐이다. 그래서, 중국에서든지 서양에서든지 사람들은 모두 자신이 거만하게 보이고 싶어하지 않는다.
5. 根据短文，中国人在受到别人表扬时会怎么样? 6. 西方人接受表扬时说"谢谢"，表示什么?	5. 단문에 근거하여, 중국인이 다른 사람에게 칭찬을 받을 때 어떠한가? 6. 서양 사람이 칭찬을 받을 때 '감사합니다'라고 말하는 것은 무엇을 표시하는 것인가?

해설 **보기 읽기**

각 문제의 보기를 읽고, 단문의 종류를 예상하기 어려운 경우, 보기와 관련된 내용을 주의 깊게 듣는다. 5번의 **常说"谢谢"**(자주 '감사합니다'라고 말한다),**害羞**(부끄러워하다), **骄傲**(거만하다), **拒绝**(거절하다)와 6번의 형용사 보기를 읽고, 이와 관련된 내용이 단문에서 언급되는지 주의 깊게 듣는다.

단문 듣기

단문 초반의 **在受到别人表扬时，中国人往往会首先选择礼貌地拒绝**(다른 사람에게 칭찬을 받을 때, 중국인은 종종 먼저 예의 바르게 거절하는 것을 선택한다)를 듣고, 5번의 D **礼貌地拒绝**(예의 바르게 거절한다)를 체크해 둔다.

단문 중반의 **西方人的"谢谢"也只是表示礼貌**(서양 사람의 '감사합니다'도 단지 예의를 표시하는 것뿐이다)를 듣고, 6번의 B **礼貌**(예의 바르다)를 체크해 둔다.

질문 듣고 정답 선택하기

5. 질문이 단문에 근거하여 중국인이 다른 사람에게 칭찬을 받을 때 어떠한지를 물었으므로 D **礼貌地拒绝**(예의 바르게 거절한다)를 정답으로 선택한다.
6. 질문이 서양 사람이 칭찬을 받을 때 '감사합니다'라고 말하는 것은 무엇을 표시하는 것인지를 물었으므로 B **礼貌**(예의, 예의 바르다)를 정답으로 선택한다.

어휘 **总是** zǒngshì 부 항상, 늘 **害羞** hàixiū 동 부끄러워하다 **骄傲** jiāo'ào 형 거만하다, 오만하다
礼貌 lǐmào 형 예의 바르다 **拒绝** jùjué 동 거절하다 **自信** zìxìn 형 자신감 있다
开心 kāixīn 형 즐겁다 **紧张** jǐnzhāng 형 긴장하다, 불안하다 **受到** shòudào 동 받다
别人 biérén 대 다른 사람, 타인 **表扬** biǎoyáng 동 칭찬하다 **往往** wǎngwǎng 부 종종

选择 xuǎnzé 동 선택하다 **好像** hǎoxiàng 부 마치~와 같다
愿意 yuànyì 동 달가워하다, ~하기를 바라다 **接受** jiēshòu 동 받아들이다 **其实** qíshí 부 사실
表示 biǎoshì 동 표시하다, 나타내다 **不管** bùguǎn 접 ~든지, ~을 막론하고

7-9

A 禁止	B 性格	C 轻松	A 금지하다	B 성격	C 홀가분하다

어휘 **禁止** jìnzhǐ 동 금지하다 **性格** xìnggé 명 성격 **轻松** qīngsōng 형 홀가분하다, 수월하다

7 一般来说，(**B 性格**)幽默的人喜欢和别人聊天。

일반적으로, (**B 성격**)이 유머러스한 사람은 다른 사람과 이야기하는 것을 좋아한다.

해설 빈칸 뒤에 성격을 나타내는 **幽默**(유머러스하다)가 있으므로 명사 B **性格**(성격)가 정답이다. 참고로, **性格**는 '**性格** + 성격 표현' 형태로 자주 출제된다는 것을 알아두자.

어휘 **幽默** yōumò 형 유머러스하다 **别人** biérén 대 다른 사람, 타인 **聊天** liáotiān 동 이야기하다

8 这座不符合安全标准的大桥已经被(**A 禁止**)使用。

안전 기준에 부합하지 않는 이 큰 다리는 이미 사용하는 것이 (**A 금지**) 되었다.

해설 빈칸 뒤에 동사 **使用**(사용하다)이 있으므로, 동사를 목적어로 가질 수 있으면서 **已经被(　　)使用**(이미 사용하는 것이 ____되었다)이라는 문맥에 어울리는 동사 A **禁止**(금지하다)이 정답이다.

어휘 **符合** fúhé 동 부합하다 **安全** ānquán 형 안전하다 **标准** biāozhǔn 명 기준, 표준
桥 qiáo 명 다리 shǐyòng 동 사용하다

9 A: 好久不见，你最近过得怎么样?
B: 挺好的，最近没什么压力，过得很(**C 轻松**)。

A: 오랜만이에요. 최근에 어떻게 지내요?
B: 아주 좋아요. 최근에 어떤 스트레스도 없어서, 매우 (**C 홀가분하게**) 지내요.

해설 빈칸 앞에 정도부사 **很**(매우)이 있으므로, 형용사 C **轻松**(홀가분하다)이 정답이다.

어휘 **最近** zuìjìn 명 최근 **挺** tǐng 부 아주, 꽤 **压力** yālì 명 스트레스

정답 및 해석·해설

10

A 我也是其中之一	A 나도 그중 하나이다
B 很多人不喜欢早晨锻炼身体	B 많은 사람들은 새벽에 몸을 단련하는 것을 좋아하지 않는다
C 我觉得早上不应该起太早	C 나는 아침에 너무 일찍 일어나면 안 된다고 생각한다

해설 **Step 1**

A에 인칭대사 **其中**(그중)이 있고, B의 **很多人**(많은 사람들)이 **其中**의 **其**(그것)가 가리키는 구체적 대상이므로 A는 문장의 맨 앞에 올 수 없다. 따라서 B와 C가 첫 순서의 후보이다.

Step 2

A의 **其中**(그중)의 **其**(그)는 B의 **很多人**(많은 사람들)을 가리키므로 B → A의 순서로 배열한다. (B → A)
문맥상 C **我觉得早上不应该起太早**(나는 아침에 너무 일찍 일어나면 안 된다고 생각한다)가 B → A의 근거이므로 C를 B → A 뒤에 배열한다. (B → A → C)

완성된 문장

B 很多人不喜欢早晨锻炼身体，A 我也是其中之一，C 我觉得早上不应该起太早。
B 많은 사람들은 새벽에 몸을 단련하는 것을 좋아하지 않는데, A 나도 그중 하나이다. C 나는 아침에 너무 일찍 일어나면 안 된다고 생각한다.

어휘 **其中** qízhōng 대 그중 **早晨** zǎochen 명 새벽, 이른 아침 **锻炼** duànliàn 동 (몸을) 단련하다
起 qǐ 동 일어나다

11

A 一有消息，我们会马上通知你的	A 소식이 있으면, 저희가 바로 알려드릴 것입니다
B 还有你的联系电话写在这张表上	B 그리고 당신 연락처를 이 표에 작성해주세요
C 请把你的姓名和护照号码	C 당신의 이름과 여권 번호를

해설 **Step 1**

C의 **请**(~해주세요)은 주로 문장 맨 앞에 위치하므로 C **请把你的姓名和护照号码**(당신의 이름과 여권 번호를)를 첫 순서로 고른다. (C →)

Step 2

B의 병렬을 나타내는 접속사 **还有**(그리고)가 C의 **你的姓名和护照号码**(당신의 이름과 여권 번호)와 B의 **你的联系电话**(당신 연락처)를 연결해 주므로 B를 C 뒤에 배열한다. (C → B)
남은 A **一有消息，我们会马上通知你的**(소식이 있으면, 저희가 바로 알려드릴 것입니다)가 문맥상 문장의 맨 마지막에 오는 것이 자연스러우므로 A를 B 뒤에 배열한다. (C → B → A)

완성된 문장

C 请把你的姓名和护照号码，B 还有你的联系电话写在这张表上，A 一有消息，我们会马上通知你的。
C 당신의 이름과 여권 번호 B 그리고 당신 연락처를 이 표에 작성해주세요. A 소식이 있으면, 저희가 바로 알려드릴 것입니다.

어휘 **消息** xiāoxi 명 소식, 정보 **马上** mǎshàng 부 바로 **通知** tōngzhī 동 알리다 **联系** liánxì 동 연락하다
张 zhāng 양 장[종이 등을 세는 단위] **姓名** xìngmíng 명 이름, 성명 **护照** hùzhào 명 여권

12 他之前是一位有名的记者，为了照顾病重的母亲，他只好放弃原来的工作，专门留在家里。虽然有点可惜，但他不后悔。

그는 이전에 유명한 기자였는데, 병이 심한 어머니를 돌보기 위해, 그는 어쩔 수 없이 원래의 일을 포기하고, 오로지 집에만 있었다. 비록 조금 아쉽긴 하지만, 그는 후회하지 않는다.

★ 关于他，可以知道：
A 已经后悔了
B 喜欢留在家里
C 不得不放弃工作
D 不喜欢以前的工作

★ 그에 관해, 알 수 있는 것은:
A 이미 후회한다
B 집에 계속 있는 것을 좋아한다
C 어쩔 수 없이 일을 포기했다
D 이전의 일을 좋아하지 않는다

해설 질문의 **他**(그)와 관련된 부분을 지문에서 찾아 주의 깊게 읽는다. 지문에서 **他只好放弃原来的工作**(그는 어쩔 수 없이 원래의 일을 포기하고)라고 하였으므로 C **不得不放弃工作**(어쩔 수 없이 일을 포기했다)를 정답으로 선택한다.

어휘 **有名** yǒumíng 형 유명하다 **记者** jìzhě 명 기자 **照顾** zhàogù 동 돌보다, 보살피다
病 bìng 명 병 **母亲** mǔqīn 명 어머니 **只好** zhǐhǎo 부 어쩔 수 없이 **放弃** fàngqì 동 포기하다
原来 yuánlái 형 원래의 **专门** zhuānmén 부 오로지 **可惜** kěxī 형 아쉽다, 섭섭하다
后悔 hòuhuǐ 동 후회하다, 뉘우치다

13 中国功夫是中国文化的重要部分。要正确地理解功夫，就要先了解中国人对生命和世界的看法。他们认为学习功夫并不是用来和人竞争，而是通过锻炼来提高自己，并用它来帮助有需要的人。

중국 쿵후는 중국 문화의 중요한 부분이다. 정확하게 쿵후를 이해하려면, 생명과 세계에 대한 중국인의 견해를 먼저 잘 알아야 한다. 그들은 쿵후를 배우는 것이 결코 다른 사람과 경쟁하기 위함이 아닌, 단련을 통해 자신을 향상시키는 것이며, 게다가 이것으로 필요한 사람을 돕는 것이라고 생각한다.

★ 中国人认为学习功夫可以：
A 赢得成功　　**B 帮助别人**
C 学习中国文化　　D 了解生命和世界

★ 중국인은 쿵후를 배우는 것이 무엇을 할 수 있다고 생각하는가:
A 성공을 얻다　　**B 다른 사람을 돕다**
C 중국 문화를 배우다　D 생명과 세계를 이해하다

해설 질문의 **中国人认为学习功夫可以**(중국인은 쿵후를 배우는 것이 무엇을 할 수 있다고 생각하는가)와 관련된 부분을 지문에서 찾아 주의 깊게 읽는다. 지문에서 **中国人……他们认为学习功夫……用它来帮助有需要的人**(중국인 …… 그들은 쿵후를 배우는 것 …… 이것으로 필요한 사람을 돕는 것이라고 생각한다)이라고 하였으므로, B **帮助别人**(다른 사람을 돕다)을 정답으로 선택한다.

어휘 **功夫** gōngfu 명 쿵후, 무술 **文化** wénhuà 명 문화 **重要** zhòngyào 형 중요하다
部分 bùfen 명 부분 **正确** zhèngquè 형 정확하다 **理解** lǐjiě 동 이해하다, 알다
了解 liǎojiě 동 잘 알다, 이해하다 **生命** shēngmìng 명 생명 **世界** shìjiè 명 세계, 세상
看法 kànfǎ 명 견해 **竞争** jìngzhēng 동 경쟁하다 **通过** tōngguò 개 ~을 통해
锻炼 duànliàn 동 (몸을) 단련하다 **提高** tígāo 동 향상시키다 **自己** zìjǐ 대 자신, 자기
帮助 bāngzhù 동 돕다 **需要** xūyào 동 필요하다 **赢得** yíngdé 동 얻다, 획득하다
成功 chénggōng 명 성공 **别人** biérén 대 다른 사람, 타인

정답 및 해석·해설

14

进行了 今天的 小时 比赛 差不多三个	→	명사+的	명사	동사+了	부사+수사+양사	명사
		今天的	**比赛**	**进行了**	**差不多三个**	**小时。**
		관형어	주어	술어	시량보어	

해석 오늘의 경기는 거의 3시간 동안 진행되었다.

해설 **술어 배치하기**
제시된 어휘 중 '동사+了' 형태의 **进行了**(진행했다)를 술어 자리에 바로 배치한다.

주어 배치하기
명사 **比赛**(경기)와 **小时**(시간) 중 술어 **进行了**(진행했다)와 문맥상 주어로 어울리는 **比赛**를 주어 자리에 배치한다.

문장 완성하기
小时(시간)은 **差不多三个**(거의 3~)와 **差不多三个小时**(거의 3시간 동안)으로 연결한 후, 술어 **进行了**(진행했다) 뒤에 보어로 배치한다. 남은 어휘 **今天的**(오늘의)는 주어 **比赛**(경기) 앞에 관형어로 배치하여 문장을 완성한다. 따라서 **今天的比赛进行了差不多三个小时。**(오늘의 경기는 거의 3시간 동안 진행되었다.)이 정답이다.

어휘 **进行** jìnxíng 동 진행하다 **比赛** bǐsài 명 경기, 시합 **差不多** chàbuduō 부 거의

15

停着 几辆 加油站里 汽车	→	명사+명사	동사+着	수사+양사	명사
		加油站里	**停着**	**几辆**	**汽车。**
		주어	술어	관형어	목적어

해석 주유소 안에는 자동차 몇 대가 세워져 있다.

해설 **술어 배치하기**
제시된 어휘 중 존재함을 의미하는 '동사+着' 형태의 **停着**(세워져 있다)와 장소를 나타내는 명사 **加油站里**(주유소 안)가 있으므로, 존현문을 완성해야 한다. **停着**를 술어 자리에 배치한다.

주어와 목적어 배치하기
장소명사 **加油站里**(주유소 안)를 주어 자리에 배치하고, 명사 **汽车**(자동차)를 목적어 자리에 배치한다.

문장 완성하기
남은 어휘인 '수사+양사' 형태의 **几辆**(몇 대)을 목적어 **汽车**(자동차) 앞 관형어 자리에 배치하여 문장을 완성한다. 따라서 **加油站里停着几辆汽车。**(주유소 안에는 자동차 몇 대가 세워져 있다.)가 정답이다.

어휘 **停** tíng 동 서다, 멈추다 **加油站** jiāyóuzhàn 명 주유소 **辆** liàng 양 대[차량을 세는 단위]
汽车 qìchē 명 자동차

16

禁止 jìnzhǐ
㊜ 금지하다

해설

step 1 문장 떠올리기

모두 주의해 주세요. 이곳은 사진 찍는 것을 금지합니다.

step 2 떠올린 문장 쓰기

请大家注意，这里禁止拍照。

+ 모범답안 ① **请大家注意，这里禁止拍照。**
모두 주의해 주세요. 이곳은 사진 찍는 것을 금지합니다.

② **为了保护动物，在动物园里禁止拍照。**
동물을 보호하기 위해, 동물원에서는 사진 찍는 것을 금지합니다.

③ **里面禁止拍照，请把照相机存在这里。**
안에서 사진 찍는 것을 금지합니다. 카메라를 이곳에 보관하세요.

어휘 **注意** zhùyì ㊜ 주의하다 **拍照** pāizhào ㊜ 사진을 찍다 **为了** wèile ㊍ ~을 위해
保护 bǎohù ㊜ 보호하다 **动物园** dòngwùyuán ㊔ 동물원 **照相机** zhàoxiàngjī ㊔ 카메라, 사진기
存 cún ㊜ 보관하다, 두다

정답 및 해석·해설

HSK 4급 미니 실전모의고사3

p.510

1 ✓ 2 X 3 A 4 C 5 A 6 D 7 B 8 C 9 A 10 ABC 11 ACB 12 A 13 B

14 他把这份材料研究了一下。 15 我认为读书对提高阅读能力有好处。

16 [모범답안] 我已经把我的房间收拾好了。

1

★ 有人在失败当中看到成功的机会。 ( )	★ 어떤 사람은 실패 속에서 성공의 기회를 본다. (✓)
有人认为失败是让人害怕的，其实并不如此。因为如果一个人能及时地接受并总结经验，那么即使他现在失败，以后也会成功。	어떤 사람은 실패는 사람을 두렵게 하는 것이라고 생각하는데, 사실 결코 이와 같지 않다. 왜냐하면 만약 한 사람이 곧바로 받아들일 수 있고, 경험을 종합할 수 있다면, 설령 그가 지금 실패했다고 하더라도, 이후에는 성공할 수 있을 것이다.

해설 문장이 **有人在失败当中看到成功的机会。**(어떤 사람은 실패 속에서 성공의 기회를 본다.)라는 내용이므로 지문에서 이 내용이 언급되는지를 주의 깊게 듣는다. 지문에서 **如果一个人能及时地接受并总结经验，那么即使他现在失败，以后也会成功**(만약 한 사람이 곧바로 받아들일 수 있고, 경험을 종합할 수 있다면, 설령 그가 지금 실패했다고 하더라도, 이후에는 성공할 수 있을 것이다)이라고 했다. 따라서 문장과 지문의 내용은 일치한다.

어휘 **失败** shībài 동 실패하다 **成功** chénggōng 명 성공 **机会** jīhuì 명 기회 **认为** rènwéi 동 생각하다
害怕 hàipà 동 두려워하다 **其实** qíshí 부 사실 **如此** rúcǐ 대 이와 같다 **如果** rúguǒ 접 만약
及时 jíshí 부 곧바로 **接受** jiēshòu 동 받아들이다, 수락하다 **总结** zǒngjié 동 종합하다
经验 jīngyàn 명 경험 **即使** jíshǐ 접 설령 ~하더라도

2

★ 面试时常问对优点的看法。 ( )	★ 면접을 볼 때 장점에 대한 의견을 자주 묻는다. (X)
面试时常问的问题之一，就是你是否了解自己的缺点，因为他们想知道你对自己的认识。	면접에서 자주 묻는 질문 중 하나는 당신이 자신의 단점을 이해하고 있는지 아닌지이다. 왜냐하면 그들은 당신의 자신에 대한 인식을 알고 싶어하기 때문이다.

해설 문장이 **面试时常问对优点的看法。**(면접을 볼 때 장점에 대한 의견을 자주 묻는다.)라는 내용이므로 지문에서 이 내용이 언급되는지를 주의 깊게 듣는다. 지문에서 **面试时常问的问题之一，就是你是否了解自己的缺点**(면접에서 자주 묻는 질문 중 하나는 당신이 자신의 단점을 이해하고 있는지 아닌지이다)이라고 했으므로, 면접에서 단점에 대한 의견을 자주 묻는 것을 알 수 있다. 따라서 문장과 지문의 내용은 일치하지 않는다.

어휘 **面试** miànshì 동 면접 시험을 보다 **优点** yōudiǎn 명 장점 **看法** kànfǎ 명 의견, 견해
是否 shìfǒu 부 ~인지 아닌지 **了解** liǎojiě 동 이해하다 **自己** zìjǐ 대 자신, 자기
缺点 quēdiǎn 명 단점

3

A 应聘	B 招聘	A 지원하다	B 채용하다
C 报名	D 表演	C 신청하다	D 공연하다

男：毕业以后，我想继续读研究生，你呢？
女：我下午去应聘记者，如果通过了，我就先工作。

问：女的下午去干什么？

남: 졸업한 이후에 나는 이어서 대학원 공부를 하려고 하는데, 너는?
여: 나는 오후에 기자 지원하러 가. 만약 통과하면 나는 먼저 일을 하려고 해.

질문: 여자는 오후에 무엇을 하러 가는가?

해설 제시된 보기가 모두 행동 표현이므로 대화를 들을 때 화자 또는 특정 인물이 하고 있거나 하려는 행동이 무엇인지를 주의 깊게 듣는다. 여자가 **我下午去应聘记者**(나는 오후에 기자 지원하러 가)라고 했다. 질문이 여자는 오후에 무엇을 하러 가는지를 물었으므로 A **应聘**(지원하다)을 정답으로 선택한다.

어휘 **应聘** yìngpìn 동 (회사 등에) 지원하다 **招聘** zhāopìn 동 채용하다, 모집하다
报名 bàomíng 동 신청하다 **表演** biǎoyǎn 동 공연하다 **毕业** bìyè 동 졸업하다
继续 jìxù 동 이어서 ~하다, 계속하다 **研究生** yánjiūshēng 명 대학원생 **记者** jìzhě 명 기자
如果 rúguǒ 접 만약 **通过** tōngguò 동 통과하다

4

A 听到好消息	B 买了专业书	A 좋은 소식을 듣다	B 전공책을 샀다
C 拿到奖学金	D 报了英语班	**C 장학금을 받다**	D 영어 클래스를 등록했다

女：听说你拿到了今年的校长奖学金，真为你高兴。
男：谢谢。我听到这个消息后都不敢相信是真的。
女：这些钱你计划怎么使用呢？
男：我打算再买一些专业书，另外再报个英语班，提高一下我的英语水平。

问：女的祝贺男的什么？

여: 듣자 하니 네가 올해의 교장 장학금을 받았다고 하던데, 정말 기쁘다.
남: 고마워. 나는 이 소식을 듣고 나서 감히 진짜인지 믿을 수 없었어.
여: 이 돈을 너는 어떻게 사용할 계획이야?
남: 나는 전공 책 몇 권을 더 사고, 나머지는 영어 클래스를 등록해서 내 영어 수준을 좀 높이려고 해.

질문: 여자는 남자의 무엇을 축하하는가?

해설 제시된 보기가 모두 행동 표현이므로 대화를 들을 때 화자 또는 특정 인물이 하고 있거나 하려는 행동이 무엇인지를 주의 깊게 듣는다. 여자가 **听说你拿到了今年的校长奖学金，真为你高兴。**(듣자 하니 네가 올해의 교장 장학금을 받았다고 하던데, 정말 기쁘다.)이라고 하자, 남자가 **谢谢。**(고마워.)라고 했다. 질문이 여자는 남자의 무엇을 축하하는지를 물었으므로 C **拿到奖学金**(장학금을 받다)을 정답으로 선택한다.

어휘 **消息** xiāoxi 명 소식, 정보 **专业** zhuānyè 명 전공 **拿** ná 동 받다, 타다
奖学金 jiǎngxuéjīn 명 장학금 **班** bān 명 클래스, 반 **校长** xiàozhǎng 명 교장
不敢 bùgǎn 동 감히 ~하지 못하다 **相信** xiāngxìn 동 믿다, 신뢰하다 **计划** jìhuà 동 계획하다
使用 shǐyòng 동 사용하다

정답 및 해석·해설

5-6

5. **A 公园**	B 花店	5. **A 공원**	B 꽃가게
C 酒店	D 植物园	C 호텔	D 식물원
6. A 饭菜很贵	B 水果很多	6. A 음식이 비싸다	B 과일이 많다
C 泉水很甜	**D 景色很美**	C 샘물이 달다	**D 풍경이 아름답다**

第5到6题是根据下面一段话:

[5]这是一个很漂亮的国家公园，公园里四季都开满了各种颜色的花，公园周围有高山、森林、河流和果园。来到这里，[6]除了美丽的景色外，你还可以尝到用新鲜水果做的果汁，喝到山上的泉水，吃到美味的饭菜。

5-6번 문제는 다음 내용에 근거한다.

[5]이곳은 아름다운 국가 공원이며, 공원 안에는 사계절 내내 각양각색의 꽃이 피어 있다. 공원 주변에는 높은 산, 숲, 하천과 과수원이 있다. 이곳에 오면, [6]아름다운 풍경 이외에도, 신선한 과일로 만든 과일 주스를 맛볼 수 있고, 산 위의 샘물을 마실 수 있고, 맛있는 음식을 먹을 수 있다.

5. 文章主要介绍了什么?
6. 关于这个地方，下列哪项正确?

5. 이 글은 주로 무엇을 소개하는가?
6. 이곳에 관해, 다음 중 옳은 것은 무엇인가?

해설 **보기 읽기**

각 문제의 보기를 읽고, 단문의 종류를 예상하기 어려운 경우, 보기와 관련된 내용을 주의 깊게 듣는다. 5번의 장소 보기와 6번의 **饭菜**(음식), **水果**(과일), **泉水**(샘물), **景色**(풍경)를 읽고, 이와 관련된 내용이 단문에서 언급되는지 주의 깊게 듣는다.

단문 듣기

단문 초반의 **这是一个很漂亮的国家公园**(이곳은 아름다운 국가 공원이며)을 듣고, 5번의 A **公园**(공원)을 체크해 둔다.

단문 중반의 **除了美丽的景色外**(아름다운 풍경 이외에도)를 듣고, 6번의 D **景色很美**(풍경이 아름답다)를 체크해 둔다.

질문 듣고 정답 선택하기

5. 질문이 이 글이 주로 무엇을 소개하는지를 물었으므로 A **公园**(공원)을 정답으로 선택한다.
6. 질문이 이곳에 관해, 옳은 것이 무엇인지를 물었으므로 D **景色很美**(풍경이 아름답다)를 정답으로 선택한다.

어휘 **公园** gōngyuán 명 공원 **花店** huādiàn 명 꽃가게 **酒店** jiǔdiàn 명 호텔, 식당
植物园 zhíwùyuán 명 식물원 **饭菜** fàncài 명 음식, 식사 **泉水** quánshuǐ 명 샘물
甜 tián 형 달다 **景色** jǐngsè 명 풍경 **国家** guójiā 명 국가 **四季** sìjì 명 사계절
各种 gèzhǒng 형 각종의 **周围** zhōuwéi 명 주변, 주위 **森林** sēnlín 명 숲 **河流** héliú 명 하천
果园 guǒyuán 명 과수원 **除了** chúle 개 ~외에 **美丽** měilì 형 아름답다 **尝** cháng 동 맛보다
新鲜 xīnxiān 형 신선하다 **果汁** guǒzhī 명 (과일) 주스

7-9

A 共同	B 永远	C 养成	A 공통의	B 영원히	C 기르다

어휘 **共同** gòngtóng 형 공통의 **永远** yǒngyuǎn 부 영원히, 언제나 **养成** yǎngchéng 동 기르다

7 人的一生不可能(**B 永远**)顺利，一定会遇到这样或那样的困难。

사람의 일생은 (**B 영원히**) 순조로울 수 없으며, 반드시 이런 혹은 저런 어려움을 마주칠 것이다.

해설 빈칸이 주어 **人的一生**(사람의 일생)과 술어 **顺利**(순조롭다) 사이에 있으므로, 부사 B **永远**(영원히)이 정답이다.

어휘 **顺利** shùnlì 형 순조롭다 **一定** yídìng 부 반드시 **遇到** yùdào 동 마주치다, 만나다
困难 kùnnan 명 어려움

8 经过科学研究，人们发现(**C 养成**)一个好习惯只需要21天。

과학 연구를 통해, 사람들이 좋은 습관 하나를 (**C 기르는데**) 단지 21일만이 필요하다는 것을 발견했다.

해설 빈칸 뒤에 목적어 **一个好习惯**(좋은 습관 하나)이 있으므로, 동사 C **养成**(기르다)이 정답이다. 참고로, **养成好习惯**(좋은 습관을 기르다)은 자주 출제되는 표현이므로 한 덩어리로 외워두자.

어휘 **经过** jīngguò 동 통하다, 거치다 **科学** kēxué 명 과학 **研究** yánjiū 명 연구 동 연구하다
发现 fāxiàn 동 발견하다 **习惯** xíguàn 명 습관 동 익숙해지다

9 A: 真羡慕他们，结婚三十年了，仍然有聊不完的话。
B: 是啊，两个人生活在一起，有(**A 共同**)语言非常重要。

A: 그들이 정말 부러워, 결혼한지 삼 십 년이 되었는데, 여전히 할말이 많다니.
B: 맞아, 두 사람이 함께 생활하면서, (**A 공통의**) 언어가 있는 것은 아주 중요해.

해설 빈칸 뒤에 명사 **语言**(언어)이 있으므로, 형용사 A **共同**(공통의)이 정답이다. 참고로, **共同**은 주로 **的** 없이 명사를 생략하는 형용사임을 알아두자.

어휘 **羡慕** xiànmù 동 부러워하다 **结婚** jiéhūn 동 결혼하다 **仍然** réngrán 부 여전히, 변함없이
生活 shēnghuó 동 생활하다 **语言** yǔyán 명 언어 **重要** zhòngyào 형 중요하다

정답 및 해석·해설

10

A 生活中无论遇到什么困难，甚至很伤心的事 B 都应告诉好友或亲人 C 别只是放在自己心里不说	A 생활에서 어떤 어려움이나 심지어 슬픈 일을 마주치는 것에 관계없이 B 친한 친구나 가족에게 모두 알려야 한다 C 말하지 않고 자신의 마음 속에만 두지 말아라

해설 **Step 1**

B **都应告诉好友或亲人**(친한 친구나 가족에게 모두 알려야 한다)은 주어가 없으므로 문장의 맨 앞에 올 수 없다. 따라서 A **生活中无论遇到什么困难，甚至很伤心的事**(생활에서 어떤 어려움이나 심지어 슬픈 일을 마주치는 것에 관계없이)와 C **别只是放在自己心里不说**(말하지 않고 자신의 마음 속에만 두지 말아라)가 첫 순서의 후보이다. 참고로, 부사 **别**(~하지 마라)와 접속사 **无论**(~에 관계없이)이 있는 보기는 주어 없이 첫 순서가 될 수 있다.

Step 2

A의 **无论**(~에 관계없이)과 B의 **都**(모두)는 **无论……, 都……**(~에 관계없이, 모두~)라는 짝꿍 연결어로 사용되므로 A → B의 순서로 배열한다. (A → B)

C가 문장의 맨 마지막에 오는 것이 문맥상 자연스러우므로 C를 B 뒤에 배열한다. (A → B → C)

완성된 문장

A 生活中无论遇到什么困难，甚至很伤心的事，B 都应告诉好友或亲人，C 别只是放在自己心里不说。

A 생활에서 어떤 어려움이나 심지어 슬픈 일을 마주치는 것에 관계없이 B 친한 친구나 가족에게 모두 알려야 하며, C 말하지 않고 자신의 마음 속에만 두지 말아라

어휘 **生活** shēnghuó 명 생활 **无论** wúlùn 접 ~에 관계없이 **遇到** yùdào 동 마주치다, 맞닥뜨리다 **困难** kùnnan 명 어려움 **甚至** shènzhì 접 심지어 **伤心** shāngxīn 형 슬퍼하다, 마음 아파하다 **好友** hǎoyǒu 명 친한 친구 **亲人** qīnrén 명 가족, 직계 친족 **放** fàng 동 두다

11

A 这种绿色垃圾桶的样子很特别 B 而且质量也不错 C 不仅可以保护环境	A 이런 종류의 녹색 쓰레기통의 모양은 특이하다 B 게다가 품질도 좋다 C 환경을 보호할 수 있을 뿐만 아니라

해설 **Step 1**

B **而且质量也不错**(게다가 품질도 좋다)는 주어 없이 접속사 **而且**(게다가)로 시작하고, C **不仅可以保护环境**(환경을 보호할 수 있을 뿐만 아니라)도 주어가 없으므로 A **这种绿色垃圾桶的样子很特别**(이런 종류의 녹색 쓰레기통의 모양은 특이하다)를 첫 순서로 고른다. (A →)

Step 2

C의 **不仅**(~뿐만 아니라)과 B의 **而且**(게다가)는 **不仅……, 而且……**(~뿐만 아니라, 게다가~)라는 짝꿍 연결어로 사용되므로 C → B의 순서로 A 뒤에 배열한다. (A → C → B)

완성된 문장

A 这种绿色垃圾桶的样子很特别，C 不仅可以保护环境，B 而且质量也不错。

A 이런 종류의 녹색 쓰레기통의 모양은 특이하며, C 환경을 보호할 수 있을 뿐만 아니라, B 게다가 품질도 좋다

어휘 **绿色** lǜsè 명 녹색 **垃圾桶** lājītǒng 명 쓰레기통 **样子** yàngzi 명 모양, 모습
特别 tèbié 형 특이하다, 특별하다 **而且** érqiě 접 게다가 **质量** zhìliàng 명 품질
不仅 bùjǐn 접 ~뿐만 아니라 **保护** bǎohù 동 보호하다 **环境** huánjìng 명 환경

12

下周我们学校将有一场京剧表演，到时候会有许多演员来到学校参加演出。听说那场京剧在国内非常有名，还获得了一项重要的大奖。如果想去看，可以通过学校的网站买票。数量不多，剩下的时间不多了！

★ 根据这段话，下面哪个正确？
A 京剧很有名 B 演员不专业
C 票已经没了 D 票数量很多

다음 주에 우리 학교에서 경극 공연이 있을 것입니다. 그 때가 되면 많은 배우들이 학교에 와서 공연에 참여할 것입니다. 듣자 하니 그 경극은 국내에서 매우 유명하고, 게다가 중요한 대상을 받았다고 합니다. 만약 가서 보고 싶다면, 학교 홈페이지를 통해 표를 사면 됩니다. 수량이 많지 않고, 남은 시간이 많지 않습니다!

★ 단문에 근거하여, 다음 중 옳은 것은 무엇인가?
A 경극이 유명하다 B 배우가 전문적이지 않다
C 표가 이미 다 팔렸다 D 표 수량이 많다

해설 질문이 단문에 근거하여 옳은 것이 무엇인지를 물었다. 지문에서 **听说那场京剧在国内非常有名**(듣자 하니 그 경극은 국내에서 매우 유명하고)이라고 하였으므로, 이를 통해 알 수 있는 A **京剧很有名**(경극이 유명하다)을 정답으로 선택한다.

어휘 **下周** xiàzhōu 명 다음 주 **京剧** jīngjù 명 경극 **许多** xǔduō 수 (매우) 많다 **演员** yǎnyuán 명 배우
参加 cānjiā 동 참여하다, 참석하다 **演出** yǎnchū 명 공연 **有名** yǒumíng 형 유명하다
获得 huòdé 동 얻다 **重要** zhòngyào 형 중요하다 **大奖** dàjiǎng 명 대상, 큰 상
如果 rúguǒ 접 만약 **通过** tōngguò 개 ~를 통해 **网站** wǎngzhàn 명 홈페이지
数量 shùliàng 명 수량 **剩** shèng 동 남다

13

生活就像旅行，你永远不知道会遇到什么。当我们失败的时候，不要失望，也不要放弃。相反，要继续用积极、阳光的态度生活。

★ 这段主要讲的是：
A 旅行的感觉 **B 生活的态度**
C 不应该放弃 D 生活的基础

삶은 마치 여행과 같은데, 당신이 무엇을 마주칠지는 영원히 알 수 없다. 우리가 실패했을 때, 실망하지 말고, 포기하지도 말아라. 반대로, 계속 적극적이고, 밝은 태도로 생활해야 한다.

★ 이 지문에서 주로 말하는 것은:
A 여행의 느낌 **B 삶의 태도**
C 포기하면 안 된다 D 삶의 기초

해설 질문이 지문의 중심 내용을 물었다. 지문에서 **当我们失败的时候，不要失望，也不要放弃。相反，要继续用积极、阳光的态度生活。**(우리가 실패했을 때, 실망하지 말고, 또 포기하지도 말아라. 반대로, 계속 적극적이고, 밝은 태도로 생활해야 한다.)라고 하였으므로, 이를 통해 알 수 있는 B **生活的态度**(삶의 태도)를 정답으로 선택한다.

어휘 **生活** shēnghuó 명 삶, 생활 동 생활하다 **旅行** lǚxíng 동 여행하다
永远 yǒngyuǎn 부 영원히, 언제나 **遇到** yùdào 동 마주치다 **失败** shībài 동 실패하다

정답 및 해석·해설

失望 shīwàng 동 실망하다　放弃 fàngqì 동 포기하다　相反 xiāngfǎn 접 반대로
继续 jìxù 동 계속하다　积极 jījí 형 적극적이다　阳光 yángguāng 형 밝다, 명랑하다 명 햇빛
态度 tàidu 명 태도　感觉 gǎnjué 명 느낌　基础 jīchǔ 명 기초

14

这份材料　研究了　他把　一下 →

대사+개사	대사+양사+명사	동사+了	수량사
他把	这份材料	研究了	一下。
주어+把	행위의 대상	술어+了	수량보어
		기타성분	

해석 그는 이 자료를 한 번 연구했다.

해설 **把~술어 배치하기**
제시된 어휘 중 把가 있으므로, 把자문을 완성해야 한다. '동사+了' 형태의 **研究了**(연구했다)를 술어 자리에 배치하고, 把를 포함하고 있는 **他把**(그는 ~를)를 술어 앞에 배치한다. 참고로 **他把**에서 **他**(그)는 주어이다.

목적어(행위의 대상) 배치하기
'대사+양사+명사' 형태의 **这份材料**(이 자료)는 문맥상 술어 **研究了**(연구했다)의 대상이 되므로 **把** 다음 행위의 대상 자리에 배치한다.

문장 완성하기
남은 어휘인 수량사 **一下**는 술어 뒤에서 '한 번 ~하다'라는 의미를 나타내므로 술어 뒤 기타성분으로 배치해 문장을 완성한다. 따라서 **他把这份材料研究了一下。**(그는 이 자료를 한 번 연구했다.)가 정답이다.

어휘 份 fèn 양 부, 통[신문·문건 등을 세는 단위]　材料 cáiliào 명 자료, 데이터　研究 yánjiū 동 연구하다

15

对　有好处　读书　我认为　提高阅读能力 →

대사+동사	동사+목적어	개사	동사+동사+명사	동사+명사
我认为	读书	对	提高阅读能力	有好处。
주어+술어	주어2	부사어		술어2+목적어2
	목적어			

해석 나는 책을 읽는 것이 읽기 능력을 높이는 데에 좋은 점이 있다고 생각한다.

해설 **주어와 술어 배치하기**
제시된 어휘 중 **我认为**(나는 ~라고 생각한다)가 있으므로, **我认为**를 주어+술어 자리에 바로 배치한다. 참고로 **我认为**의 **认为**(~라고 생각하다)는 주술구 또는 주술목구를 목적어로 취할 수 있으므로 다른 동사와 함께 제시되더라도 술어 자리에 바로 배치할 수 있다.

목적어 배치하기
술어가 **认为**(~라고 생각하다)이고, 남은 어휘 중 **有**가 포함된 **有好处**(좋은 점이 있다)가 있으므로, **有**자문 형태의 목적어를 완성한다. **有**가 포함된 **有好处**를 술어2 자리에, '동사+목적어' 형태인 **读书**(책을 읽다)를 주어2 자리에 배치한다. 참고로, 동사나 동사구가 주어 자리에 올 수 있음을 알아두자.

문장 완성하기
남은 어휘 중 개사 对(~에)와 '동사+동사+명사' 형태의 **提高阅读能力**(읽기 능력을 높이다)를 **对提高阅读能**

力(읽기 능력을 높이는 데에) 형태의 개사구로 연결한 후, 술어2 **有好处**(좋은 점이 있다) 앞 부사어로 배치하여 문장을 완성한다. 따라서 **我认为读书对提高阅读能力有好处。**(나는 책을 읽는 것이 읽기 능력을 높이는 데에 좋은 점이 있다고 생각한다.)가 정답이다.

어휘 **好处** hǎochù 명 좋은 점, 장점 **认为** rènwéi 동 ~라고 생각하다 **提高** tígāo 동 높이다, 향상시키다 **阅读** yuèdú 동 (신문이나 책을) 읽다, 보다 **能力** nénglì 명 능력

16

收拾 shōushi
동 정리하다

해설

step 1 문장 떠올리기

나는 이미 내 방을 다 치웠다.

step 2 떠올린 문장 쓰기

我已经把我的房间收拾好了。

+ 모범답안 ① 我已经把我的房间收拾好了。
나는 이미 내 방을 다 치웠다.

② 你快点儿收拾你的房间。
당신 빨리 방을 치우세요.

③ 你能不能把这房间收拾一下？
이 방 좀 정리해주실 수 있나요?

어휘 房间 fángjiān 명 방

HSK 1-4급
필수 단어 1200

인덱스

암기한 단어, 더 오래~ 기억하는!

해커스 HSK 1-4급 단어장 인덱스 200% 활용법

혼자서 복습할 때 3초 체크!	스터디원과 함께 서로 체크!	시험 10분 전에 마지막 체크!
수록된 모든 단어를 훑어보며 3초 안에 뜻을 기억할 수 있는지 체크!	각자 3초 체크!를 진행하고, 잘 안 외워지는 단어는 스터디원과 체크!	시험 10분 전, 초록색으로 표시된 핵심 빈출 단어를 다시 한번 체크!

핵심 빈출 단어는 초록색으로 표시되어 있습니다.

A

☐	啊 3급	a	396
☐	阿姨 3급	āyí	22
☐	矮 3급	ǎi	196
☐	爱 1급	ài	159
☐	爱好 3급	àihào	245
☐	爱情 4급	àiqíng	406
☐	安静 3급	ānjìng	415
☐	安排 4급	ānpái	104
☐	安全 4급	ānquán	301
☐	按时 4급	ànshí	240
☐	按照 4급	ànzhào	336

B

☐	八 1급	bā	67
☐	把 3급	bǎ	131
☐	吧 2급	ba	247
☐	爸爸 1급	bàba	18
☐	白 2급	bái	427
☐	百 2급	bǎi	69
☐	百分之 4급	bǎifēnzhī	75
☐	班 3급	bān	367
☐	搬 3급	bān	414
☐	半 3급	bàn	70
☐	办法 3급	bànfǎ	317
☐	办公室 3급	bàngōngshì	479
☐	帮忙 3급	bāngmáng	350
☐	帮助 2급	bāngzhù	145
☐	棒 4급	bàng	237
☐	包 3급	bāo	381
☐	饱 3급	bǎo	53
☐	抱 4급	bào	389
☐	包子 4급	bāozi	57
☐	保护 4급	bǎohù	431
☐	保证 4급	bǎozhèng	422
☐	报名 4급	bàomíng	238
☐	抱歉 4급	bàoqiàn	186
☐	报纸 2급	bàozhǐ	264
☐	杯子 1급	bēizi	347
☐	北方 3급	běifāng	211
☐	北京 1급	Běijīng	209
☐	倍 4급	bèi	74
☐	被 3급	bèi	146
☐	本 1급	běn	262
☐	本来 4급	běnlái	218
☐	笨 4급	bèn	204
☐	鼻子 3급	bízi	282
☐	比 2급	bǐ	194
☐	比较 3급	bǐjiào	462
☐	笔记本 3급	bǐjìběn	266
☐	比如 4급	bǐrú	214
☐	比赛 3급	bǐsài	231
☐	必须 3급	bìxū	500
☐	毕业 4급	bìyè	41
☐	遍 4급	biàn	73
☐	变化 3급	biànhuà	430
☐	标准 4급	biāozhǔn	469
☐	表格 4급	biǎogé	421
☐	表示 4급	biǎoshì	170
☐	表演 4급	biǎoyǎn	398
☐	表扬 4급	biǎoyáng	44
☐	别 2급	bié	495
☐	别人 3급	biérén	462
☐	宾馆 2급	bīnguǎn	143
☐	冰箱 3급	bīngxiāng	350

A B C D E F G H I J K L M N O P Q R S T U V W X Y Z

핵심 빈출 단어는 초록색으로 표시되어 있습니다.

□	从 2급	cóng	313
□	从来 4급	cónglái	269
□	粗心 4급	cūxīn	182
□	存 4급	cún	300
□	错 2급	cuò	330
□	错误 4급	cuòwù	184

D

□	答案 4급	dá'àn	372
□	打扮 4급	dǎban	135
□	打电话 1급	dǎ diànhuà	379
□	打篮球 2급	dǎ lánqiú	230
□	打扰 4급	dǎrǎo	358
□	打扫 3급	dǎsǎo	350
□	打算 3급	dǎsuan	148
□	打印 4급	dǎyìn	488
□	打折 4급	dǎzhé	89
□	打针 4급	dǎzhēn	287
□	打招呼 4급	dǎ zhāohu	43
□	大 1급	dà	194
□	大概 4급	dàgài	76
□	大使馆 4급	dàshǐguǎn	302
□	大约 4급	dàyuē	75
□	戴 4급	dài	134
□	带 3급	dài	147
□	大夫 4급	dàifu	284
□	大家 2급	dàjiā	195
□	担心 3급	dānxīn	180
□	蛋糕 3급	dàngāo	52
□	当 4급	dāng	40
□	当然 3급	dāngrán	213
□	当时 4급	dāngshí	106
□	刀 4급	dāo	358
□	导游 4급	dǎoyóu	39
□	到 2급	dào	330
□	倒 4급	dào	355
□	到处 4급	dàochù	436
□	到底 4급	dàodǐ	338
□	道歉 4급	dàoqiàn	304
□	得 2급	de	114
□	地 3급	de	163
□	的 1급	de	210
□	得意 4급	déyì	168
□	得 4급	děi	286
□	灯 3급	dēng	352
□	登机牌 4급	dēngjīpái	149
□	等 2급	děng	295
□	等 4급	děng	388
□	低 4급	dī	120
□	底 4급	dǐ	105
□	点 1급	diǎn	97
□	电脑 1급	diànnǎo	477
□	电视 1급	diànshì	347
□	电梯 3급	diàntī	416
□	电影 1급	diànyǐng	395
□	电子邮件 3급	diànzǐ yóujiàn	480
□	掉 4급	diào	432
□	调查 4급	diàochá	483
□	弟弟 2급	dìdi	20
□	地点 4급	dìdiǎn	421
□	地方 3급	dìfang	333
□	地球 4급	dìqiú	438
□	地铁 3급	dìtiě	316
□	地图 3급	dìtú	334
□	第一 2급	dìyī	69

핵심 빈출 단어는 초록색으로 표시되어 있습니다.

□	附近 3급	fùjìn	413
□	付款 4급	fùkuǎn	92
□	父亲 4급	fùqīn	24
□	复习 3급	fùxí	373
□	复印 4급	fùyìn	488
□	复杂 4급	fùzá	28
□	负责 4급	fùzé	486

G

□	改变 4급	gǎibiàn	216
□	干杯 4급	gānbēi	167
□	干净 3급	gānjìng	351
□	赶 4급	gǎn	149
□	敢 4급	gǎn	504
□	感动 4급	gǎndòng	167
□	感兴趣 3급	gǎn xìngqù	247
□	感觉 4급	gǎnjué	168
□	感冒 3급	gǎnmào	279
□	感情 4급	gǎnqíng	168
□	感谢 4급	gǎnxiè	164
□	干 4급	gàn	383
□	刚 4급	gāng	300
□	刚才 3급	gāngcái	317
□	高 2급	gāo	120
□	高速公路 4급	gāosù gōnglù	337
□	高兴 1급	gāoxìng	159
□	告诉 2급	gàosu	460
□	胳膊 4급	gēbo	283
□	哥哥 2급	gēge	20
□	个 1급	gè	34
□	各 4급	gè	387
□	个子 3급	gèzi	196
□	给 2급	gěi	210
□	跟 3급	gēn	147
□	根据 3급	gēnjù	444
□	更 3급	gèng	281
□	功夫 4급	gōngfu	217
□	公共汽车 2급	gōnggòng qìchē	312
□	公斤 3급	gōngjīn	72
□	公里 4급	gōnglǐ	335
□	公司 2급	gōngsī	477
□	公园 3급	gōngyuán	429
□	工资 4급	gōngzī	485
□	工作 1급	gōngzuò	477
□	共同 4급	gòngtóng	251
□	狗 1급	gǒu	245
□	够 4급	gòu	72
□	购物 4급	gòuwù	89
□	估计 4급	gūjì	472
□	鼓励 4급	gǔlì	164
□	顾客 4급	gùkè	90
□	故事 3급	gùshi	396
□	故意 4급	gùyì	186
□	刮风 3급	guāfēng	118
□	挂 4급	guà	354
□	关 3급	guān	415
□	关键 4급	guānjiàn	470
□	关系 3급	guānxi	23
□	关心 3급	guānxīn	211
□	关于 3급	guānyú	444
□	观众 4급	guānzhòng	400
□	管理 4급	guǎnlǐ	44
□	光 4급	guāng	434
□	广播 4급	guǎngbō	387
□	广告 4급	guǎnggào	305

□	逛 4급	guàng	90
□	规定 4급	guīdìng	150
□	贵 2급	guì	84
□	国籍 4급	guójí	390
□	国际 4급	guójì	385
□	国家 3급	guójiā	266
□	果汁 4급	guǒzhī	59
□	过 3급	guò	332
□	过程 4급	guòchéng	504
□	过去 3급	guòqù	446
□	过 2급	guo	459

H

□	还 2급	hái	278
□	还是 3급	háishi	163
□	孩子 2급	háizi	21
□	海洋 4급	hǎiyáng	256
□	害怕 3급	hàipà	180
□	害羞 4급	hàixiū	204
□	寒假 4급	hánjià	374
□	汗 4급	hàn	236
□	汉语 1급	Hànyǔ	209
□	航班 4급	hángbān	150
□	好 1급	hǎo	112
□	好吃 2급	hǎochī	50
□	好处 4급	hǎochù	237
□	好像 4급	hǎoxiàng	199
□	号 1급	hào	100
□	号码 4급	hàomǎ	76
□	喝 1급	hē	49
□	和 1급	hé	293
□	合格 4급	hégé	471
□	合适 4급	héshì	91
□	盒子 4급	hézi	255
□	黑 2급	hēi	115
□	黑板 3급	hēibǎn	370
□	很 1급	hěn	129
□	红 2급	hóng	160
□	厚 4급	hòu	131
□	后悔 4급	hòuhuǐ	184
□	后来 3급	hòulái	118
□	后面 1급	hòumian	329
□	互联网 4급	hùliánwǎng	448
□	护士 4급	hùshi	286
□	互相 4급	hùxiāng	25
□	护照 3급	hùzhào	146
□	花 3급	huā	88
□	花 3급	huā	429
□	画 3급	huà	247
□	怀疑 4급	huáiyí	504
□	坏 3급	huài	428
□	欢迎 3급	huānyíng	196
□	还 3급	huán	265
□	环境 3급	huánjìng	428
□	换 3급	huàn	349
□	黄河 3급	Huánghé	215
□	回 1급	huí	246
□	回答 3급	huídá	480
□	回忆 4급	huíyì	168
□	会 1급	huì	228
□	会议 3급	huìyì	478
□	活动 4급	huódòng	89
□	活泼 4급	huópō	199
□	火 4급	huǒ	434
□	火车站 2급	huǒchēzhàn	312

핵심 빈출 단어는 초록색으로 표시되어 있습니다.

□	获得 4급	huòdé	399
□	或者 3급	huòzhě	162

J

□	机场 2급	jīchǎng	143
□	基础 4급	jīchǔ	373
□	鸡蛋 2급	jīdàn	51
□	激动 4급	jīdòng	167
□	几乎 3급	jīhū	72
□	机会 3급	jīhuì	212
□	积极 4급	jījí	198
□	积累 4급	jīlěi	465
□	极 3급	jí	447
□	及时 4급	jíshí	487
□	即使 4급	jíshǐ	272
□	几 1급	jǐ	68
□	寄 4급	jì	301
□	记得 3급	jìde	162
□	计划 4급	jìhuà	252
□	季节 3급	jìjié	116
□	既然 4급	jìrán	154
□	技术 4급	jìshù	448
□	继续 4급	jìxù	472
□	记者 4급	jìzhě	39
□	家 1급	jiā	411
□	加班 4급	jiābān	488
□	家具 4급	jiājù	419
□	加油站 4급	jiāyóuzhàn	322
□	假 4급	jiǎ	449
□	价格 4급	jiàgé	89
□	坚持 4급	jiānchí	501
□	检查 3급	jiǎnchá	280
□	简单 3급	jiǎndān	232
□	减肥 4급	jiǎnféi	233
□	减少 4급	jiǎnshǎo	449
□	件 2급	jiàn	85
□	健康 3급	jiànkāng	227
□	见面 3급	jiànmiàn	135
□	建议 4급	jiànyì	284
□	将来 4급	jiānglái	42
□	讲 3급	jiǎng	281
□	奖金 4급	jiǎngjīn	486
□	降低 4급	jiàngdī	121
□	降落 4급	jiàngluò	148
□	交 4급	jiāo	302
□	教 3급	jiāo	368
□	骄傲 4급	jiāo'ào	203
□	交流 4급	jiāoliú	26
□	郊区 4급	jiāoqū	254
□	交通 4급	jiāotōng	318
□	角 3급	jiǎo	82
□	脚 3급	jiǎo	283
□	饺子 4급	jiǎozi	56
□	叫 1급	jiào	193
□	教室 2급	jiàoshì	365
□	教授 4급	jiàoshòu	370
□	教育 4급	jiàoyù	372
□	接 3급	jiē	299
□	街道 3급	jiēdào	335
□	接受 4급	jiēshòu	469
□	接着 4급	jiēzhe	422
□	节 4급	jié	371
□	结果 4급	jiéguǒ	482
□	结婚 3급	jiéhūn	416
□	节目 3급	jiémù	398

K

핵심 빈출 단어는 초록색으로 표시되어 있습니다.

□	刻 3급	kè	98
□	课 2급	kè	364
□	客人 3급	kèrén	38
□	客厅 4급	kètīng	354
□	肯定 4급	kěndìng	321
□	空 4급	kōng / kòng	320
□	空气 4급	kōngqì	433
□	空调 3급	kōngtiáo	351
□	恐怕 4급	kǒngpà	288
□	口 3급	kǒu	415
□	哭 3급	kū	180
□	苦 4급	kǔ	285
□	块 1급	kuài	82
□	快 2급	kuài	115
□	快乐 2급	kuàilè	160
□	筷子 3급	kuàizi	54
□	矿泉水 4급	kuàngquánshuǐ	154
□	裤子 3급	kùzi	87
□	困 4급	kùn	469
□	困难 4급	kùnnan	501

L

□	拉 4급	lā	406
□	垃圾桶 4급	lājītǒng	355
□	辣 4급	là	56
□	来 1급	lái	311
□	来不及 4급	láibují	138
□	来得及 4급	láidejí	138
□	来自 4급	láizì	220
□	蓝 3급	lán	87
□	懒 4급	lǎn	357
□	浪费 4급	làngfèi	438
□	浪漫 4급	làngmàn	406
□	老 3급	lǎo	284
□	老虎 4급	lǎohǔ	251
□	老师 1급	lǎoshī	33
□	了 1급	le	35
□	累 2급	lèi	230
□	冷 1급	lěng	111
□	冷静 4급	lěngjìng	203
□	离 2급	lí	331
□	里 1급	li	263
□	离开 3급	líkāi	446
□	礼拜天 4급	lǐbàitiān	106
□	理发 4급	lǐfà	132
□	理解 4급	lǐjiě	270
□	礼貌 4급	lǐmào	203
□	礼物 3급	lǐwù	381
□	理想 4급	lǐxiǎng	169
□	厉害 4급	lìhai	287
□	力气 4급	lìqi	237
□	例如 4급	lìrú	272
□	历史 3급	lìshǐ	265
□	俩 4급	liǎ	42
□	连 4급	lián	471
□	联系 4급	liánxì	27
□	脸 3급	liǎn	132
□	练习 3급	liànxí	397
□	凉快 4급	liángkuai	119
□	两 2급	liǎng	65
□	辆 3급	liàng	315
□	聊天(儿) 3급	liáotiān(r)	248
□	了解 3급	liǎojiě	445
□	邻居 3급	línjū	416
□	零 2급	líng	69

핵심 빈출 단어는 초록색으로 표시되어 있습니다.

□	难受 4급	nánshòu	286
□	呢 1급	ne	443
□	内 4급	nèi	104
□	内容 4급	nèiróng	402
□	能 1급	néng	495
□	能力 4급	nénglì	373
□	你 1급	nǐ	17
□	年 1급	nián	99
□	年级 3급	niánjí	370
□	年龄 4급	niánlíng	27
□	年轻 3급	niánqīng	197
□	鸟 3급	niǎo	250
□	您 2급	nín	17
□	牛奶 2급	niúnǎi	52
□	弄 4급	nòng	384
□	努力 3급	nǔlì	366
□	暖和 4급	nuǎnhuo	119
□	女 2급	nǚ	36
□	女儿 1급	nǚ'ér	19

O

□	偶尔 4급	ǒu'ěr	122

P

□	爬山 3급	páshān	248
□	排队 4급	páiduì	302
□	排列 4급	páiliè	74
□	盘子 3급	pánzi	351
□	判断 4급	pànduàn	503
□	旁边 2급	pángbiān	413
□	胖 3급	pàng	196
□	跑步 2급	pǎobù	229
□	陪 4급	péi	137
□	朋友 1급	péngyou	18
□	皮肤 4급	pífū	288
□	啤酒 3급	píjiǔ	382
□	篇 4급	piān	267
□	便宜 2급	piányi	84
□	骗 4급	piàn	422
□	票 2급	piào	313
□	漂亮 1급	piàoliang	195
□	批评 4급	pīpíng	505
□	脾气 4급	píqi	184
□	皮鞋 3급	píxié	133
□	乒乓球 4급	pīngpāngqiú	235
□	苹果 1급	píngguǒ	50
□	平时 4급	píngshí	319
□	瓶子 3급	píngzi	351
□	破 4급	pò	417
□	葡萄 4급	pútao	59
□	普遍 4급	pǔbiàn	390
□	普通话 4급	pǔtōnghuà	213

Q

□	七 1급	qī	67
□	妻子 2급	qīzi	21
□	骑 3급	qí	315
□	其次 4급	qícì	454
□	奇怪 3급	qíguài	446
□	其实 3급	qíshí	416
□	其他 3급	qítā	148
□	其中 4급	qízhōng	288
□	起床 2급	qǐchuáng	380
□	起飞 3급	qǐfēi	148
□	起来 3급	qǐlai	231
□	气候 4급	qìhòu	119
□	千 2급	qiān	69

핵심 빈출 단어는 초록색으로 표시되어 있습니다.

□	社会 4급	shèhuì	388
□	谁 1급	shéi	193
□	深 4급	shēn	433
□	身体 2급	shēntǐ	278
□	申请 4급	shēnqǐng	467
□	什么 1급	shénme	35
□	甚至 4급	shènzhì	221
□	生病 2급	shēngbìng	278
□	生活 4급	shēnghuó	383
□	生命 4급	shēngmìng	454
□	生气 3급	shēngqì	181
□	生日 2급	shēngrì	295
□	生意 4급	shēngyi	487
□	声音 3급	shēngyīn	197
□	省 4급	shěng	435
□	剩 4급	shèng	321
□	失败 4급	shībài	185
□	师傅 4급	shīfu	338
□	失望 4급	shīwàng	185
□	十 1급	shí	67
□	十分 4급	shífēn	166
□	时候 1급	shíhou	99
□	实际 4급	shíjì	422
□	时间 2급	shíjiān	98
□	实在 4급	shízài	437
□	使 4급	shǐ	321
□	使用 4급	shǐyòng	450
□	是 1급	shì	33
□	试 3급	shì	86
□	是否 4급	shìfǒu	453
□	适合 4급	shìhé	119
□	世纪 4급	shìjì	216
□	世界 3급	shìjiè	398
□	事情 2급	shìqing	179
□	适应 4급	shìyìng	418
□	收 4급	shōu	466
□	收入 4급	shōurù	306
□	收拾 4급	shōushi	353
□	手表 2급	shǒubiǎo	85
□	首都 4급	shǒudū	151
□	手机 2급	shǒujī	379
□	首先 4급	shǒuxiān	133
□	瘦 3급	shòu	233
□	受不了 4급	shòubuliǎo	184
□	受到 4급	shòudào	471
□	售货员 4급	shòuhuòyuán	91
□	输 4급	shū	235
□	书 1급	shū	261
□	舒服 3급	shūfu	136
□	叔叔 3급	shūshu	22
□	熟悉 4급	shúxi	335
□	树 3급	shù	429
□	数量 4급	shùliàng	73
□	数学 3급	shùxué	368
□	数字 4급	shùzì	73
□	刷牙 3급	shuāyá	133
□	帅 4급	shuài	198
□	双 3급	shuāng	133
□	水 1급	shuǐ	229
□	水果 1급	shuǐguǒ	379
□	水平 3급	shuǐpíng	369
□	睡觉 1급	shuìjiào	379
□	顺便 4급	shùnbiàn	355
□	顺利 4급	shùnlì	152

T

A
B
C
D
E
F
G
H
I
J
K
L
M
N
O
P
Q
R
S
T
U
V
W
X
Y
Z

핵심 빈출 단어는 초록색으로 표시되어 있습니다.

☐	突然 3급	tūrán	430
☐	图书馆 3급	túshūguǎn	262
☐	推 4급	tuī	388
☐	推迟 4급	tuīchí	152
☐	腿 3급	tuǐ	282
☐	脱 4급	tuō	91

W

☐	袜子 4급	wàzi	90
☐	外 2급	wài	127
☐	完 2급	wán	264
☐	玩 2급	wán	396
☐	完成 3급	wánchéng	478
☐	完全 4급	wánquán	181
☐	碗 3급	wǎn	53
☐	晚上 2급	wǎnshang	102
☐	万 3급	wàn	70
☐	往 2급	wǎng	331
☐	网球 4급	wǎngqiú	236
☐	往往 4급	wǎngwǎng	252
☐	网站 4급	wǎngzhàn	451
☐	忘记 3급	wàngjì	298
☐	危险 4급	wēixiǎn	323
☐	喂 1급	wéi	459
☐	位 3급	wèi	37
☐	为 3급	wèi	296
☐	味道 4급	wèidao	55
☐	为了 3급	wèile	297
☐	卫生间 4급	wèishēngjiān	339
☐	为什么 2급	wèishénme	179
☐	温度 4급	wēndù	120
☐	文化 3급	wénhuà	214
☐	文章 4급	wénzhāng	267
☐	问 2급	wèn	146
☐	问题 2급	wèntí	364
☐	我 1급	wǒ	17
☐	我们 1급	wǒmen	17
☐	污染 4급	wūrǎn	436
☐	无 4급	wú	450
☐	无聊 4급	wúliáo	405
☐	无论 4급	wúlùn	506
☐	五 1급	wǔ	66
☐	误会 4급	wùhuì	501

X

☐	西 3급	xī	333
☐	西瓜 2급	xīguā	51
☐	西红柿 4급	xīhóngshì	60
☐	希望 2급	xīwàng	380
☐	吸引 4급	xīyǐn	400
☐	习惯 3급	xíguàn	499
☐	洗 2급	xǐ	131
☐	喜欢 1급	xǐhuan	159
☐	洗手间 3급	xǐshǒujiān	349
☐	洗澡 3급	xǐzǎo	132
☐	下 1급	xià	113
☐	夏 3급	xià	116
☐	下午 1급	xiàwǔ	98
☐	下雨 1급	xiàyǔ	113
☐	先 3급	xiān	37
☐	先生 1급	xiānsheng	35
☐	咸 4급	xián	55
☐	现金 4급	xiànjīn	302
☐	羡慕 4급	xiànmù	166
☐	现在 1급	xiànzài	97
☐	香 4급	xiāng	254

핵심 빈출 단어는 초록색으로 표시되어 있습니다.

□	演出 4급	yǎnchū	399
□	眼睛 2급	yǎnjing	282
□	眼镜 4급	yǎnjìng	90
□	演员 4급	yǎnyuán	399
□	阳光 4급	yángguāng	436
□	羊肉 2급	yángròu	51
□	养成 4급	yǎngchéng	506
□	样子 4급	yàngzi	420
□	邀请 4급	yāoqǐng	253
□	要求 3급	yāoqiú	462
□	药 2급	yào	279
□	要 2급	yào	495
□	钥匙 4급	yàoshi	418
□	要是 4급	yàoshi	452
□	爷爷 3급	yéye	22
□	也 2급	yě	37
□	也许 4급	yěxǔ	453
□	页 4급	yè	268
□	叶子 4급	yèzi	432
□	一 1급	yī	65
□	衣服 1급	yīfu	130
□	医生 1급	yīshēng	277
□	医院 1급	yīyuàn	277
□	一定 3급	yídìng	498
□	一共 3급	yígòng	88
□	一会儿 3급	yíhuìr	104
□	一切 4급	yíqiè	453
□	一下 2급	yíxià	348
□	一样 3급	yíyàng	23
□	以 4급	yǐ	416
□	已经 2급	yǐjīng	130
□	以前 3급	yǐqián	381

□	以为 4급	yǐwéi	417
□	椅子 1급	yǐzi	347
□	一般 3급	yìbān	299
□	一边 3급	yìbiān	464
□	一点儿 1급	yìdiǎnr	411
□	意见 4급	yìjiàn	485
□	一起 2급	yìqǐ	413
□	艺术 4급	yìshù	404
□	意思 2급	yìsi	294
□	一直 3급	yìzhí	104
□	阴 2급	yīn	114
□	因此 4급	yīncǐ	217
□	因为……所以…… 2급	yīnwèi……suǒyǐ……	179
□	音乐 3급	yīnyuè	397
□	银行 3급	yínháng	297
□	饮料 3급	yǐnliào	248
□	引起 4급	yǐnqǐ	384
□	印象 4급	yìnxiàng	200
□	应该 3급	yīnggāi	497
□	赢 4급	yíng	235
□	影响 3급	yǐngxiǎng	366
□	应聘 4급	yìngpìn	461
□	优点 4급	yōudiǎn	202
□	幽默 4급	yōumò	200
□	优秀 4급	yōuxiù	374
□	由 4급	yóu	452
□	邮局 4급	yóujú	305
□	尤其 4급	yóuqí	403
□	游戏 3급	yóuxì	248
□	游泳 2급	yóuyǒng	246
□	由于 4급	yóuyú	323

A B C D E F G H I J K L M N O P Q R S T U V W X Y Z

핵심 빈출 단어는 초록색으로 표시되어 있습니다.

□	正好 4급	zhènghǎo	324
□	证明 4급	zhèngmíng	306
□	正确 4급	zhèngquè	502
□	正式 4급	zhèngshì	40
□	正在 2급	zhèngzài	348
□	之 4급	zhī	214
□	只 3급	zhī	250
□	支持 4급	zhīchí	25
□	知道 2급	zhīdào	293
□	知识 4급	zhīshi	270
□	值得 4급	zhídé	92
□	直接 4급	zhíjiē	420
□	植物 4급	zhíwù	431
□	职业 4급	zhíyè	38
□	指 4급	zhǐ	339
□	只 3급	zhǐ	497
□	只好 4급	zhǐhǎo	187
□	只要 4급	zhǐyào	238
□	只有……才…… 3급	zhǐyǒu……cái……	500
□	质量 4급	zhìliàng	92
□	至少 4급	zhìshǎo	106
□	中国 1급	Zhōngguó	209
□	中间 3급	zhōngjiān	317
□	中文 3급	Zhōngwén	209
□	中午 1급	zhōngwǔ	98
□	终于 3급	zhōngyú	447
□	种 3급	zhǒng	444
□	重 4급	zhòng	270
□	重点 4급	zhòngdiǎn	490
□	重视 4급	zhòngshì	505
□	重要 3급	zhòngyào	230
□	周末 3급	zhōumò	103
□	周围 4급	zhōuwéi	418
□	主要 3급	zhǔyào	498
□	主意 4급	zhǔyi	436
□	住 1급	zhù	144
□	祝贺 4급	zhùhè	166
□	著名 4급	zhùmíng	43
□	注意 3급	zhùyì	499
□	专门 4급	zhuānmén	272
□	专业 4급	zhuānyè	371
□	转 4급	zhuǎn / zhuàn	340
□	赚 4급	zhuàn	472
□	准备 2급	zhǔnbèi	128
□	准确 4급	zhǔnquè	306
□	准时 4급	zhǔnshí	152
□	桌子 1급	zhuōzi	347
□	仔细 4급	zǐxì	201
□	字 1급	zì	363
□	自己 3급	zìjǐ	496
□	自然 4급	zìrán	437
□	自信 4급	zìxìn	201
□	自行车 3급	zìxíngchē	314
□	总结 4급	zǒngjié	485
□	总是 3급	zǒngshì	382
□	走 2급	zǒu	329
□	租 4급	zū	419
□	嘴 3급	zuǐ	282
□	最 2급	zuì	115
□	最好 4급	zuìhǎo	448
□	最后 3급	zuìhòu	103
□	最近 3급	zuìjìn	117
□	尊重 4급	zūnzhòng	26

A B C D E F G H I J K L M N O P Q R S T U V W X Y Z

* 교재에 수록된 인덱스 페이지는 해커스 중국어 사이트(china.Hackers.com)에서 무료로 다운로드하실 수 있습니다.